欧亚历史文化文库

总策划 张余胜

兰州大学出版社

丝绸之路经济史研究

丛书主编 余太山

上册

殷晴 著

图书在版编目(CIP)数据

丝绸之路经济史研究/殷晴著.—兰州:兰州大学出版社,2012.1

(欧亚历史文化文库/余太山主编)

ISBN 978-7-311-03842-7

Ⅰ.①丝… Ⅱ.①殷… Ⅲ.①丝绸之路—对外贸易—经济史—研究 Ⅳ.①F752.9

中国版本图书馆CIP数据核字(2012)第004785号

总 策 划　张余胜

书　　名	丝绸之路经济史研究(上册)
作　　者	殷晴　著
出版发行	兰州大学出版社　(地址:兰州市天水南路222号　730000)
电　　话	0931-8912613(总编办公室)　0931-8617156(营销中心)
	0931-8914298(读者服务部)
网　　址	http://www.onbook.com.cn
电子信箱	press@lzu.edu.cn
印　　刷	兰州人民印刷厂
开　　本	710mm×1020mm　1/16
总 印 张	42　(插页3)
总 字 数	580千
版　　次	2012年1月第1版
印　　次	2012年1月第1次印刷
书　　号	ISBN 978-7-311-03842-7
定　　价	135.00元(上、下册)

(图书若有破损、缺页、掉页可随时与本社联系)

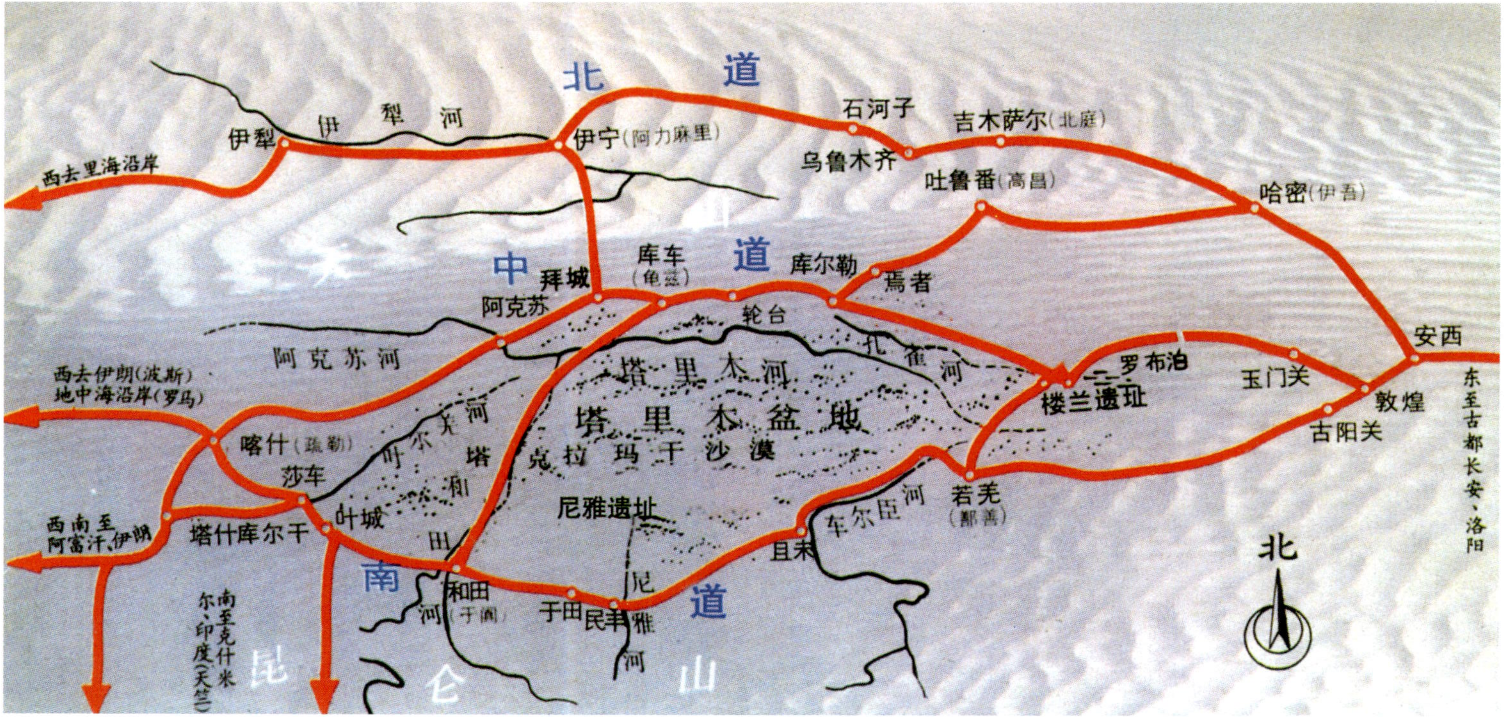

图1 丝绸之路中段示意图

图2 秤（喀什托库孜萨来遗址出土）

图3 葡萄藤（鄯善县洋海墓地出土 秦汉时期）

图4 铜凿、铜锛和铜斧
（特克斯县出土 公元前10~前4世纪）

图5 和阗玉琢制的“皇后之玺”
（陕西咸阳韩家湾出土 西汉吕后）

图6 汉代五铢钱
（和田买力克瓦提遗址出土 重45公斤）

图7 金项饰
（交河故城沟西出土 汉晋）

图8 “五星出东方利中国锦”
（尼雅遗址出土 汉晋）

图9 弓箭
（尼雅遗址出土 汉晋）

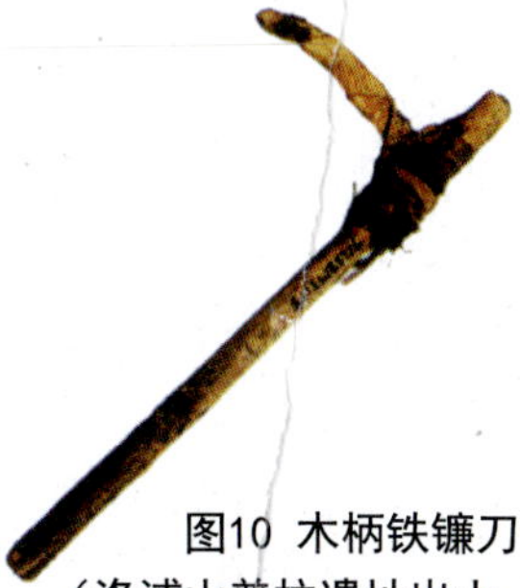

图10 木柄铁镰刀
（洛浦山普拉遗址出土 汉晋）

图11 楔形佉卢文木简
（尼雅遗址出土 汉晋）

图12 镶嵌红玛瑙虎柄金杯
（昭苏坡马出土 魏晋南北朝）

图13 新出壁画《庄园生活图》（吐鲁番阿斯塔那出土 十六国时期）

图14 汉龟二体钱
（库车出土 魏晋南北朝）

图15 金币
（吐鲁番巴达木墓地出土
麴氏高昌至唐西州时期）

图16 银币
（交河故城沟西出土
麴氏高昌至唐西州时期）

图17 磨面烙饼的妇女彩佣（吐鲁番阿斯塔那出土　麴氏高昌时期）

图18 租佃葡萄园契（鄯善出土 武周时期）

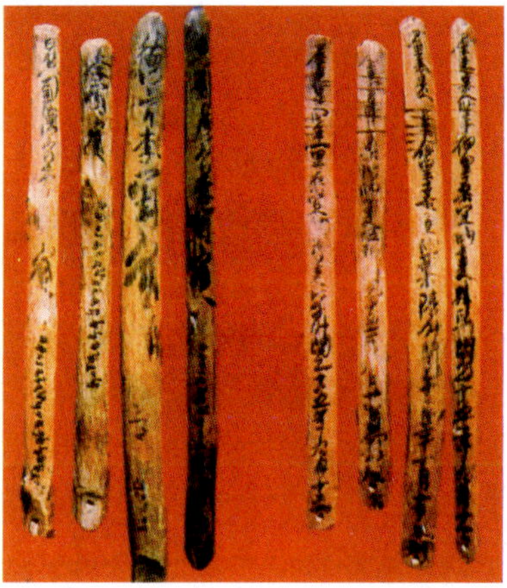

图19 汉文、于阗文双语木简
（策勒县达玛沟出土 唐）

图20 高昌吉利铜钱
（吐鲁番巴达木墓地出土 麴氏高昌或唐西州时期）

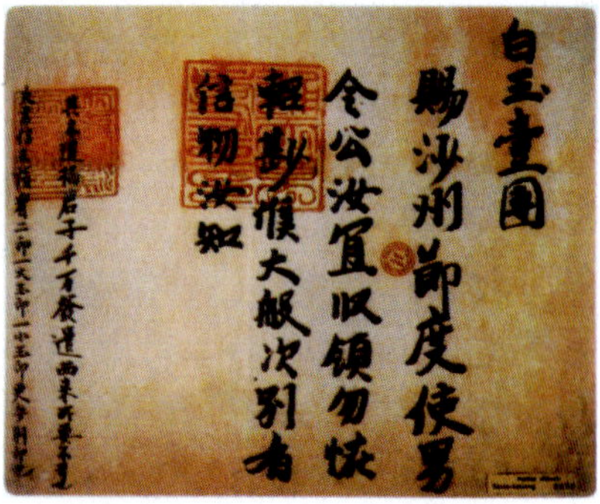

图21 于阗王赐沙州节度使书
（敦煌藏经洞 唐宋之际）

出版说明

随着20世纪以来联系地、整体地看待世界和事物的系统科学理念的深入人心，人文社会学科也出现了整合的趋势，熔东北亚、北亚、中亚和中、东欧历史文化研究于一炉的内陆欧亚学于是应运而生。时至今日，内陆欧亚学研究取得的成果已成为人类不可多得的宝贵财富。

当下，日益高涨的全球化和区域化呼声，既要求世界范围内的广泛合作，也强调区域内的协调发展。我国作为内陆欧亚的大国之一，加之20世纪末欧亚大陆桥再度开通，深入开展内陆欧亚历史文化的研究已是责无旁贷；而为改革开放的深入和中国特色社会主义建设创造有利周边环境的需要，亦使得内陆欧亚历史文化研究的现实意义更为突出和迫切。因此，将针对古代活动于内陆欧亚这一广泛区域的诸民族的历史文化研究成果呈现给广大的读者，不仅是实现当今该地区各国共赢的历史基础，也是这一地区各族人民共同进步与发展的需求。

甘肃作为古代西北丝绸之路的必经之地与重要组

成部分，历史上曾经是草原文明与农耕文明交汇的锋面，是多民族历史文化交融的历史舞台，世界几大文明（希腊—罗马文明、阿拉伯—波斯文明、印度文明和中华文明）在此交汇、碰撞，域内多民族文化在此融合。同时，甘肃也是现代欧亚大陆桥的必经之地与重要组成部分，是现代内陆欧亚商贸流通、文化交流的主要通道。

基于上述考虑，甘肃省新闻出版局将这套《欧亚历史文化文库》确定为2009—2012年重点出版项目，依此展开甘版图书的品牌建设，确实是既有眼光，亦有气魄的。

丛书主编余太山先生出于对自己耕耘了大半辈子的学科的热爱与执著，联络、组织这个领域国内外的知名专家和学者，把他们的研究成果呈现给了各位读者，其兢兢业业、如临如履的工作态度，令人感动。谨在此表示我们的谢意。

出版《欧亚历史文化文库》这样一套书，对于我们这样一个立足学术与教育出版的出版社来说，既是机遇，也是挑战。我们本着重点图书重点做的原则，严格于每一个环节和过程，力争不负作者、对得起读者。

我们更希望通过这套丛书的出版，使我们的学术出版在这个领域里与学界的发展相偕相伴，这是我们的理想，是我们的不懈追求。当然，我们最根本的目的，是向读者提交一份出色的答卷。

我们期待着读者的回声。

总序

本文库所称“欧亚”(Eurasia)是指内陆欧亚，这是一个地理概念。其范围大致东起黑龙江、松花江流域，西抵多瑙河、伏尔加河流域，具体而言除中欧和东欧外，主要包括我国东三省、内蒙古自治区、新疆维吾尔自治区，以及蒙古高原、西伯利亚、哈萨克斯坦、乌兹别克斯坦、吉尔吉斯斯坦、土库曼斯坦、塔吉克斯坦、阿富汗斯坦、巴基斯坦和西北印度。其核心地带即所谓欧亚草原(Eurasian Steppes)。

内陆欧亚历史文化研究的对象主要是历史上活动于欧亚草原及其周邻地区(我国甘肃、宁夏、青海、西藏，以及小亚、伊朗、阿拉伯、印度、日本、朝鲜乃至西欧、北非等地)的诸民族本身，及其与世界其他地区在经济、政治、文化各方面的交流和交涉。由于内陆欧亚自然地理环境的特殊性，其历史文化呈现出鲜明的特色。

内陆欧亚历史文化研究是世界历史文化研究中不可或缺的组成部分，东亚、西亚、南亚以及欧洲、美洲历史文化上的许多疑难问题，都必须通过加强内陆欧亚历史文化的研究，特别是将内陆欧亚历史文化视做一个整体加以研究，才能获得确解。

中国作为内陆欧亚的大国，其历史进程从一开始就和内陆欧亚有千丝万缕的联系。我们只要注意到历代王朝的创建者中有一半以上有内陆欧亚渊源就不难理解这一点了。可以说，今后中国史研究要有大的突破，在很大程度上有待于内陆欧亚史研究的进展。

古代内陆欧亚对于古代中外关系史的发展具有不同寻常的意义。古代中国与位于它东北、西北和北方，乃至西北次大陆的国家和地区的关系，无疑是古代中外关系史最主要的篇章，而只有通过研究内陆欧亚史，才能真正把握之。

内陆欧亚历史文化研究既饶有学术趣味，也是加深睦邻关系，为改革开放和建设有中国特色的社会主义创造有利周边环境的需要，因而亦具有重要的现实政治意义。由此可见，我国深入开展内陆欧亚历史文化的研究责无旁贷。

为了联合全国内陆欧亚学的研究力量，更好地建设和发展内陆欧亚学这一新学科，繁荣社会主义文化，适应打造学术精品的战略要求，在深思熟虑和广泛征求意见后，我们决定编辑出版这套《欧亚历史文化文库》。

本文库所收大别为三类：一，研究专著；二，译著；三，知识性丛书。其中，研究专著旨在收辑有关诸课题的各种研究成果；译著旨在介绍国外学术界高质量的研究专著；知识性丛书收辑有关的通俗读物。不言而喻，这三类著作对于一个学科的发展都是不可或缺的。

构建和发展中国的内陆欧亚学，任重道远。衷心希望全国各族学者共同努力，一起推进内陆欧亚研究的发展。愿本文库有蓬勃的生命力，拥有越来越多的作者和读者。

最后，甘肃省新闻出版局支持这一文库编辑出版，确实需要眼光和魄力，特此致敬、致谢。

余太山

2010年6月30日

目录

上　册

丝绸之路与西域经济(导言)

一、丝路贸易的开拓与繁盛

历史上,连接东西方的交通大道——丝绸之路,横贯中亚。作为丝路贸易的中转之地,西域[1]诸绿洲城镇曾有过繁荣的岁月。据考古资料,中西交通和丝路贸易的拓展,早发其端,并非以张骞通西域为始。公元前10世纪前后,以天山南北为中介地的金属文化的传播,于阗玉石源源不断地外运,我国中原丝绸已出现在埃及法老的府邸等,都说明我国中原和中亚、西亚地区早已发生交往。至晚在公元前2世纪左右,中国丝织品已传至欧洲,并享有美誉。

当然,就正式的官方关系而言,我国政府同西方各国的接触,还是汉建元三年(前138)武帝遣张骞出使西域之举。这位伟大的探险家、外交家,历尽艰险,考察了西域各地之后,又于元狩四年(前119),以中郎将的身份,再次率团西行:"将三百人,马各二匹,牛羊以万数,赍金币帛直数千巨万,多持节副使,道可使,使遗之他旁国。"[2]

这个阵容庞大的使团,所携金银财货数千巨万,牛羊以万数,实际上是个声势浩大的经贸代表团。他们把携带的大量精美绢帛和其他贵重礼品,馈赠给所到之地的部族首领,同时也带回了乌孙天马、于阗美玉以及其他中原罕见的宝货。为了寻觅玉石精品,使团成员不畏艰险,攀登到昆仑山巅,探寻玉的产地,满载而归。这次以张骞为首的经

〔1〕"西域"这一历史地理概念,泛指玉门关、阳关以西广大地区。人们今天使用这一名称,一般有广狭两义:广义指包括我国新疆在内的古代中亚地区以及西亚、南亚部分地方;狭义指历史上的我国新疆地区。本书所述主要系后者的地理范围。

〔2〕《史记·大宛列传》。

贸使团，是中国封建王朝长期奉行的贡赐贸易的滥觞，其持节副使曾至大宛、康居、大月氏、大夏诸地，最远抵西亚处于交通枢纽的安息。安息王米特拉达悌二世（MithradatesⅡ）对神秘的产丝之国使者的到来，极感惊奇，给予隆重接待："令将二万骑迎于东界"[1]，随之安息及其邻近小国，皆发使至中原探察汉之富厚强大，带上贡物"随汉使献见天子"[2]。从此，丝路进一步开通，东西方通过塔里木盆地频繁往来，建立了长期友好的经贸关系。西方诸国，"贪汉财物"，"欲通货市买"以献为名的行贾，络绎不绝；汉出使外国者亦相望于道，一批多者数百人，少者百余人，每年都有五六批甚至十余批。他们风尘仆仆，不畏艰险，为发展中西经济文化交流做出了自己的贡献。虽然西汉末年王莽倒行逆施，导致汉与西域关系阻断，但是经贸往来，彼此赢利，已成不可阻挡的潮流，至东汉时期臻于高潮。"驰命走驿，不绝于时月；商胡贩客，日款于塞下。"[3]中外人士，都被席卷其中，就连身任西域都护的班超，也未置身事外——受其兄也就是《汉书》著者班固之托，为当朝权贵窦宪购买西方特产。窦曾"寄人钱八十万，市得杂罽十余张"，又从中原运来杂綵700匹、白素300匹，"以市月氏马、苏合香、毾毲。""月氏毾毲，大小相杂，但细好而已。"[4]班超是位颇有经济头脑的政治家，在西域奋斗31年，以"平通汉道"为己任，深得商胡贩客的拥戴，有数以千计的吏士贾客，曾积极参加了他所领导的统一事业。和帝永元九年（97），班超为进一步发展同西方各国的交往，遣甘英出使大秦，至安息受阻而还。后他年老怀乡，拟将在西域长大的幼子班勇送回中原，经再三斟酌，最后将其爱子托付给了安息贡使，足见他们之间高度信任与亲密友好的关系。班超出任西域都护期间，也是汉代中西贸易最兴旺的时期。今人评论班超，多肯定他在统一西域方面的贡献，实际上班超在经贸方面的作为，也非常值得肯定。

---

〔1〕《汉书·西域传》。

〔2〕《史记·大宛列传》。

〔3〕《后汉书·西域传》。

〔4〕《太平御览》卷708、814、816。

从上述西汉张骞为“断匈奴右臂”打通与维护“东西道”出使西域，到东汉班超为“平通汉道”而决心在西域长期奋斗，我们可以看出，朝廷中的有识之士，对维护中西交通，发展丝路贸易，在认知上已达到一个新的境界。前者开始时只是从政治上考虑孤立匈奴，争取盟国；而后者在完成西域统一大业的基础上，刚更多地把着眼点放在发展同西方各国的经济往来上。张骞出使带来了前所未闻的西方信息，激发了汉武帝向西开拓的雄心，不过这终究是表象，探究其根本原因，还是因为西汉前期经济蓬勃发展，国力空前强盛，使其领导层有宏伟的气魄对外交往，促进中西贸易的拓展，这是丝路繁荣根本的社会条件。

自张骞“凿空”特别是西汉统一西域后，一批批精美的丝绢锦帛，经塔里木盆地辗转西运，越来越多地出现于中亚、西亚各国市场，继而抵达罗马帝国。当汉元帝初元年间（前48—44），罗马君主恺撒向臣民夸耀各地呈献的贡物时，五光十色的丝织物曾使观者目瞪口呆，赞叹不已。锦绣文绮把罗马贵族妇女包装得光彩夺目，男性臣民也竞相穿着以显高贵。丝织物在罗马异常贵重，几乎与黄金同价。在查士丁尼（527—565年在位）统治时期，高档丝绸有时每磅价格竟高达3.5镑黄金，使人惊讶不已。据西方史料，时东西贸易数额巨大，每年相当于100万英镑，罗马对东方的贸易严重入超，用金银锭和硬币来补偿。如果以东西方丝绸价格进行比较的话，唐代从长安至西州（今新疆吐鲁番市）价格上涨数倍，而从西州经中亚两河流域（阿姆河、锡尔河）、波斯至东罗马君士坦丁堡，价格则要上涨10余倍，有时甚至数10倍。罗马丝绸或与黄金同价，而高昌每斤生丝只相当于4钱黄金。不仅善于经商的粟特商胡，从中牟取暴利；垄断中继贸易的波斯人，也任意哄抬丝绸价格，沿途关卡林立，收取10%以上的过境关税，致使罗马丝价高居不下。西运的丝绸价高如此，从安息、大月氏等地东运的毛织品也同样价格奇昂。窦宪寄钱80万至龟兹购得杂綵10余张，每张价高达五六万钱，相当于18000市斤粮食。如运至洛阳，则更加昂贵。丝路贸易利润如此优渥，谁能控制商道，谁就能取得巨额财富。占据鄯善、且末一带的吐谷浑，虽地瘠民贫，但南北朝时期扼中西交通孔道，“多有金银”,在“塞表之中,号为强富”。魏废帝二年(553)吐谷浑有个规模庞大的商队,往北齐贸易返回,仆射乞伏触扳、将军翟潘密亲自率领,内有“商胡二百四十人,驼骡六百头,杂綵丝绢以万计”[1]。

由商队规模之大,可以看出这个地瘠民贫的游牧部族,是如何控制商道、参与贸易并从而致富的。活跃在中亚草原上的游牧民族首领,个个垂涎欲滴,争欲一显身手,跻身其间。汉代的匈奴,魏晋南北朝时期的柔然、嚈哒、铁勒,隋唐时期的西突厥,都曾为此在历史舞台上大动干戈。东汉建武二十八年(52)北匈奴乞求和亲,提出“率西域诸国胡客与俱献见”。隋大业十一年(615),西突厥“射匮可汗遣其犹子,使率西蕃诸胡朝贡”,就是他们企求获得中原王朝的承认,控制丝路贸易的图谋。弥南德《希腊史残卷》[2]载,公元6世纪西突厥勃兴时,曾遣一粟特使团,往波斯、罗马联络,图谋直接进行丝绸贸易;穿着丝绸最多之罗马人,亦曾遣使回访。波斯人怕失去其中转厚利,则设置层层障碍,甚至鸩杀突厥使团,导致双方兵戎相见。

二、绿洲城镇的兴起与变迁

古称西域的我国新疆,处于亚洲腹地、丝绸之路中段偏东。汉代交通路线主要在天山以南,塔里木盆地的南北缘。如《汉书·西域传》所云:“自玉门、阳关出西域有两道。从鄯善傍南山北,波河西行至莎车,为南道;南道西逾葱岭则出大月氏、安息。自车师前王廷随北山,波河西行至疏勒,为北道;北道西逾葱岭则出大宛、康居、奄蔡焉。”不过在汉宣帝神爵二年(前60)西域都护正式建置前,车师一带尚属匈奴势力范围,来往行人出玉门、阳关后多经楼兰向西直抵焉耆、龟兹。自匈奴势力退却、西域都护府建立后,车师作为交通枢纽的地位逐步显现。东汉时期经伊吾(今哈密)、车师的西行路线,渐为更多的行人所选择。中西贸易频繁,分散封闭的塔里木绿洲聚落作为东来西往的必经之

[1]《周书·异域传》。

[2][英]H·裕尔:《东域纪程录丛》,张绪山译,云南人民出版社2002年版,第173页。

地，也骤然喧腾热闹起来。大批绿洲城镇作为丝路通道甚或交通枢纽，奇迹般地不断发展扩大。西汉后期至东汉百余年间，平均人口增加了3—5倍。魏晋南北朝时期虽时有战乱，但有些城镇规模仍在不断扩展之中，作为塔里木盆地最大的城镇——龟兹，在汉代人口超过8万，魏晋时，城有3重，外城与长安城近似。

丝路贸易繁盛，人口集聚，是西域绿洲城镇发展的主要原因，如与中原地带作为政治中心发展起来的城镇相比较，明显具有商业城镇的特色。它既是属于封建经济范畴的小生产之间调剂产品的地方市场，更重要的还是长途贩运营销的中继之地、东西方贸易的集散市场。疏勒作为南北两道的汇合点，在汉代即出现了"市列"。5世纪后，从事贸易的粟特人常至天山以南绿洲甚或"多诣凉土贩货"，高昌、龟兹等地皆通行波斯银币，"税赋准地征租，无田者则税银钱"，甚至出现"女市，收男子钱入官"〔1〕，从侧面反映了商品交换与货币经济的发达。地处交通要冲的高昌，迅速发展为繁荣的商业城镇，中外物资的集散中心，胡汉商贾荟萃之地，发挥着国际市场的作用。盛唐时期在西州市场上，店铺鳞次栉比，按商品分类经营的"行"已经出现，如谷麦行、果子行、帛练行、菜子行等。"行"是同业店铺的统称，它意味着已可能有行会组织的雏形，起码标志着商品经济的发展已达相当高的水平，为中原许多城市所不及。从上述行名可以看出，行的营销范围非常广泛，农牧生产中的种子、肥料、饲料都有经销，明码标价。事实说明，作为丝路贸易中继站的西域绿洲城镇，市场繁荣，商品结构已逐渐由以前的奢侈品交易向与民生有关的产品转化。有的学者认为丝路贸易和沿线城镇的经济发展脱节，对沿线城镇"并没有实际利益"，这样看，似有失于偏颇。丝路贸易乃长途贩运，分段进行，"西域贾胡，到一处辄止"〔2〕，并非与沿线城镇市场脱节，高昌、焉耆、龟兹、疏勒、于阗等绿洲城镇不仅发挥着转输作用，同时也是丝路贸易的集散市场。这点，我们从高昌

〔1〕《魏书·西域传》。

〔2〕《后汉书·马援传》。

或西州市场上的交易情况，看得十分清楚。商品交换乃是社会经济发展的动力，通过长途贩易的丝路贸易，促进沿线城镇商品经济的发展，拉动生产的高涨，对此应该有足够的估计。为争夺商利，绿洲诸国曾不断发生矛盾和冲突。唐贞观六年（632），焉耆王龙突骑支遣使来唐，请开大碛道，以便商旅往来。此事获唐太宗李世民批准后，高昌反应强烈，因开通经楼兰故地直达敦煌的大碛道，来往商贾就不必经过高昌，这样仅关税一项，高昌就要减少许多收入。故高昌王麴文泰怒不可遏，派兵大掠焉耆边境。唐初，玄奘法师西行途经高昌，高昌王赠予黄金100两，银钱3万，绫及绢等500匹。银钱3万是个不小数目，高昌"赋税则计输银钱"，以商税为重要收入的各种赋税，当系高昌府库收入的主要来源。赠予人黄金百两、银钱3万，其王府库中积存金银财货之多，可想而知。高昌如此，同处于丝路要冲的于阗、龟兹、疏勒等亦不会例外，都通过丝路贸易大受其益。4世纪时于阗王室笃信佛法，主持兴建王新寺，历时80年，经三王方成，高25丈，雕文刻镂，金银覆上，佛堂梁柱、户扇、窗牖，皆以金箔为饰。其王室亦豪华富有，存储黄金、白玉甚多。丝路中继贸易像接力赛似的辗转营销，不仅给绿洲王国的统治者以极好的聚敛之机，也给绿洲社会带来了可观的财富。所以"西域殷富，多珍宝"[1]之名，汉代即已在中原流传。《晋书·吕光载记》：光自龟兹东归，"以驼二万余头致外国珍宝及奇伎异戏、殊禽怪兽千有余品，骏马万余匹"。5世纪时，素称"国小人贫"的焉耆，恃地多险，常剽劫北魏使者。魏太平真君九年（448）万度归西征，意想不到的获其珍奇异物及委积财货不可胜数。虽然那时绿洲城国所委积的财货，多滞留在消费领域，不能推动和扩大社会的再生产，但丝路贸易长途贩运的货物，也有部分与提高生产和人民生活质量有关，如丝、毛织品、马匹、金属品等，而且应该看到的是，丝路贸易向四周扩散的辐射力，导致沿途各国交换频繁，确实推动了与国计民生有关的各项产业的发展。魏晋以后塔里木盆地各绿洲城镇蚕桑织造业的兴盛就足以证明这点。

---

〔1〕《后汉书·李恂传》。

在塔里木、吐鲁番诸绿洲城镇还有一种现象值得注意、并值得进一步研究:未见或很少见到有巨额资本独立经营的大商人出现。在吐鲁番出土文书中出现的商人多系粟特商胡,当时他们在高昌市场上相当活跃。在于阗语文书中,则屡有官商出现,他们为国家府库收纳钱币,享受着与官吏同样的物质待遇。中原和西域进行的多为贡赐贸易,这本身就意味着官商占主要地位,民间缺乏独立经营的大商人,制约了绿洲工商业进一步发展的可能。

三、农业手工业等加速发展

纵观古代新疆发展的历史轨迹,财富的积累固然对绿洲社会经济的发展有利,但并不是唯一的也不是最重要的因素,推动地域经济发展最积极的因素还应是商品经济的活跃和人员的交流、技术的传播。就后者而言,汉朝的屯田正是有力推动西域社会经济发展之重大举措。据考古资料,距今三四千年,新疆已出现了原始农业,在孔雀河下游的罗布淖尔地区和哈密的五堡墓地,曾先后发现谷麦、青稞以及烤熟的小米饼。随着时间的推移,被发现的农业遗址越来越多,大部分农牧结合、牧业仍占重要地位。原始农业耕作粗放,工具多系木石,生产发展缓慢,粮食产量极低,难以满足需要,人们只能靠畜牧、狩猎增加食品以维持生计。所以当公元前 2 世纪丝路贸易开始兴盛,来往行人增多,汉朝所面临的最大难题,就是如何解决包括汉军政人员在内的大批行旅的粮食供应问题。太初四年(前 101)汉军伐大宛后,在轮台(今轮台附近)、渠犁(今库尔勒一带)两地,各派士卒数百名开荒造田,置使者校尉领护。这些屯田士卒实际上就是身着军装的农民,他们不仅把中原地区先进的生产经验西传边陲,而且把当时先进的铁制工具亦万里迢迢带至西域推广。至昭帝时期(前 86—前 74 年)朝廷采纳了桑弘羊提出的扩大轮台屯田的建议,派遣打弥太子赖丹为校尉实施此项计划,经过不断扩展,至地节二年(前 68)渠犁田卒已增至 1500 人。神爵二年西域都护正式设置后,屯垦重点由渠犁转移至车师前部即今吐鲁番地区。元帝初元元年(前48),汉置戊己校尉主管屯垦事宜,治所初置交河城后移高昌壁,垦区亦东扩至柳中即今鄯善鲁克沁一带,连同渠犁、轮台、伊循、姑墨等地,合计当时屯垦士卒约有四五千人。以每人耕种20亩(约14市亩)计算,垦田约近10万亩。这数字虽不如现在某些论著中说的那么大,但为以后历代中央封建王朝所遵循,历史意义非常深远。西域屯垦不仅解决了来往人员的粮食供应,保证了丝路的畅通,为祖国的统一事业提供了可靠的保证,而且在推动天山南北的农业发展及有关技术的传播方面,也发挥了一定的作用。现有学者认为,屯田时有撂荒,对生态环境造成破坏,虽不无道理,但就当时形势看,其积极作用应是主要方面,且面积有限,不能把负面影响估计得太大。

西域干旱少雨,以灌溉农业为主,水利建设是绿洲农业的命脉,在这方面,熟悉中原水利工程的屯田士卒,在严密的军事组织下劳作,具有明显的优势,可以进行大规模的水利建设,这是分散的绿洲个体农民不可想象和无法做到的,所以新疆至今尚未发现在汉代屯垦以前有大规模水利工程的遗迹,也无任何这方面的历史记载。马克思在《不列颠在印度的统治》一文中曾说:“气候和土地条件,特别是从撒哈拉经过阿拉伯、波斯、印度和鞑靼区直至最高的亚洲高原的一片广大的沙漠地带,使用渠道和水利工程的人工灌溉设施成了东方农业的基础。……节省用水和共同用水是基本要求……在东方,由于文明程度太低,幅员太大,不能产生自愿的联合,所以就迫切需要中央集权的政府来干预。因此亚洲的一切政府都不能不执行一种经济职能,即举办公共工程的职能。”[1]汉唐中央政府统辖西域正是通过屯田卓有成效地实现了这一经济职能。桑弘羊提出的“益通沟渠”从而“益垦溉田”的宏伟计划实施后,在渠犁、轮台一带,良田沃野、沟渠纵横,其遗迹至今尚存。全长约两百余里的“汉人渠”,“宛若一道逶迤远去的土

〔1〕《马克思恩格斯选集》第2卷,人民出版社1977年版,第64页。

堤”。[1] 和汉唐伊循屯垦有关的米兰遗址(今若羌县东),当时精心设计的具有先进水平的双向灌溉和集中分水的水利设施,明显地反映出当时西域农田水利建设,在运用中原先进技术后达到了很高水平。

同时,中原先进的铁工具推广至边地使用,也有力地提高了西域的生产水平。特别是西汉时期中原先进的冶铸技术随着屯垦大军传至西陲,更有效地推动了当地生产力的提高。据考古资料,新疆铁器的出现要稍早于中原,但中原冶铁技术发展很快,战国时期所出现的可锻铸铁,汉代开始迅速西传。据历史记载,汉代进入西域屯垦的士卒是携带“犁牛谷食”的,所以1976年在昭苏墓葬中发现的铁铧和1995年在尉犁县营盘遗址发现的铁犁铧与中原汉代的铁铧形制相似,很可能系屯垦士卒的遗物。《史记·大宛列传》载,西域原“皆无丝漆,不知铸钱(铁)器。及汉使亡卒降,教铸作他兵器”。汉武帝时期塔里木盆地各绿洲城国冶铸业还处于起步阶段,《汉书·西域传》称,轮台、渠犁“旁国少锥刀”,缺乏金属工具,生产水平低下,在汉大兴屯垦、推广中原先进技术的影响下,葱岭以东各地冶铸业迅速兴起,多处有产铁或制造器具的记载。建始四年(前29)曾任西域副校尉熟悉边情的陈汤曾说,胡人兵刃朴钝,“今闻颇得汉巧”,即是指此。在中原冶炼技术影响下,西域的冶铸水平不断提高,所以在新疆出土的冶铁鼓风设备中的陶瓴与中原完全相同。冶金部门对龟兹(库车)城北阿艾山冶铁遗址中的炼渣进行测定后,认为系铸铁无疑。克里雅河流域汉圆沙古城出土的铁器经过检测分析,亦确定为西汉时期铸造的白口生铁。这说明中原铸造生铁的技术,当时已传至西域。洛浦的山普拉汉晋遗址与民丰尼雅遗址亦先后发现铁刀、木柄铁镰、铁锛、铁铲等。从以木石为工具进步到使用铁器,是古代新疆农业生产进入到一个新阶段的标志;而铁器的广泛应用,供不应求,又促进了冶炼业的发展,龟兹、疏勒、于阗等地都已成为矿冶业的生产基地,“和田马钱”与龟兹五铢钱的问

---

〔1〕王炳华:《从考古资料看新疆古代的农业生产》,载氏著:《丝绸之路考古研究》,新疆人民出版社1993年版,第261页。

世,反映出当时的冶铸业已达相当高的水平。龟兹冶铁业规模庞大,可以供应天山以南各绿洲城国之需,实际上已成为西域的冶铁中心。北魏郦道元《水经注》引《释氏西域记》云:“屈茨(龟兹)北二百里有山,夜则火光,昼日但烟。人取此山石炭冶此山铁,恒充三十六国用。”公元6世纪突厥阿史那氏迁居金山以后,专为柔然提供铁器,并拥有装甲骑兵,冶铸业相当发达。

龟兹冶铸业的发展,促进了常用农具锄、镬的推广和改进,出现了具有地方特色的新农具——砍土镘。砍土镘是塔里木盆地迄今最常见的“万能工具”,《突厥语大词典》称它为“刨地用的工具”。南疆沙质土壤疏松,它可以兼有锹(锸)、锄、镐、镬等多种工具的用途,是古代新疆农民创制的适合本地使用的轻便农具。考古工作者曾发现多件类似砍土镘的石工具,认为它与原始的锄、镬具有密切关系。两晋时期龟兹克孜尔石窟第175窟壁画中,有农民手执砍土镘翻地和二牛抬杠犁地的画面,反映了铁制农具已在当地使用的场景。与此同时,约公元4世纪楼兰垦区亦大量使用铁工具。据简牍所载一次“新入胡锸合395枚”,“因主簿奉谨遣大侯究犁与牛诣营下受试”。[1] 按,汉晋考核制度,牛犁在这里亦应是重要的常用农具。同时,简牍还说城内有些地方“斫地下种”,说明犁耕还未全面推广。

晋唐西域,吐鲁番盆地经济发展最为显着。据吐鲁番出土文书,6—7世纪麴氏高昌以至唐西州时期犁耕已相当普遍,这个从汉代屯垦基地发展起来的绿洲城国,魏晋以来尽管政权更迭,但屯垦始终未废。“彼之甿庶,是汉魏遗黎。”[2] 此地居民有的系汉晋屯户的后裔,也有的为避战乱陆续从河西各地迁来。人口不断增加而垦地有限,形成人均耕地不足3亩的紧张局面。持有少量土地的自耕农占居民中的大多数,他们必须集约经营以索取更多的回报。移民熟谙中原先进的生产技术,因地制宜,建成一整套的水利设施和灌溉管理制度。渠道如网,

---

〔1〕林梅村:《楼兰尼雅出土文书》,文物出版社1985年版,第61、72页。

〔2〕《北史·西域传》。

纵横密布;精耕细作,养护地力。值得提出的是他们对土地施肥特别重视,甚至到市场上出卖粮食以购进粪肥。由于如此,有效地提高了农田单位面积的产量。有学者测算高昌常田即高产田麦季每亩可收麦 10 斛以上,合每市亩年产量约 260 市斤,高于同时中原许多地方,也高于当地 1949 年新中国成立前的生产水平。在大力发展种植业的同时,得天独厚的园艺业也趋于兴旺,吐鲁番的葡萄开始在海内扬名,唐太宗时,著名的马乳葡萄甚至已种植到御苑之中。

四、蚕桑丝织和陆上丝路的盛衰

我国古代社会的传统是以农桑为本,男耕女织。西域各地接受中原影响,在提高农业生产水平的同时,不仅园艺业兴盛,蚕桑事业亦在塔里木、吐鲁番盆地广泛兴起。植桑养蚕、缫丝织造在汉晋之际由中原传入西域,东国公主秘带蚕种至于阗的故事,历来在各地流传。由于和田地区土壤、气候等自然条件适合蚕桑发展,所以至今这里仍是新疆的蚕桑基地。有迹象表明,东汉时期于阗已可能出现蚕桑生产,尔后辗转传入波斯、罗马等西方国家。魏晋南北朝时养蚕植桑在西域各地广泛发展,不仅史书上对这些地方有“宜蚕”的记载,在吐鲁番出土文书《西凉建初十四年(418)严福愿赁蚕桑券》里,明确写着当地在 5 世纪初,蚕桑、织造业已相当发达。这时中原多有战乱,丝织品无法大量西运,而罗马、波斯等国争需丝绸织物,携带罗马金币和更多的萨珊银币的粟特商胡,不断至天山以南绿洲城镇特别是高昌甚至河西凉州等地购买丝织品及其他货物,这就给高昌等地发展丝织业以大好时机,同时也使这些地方有大批银币出现并广泛流行。

丝路畅通,商贸兴盛,加之上述的社会条件,不仅使高昌以及龟兹、疏勒、于阗诸地成为集散市场,而且也成为丝织品的重要产地。西域人民熟谙毛织品纺织技艺,但掌握中原传来的育蚕、缫丝、织造等一系列细致复杂的工艺流程,则需要相当长的时间。《魏书 · 西域传》称塔里木盆地绿洲城镇,“养蚕不以为丝,唯充绵纩”,正是反映了西域人民尚未完全掌握这项技艺而处在不断提高的过程。“蚕蛾飞尽,乃得治茧”[1],乃是佛教徒穿凿附会加以夸张的传说,并非真实地反映育蚕缫丝的生产过程。近年新疆的文物考古工作者,对地下出土的丰富的丝、毛织品,作了深入研究后,告诉我们:纺织技艺在中西经济文化交流中,曾呈现出错综复杂、绚丽多彩的情景。我国中原地区与中亚、西亚的纺织工艺,因使用的纤维原料不同,形成各自不同的工艺流程。古代新疆丝织业是在长期生产毛织物的历史传统下起步发展的,绵经绵纬,具有鲜明的民族特色和地域特色。它既仿效中原织物结构精巧之长,也采用波斯的萨珊纹样,所以产品西销,受到粟特商人的欢迎。7 世纪唐朝统一西域后,中原大量丝织物西运,使吐鲁番与塔里木盆地失去丝织业进一步发展的广阔空间,代之而起的是棉织业的兴盛;而西域丝织业作为支柱产业,却持续存在,有时胡锦还出现在向中原王朝呈献的贡品单上。据唐玄奘贞观十八年(644)春夏之交路过于阗所见,当地“工纺绩絁紬”,居民“少服毛褐毡裘,多衣絁紬白氎”[2]。白氎即棉布,当时除丝织品外,棉织品也成为于阗人民常穿的衣着原料,比我国中原人民穿着棉布要早六七百年。古代新疆出现棉布很早,汉晋时期的很多遗址,都曾发现棉布,尉犁县的营盘墓葬还曾发现有棉籽。据吐鲁番出土文书,高昌种棉织布不迟于 5 世纪中叶,于阗、疏勒等地相似或许更早。唐代天山以南诸绿洲城镇棉布已非罕见之物,它对提高人民生活质量有显著作用。虽然此地种植的系通过印度或阿拉伯传来的非洲棉(草棉),纤维质量较差,但生长期短,适于碛西和河西走廊以至陕甘地区种植,所以唐宋以后,在西北地区逐渐推广。元初颁布的《农桑辑要》即有令陕西诸地推广种棉的诏谕:“木棉亦西域所产,近岁以来,苎麻艺于河南,木棉种于陕右,滋茂繁盛,与本土无异,二方之民深荷其利。”8 世纪前半叶的开元盛世,是唐朝鼎盛时期,也是在丝路贸易浪潮的推动下,西域社会经济的辉煌年代。时天山南北新兴的绿洲

[1]章巽校点:《大唐西域记》卷 20,上海人民出版社 1977 年版。
[2]章巽校点:《大唐西域记》卷 12。

城镇不断涌现,四通八达的交通网络已经形成,不仅横贯欧亚的中西商道畅通,穿越天山、昆仑山以及塔克拉玛干大沙漠的南北支线也行人不绝。先进的生产技术广泛传播,造纸、酿造、制糖、粮食加工、铁工具制造等新兴行业陆续出现。我国的统一、繁荣总是和西陲的安定、开发、兴旺紧密联系在一起。当时作为中西交通枢纽的西州,尽管商品经济发达,货币流通深入到各个领域,以银钱交纳地租的占半数以上,但市场管理却非常严格,唐朝颁布的各项规章制度都切实推行。南道上的于阗,虽然不如西州那样的喧闹繁华,但生产发达,物价便宜,交河郡1升米50—55文、1匹大练460文,而于阗1升米只有30文、一匹彩帛只有170文,展现在人们眼前的亦是人民安居乐业、太平盛世的景象。开元七年(719)唐廷"诏焉耆、龟兹、疏勒、于阗征西域贾,各食其征"[1],说明于阗和其他绿洲城镇一样,来往商胡所纳赋税,尚不在少数。

有人认为晋唐以后,由于生态环境恶化,南道已经冷落甚或阻隔不通,其实并非如此。塔里木盆地南缘土地沙漠化问题,远古以来一直存在,经过魏晋南北朝时期的长期战乱,至唐初沙漠南侵确已造成严重危害。贞观十八年(644)玄奘经过于阗时,曾据所见,在《大唐西域记》中告诉我们许多触目惊心的事实。但尽管如此,他还是选择了南道作为东返之路,而且与之同行的还有其他商旅。丝绸之路,长途漫漫,本来就充满着艰辛和风险,商旅行人绝不会因风沙肆虐而停止自己的脚步。10世纪以后,经过大宝于阗王李圣天和沙州归义军节度使张曹两代的共同努力,扫除路途上的人为障碍后,两方面时有来往,于阗玉石曾源源不断地通过沙州运向中原,继而在喀喇汗王朝统治时期,于阗和中原的贡赐贸易,又出现了一个新高潮。入主于阗的回鹘人,从大中祥符二年(1009)至宣和六年(1124)的115年间,与北宋往来有40余次,较其他地方都多。如《宋史·于阗传》所云:"熙宁以来,远不逾一二岁,近则岁再至。"在和北宋的贸易中,除于阗商贾转运大

[1]《新唐书·西域传》。

量西方货物东往中原外,东罗马的贸易使团亦于神宗元丰四年(1081)经万里跋涉通过南道来到北宋首都开封,一时大有南道复兴之势。

回顾公元前2世纪至公元12世纪的丝绸之路和西域经济,不能不看到其盛衰嬗变,与当时的政治形势有莫大关系。汉唐统一、强盛,对外开放、交流,导致了丝路贸易的兴盛、天山南北的开发,并走向繁荣。但继而中原战乱,中央王朝失去对西陲的掌控,西北各族争夺霸权,绿洲城国兼并不已,毁灭性的战争,常使一些地方荒无人烟,文明遭到毁灭。汉代塔里木绿洲的人口有20多万,唐初仅及半数。有些地方"城郭岿然,人烟断绝"[1]。这种不时发生的战乱,使丝路贸易受阻,也是古代新疆经济长期停滞不前的重要原因。也正因此,旅途艰险,时有阻隔,加之形势的变化,唐宋以降海上航运发展,终于取代了陆上丝路的繁荣。

---

〔1〕章巽校点:《大唐西域记》卷12。

1　悬泉汉简和西域史事

甘肃敦煌与安西之间的山前沙砾冲积扇上，有一称为悬泉置的汉代驿站遗址。此乃古代东西交通必经之地，故汉晋时期皆建有邮驿。自1990年起，甘肃文物考古研究所在这里连续发掘3年，出土汉简2万余枚，其全部内容至今尚未正式公布，经有关人士著文介绍[1]，特别是胡平生、张德芳二位先生编撰的《敦煌悬泉汉简释粹》[2]，使人们对简牍内容已有了初步了解，知其和汉代西域史研究有着密切关系，与以前陆续出土的有关汉简一样，补正史籍记载的阙佚，增添了重要的原始资料，释疑辨误，澄清史实，有力地推动新疆史学研究。

1.1　关于西域都护的建置

汉宣帝神爵二年（前60）西域都护的正式设置与随后西域都护府的建立，是新疆历史上也是中国历史上的一件大事，它标志着西域大地从此在汉中央朝廷的管辖下，成为我国领土不可分割的一部分。对这一重大历史事件，在《汉书》中，有明确记载的主要有3处：

> 西域都护加官，宣帝地节二年初置，以骑都尉、谏大夫使护西域三十六国。[3]
>
> 神爵二年秋，匈奴日逐王先贤掸将人众万余来降，使都护西域骑都尉郑吉迎日逐，破车师，皆封列侯。[4]
>
> 至宣帝时，遣卫司马使护鄯善以西数国……其后日逐王叛单

[1]参见吴礽骧：《敦煌悬泉遗址简牍整理简介》，载《敦煌研究》1999年第4期；张德芳：《从悬泉汉简看两汉西域屯田及其意义》，载《敦煌研究》2001年第3期。

[2]上海古籍出版社2001年版。

[3]《百官公卿表》。

[4]《宣帝纪》。

于，将众来降，护鄯善以西使者郑吉迎之。既至，汉封日逐王为归德侯，吉为安远侯，是岁神爵三年也。乃因使吉并护北道，故曰都护，都护之起，自吉置矣。[1]

西域都护建于地节二年之说，宋胡三省在《资治通鉴》注中称："百官表曰：'西域都护，加官，地节二年初置。'盖误以神爵为地节也。"清代学者钱大昕、徐松以及现代考古学家黄文弼先生亦都认为此乃神爵二年之误[2]，当今史学界也有不少人持这种看法。此说在《汉书》中的记载中，不仅《百官公卿表》一处，《傅常郑甘陈段传》："赞曰：自元狩之际，张骞始通西域，至于地节，郑吉始建都护之号"；《冯奉世传》记述元康元年（前65）史事时，亦称郑吉为都护："莎车遣使扬言北道诸国已属匈奴矣，于是攻劫南道，与歃盟叛汉，从鄯善以西皆绝不通。都护郑吉、校尉司马意（熹）皆在北道诸国间。"引起人们注意的是，近年出土的汉简亦有此官号。早先陈直先生在以出土文物校勘《汉书》时，发现居延汉简有曰：

元康四年二月已未朔，乙亥，使鄯善以西校尉吉，副卫司马富昌、丞庆、都尉冥重、郎▨乃元康二年五月癸未以使都护檄书、遣尉丞赦、将挖刑士五千人，送致将军，□发。[3]

经过不断校订，现摆在我们面前的这段简文，已订正为如下内容：

元康四年二月已未朔乙亥使护鄯善以西校尉吉副卫司马富昌丞庆都尉宣建都▨

乃元康二年五月癸未以使都护檄书遣尉丞赦将施刑士五十人送致将车□发[4]

以文献资料综合上述简文判析，在地节、元康年间，都护或使都护

---

〔1〕《西域传》。

〔2〕参见王先谦：《汉书补注·百官表补注》；徐松：《汉书·西域传补注》；黄文弼：《罗布淖尔汉简考释·释官》，收入氏著《西北史地论丛》，上海人民出版社1981年版，第309页。

〔3〕陈直：《汉书新证》，天津人民出版社1979年版，第375页。中国社会科学院考古研究所编《居延汉简甲乙编》（中华书局1980年版）下册81页中，将简文最后更正为"将施刑士五十人送至将军□发"。

〔4〕谢桂华等：《居延汉简释文合校》，文物出版社1987年版，第192页。

这一官号确已在郑吉身上出现，并非偶然传抄有误或班固记载失实，而确是由郑吉“始建”。按《汉书》所载，宣帝地节二年（前68）郑吉是以侍郎的身份来西域主持渠犁屯田的，时渠犁“凡三校尉屯田”，皆为其属下。按，汉太初四年（前101）李广利伐大宛后，在轮台、渠犁开始屯田，两地“皆有田卒数百人，置使者校尉领护”。率田卒至塞外屯垦的官吏，汉廷给以使者校尉的头衔，或简称使者，或简称校尉。此使者校尉，我疑并非皆为比二千石的高级军官，而是给不同级别的官员以临时的头衔，类似加官，否则郑吉以秩比四百石的侍郎，如何能领导3位秩比两千石的校尉。当然，侍郎官阶低，但与皇帝亲近，地位显要，也可能非同一般。按当时情况，还应注意到的是，地节二年汉遣郑吉率渠犁田卒积谷欲攻车师，必然要给他相应的任命，使其能有权威统率各校进兵。此有关详情，史籍无载，从其担负的任务分析，时南道各国已在汉朝的控制之下，进占车师，并护北道，乃亟欲统一西域的汉朝交给郑吉的主要使命，故当时“郑吉始建都护之号”，乃非常有号召力的选择，起码是得到汉朝的默许。《资治通鉴》载元康元年（前65）冯奉世送大宛客至西域时，“都护郑吉校尉司马意（熹）皆在北道诸国间”[1]，表明在人们眼里，当时郑吉已具有都护称号。不过在匈奴全力争夺下，元康二年郑吉在车师遭受围困，处境危急，汉朝经过御前会议讨论，乃暂放弃了进占车师领护北道的计划。于是郑吉被解困还渠犁后，“迁卫司马使护鄯善以西南道”，领护精绝、扜弥、于阗、莎车诸国，在卫司马的本官之外汉朝廷又给予“护鄯善以西使者（校尉）”的称号，虽然这是加官，却也能显示其受汉朝派遣、领护各国事宜的身份。名义上郑吉是领护南道诸国，但汉朝根本的战略目标是要统辖西域，其活动仍在北道诸国间。随后，意想不到而又符合历史逻辑的是，一突发事件终于实现了汉朝的战略意图。在汉与匈奴争夺车师遭受挫折“尽徙车师国民令居渠犁”时，神爵二年匈奴内争，日逐王降汉，其所置统治西域的僮仆都尉土崩瓦解，汉乃控制北道，“吉既破车师，降日逐，威震西域，

---

〔1〕详见《汉书·冯奉世传》。

遂并护车师以西北道”，名副其实地拥有了都护的称号。于是在《宣帝纪》中郑吉由原来的“护鄯善以西南道”的卫司马，晋升为“都护西域骑都尉”。事实上，这时统一的西域广大地区，已处于汉朝西域都护的领护管辖之下，纳入中国的版图。正如次年汉宣帝在郑吉封侯的诏书中所说：“都护西域骑都尉郑吉，拊循外蛮，宣明威信，迎匈奴单于从兄日逐王众，击破车师兜訾城，功效茂著。其封吉为安远侯，食邑千户”。[1]诏书明白表示了上述事实，即郑吉在神爵二年迎降成功时，已获得“都护西域骑都尉”即西域都护的头衔。作为已通用多时的称号——都护，这时乃成为汉朝廷正式设置的官职。“都护之置，自吉始焉。”[2]由上可知，张骞西行之后，汉经营西域，诸事草创，职官和机构设置，先无定制，而在实践中处于逐步规范之中。据现所知，“都护西域骑都尉”[3]这一称谓，直到元帝建昭年间（前38—前34）出土简牍中仍旧出现，而作为略称的“西域都护”，则在汉平帝元始五年（公元5年）出现于简牍中。随着时间的推进，这一称谓越来越多地被人们引用，其历史影响，远远超过骑都尉——郑吉这一本官的头衔。

西域都护设置的来龙去脉，略如上述。《资治通鉴》称：“吉既破车师，降日逐，威震西域，遂并车师以西北道，故号都护，都护之置，自吉始焉，上封吉为安远侯，吉于是中西域而立莫（幕）府。”[4]幕府是将帅即高级武官办公的处所，“立幕府”也就是宣告西域都护府的正式成立，设官施政，重新部署屯戍驻军，作为国家派驻地方的最高军政机构，开始发挥它的管辖职能。对于西域都护府建立的具体时间，上引文没有明确交代。不过，《资治通鉴》为编年体，此事前后过程皆记于神爵二年，无疑告诉读者此皆为当年发生的事。实际上从神爵二年日逐王降汉，至次年四月他和郑吉皆被封侯，随之都护西域骑都尉开府施政，全过程系两年发生的事。汉代以来学者对此即说法不一。如今除神爵二

[1]《汉书·傅常郑甘陈段传》。

[2]《汉书·景武昭宣元成功臣表》称郑吉“以校尉光禄大夫将兵迎日逐王降”。

[3]“都护西域”或“西域都护”实为本官“骑都尉”的加官，故有时在悬泉汉简中亦称为西域骑都尉。

[4]《资治通鉴》卷26“汉宣帝神爵二年秋”。

年说仍常见于出版物外，在学术著作中神爵三年说亦不断出现。过去由于具体资料匮乏，历史记载模糊不清；如今根据悬泉汉简的揭示，澄清这一长期聚讼的问题已有可能。《汉书·宣帝纪》称，神爵二年"秋，匈奴日逐王先贤掸将人众万余来降"，所言先贤掸是在西域开始来降，还是东进长安，汉朝廷已接受其归降，这之间存在着很大的时间差，由于文字简略，表述不明，使人难以确认。近出的悬泉置1301号简牍则明确地记录了日逐王东行的时间：

神爵二年十一月癸卯朔乙丑，县（悬）泉厩佐广德敢言之，爰书：厩御、千乘里畸利谨告曰：所葆养传马一匹，骓，牡，左剽，入坐肥，齿二岁，高六尺一寸，□头，送日逐王来至冥安病亡。即马起张（胀）乃始冷定，杂诊。马死，身完，毋兵刃、木索迹，病死。审证之。它如爰书，敢言之。[1]

同样，167—168号简进一步证实了日逐王诣京师觐见，于神爵二年十一月路过悬泉的时间：

案问助御禀食悬泉事册

广至移十一月谷薄（簿），出粟六斗三升，以食县（悬）泉厩佐广德所将助御效谷广利里郭市等七人，送日逐王，往来（167简）三食，食三升。案广德所将御□禀食县（悬）泉而出食，解何？（168简）（10309③：167—168）[2]

从上述时间一致的简文看来，如清代学者王先谦在《汉书补注》中所说，日逐王"归在神爵二年，封在三年"。《宣帝纪》云：神爵二年秋来降，实指日逐王归降已取得郑吉的支持与配合，出发投奔长安之际。[3]当时其驻地在天山东北一带地方，距车师后部不远。吉发渠犁、龟兹诸国5万人，迎降军南下，必然要通过车师，所以说"破车师，降日逐，威

〔1〕见胡平生：《匈奴日逐王归汉新资料》，载《文物》1992年第4期。

〔2〕胡平生、张德芳：《敦煌悬泉汉简释粹》，上海古籍出版社2001年版，第150页。下用悬泉汉简皆出斯书，或据张、吴二先生论文所述，不再一一注明出处。

〔3〕从日逐王派人向驻守在渠犁的郑吉表示归降，吉破车师迎降成功，护送先贤掸等诣京师至此，其间应有一段过程，事件不可能开始于当年秋季，必在春夏就已有动作。参见余太山：《两汉魏晋南北朝与西域关系史研究》，中国社会科学出版社1995年版，第253页。

震西域，实乃一役而两功”。大概日逐王至迟九月从驻地出发，十一月至玉门关一带入塞，骑乘悬泉置的传马往长安。十一月乙丑即二十五日抵冥安，如简文所述，传马病亡。时距长安尚有1600公里，按里程推算，其一行抵达京城的时间肯定已至神爵三年。《汉书》卷17《景武昭宣元成功臣表》载，日逐王于神爵三年四月戊戌（二十九日）封归德侯，郑吉于同年四月壬戌[1]封安远侯。[2] 吉在长安事毕，回西域立府施政，大概已是下半年后的事。综合文献资料和新近的出土汉简，我想可以得出如下认识：地节二年（前68）郑吉受汉廷派遣至渠犁主事后，建号都护，至晚于元康年间（前65—前61）这一称号已被通用并出现于官方文书中。而这一官号被汉廷确认，正式设官置守，则应在神爵二年（前60）郑吉并护北道、被任命为“都护西域骑都尉”之时。郑吉率军迎日逐王先贤掸归降取得成功，僮仆都尉废除，西域出现统一局面。当年秋，吉护送日逐王至长安觐见，十一月下旬路过敦煌一带，神爵三年春抵长安，四至五月汉宣帝封二人俱为列侯。随后郑吉回西域开府施政，在汉中央政府的统辖下，西域各绿洲城国安定发展，丝路畅通，往来使者络绎不绝，东西经济文化交流进入了一个新的历史时期。

1.2 关于戊己校尉

《汉书·西域传》载：“至元帝时，复置戊己校尉，屯田车师前王庭。”《百官公卿表》则云：“戊己校尉，元帝初元元年置，有丞、司马各一人，侯五人，秩比六百石。”关于戊己校尉设置的时间，史籍记载明确，无需再行探讨。自悬泉汉简陆续公布以来，提出的一个新的问题是，戊己校尉究竟是一个职位抑或分任其事。原学者多认为戊己校尉系一职，但在已传布的悬泉汉简中，戊、己分称者较多，如：

永光五年五月甲辰朔己巳，将田车师己校尉长乐兼行戊校尉

---

〔1〕壬戌日，疑有误，请阅《二十史朔闰表》。

〔2〕据叶爱国在《郑吉封侯时间考》（载《吐鲁番学研究》2003年第2期）一文中推算，郑吉封侯应在神爵三年五月二十三日（壬戌）而非四月壬戌。

事，右部司马丞行……（A）椽，史意。（B）（Ⅱ0215②:21）

使西域□都尉、己校青上书一封（Ⅴ1311③:222）

入上书一封，车师己校、伊循田臣疆（Ⅴ1310③:67）

迎戊己校罢校尉，置客往来食如牒，前与政相争……（Ⅰ0112①:27）

不过在简牍中出现的己校或戊校，并非都指担任此职的官员，而更多的是指屯田军的部别：

□平元年十月车师戊校兵曹薄（簿）……（Ⅰ0205②:22）

入铁镡剑，永始三年六月癸卯，郡库椽成受罢己校前曲后……（Ⅳ0617③:17）

出麦四斗，以食戊校莫（幕）府史张卿所乘广至马一匹，再食，食二斗。都吏石卿监。（Ⅱ0216②:359）

己校左部中曲候令史黄赏，以私财买马一匹……（Ⅱ0215①:16）

简文中的戊校、己校，皆系车师田卒之一部。据《汉书·西域传》载，神爵三年西域都护府建立后，屯田重心乃由渠犁向车师转移，“于是徙屯田，田于北（比）胥鞬，披莎车之地，屯田校尉始属都护”[1]。比胥鞬在哪里？此地垦殖为何称“披莎车之地”？在拙作《汉唐时期西域屯垦与吐鲁番盆地的开发》一文中，已作论证，此不赘述。我认为比胥鞬应在吐鲁番盆地东部即高昌至柳中一带。原先在渠犁屯垦的士卒共有3校即3部1500余人，在郑吉领导下，由3校尉分别主管，现大部分转移至车师。初始，其主管官员比胥鞬校尉在悬泉置汉简中早有出现：

我儿得毋有如是者耶，误如是，而以为谓充知是谁类。充曰：类比胥[鞬]校尉。（Ⅱ90DXT0115③:35）

□守府卒人，安远侯遣比胥健（鞬）

……者六十四人，献马二匹，橐他（驼）十匹，私马。□名藉

[1]张俊民：《“北胥鞬”应是“比胥鞬”》，载《西域研究》2001年第1期。

(籍)畜财财物。(A)

……□□辛酉日出时受遮要御。……□行。(B)(Ⅱ0214③:83)

元帝初元元年(前48),在车师设置戊己校尉主管西域屯垦,照理说,其职责是比胥鞬校尉的延续或扩大。按《汉书·西域传》和《百官公卿表》载,戊己校尉这一官职似为一人担任,西汉时期徐普、刁护、郭钦皆称戊己,唯《乌孙传》中有己校出现。但实际情况并非如此:从渠犁东徙的屯田士卒不断增多,驻在车师即吐鲁番盆地的田卒已增为两校,各有一校尉主管。不仅东部比胥鞬驻军,据罗布淖尔出土汉简,交河城亦驻有屯田士卒:

[1]河平四年十一月庚戌朔辛酉□守居卢訾仓车师戊校

[2]☐交河曲仓守丞衡移居卢訾仓

[3]交河壁[1]

上录[1]、[3]简为黄文弼先生于1930年从罗布淖尔北兵营遗址中获得,显示此居卢訾仓与交河壁关系密切,很可能此仓守军为车师戊校所属,说明与高昌壁东西遥望的交河壁,即为车师戊校的驻地。如此看法不误,则己校驻于高昌壁无疑。此驻守两地的屯田军,是平行的、地位相当的二校(部),主管官员为戊校尉和己校尉,从现已看到的简牍分析,己校尉似乎是屯田军中的显要人物。

永光五年五月甲辰朔己巳,将田车师己校尉长乐兼行戊校尉事,右部司马丞行……(A)掾,史意。(B)(Ⅱ0215②:21)

入上书一封,车师己校、伊循田臣疆。九月辛亥日下食甫时,临泉译(驿)汉受平望马益。(Ⅴ1310③:67)

使西域□(骑)都尉、己校青上书一封。(Ⅴ1311③:222)

在戊、己两校中,驻于高昌的己校,处于垦殖中心,地位也更显得重要,己校尉不仅可以兼行戊校尉事,而且还可由使西域骑都尉即西域

〔1〕邱陵:《罗布淖尔资料汇辑》,《新疆文物》编辑部编,1991年版,第103页;黄文弼:《罗布淖尔汉简考释》,收入氏著《西北史地论丛》,第309-354页。

都护兼任。明确记为永光五年(前39)的“将田车师己校尉长乐兼行戊校尉事”,可以名正言顺地称为戊己校尉,而与之同时或时间极近的简牍亦正是如此记录着这一史实:建昭年间(前38—前34)在敦煌太守向西域转达朝廷的大赦诏书中,即明确写为将田车师戊己校尉:“五月壬辰,敦煌太守强、长史章、丞敞下使都护西域骑都尉、将田车师戊己校尉……”这样两支屯田军由一员长官兼管的事,是偶然现象,还是经常出现?有可能为后一情况。西汉时期出现在史书上的戊己校尉共3人:徐普、刁护与郭钦。《西域传》明载前两人驻于高昌;王莽时期继刁护出任戊己校尉的郭钦,从当时出兵情况分析,亦应驻于高昌。按照惯例,他们是否也因为己校尉兼行戊校尉事,而称为戊己校尉的呢?现虽无证据作肯定性的回答,却也不能排除出现这一情况的可能性。驻军为戊己二校,长官为戊己校尉,能有别的办法对这种现象作合理的解释吗?很难。有学者认为校尉有3员:除戊己校尉外,尚有戊校尉和己校尉,后者系前者的部属。从出土的汉简看来,这一推测,可能性不大。如果己校尉和戊校尉的上面还有戊己校尉,就不会出现上述使西域骑都尉兼任己校之事,也不会出现己校尉兼行戊校尉事。

从文献资料看,宣帝地节二年(前68)郑吉率领3校尉在渠犁屯田至元帝建昭三年(前36),西域都护甘延寿、副校尉陈汤发城郭诸国兵及车师戊己校尉屯田吏士,远征北匈奴郅支单于,西域屯田士卒大概就保持在3校1500人左右。甘、陈领导的远征军“别为六校,其三校从南道踰葱岭径大宛,其三校都护自将,发温宿国,从北道入赤谷,过乌孙,涉康居界,至阗池西”[1],这都护自将从北道出发的3校士卒,大概就是经过整训的屯田士卒。他们威武雄壮,确是一支劳武结合、战斗力颇强的部队。此3校屯田军,除戊己2校外,还有1校应该就是仍留在渠犁者。关于渠犁的简牍,有如下列:

[1]五凤四年九月己巳朔己卯,县(悬)泉置丞可置敢言之:廷移府书曰,效谷移传马病死爰书:县(悬)泉传马一匹,骊,乘,齿十

〔1〕《汉书》卷70。

八岁,高五尺九寸,送渠犁军司[马]令史……(Ⅱ90DXT0115③:98)

[2]……,乘,齿十八岁,送渠犁军司马令史勋,承明到遮要,病柳张,立死,卖骨肉临乐里孙安所……(A)(Ⅱ90DXT0114③:468)

[3]□□渠犁□□丞王常、□忠更终罢,给北军,诏□为驾一封轺传,一人共载,有请。甘露□年……谓……(Ⅱ90DXT0214③:67)

[4]渠犁校尉□□……(Ⅴ90DXT1309④:44)

[5]将田渠犁军候、千人会宗上书一封。初元□……(Ⅱ90DXT0216②:26)

[6]将田渠犁校尉史移安汉□□□送武,军司令史田承□□□□。谨长至罢,诣北军以传。诏为驾一封轺传,传乘为载。(91DXC:59)

[7]……送使渠犁校尉莫(幕)府,掾迁会大风,折伤盖□十五枚,御赵定伤……(Ⅱ90DXT0215④:36)

此为渠犁校尉及其属吏路过悬泉置之记录,其中[3]简有明确纪年。据介绍,以地层及伴同遗物分析,此皆为宣元时期简牍。说明神爵三年西域都护府建立、屯田重心东移车师后,渠犁仍有田卒存在。简[3]"□□渠犁□□丞王常、□忠更终罢,给北军",应为将田渠犁校尉丞王常,此简署为甘露□年,可视为甘露年间(前53—前50)渠犁校尉仍然在岗的证明。简[7]称:"送使渠犁校尉莫(幕)府,掾迁会大风,折伤盖□十五枚。"据张德芳:《从悬泉汉简看两汉西域屯田及其意义》[1]一文介绍,Ⅱ90DXT0113③:57号简牍,同简[7]情节类似,可能同时:"甘露元年五月乙丑朔癸未,县(悬)泉置丞敢言之,谨移传车三乘,送客折伤盖蔑……"如此,渠犁校尉幕府掾迁途遇大风,发生在甘露元年五月,同样证明甘露年间渠犁校尉的存在。至于此后也就是汉

〔1〕载《敦煌研究》2001年第3期。

元帝初元元年戊己校尉设置后，渠犁校尉是否仍在职，抑或以军司马代其管事，现尚无出土简牍能给予证实。不过至少初元年间，戊己校尉设置后，渠犁仍有田卒，并未全部转移，简[5]足资证明。

西域屯田士卒多为免刑罪人，至于军官的来源，《汉书·百官公卿表》称："中垒校尉掌北军垒门内，外掌西域"，说明基层军官部分由北军派出，按时轮换。简[3]则系两名派往渠犁的人员返回北军的记录。戊己校尉设置后，为西域级别最高的屯垦官员，按理说渠犁田官亦将为其所属。规模紧缩后，渠犁不设校尉而由军司马主事，亦有可能。如《后汉书·百官志》也就是司马彪的《续汉书》云：

其领军皆有部曲。大将军营五部，部校尉一人，比二千石；军司马一人，比千石。部下有曲，曲有军候一人，比六百石。曲下有屯，屯长一人，比二百石。其不置校尉部，但军司马一人。

据出土汉简，西域屯田军官吏职称，要比《后汉书·百官志》所载名目繁多，俸禄亦不尽相同，如戊己校尉下属司马秩比六百石，而《续汉书》记军司马为千石。有关渠犁的简文，现见到的即有：军候、千人、军司马、令史、丞、史、掾等。罗布淖尔汉简中，有都护军候、左部左曲候、右部后曲候、左部后曲候、□□部军守司马、左右部司马。罗布淖尔汉简与车师将田戊己校尉所属屯田军有关，下列悬泉汉简也同样如此，有右部司马丞、將田车师左部中曲候令史、己校前曲候、戊校左曲候、戊校前曲候、戊校司马丞、戊校幕府史。关于戊己校尉所属职官，在《汉书·百官公卿表》中记叙得比较简单，悬泉汉简的如下内容，从侧面反映了这方面的情况：

尚书丞昧死以闻：制曰：可。赐校尉钱人五万；校尉丞、司马、千人、候，人三万；校尉史、司马丞、候丞人二万；书佐、令史人万。（87—89C：11）

归纳有关资料，校尉及其属员大致可分4个等级：①校尉比二千石；②校尉丞、司马、千人、候比六百石；③校尉史、司马丞、候丞，比四百至二百石；④书佐、令史，百石以下。通过上述职官设置，对屯田军的组织机构，我们也就可以了解一二：

［1］建始五年……□田车师左部中曲候令史礼调罢将……候行丞……□□为驾诣北军，为驾一封轺传，有请……（Ⅱ90DXT0214②:137）

［2］平元年十月车师戊校兵曹薄（簿）（Ⅰ90DXT0205②:22）

［3］入铁镡剑，永始三年六月癸卯，郡库掾成受罢己校前曲后。（Ⅳ91DXT0617③:17）

［4］车师戊校左部□。（正面）□掾立人。（背面）（Ⅱ90DXT0216③:28）

［5］出麦四斗，以食戊校莫（幕）府史张卿所乘广至马一匹，再食，食二斗。都吏石卿监。（Ⅱ90DXT0216②:359）

［6］己校左部中曲候令史黄赏，以私财买马一匹……（Ⅱ90DXT0215①:16）

［7］车师己校候令史敞、相、宗、禹、福、置诣田所，为驾一封轺传，驾六乘。传百八十八。（Ⅱ90DXT0215③）

［8］车师己校尉书佐……为驾一封轺传，驾□□（Ⅱ90DXT0216②:405）

［9］迎戊己校罢校尉，置客往来食如牒，前与政相争□（Ⅰ90DXT0112①:27）

在罗布淖尔汉简和悬泉汉简中，都有“部”的出现，有称左、右部或车师左、右部，也有称戊校左、右部或己校左、右部。黄文弼先生称戊己原为两部，“言其名位，称戊己；论其守地，称左右”。[1] 有一定道理。不过他据《西域传》“汉徙己校屯姑墨”，认为“己校原屯龟兹城南，后徙屯姑墨”，则缺乏根据，把问题复杂化起来。无论传世文献或简文将田车师戊己校尉，都系指活动于吐鲁番盆地之屯田军2校。武帝阳朔四年（前21），“汉徙己校屯姑墨”，乃为解决乌孙内乱，调车师己校至姑墨就便讨伐，并非己校长期驻此屯田。时受资料所限，黄先生仅认为戊己校尉分为左右两部，据悬泉新出简牍，戊己两校，亦各有左、右部。不

［1］黄文弼：《西北史地论丛》，第315页。

过无论哪个层次的左、右部，皆非一级编制，只是就其驻地方位而言。车师之左、右部即为驻于东部高昌壁之己校和驻于西部交河壁之戊校，合称戊己校；其长官或称戊己校尉，或称戊校尉、己校尉；其下一级单位为曲，有前、后、左、右、中5曲，军候为之长。此两级职官在文献、简牍中都有记述。《续汉书》称“曲下有屯，屯长一人，比二百石”，现尚无具体资料能加以说明。据简牍所述，戊、己校尉以及渠犁校尉属下，皆有幕府、军曹设置，俨然将帅府第景象。边地官吏立府治事，多逾制铺张，以壮其声威：

送使渠犁校尉莫（幕）府，掾迁会大风……（Ⅱ0215④:36）

□平元年十月车师戊校兵曹薄（簿）……（Ⅰ0205②:22）

出麦四斗，以食戊校莫（幕）府史张卿所乘广至马一匹，再食，食二斗。都吏石卿监。（Ⅱ0216②:359）

宣帝神爵三年西域都护府建立后，渠犁田卒除留部分继续垦殖外，主力转移至车师前部即吐鲁番盆地。戊校（部）主要驻在西部的交河壁，己校（部）主要驻在东部的高昌壁。在西域都护的领导下，二部的长官为戊校尉和己校尉。东部高昌壁至柳中一带，逐步发展为垦殖中心后，己校尉的地位亦更加显要。元帝初元元年，汉廷设戊己校尉，作为西域屯田军的最高长官，有可能系己校尉兼管戊校事务。故《汉书·西域传》上出现戊己校尉，而《后汉书·西域传》则云：“元帝又置戊己二校尉，屯田于车师前王庭。”

1.3 西域各国和中原的交往

自汉宣帝神爵三年（前59）西域都护府建立后，汉朝遭世承平，社会安定，中西交通畅达，往来频繁，历史文献中对此大好局面曾有形象生动的描述：“立屯田于膏腴之野，列邮置于要害之路。驰命走驿，不绝于时月，商胡贩客，日款于塞下。”[1]这段为人称道的文字，读之琅琅

[1]《后汉书·西域传》。

上口，但掩卷细思，却感到有点空泛，缺乏具体切实的内容。在《汉书·西域传》和有关内容中，都缺乏这方面的具体记述。可喜的是，新出的悬泉汉简弥补了传世文献的不足，它告诉我们在西域都护府建立后，主要在元、成期间，广大西域地区特别是塔里木盆地各绿洲城国，曾有大量人员前往中原“贡献”，实际上也就是通商贸易进行经济文化交流活动。

1.3.1 中亚各国与我国中原的往来

在悬泉汉简中，除乌孙与汉朝关系特殊出现大量有关简牍可作专题研究外，一些中、西亚大国如大月氏、大宛、康居等也不断派遣使节来中原贡献：

一四〇 出粟一斗八升……以食守属周生广送自来大月氏使者积六食食三升。（Ⅱ0214①:126）

一八九 客大月氏、大宛、疏勒、于阗、莎车、渠勒、精绝、□弥王使者十八人，贵人□人……（Ⅰ0309③:97）

一四二 大宛贵人乌莫塞献橐他一匹，黄，乘，须两耳，□一丈，死县（悬）泉置……（Ⅱ0214②:53）

一四八 建平五年十一月庚申，遣卒史赵平，送自来大宛使者侯陵奉献，诣□□……（Ⅱ0114④:57）

一四九 黄龙元年六月壬申，使臣宏、给事中侍谒者臣荣……。诏传□吏甘使送康居诸国客，斥候盖典副，羌……为驾一封轺传，三月辛□……（Ⅱ0114④:277）

在已经公布的上述简牍中，大宛来客共3次，2次为使节，1次为贵人即贵族乌莫塞奉献骆驼；大月氏来使2次，康居1次。按制外国使者事毕，汉朝皆派员护送回国，即使地处绝远、不属都护也不够友好的罽宾、康居亦皆不例外。对此，成帝河平四年（前25）在朝廷官员间曾引起一些质疑和反对。杜钦对主政的王凤说：罽宾屡杀中国使者，“‘今悔过来，而无亲属贵人，奉献者皆行贾贱人，欲通货市买，以献为名，故烦使者送至悬度，恐失实见欺。凡遣使送客者，欲为防护寇害也。起皮山南，更不属汉之国四五，斥候士百余人，五分夜击刀斗自守，尚时为所侵盗。驴畜负粮，须诸国禀食，得以自赡。国或贫小不能食，或桀黠不肯给，拥强汉之节，馁山谷之间，乞匄无所得，离一二旬则人畜弃捐旷野而不返……今遣使者承至尊之命，送蛮夷之贾，劳吏士之众，涉危难之路，罢弊所恃以事无用，非久长计也。使者业已受节，可至皮山而还。’于是凤白从钦言。罽宾实利赏赐贾市，其使数年而壹至云。”[1]

上列Ⅱ0114④:277简牍中的康居与罽宾情况相似，既图商利与汉朝来往，又受匈奴牵制，不断与汉朝作对。康居为中亚大国，其居民以游牧为生，地处乌孙以西、大月氏之北，人口有60万，胜兵12万。以其地绝远，不属都护，从不把汉朝放在眼里。

黄龙元年(前49)六月，汉朝派员护送其使者返回，双方虽往来不绝，但在元帝建昭三年(前36)其王与匈奴郅支单于勾结，妄图称霸西域，与汉朝对立。汉西域都护甘延寿与副校尉陈汤当即采取果断措施，发兵诛灭郅支单于而结束了这场动乱。后康居虽仍与汉有往来，却骄慢无礼，屡次侮辱汉使者。故西域都护郭舜数上言，奏请朝廷与其断绝往来，“汉家不通无礼之国，敦煌、酒泉小郡及南道八国，给使者往来人马驴橐食，皆苦之。空罢耗所过，送迎骄黠绝远之国，非至计也”[2]。时汉朝为拓展与西方各国的关系，“重致远人，终羁縻而未绝”，仍旧与之往来。而打着使者旗号的康居商贾，与汉地方政府之间的经济纠纷，也就难免发生。

一五五　康居王使者册

康居王使者杨伯刀、副扁阗、苏王使者、姑墨副沙囷、即贵人为匿等皆叩头自言，前数为王奉献橐佗入敦煌(877简)关，县次赎食至酒泉昆归官，太守与杨伯刀等杂平直(值)肥瘦。今杨伯刀等复为王奉献橐佗入关，行直以次(878简)食至酒泉，酒泉太守独与吏直(值)畜，杨伯刀等不得见所献橐佗。姑墨为王献白牡橐佗一匹，牝二匹，以为黄，及杨伯刀(879简)等献橐佗皆肥，以为瘦，不

〔1〕《汉书·西域传》。
〔2〕《汉书·西域传》。

如实,宀免(880 简)。永光五年六月癸酉朔癸酉,使主客部大夫谓侍郎,当移敦煌太守,书到验问言状。事当奏闻,毋留,如律令(881 简)。七月庚申,敦煌太守弘、长史章、守部候修仁行丞事,谓县,写移书到,具移康居苏王使者杨伯刀等献橐佗食用谷数,会月廿五日,如律令。/掾登、属建、书佐政光(882 简)。七月壬戌,效谷守长合宗,守丞、敦煌左尉忠谓置,写移书到,具写传马止不食谷,诏书报会月廿三日,如律令。/掾宗、啬夫辅(883 简)。(Ⅱ0216②:877—883)

按汉朝的成规,对来奉献的外国王公贵族或使者应免费招待食宿,甚或提供交通工具。上述郭舜所言也多少透露这点。《康居王使者册》中的杨伯刀等,经过敦煌关都尉或关候的检验,已确认其康居王使者身份,但并没有享受到使者的待遇。据杨等申诉,前数次为王奉献,入关以来皆以财物换取口粮。他们奉献骆驼并非要入京城朝贡,而是在酒泉按价向官府领取赏赐,旋即返国。时酒泉太守按制可以代朝廷接受献物,也可代发赏赐(这就是所谓的贡赐贸易),前几次杨等献骆驼都是与酒泉太守共同评估定价,而这次却是酒泉太守扣留了骆驼,与下属单方面定价,肥的说成是瘦的,高价的白骆驼说成是黄的。杨伯刀说他自己想见骆驼都见不到。精明的杨伯刀就是打着使者旗号的商贾,他见多识广,很懂得维护自己的利益,当即到长安向汉朝主管外事的大鸿胪状告酒泉太守。永光五年(前39)六月大鸿胪属官使主客吩咐侍郎移书敦煌太守追查此案,七月十八日敦煌太守移书悬泉置,限于二十五日前上报杨伯刀等食用谷数,至于酒泉太守是否压低驼价图谋私利等情节,自当另行调查。关于此案最后如何了结则不得而知。揆之常理,杨伯刀等所诉案情,不会凭空捏造,有些夸张皆所难免。

通过上述,我们可以知道,由于汉朝政治上的考虑多于经济上的算计,施行厚往薄来的外贸政策,这就出现了下列两方面的问题:

(1)中西交通畅达以后,大批使者以及打着使者旗号的商贾入境,汉廷免费接待,提供食宿。这一招徕远人的做法,有助于发展对外交往，但对边郡各地确是难以承受的负担。实际上，这也是很难做到的事。郭舜所言敦煌、酒泉等地“给使者往来人马驴橐驼食，皆苦之”，确属实情，对往来客商以平价提供口粮，即采用“赎食”的做法，并不为过。有学者认为，凡是在边郡进行贡赐的，须自付食宿费用，自备交通工具，这也可能是实际的做法，究竟当时汉朝有无明确具体规定，尚待更多材料的证实。

(2)按汉朝规定，边陲地方政府可以从事贡赐贸易，这在执行中可能会出现弊端，中央朝廷的各项政策措施，地方官吏出于本身私利的驱动，常不能切实贯彻执行。杨伯刀所诉酒泉太守压价的事可能并不罕见。元帝永光五年正是汉朝的太平盛世，中央朝廷具有至高无上的权威，故能及时处置此案。东汉以后朝廷弱，地方豪强势力雄张，这种有碍于丝路贸易的事端更多出现，《三国志·仓慈传》云：

> 又常日西域杂胡欲来贡献，而诸豪族多逆断绝；既与贸迁，欺诈侮易，多不得分明。胡常怨望，慈皆劳之。欲诣洛者，为封过所，欲从郡还者，官为平取，辄以府见物与共交市，使吏民护送道路，由是民夷合羽然称其德惠。

像仓慈这样德惠于民的清官，在历史上并不多见，所以陈寿为之立传颂扬：

> 西域诸胡闻慈死，悉共会聚于戊己校尉及长吏治下发哀，或以刀画面，以明血诚，又为立祠，遥共祠之。

1.3.2 天山以南诸城国积极与中原交往

除了中、西亚一些大国如大宛、大月氏、康居等通过丝绸之路和汉朝进行交往外，塔里木盆地各绿洲小国这时更积极地与汉朝交往。据参加简牍整理的甘肃考古研究所吴礽骧先生介绍[1]，在西汉中、后期，天山以南诸国和汉朝通使的有楼兰、且末、小宛、精绝、扜弥、渠勒、于阗、蒲犁、皮山、莎车、疏勒、姑墨、温宿、龟兹、仑头、乌垒、尉犁、危须、焉耆、狐胡、山国、车师等20余国。这些以塔里木盆地为主的绿洲城国，

[1]《敦煌悬泉遗址简牍整理简介》，载《敦煌研究》1999年第4期。

人口最多的为龟兹，有 81317 人，最小的系“王治车师柳谷”的狐胡，仅有 264 人。他们在摆脱匈奴沉重的压榨后，“思汉威德，咸乐内属”，不仅派遣大批使者至中原奉献，王公贵族也乐于进京朝贡。如：

楼兰王以下二百六十人，当东，传车马皆当柱，敦……（Ⅱ0115②:47）

……送精绝王诸国客凡四百七十人。(150)（Ⅱ0115①:114）

各有数，今使者王君将于阗王以下千七十四人，五月丙戌发禄福，度用庚寅到渊泉。(145)（Ⅰ0309③:134）

永光五年（前 39）七月癸卯朔丁巳，使送于阗王诸国客，卫司马参、副卫候临，移敦煌太守……(154)（Ⅱ0216②:54）

客大月氏、大宛、疏勒、于阗、莎车、渠勒、精绝、扜弥王使者十八人，贵人□人……(189)（Ⅰ0309③:97）

据《汉书·西域传》载，元凤四年（前 77）楼兰更名鄯善，迁都扜泥城（今若羌一带）。不少论著称原楼兰王城为汉朝屯戍重地，或为相距 300 余里的鄯善王属地。从上列简牍看来，此说尚有讨论的余地，值得进一步研究。时间为西汉晚期的Ⅱ0115②:47 简称楼兰王往京朝贡，说明楼兰仍为一绿洲城国，并非鄯善所属，更不能与鄯善混淆，因当时鄯善王也同样遣使往中原奉献。

一三六　以食守属孟敞送自来鄯善王副使者卢匿等，再食，西。（Ⅰ0116②:15）

一四三　鸿嘉三年（前 18）正月壬辰，遣守属田忠送自来鄯善王副使姑彘、山王副使鸟不月象奉献诣行在所，为驾一乘传。（Ⅱ0214②:78）

东汉时期楼兰仍不时出现于史籍，为汉军屯戍重地。《后汉书·杨终传》载：章帝建初元年(96)终上疏曰：“又远屯伊吾、楼兰，车师戊己，民怀土思，怨结边城”，“今伊吾之役，楼兰之屯，久而未还”。汉军吏士时在此屯戍，可能属实。

在传世文献中也把楼兰与鄯善并列，而与其他绿洲城国地位相当。安帝元初六年(119)班勇上议曰：“宜遣西域长史将兵五百人屯楼兰,西当焉耆、龟兹径路,南强鄯善、于阗心胆,北扞匈奴,东近敦煌,如此诚便。”“延光二年(123)夏,复以班勇为西域长史”,“明年正月,勇至楼兰,以鄯善归附特加三绶”。47 班勇以楼兰城为基地,进而降服龟兹、车师等绿洲城国,这说明当时楼兰仍为有人群居住的绿洲城邑,而非无人的荒漠之地。除上述鄯善、楼兰外,时南道诸国大多与中原关系密切,上列于阗王亲往中原 2 次、精绝王 1 次,而派遣使者往中原奉献的当然更多。现在我们可以明白,为什么在尼雅遗址多次的发掘中,能发现那么多的中原丝织品,实际上那都是汉朝与精绝王室经常往来中的赏赐或是贡赐贸易的珍品。

上述简牍主要书写于元、成期间,而据介绍 154 号简“于阗王以下千七十四人”西返则为昭帝元平元年(前 74)至宣帝五凤年间(前 57—前 54)之事,换句话说很可能在宣帝神爵三年(前 59)西域都护府建立前于阗王已和大批使者、贾客至中原活动。在汉唐期间,于阗尉迟王室和中原关系最为密切,东汉初莎车王贤在南道自负兵强,侵袭邻邦,于阗位侍(尉迟)王被杀,其子戎逃奔中原,封为宁节侯。戎所以东奔,正是因为于阗王室已和汉朝有了密切关系之故。上述这些成批的包括王公贵族在内的使团,浩浩荡荡进入中原,一批最少二三百人,多的竟达千人以上。汉朝接待如仪,并护送返国。间隔时间不长,于阗王来长安 2 次,可谓过从甚密。在《汉书·西域传》中很难见到这类史事的信息,诚为憾事。在《汉书》其他有关内容中,虽偶有提及,亦极简略,如《武帝纪》天汉二年(前 99)载:“渠黎(犁)六国使来献。”《新唐书·西域传》载“自汉武帝以来,中国诏书符节,其王传以相授”,自非虚言。

1.3.3 西域屯戍边吏往返中原的记录

在《敦煌悬泉汉简释粹》第 4 部分《使节往来与周边关系》中,所录多为中外使节往来的简牍,也有一些为西域屯戍边吏往返的内容,其中值得注意的是,在渠犁、车师屯戍官吏中还有 3 年“更终罢”返回北军的内容:

一五七　□□渠犁□□丞王常、□忠更终罢,给北军,诏□为驾一封轺传,一人共载,有请。甘露□年……谓……(Ⅱ0214③:

67)

一五九　将田渠犁校尉史移安汉□□□送武，军司令史田承□□□□。谨长至罢诣北军以传。诏为驾一封轺传，传乘为载。(91C:59)

一六九　建始五年……□田车师左部中曲候令史礼调罢将……候行丞……□□为驾诣北军，为驾一封轺传，有请。当……□史。(A)敦煌太守府吏(B)(Ⅱ0214②:137)

《汉书·百官公卿表》载："中垒校尉掌北军垒门内，外掌西域。"北军是皇室的禁卫军，属中尉统领，驻防于长安城北。对《百官公卿表》所载，过去不少学者持否定态度，疑其有误。荀悦《汉纪》作掌北军垒门内外，无掌西域3字，故清王引之认为中垒不应掌西域，校勘时改为"掌四城"。当代治汉史的陈直先生认为："考中垒校尉所掌仅为北军之垒门，京师之四城，有执金吾之徼巡，有城门校尉之屯卫，似无垒床筑屋之职守。若指为北军垒门之四城，则表文反为赘词。"[1]现悬泉汉简出土，真相大白，证实《汉书·百官公卿表》记载无误。西域屯戍官吏不少由北军派遣。按汉制屯戍官吏三年一更，《汉书·段会宗传》即有"三岁，更尽还"之说，颜注亦曰边吏三岁一更。上引简文皆为屯戍边吏在西域服役期满调回北军的实录。

---

〔1〕《汉书新证》，第123页。

2　新疆古代畜牧业的发展

新疆幅员广阔，在160多万平方公里的大地上，高山、盆地、河谷、平原、戈壁、沙漠，纵横交错，构成复杂多样的地貌景观。巍巍天山，横亘其中。北麓受北冰洋气流影响，气候比较湿润，地势平缓，植被丰茂，优良草场多集中分布于此高山、亚高山带及一些高位盆地和平原河谷地区。据统计，现处于阿尔泰山与天山之间的伊犁哈萨克自治州，是新疆最大的牧区，牧草质量为全疆之冠，草场面积达3.01亿亩，占全州土地总面积的75%以上，相当于全疆草场面积的42%。其所属阿尔泰地区，草场面积最大，达1.5亿多亩，占全疆草场面积20%。而处于东天山北麓的高山草原盆地——巴里坤，草场面积2150多万亩，上百种的优良牧草，为畜牧业生产提供了雄厚的物质基础。这广阔的茫茫草原，是古代以游牧为生的塞人、匈奴人、乌孙人、柔然人、嚈哒人、高车人、突厥人策马驰骋的历史舞台。天山以南塔里木盆地周沿的河谷平原及山前地带，亦有各类草场，可供畜牧，与星罗棋布的绿洲农业区，形成农牧相间的生产格局。当今新疆按面积计算，拥有7亿多亩有效利用草场，仅次于内蒙古，居全国第二位；若以草场的类型质量计算，则可称全国第一。可以肯定，如果追溯到本篇所述的历史年代即公元8世纪前，在莽莽大草原上，“天苍苍，野茫茫，风吹草低见牛羊”，其自然环境，更适宜于“随畜逐水草”的游牧生活。

2.1　古代新疆牧民生产遗存

据考古资料，距今约10000—4000年含有细石器的文化遗址，遍及天山南北。在发展缓慢的遥远的古代，人们过着以狩猎为主采集为辅的原始生活。[1] 大约到距今3000年左右,天山南北畜牧业已相当发展。许多地方,人们虽过着逐水草而居的游牧生活,但随着种植业的开始发展,也有着相对稳定的定居生活。在新近发现的考古资料中,最能说明这种以畜牧业为主兼营农业的人类文化遗址的,是中国社会科学院考古研究所和新疆文物考古研究所于1983年以来发掘的和静县察吾呼沟古墓群。墓群位于天山南麓的和静县西北30余公里的戈壁滩上。[2] 按地理位置应属汉焉耆国境。

据初步断定,这一古墓群的年代当为公元前10世纪至公元3世纪,相当于我国中原的西周后期至汉魏之际。

察吾呼沟沟口南二三公里是天山南麓普遍存在的戈壁砾石地带,现被发掘的早期墓葬124号墓地出土的生产工具多是与游牧经济有关的弓、箭、镞、砺石、刀、马具等,在4号墓地几乎每座墓都有牛羊随葬,并有殉马坑的发现。毫无疑问,当地居民时以游牧狩猎为生,不过游牧只是在一定地域范围内"夏迁凉土,冬逐暖处";大量陶器以及存有谷物的容器出现,说明种植业亦同时有了发展,人们有着相对的定居生活。这种以牧为主兼营农业的生产特点,正是当时新疆很多地方经济生活的真实写照。而在各地遗址都能见到的弓箭、箭镞以及石球等武器或工具,告诉我们狩猎也是当时居民取得生活资料的重要手段,自然它们也是保护畜群的重要武器。与察吾呼沟人同时的古代新疆其他地区的人群聚落,基本上也表现了同样的生产特征。距今3000年生活在孔雀河下游古墓沟的罗布泊人,生产亦以畜牧业为主,饲养的牲畜有牛、山羊、绵羊等,有座墓葬随殉的牛羊角多达26支,人们的生活用品帽、鞋、毛布、毛毯等原料都取自牲畜。[3] 哈密五堡克孜尔确卡古墓葬区,也普遍发现随葬的牛羊马骨,死者的生活用品多为牲畜皮毛

〔1〕穆舜英、王明哲:《新疆古代民族考古文化》,载《新疆社会科学研究》1985年第6期。

〔2〕新疆文物考古研究所:《和静察吾乎沟四号墓地1987年度发掘简报》,载《新疆文物》1988年第4期;《新疆和静县察吾乎沟二号墓地》,载《新疆文物》1989年第4期;《和静县察吾乎沟三号墓地发掘简报》,载《新疆文物》1990年第1期;《和静县察吾乎沟五号墓地发掘简报》,载《新疆文物》1992年第2期;《新疆和静县察吾乎沟一号墓地》,载《新疆文物》1992年第4期。

〔3〕王炳华:《孔雀河古墓沟发掘及初步研究》,载《新疆社会科学》1983年第1期。

制成的衣裤靴帽;同时发现的小米饼及青稞穗壳,说明该地虽然以牧为主,但种植业也相当发达;腿绊、鼻栓等圈养牲畜工具的出现,更表明了农牧兼营定居生活的特色。[1] 从哈密北行30公里至南山口翻越天山大坂,便进入巴里坤草原。《汉书·西域传》载,这个四周群山环抱的高山草原盆地,原称蒲类,"庐帐而居,逐水草,颇知田作,有牛、马、骆驼、羊畜,能作弓矢,国出好马",系汉代著名的农牧兼营地区。实际上它已不全是"庐帐而居",在兰州湾子发现的建筑面积近200平方米的石构建筑群,显示了人们的定居生活方式,已有相当的基础和规模。[2] 通过上述,我们可以知道,在距今3000年左右的青铜时代,新疆天山以东、以南的部分地区,以牧业为主兼营农业。由于幅员广阔,自然环境复杂多样,也有的地方呈现出不同情况,如距离察吾呼沟不足100公里的和硕县新塔拉、曲惠原始文化遗址[3],距今约3500—3000年,出土的大量陶片和石器工具(磨盘、磨棒、锄形器),反映出农业经济的特色。这里西距焉耆约五六十公里,汉代为危须国地,《汉书·西域传》也说明此系种植业较发达的地方,有余粮供给山国等地。位于伊吾县东北80公里的卡尔桑遗址[4],出土有锄形石器、磨盘以及铜锄、骨锥等物,以农为主,兼营狩猎,与《后汉书》所称伊吾"地宜五谷"的情况,大体一致。

2.2 汉代天山以北草原游牧各部活动范围

在距今3000—2000年的铁器时代,新疆北部伊犁河流域,以及伊塞克湖畔、纳林河流域,是游牧民族争相活动之地。在这辽阔的莽莽苍

[1]新疆社会科学院考古研究所:《新疆考古三十年》,新疆人民出版社1983年版,第3页;哈密市地方志编纂委员会:《哈密县志》,新疆人民出版社1989年版,第399页。

[2]新疆地方志编纂委员会:《新疆年鉴》1985年刊,新疆人民出版社1985年版,第492页。

[3]新疆博物馆等:《和硕县新塔拉、曲惠原始文化遗址调查》,载《新疆文物》1986年第1期。

[4]吴震:《新疆东部的几处新石器时代遗址》,载《考古》1964年第7期。

苍大草原上,“地莽平。多雨,寒。山多松樠”[1]。湿润多雨,松林密布,为游牧民族提供了得天独厚的优越环境。塞人、大月氏人、乌孙人,一个接一个地出现于此,虽然留下的历史遗存不多。而在其东部阿尔泰山和额尔齐斯河上游南至巴里坤草原的广阔地带,则是呼揭人的领地。公元前3世纪后,匈奴势力扩张,进占了巴里坤及其以北一带地方。

《汉书·西域传》载:乌孙国,“东与匈奴,西北与康居,西与大宛,南与城郭诸国相接,本塞地也”。这向我们示意,新疆伊犁河流域,在乌孙人进入以前,原是塞人游牧地区,其生产生活“随畜逐水草”,有大量的马群。近年考古工作者在新源铁木里克和黑山头墓群以及特克斯一牧场墓群发掘的结果,也证实了上述文献所载的情况。这批墓葬群的年代,以C14测定,约相当于春秋战国时期(前590—前240年);较晚的特克斯一牧场墓葬群,则可能是属于战国末至西汉初期的塞人墓地。这批墓葬遗存不多,却反映了游牧民族的特点。随葬品主要是陶器和铁刀、铜镞之类。据介绍,有陶壶、陶罐、陶盆、铜镜、铜镞、石磨盘等。陶器质地粗糙,器形单一,有的陶釜内盛有羊骨,旁置小铁刀,形象地反映了牧民的生活特点。除常见随葬的羊骨外,马骨、狗骨也曾发现。在新源铁木里克墓群中,有的墓台上,还置有殉马。这些都是生活在伊犁河流域的塞人常有的牲畜。陶器屡见,也说明他们过着相对的定居生活。

随塞人足迹来此的大月氏人,很快又向西迁徙。公元前2世纪,乌孙人入主伊犁草原,《汉书·西域传》载其“随畜逐水草,与匈奴同俗。国多马,富人至四五千匹”[2]。与塞人一样,他们亦过着每年都要迁移的游牧生活,“穹庐为室兮旃为墙,以肉为食兮酪为浆”。夏季向气候凉爽湿润背阴的山谷移动,以避酷暑;冬天则向朝阳暖和的山谷迁徙,以防风寒。从山麓的缓坡地带到伊犁河谷,有肥沃的黑钙土和栗钙土,

[1]张玉忠:《伊犁河谷土墩墓的发现和研究》,载《新疆文物》1986年第3期。

[2]《汉书·西域传》。

植被茂盛，一马平川，水草丰饶，是优良的春秋草场。这种在不同季节进行迁移的游牧活动，并不是毫无节制的漫游，而是在约定的范围内放牧；不同部落之间，界限不得逾越，如乌孙传所述："后乌就屠不尽归诸翎侯民众，汉复遣长罗侯惠将三校屯赤谷，因为分别其人民地界。"〔1〕

汉宣帝甘露元年（前53），朝廷为解决乌孙内部争端，派遣常惠率兵屯田赤谷，划定失和的大小昆弥的放牧地界和分别统率的部众。后"大昆弥雌栗靡健，翎侯皆畏服之，告民牧马畜无使入牧，国中大安和翁归靡时"〔2〕。这说明不仅大小昆弥各有其牧地范围，而且在两个大首领内部即与所属各部首领（翎侯）之间，亦都划分占有着牧地，牧民不得随意超越或离开所属部落的牧地，入别地牧畜，这样乃实现了各部之间的和平相处，"国中大安"。正是由于他们只是在一定地域范围内进行季节性的迁徙，所以也可以有相对的定居生活，并发展一些种植业。近年考古工作者在发掘乌孙墓时，在不多的遗物中，常见有两类随葬品：一为割肉的小铁（钢）刀，一为盛放杂物或浆水的陶器。陶器是社会生产力发展到一定阶段的产物，它的出现使人们结束了饥则求食，饱则弃余，茹毛饮血的原始生活，从而享有相对定居和熟食的条件；同时，陶器是金属冶炼的工具，所以铁刀之类金属物品的出现，也是合乎情理的生产力发展的必然结果。

乌孙原居河西敦煌一带，"与匈奴同俗"而又臣服匈奴。大约在公元前161年汉文帝在位期间，击破大月氏迁来伊犁河流域，在一定程度上摆脱了匈奴的控制。乌孙当时贫富分化显著，作为"与匈奴同俗"的奴隶制社会，这自然是一种正常的现象。乌孙的大小昆弥，是最高的奴隶主。昆弥以下的各部首领，亦即大大小小的奴隶主，被称为翕或翕侯，他们都有自己的牧地，为其统属的有牧民和奴隶。自然，各个部落各地的翕侯都拥有为数不同的牲畜。马当时是乌孙人最重要的牲畜，

〔1〕《汉书·西域传》。

〔2〕《汉书·西域传》。

史称其“国多马,富人至四五千匹”。后面一句话虽有些夸大,但“国多马”是符合历史事实的。究竟当时乌孙有多少牲畜,我们分析下列史料,可略知其端倪:

昆弥自将翕侯以下五万余骑从西方入至右谷蠡庭,获单于父行及嫂居次,名王骑将以下三万九千人,得马、牛、驴、骡、橐佗五万余匹,羊六十余万头,乌孙皆自取卤获。[1]

校尉常惠与乌孙兵至右谷蠡庭,获单于父行及嫂居次、名王、犁污都尉、千长、将以下三万九千余级,虏马、牛、羊、驴、骡、橐佗七十余万。[2]

本始二年(前72)汉5路发兵配合乌孙攻击匈奴,上述两条材料所述,大同小异。这次战役乌孙虏获匈奴牲畜为70余万,如果细说,则是得马、牛、驴、骡、骆驼5万余头,羊60余万头。按所俘获3.9万人与70万头牲畜计算,则人畜比例为1:19.2;若以3.9万人和大畜5万余头相比,则人均不足2头;再若人和马相比,则人均约1匹。其冬,匈奴单于亲率兵攻乌孙,恰天大雨雪,在丁零、乌桓、乌孙3国合击下,“三国所杀数万级,马数万匹,牛羊甚众”。这里人和马相比,也是1:1。本始大战汉5路将军在东边的战况不佳,除五原出塞的一路“诈增卤获”数字不实外,其余四路斩首、捕虏1119级,虏获牲畜两万头,人畜比例为1:18。这两项数字基本一致。考虑到在战争中,人比牲畜逃离迅速,我们即以较低的数字计算,生活在西域或附近的匈奴人,人均占有牲畜18头,乌孙与匈奴情况基本相同。当时在新疆境内,乌孙约有25.2万人,以人均占有牲畜18头计算,则应有453.6万头牲畜[3]。上述人均占有牲畜数量与清初游牧于伊犁河流域的准噶尔人基本相同。蔡家艺先生在《准噶尔的畜牧业》[4]一文中介绍:“在噶尔丹策零时,一个

---

〔1〕《汉书·常惠传》。

〔2〕《汉书·匈奴传》。

〔3〕据《汉书·西域传》载,乌孙有63万人,究竟在新疆境内有多少人,这是个很难测算的数字;原估计44万人,数字嫌大,现据乌孙分布区域的地理环境分析,改为按乌孙总人口40%计算,即25.2万人。

〔4〕载《民族研究》1985年第1期。

上等户，其拥有牲畜头数，一般是马五六十匹，牛四五十头，羊二三百只，骆驼十多头。中等户是马二三十匹，羊五六十只以上，牛十多头，骆驼数峰。”如果我们以5口之家的中等户计算，则准噶尔人均占有牲畜约20头，略高于汉代乌孙、匈奴的人均占有量，1949年新疆解放初期牧民人均占有牲畜大约是12.6—14.2头，则低于历史上的数字。由于古代新疆畜牧业的发展缺乏统计数字，我们只能述其大概，而需要说明的是，有少数地方情况差别很大。《后汉书·西域传》载：“阳嘉三年夏，车师后部司马率加特奴等千五百人，掩击北匈奴于阊吾陆谷，坏其庐落，斩数百级，获单于母、季母及妇女数百人，牛羊10余万头，车千余辆，兵器什物甚众。”数百人即以千人计算，拥有牛羊十余万头，人均占有牲畜量也在百头以上。自然这是单于母、单于季母等上层人物占有牲畜的情况，非常人可比。

生产结构以畜牧业为主的除乌孙外，在天山以北、以东尚有下列较小的城国或族群：车师后国4774人、车师后城长国960人、乌贪訾离231人、卑陆1387人、卑陆后国1137人、郁立师445人、单桓194人、蒲类2032人、蒲类后国1070人、东且弥1948人、西且弥1926人、狐胡264人、劫国500人，以上13国共17868人。按人均18头牲畜计算，计有牲畜32万1624头。

葱岭地区以畜牧业为主的行国有：西夜、子合4000人、蒲犁5000人、依耐670人、尉头2300人、无雷7000人、乌秅2733人、捐毒1100人，以上7国共22803人，计有牲畜410454头。

《汉书·西域传》载：“自且末以往皆种五谷，土地草木，畜产作兵，略与汉同。”这里所说的塔里木盆地绿洲城国多处于山前冲积平原，宜于农耕，畜牧业亦占重要地位，成为以农为主农牧兼营的城郭之国：

且末1610人、精绝3360人、焉耆32100人、扜弥20040人、于阗19300人、皮山3500人、莎车16373人、疏勒18647人、温宿8400人、姑墨24500人、龟兹81317人、乌垒1200人、渠犁1480人、尉犁9600人、危须4900人，还有车师都尉国330人、车师前国6050人。上述17个以农业为主的绿洲城国，共有252707人；人均占有牲畜量酌以6头计算，计有 1576242 头。

值得注意的是，在塔里木盆地南北缘接近山区的荒漠地带或低山带，亦有“随畜逐水草”的以牧为主的城国：

婼羌 1750 人、鄯善 14100 人、小宛 1050 人、戎卢 1610 人、渠勒 2170 人、山国 5000 人，计 25680 人。以人均占有 10 头牲畜计算，则有 256800 头。

由于社会及自然的原因，有些城国如焉耆农业、畜牧业均很发达。据考古工作者介绍，距今 1800 年前后大致确定在汉晋时期的察吾呼沟墓地即处于汉代焉耆国范围。从墓葬发掘资料判断，该地生产方式是以畜牧经济为主，3 号墓出土的随葬品普遍有牛骨、马骨；8 号墓中发现有整匹马殉葬的现象，铜、铁器较多，有铁马具、铁镞等，没有农业生产工具，陶器亦极少。在发掘的 20 座古墓葬中只有陶罐 3 件、陶纺轮 1 件。墓地的发掘情况，虽然不能代表汉代焉耆的社会经济全貌，但至少可以说明这一带地方畜牧业是相当发达的。文献资料也说明这点，《汉书·西域传》载：“焉耆国，王治员渠城，去长安七千三百里，户四千，口三万二千一百，胜兵六千人……西南至都护治所四百里，南至尉犁百里，北与乌孙接。”当公元前 2 世纪西汉初期西域诸城国服属于匈奴时，“匈奴西边日逐王置僮仆都尉，使领西域，常居焉耆、危须、尉犁间，赋税诸国，取富给焉”。当时焉耆等国亲附匈奴，彼此关系密切，兵力较强。汉宣帝神爵三年(前 59)西域都护府建立后，焉耆仍不断扩充地盘，增强实力，从西汉时期的“户四千，口三万二千一百，胜兵六千人”，至东汉时期的“户万五千，口五万二千，胜兵二万余人”，其周邻危须、尉犁等皆受其控制。因背离汉朝统辖，东汉和帝永元六年(94 年)班超率军对其讨伐时，《后汉书》载“斩首五千余级，获生口万五千人，马畜牛羊三十余万头”。以此测算，其人均占有牲畜 15 头，较一般绿洲城国畜牧业发达。

据上所述，西汉时期在今新疆境内，牧区计有人口 316948 人，牲畜约有 5499624 头；农区计有人口 252707 人，牲畜约有 1516242 头；总计人口 569655 人，牲畜大约有 7015866 头。此系粗略估算的数字，显然不可能精确,只反映出当时牧业生产的概貌,而汉代以后由于历史资料缺乏,连进行这样的测算也不可能,好在有了这样的大致轮廓,对后来的情况也就多少有数了。

2.3 魏晋南北朝时期农牧业的发展

魏晋南北朝时期,中原政局动荡,无暇顾及边疆事宜,西域亦陷入动乱,特别是天山以北广阔肥美的草原,成为先后进入的游牧民族不断争夺的场所。东汉以后,北匈奴逐渐衰落,鲜卑崛起,称雄漠北,继而入主中原,又向西北进军。公元5—6世纪活动于蒙古高原的柔然、嚈哒和高车等游牧民族亦向西域扩展,势力较为强大的柔然在天山以北,称霸一时,乌孙屡受其攻击和掠夺,乃不得不"西徙葱岭山中,无城郭,随畜牧逐水草"[1],其旧地除大部分为柔然所占外,匈奴余部狳胡亦活动于温宿、尉头以北地带。南北朝时狳胡被称为悦般,仍于龟兹以北天山一带活动。"地方数千里,众可二十余万",其活动范围直至乌孙旧地西北一带。据《北史》载,魏太和十一年(487年)高车为摆脱柔然的残暴统治,西迁至东部天山以北至阿尔泰山之间的广阔地带,其中心在天山主脉依连哈比尔尕山和博格达山以南地带。地处丝路要冲的高昌,曾一度成为柔然、嚈哒和高车的争夺焦点。当时天山以北以东地区,备受战火摧残,畜牧业生产受到极大破坏。高车原是很富足的游牧部落,"其畜产自有记识,虽栏纵在野,终无妄取"。在漠南时,向北魏朝廷"岁致贡献,由是国家马及牛羊遂至于贱,毡皮委积"[2]。魏太和十一年(487)迁至车师前部西北后,常与柔然相攻击,伤亡惨重,牲畜大为减少,送给北魏的贡品仅是"马七匹,驼十头",或"龙马五匹,金银貂皮及诸方物"。高车或称铁勒,《隋书·铁勒传》称:"近西边者,颇为艺植,多牛羊而少马。"这部分铁勒人邻近绿洲农业区,似有定居转向种植的趋向。与此同时,天山以南的塔里木盆地各绿洲城国亦同

[1]《魏书·西域传》。

[2]《魏书·高车传》。

样受到战乱的破坏，使牧业生产受到损失。除东汉以后，由于战乱，焉耆牧业受到巨大损失已如上述外，《后汉书》载延平元年(106)梁慬与龟兹军战，“乘胜追击，凡斩首万余级，获生口数千人，骆驼畜产数万头，龟兹乃定”。塔里木盆地诸绿洲养驼较多，晋太元十年(385)吕光受符坚派遣，率军讨西域，攻占龟兹等地，返回时，“以驼二万余头致外国珍宝及奇伎异戏、殊禽怪兽千有余品，骏马万余匹”[1]。《魏书·西域传》载，太平真君九年(448)魏将万度归率军破焉耆“获其珍奇异玩殊方谲诡不识之物，橐驼马牛杂畜巨万”，攻陷以出“良马、犎牛”著称的龟兹，亦“大获驼马而还”。相对地说，在塔里木盆地南缘，汉晋以来，各绿洲城国农业、畜牧业均有一定程度的发展，如于阗国曾被称为“斯国丰乐，人民殷盛”，“有好马、驼、骡”，并以其图像铸造汉佉二体钱(俗称和阗马钱)。惜史籍对有关情况缺乏具体记载，我们只能从近代出土的文书、文物资料中窥知一二。

在古于阗国的中心地带，今和田地区洛浦县城西南14公里，玉龙喀什河东岸，1983年考古工作者对山普拉古墓群进行了发掘。据介绍，该遗址距今约2300—1700年，值汉晋时期，当地农业、畜牧业均相当发达，人群已走向定居。在随葬物中，马、羊骨皆有发现。值得注意的是，有完整的小羊殉葬，皮毛尚未完全腐烂。在墓地除发掘19座墓葬外，尚清理了马坑2座，坑内各埋马1匹，马身保存完整，葬式为侧身直肢，额头上插有两根羽毛，为装饰用，或与当时原始的宗教观念有关。从各种迹象看，马在当地人生活中享有较高的地位，羊群不在少数。在墓地发现的农作物有黍和大麦，食品有黍米饼、黍米粥、大麦饼，反映了与游牧民族不同的特点，但其用物和服饰，却又说明其畜牧业的发展有较高的水平：

(1)出土服饰127件，主要为毛织品，有毛褐、绊毛等织物，亦有毡衣、毡帽、皮裤等。

(2)有各式毛、皮、毡口袋，并有以毛皮、毡等材料制成的马鞍及

[1]《晋书·吕光传》。

靴、毯、佩饰等。[1]

毛织品及皮、毡等物的大量出土，反映了畜牧业特别是养羊业的发达，当然也说明了毛织业的兴盛。与山普拉遗址同属汉晋时期的尼雅遗址，给我们提供了更多的文物资料，反映了当时在塔里木盆地东南缘农区畜牧业的发展情况。今新疆民丰县城北100余公里的尼雅遗址为汉精绝国地，今已沦为沙漠。20世纪初斯坦因发掘后，近年不断有考古人员在此工作。从遗址残留的屋舍考察，当时贫民住宅或即厩房，往往是半间住人，半间圈畜。地面堆积有5—12厘米厚的牛羊粪，说明当时绿洲农区的畜牧业已非游牧，而主要是舍饲。遗址内除发现毛织品外，还发现起码有数十件牛羊颈栓和骆驼鼻栓，为牧民制造奶食品的工具，还有形制与今相同的驴鞍、狩猎用的弓箭等等。富有地方特色的32块皮革制的佉卢文书、大量羊膝关节骨涂成粉红色的骰子，说明畜产品已投入到居民的文化娱乐中。[2] 对于这样的社会经济文化生活图景，在遗址呈现的公元3世纪前后流行于精绝、鄯善以及于阗等地的佉卢文书中，具体生动地提供了许多有关牧业的资料：

(1)当时在塔里木盆地南缘一带，饲养的牲畜牛羊较多，绵羊普遍受人欢迎，牛为农家之宝，偷牛者要处以3倍惩罚。

余等收到绵羊，凡二百三十头(369)

克罗耶之羊跑到德耶支耶处

甘迪那之羊跑到德耶支耶处

…………

昆帕罗之牛跑到帕吉处

税监波格那之牛跑到汉人处(685、686)[3]

---

[1]新疆维吾尔自治区博物馆：《洛浦县山普拉古墓发掘报告》，载《新疆文物》1989年第2期。

[2]李遇春：《尼雅遗址和东汉合葬墓》；新疆博物馆：《新疆民丰县北大沙漠中古遗址墓葬区东汉合葬墓清理简报》，载韩翔等：《尼雅考古资料》；M. A. Stein：*Ancient Khotan：detailed report of archaeological exploration in Chinese Turkestan*(《古代和阗》). Clarendon Press，1907. 第11章《超越尼雅河的古代遗址》。

[3]林梅村：《沙海古卷》，文物出版社1988年版，第214、250、251页。

关于绵羊事……现已三年……曾带来十头小畜均系山羊……山羊不要再送来(519)[1]

彼等(波蹉耶等)曾偷食一头属于齐摩耶之六岁之牛一头。皮及肉(?)。因此,余等现已决定按原价三倍赔偿……(676)[2]

(2)骆驼是常见的运输工具,身价最高,登记在册,可以租用,也可作交换媒介。

兹于4月……日……谷物、食品和橐驼已登记如下:

[栏一]　　[栏二]

[1]支那耶橐驼一头　　[1]吉波苏陀橐驼一头

[2]鸠提耶橐驼一头　　[2]皮斯都橐驼一头

[3]……橐驼一头　　[3]驮提伽橐驼一头

[4]……橐驼一头　　[4]一头……

[栏三]　　[栏四]

……　　……(681)

摩信那诸橐驼已于30年9月5日登记。

[栏一]　　[栏二]

[1]乌波格耶之百户　　[1]基沙·昆格耶之百户

[2]名光橐驼一头　　[2]司土鸠那色那橐驼一头……

[3]督军阿般耶橐驼一头(132)

[1]迦克耶之百户橐驼一头

[2]左[摩]迦之百户橐驼一头

[3]阿难陀之百户橐驼一头

[4]克罗[归]之百户橐驼一头

[5]难[摩]陀之百户橐驼一头

---

〔1〕王广智译:《新疆出土佉卢文残卷译文集》,中国科学院新疆分院民族研究所1979年编印,第132页。

〔2〕王广智译:《新疆出土佉卢文残卷译文集》,中国科学院新疆分院民族研究所1979年编印,第177页。

[6]左之耶之百户橐驼一头(342)

…………[1]

应由莎阇提供一头橐驼,由精绝送还。现系春天,彼有急事外出。不可将不适合的牲畜给彼。(306)

监察善亲须出使于阗,当汝接到此楔形泥封木牍时,阿毗陀也须出使,和善亲一起到于阗。务必向监察善亲提供两头专用橐驼,并给阿毗陀一头专用骆驼,还要向彼等提供一位合适之人作向导,在前面引路。该向导应骑自己的牲畜。(135)

太侯卢达罗耶橐驼一头……共计橐驼八头用来运酒……(531)[2]

橐驼登记表一份……(内容略)(442)[3]

……甘阁伽租用一头橐驼。(516)[4]

……橐驼之租金为八掌长之布匹,余已交欢吉。(83)[5]

有一男人名科那耶。彼愿将 mipiya 地连同地上之树一起卖给司书罗没索瑳。

该地作价价值50(穆立)之二岁骆驼一峰。(571)[6]

(3)马是贵重的牲畜和交换的媒介。皇家马厩专门饲养马,可用作馈赠,往往有地位的人骑乘上路,或作为战马备用。

啰苏将价款带来,为五岁之马一匹,彼以该马换得酒 5 希及……(431—2)

该地能种 1 米里马 10 希籽种。给价值 30 穆立之三岁马一匹。(495)[7]

---

[1]林梅村:《沙海古卷》,第 248、184、213 页。

[2]林梅村:《沙海古卷》,第 90、65、230 页。

[3]林梅村:《沙海古卷》,第 219 页。

[4]林梅村:《沙海古卷》,第 127 页。

[5]林梅村:《沙海古卷》,第 267 页。

[6]王广智译:《新疆出土佉卢文残卷译文集》,中国科学院新疆分院民族研究所 1979 年编印,第 147 页。

[7]王广智译:《新疆出土佉卢文残卷译文集》,中国科学院新疆分院民族研究所 1979 年编印,第 114、125 页。

含衹摩从 sothamgha 罗没索蹉处得价值 40 穆立之四岁马一匹，作为地价。（580）[1]

妇人啰卢阿（Laroae）从皇家［马厩］牵走牝马一匹……交回二匹。

该牝马之幼牝驹……二匹，［及］三匹母马。皆已被移交给皇家［马厩］决定（业已收到）。（600）

州长勤军之马匹应作为专用马匹放僧吉罗处照看。（213）[2]

再由精绝提供适于作战的马匹及卫兵一名，护送其至于阗。（367）[3]

国王陛下等等……

余现派 ogu 阿啰耶耶（Alyaya）出差前赴于阗；为汝州之事，余现托 ogu 阿啰耶耶送去马一匹，作为给于阗国王之礼物。（214）[4]

［1］盛德宏大，伟大之国王陛下敕谕，致御牧卢达罗耶，谕令如下：今有

［2］僧吉罗上奏本廷，彼将出使于阗，应由汝州供给一匹专用马。

［3］汝州未提供马，但僧吉罗已租用到一匹马、、租金应由汝州提供……（223）[5]

根据上述佉卢文书内容，在鄯善、精绝等地，人们饲养的牲畜主要是牛、羊、马和骆驼；骆驼在这里占有特别重要的地位。《汉书·西域传》载鄯善国“民随畜牧逐水草，有驴马，多橐驼”。《魏书·西域传》亦称于阗有“好马、驼、骡”。在塔克拉玛干沙漠东南缘，气候干旱，风沙

〔1〕王广智译：《新疆出土佉卢文残卷译文集》，中国科学院新疆分院民族研究所 1979 年编印，第 154 页。

〔2〕译文已按林梅村《沙海古卷》订正。

〔3〕王广智译：《新疆出土佉卢文残卷译文集》，中国科学院新疆分院民族研究所 1979 年编印，第 165、51、94 页。

〔4〕王广智译：《新疆出土佉卢文残卷译文集》，中国科学院新疆分院民族研究所 1979 年编印，第 52 页。

〔5〕林梅村：《沙海古卷》，第 72 页。

严重,如史所载:“且末西北方流沙数百里,夏日有热风为行旅之患。风之所至,唯老驼豫知之,即鸣而聚立,埋其口鼻于沙中,人每以为候,亦即将毡拥蔽鼻口。其风迅驶,斯须过尽,若不防者,必至危毙。”[1]流沙浸漫,人行无迹,骆驼耐饥渴、耐寒暑、能负重,一般能驮150—200公斤,是最适于长途运输的牲畜。在进行东西经济文化交流的丝绸之道上,“无数驼铃遥过碛”,主要就是依靠骆驼商队长途跋涉于风沙弥漫的旅途,为人类创造着文明的历史。由于骆驼用途广泛、驮运量大,所以在交换过程中,其价格为群畜之首,在一件为人所瞩目的有关于阗王的佉卢文书中,有云:

> 据彼称:有一峰骆驼系属余所有。该骆驼身上有一个清楚之烙印,如Vaso。现余正将该骆驼以8000 māsa之价格卖给Swliga伐祇提·伐达伽(Vagiti vad haga)。为买该骆驼,伐祇提·伐达伽已将全部价款(māsa)付清,赫伐那犀已收到该款。该事业已决定,自今以后,该骆驼即成为伐祇提·伐达伽之财产,彼可以为所欲为。(661)[2]

一峰骆驼卖8000摩沙钱,其价格是相当高的。以摩沙钱计价,在佉卢文书中并不常见,常见的货币单位是穆立(Muli)。按当时时价,一峰骆驼为40—60穆立,相当于20—30匹绢,个别的如amkla(tsa)骆驼则为30穆立(590号)。牛马的价格稍次,大约为30—40穆立,亦即15—20匹绢,与唐代西州绢马比价基本相同,牲畜在市场上的价格比较偏高。这件文书还有一点值得我们注意的是,在骆驼等大畜已有正常的畜籍制度的同时,还首次发现“骆驼身上有一个清楚之烙印”。此以烙铁在牲畜的不同部位烙以不同的印记,会形成长久的明显的标志,以保证放养繁育有所识别,不致发生错乱。从我国历史上看,唐代对牲畜的放牧饲养和管理已形成一整套严格正规的制度,如有与马籍制度相配套的马印制度,而这些制度的形成和发展,显然西域为时更

[1]《魏书·西域传》。

[2]王广智译:《新疆出土佉卢文残卷译文集》,中国科学院新疆分院民族研究所1979年编印,第176页。

早,或者说,唐代所制订的全国统一的畜牧管理制度,未尝不与畜牧业发达的天山南北的影响有关。在佉卢文书和其他各种历史资料中,虽然对塔里木盆地各绿洲区域的牲畜数量无明确完整的记载,但我们从文书所载的各式税务报表和其他交换活动中,可以窥知一些情况。上述一份署明二月五日的文书残页写道:“余等收到绵羊,凡二百三十头。”这是佉卢文书中数字最大的一次有关羊的记载,虽然具体情况无法知晓。拥有牲畜较多的当地上层人物,如一个有权势的司书罗没索蹉即经常以骆驼、马匹换取奴隶或购买土地:

名色迷蹉之女孩一名卖给司书罗没索蹉。给价为价值40穆立之一岁骆驼一峰。(589)

女孩莱迷索阿一名卖给司书罗没索蹉。给价为价值30穆立之amklatsa骆驼一峰。(592)

几块地皆出卖……从罗没索蹉处得价值40穆立之四岁马一匹作为地价。(580)

地连同地上之树一起卖给司书罗没索蹉。该地作价价值50穆立之二岁骆驼一峰。(571)[1]

…………

罗没索蹉究竟有多少骆驼和马,在文书中没有交代,从种种迹象看,作为善于盘剥的地方官吏兼地主和牧主,拥有几十头大畜是没问题的。一次居民鸠多里耶为“表示敬意”,即馈赠绵羊4只给这位有权势的司书,而转手鸠多里耶等又从罗没索蹉处借走了绵羊20只(584号),说明罗处至少有上百只绵羊。而有的贫困户一两只羊还要缴纳苛捐杂税:“今有苏遮摩上奏,彼从前仅有一头牡羊,现在彼等(指税吏——引者)却向彼要2头牡羊。”(638号)自然这种人养羊是家庭副业,而非专业的牧民。据上述,汉晋时期塔里木盆地南缘社会正处于激烈的分化变动时期,奴隶制已经逐渐没落衰亡和封建领主制正处于产

〔1〕王广智译:《新疆出土佉卢文残卷译文集》,中国科学院新疆分院民族研究所1979年编印,第161、163、153、147页;林梅村:《沙海古卷》,第196页。

生、发展、兴盛的过程,像罗没索蹉这样新兴的封建领主,正凭借自己的特殊地位,肆无忌惮地盘剥贫民、兼并土地,扩大自己的财富。在这些人口有限的绿洲城国中,最大的封建土地所有者和最大的牧主,却是拥有至高无上权势的皇室。绿洲中水草最为丰美的牧场为皇室所有,甚至皇妃也以皇室的名义要人为其牧牛(439 号),进行劳役剥削。皇家畜养之牲畜,有御牧专门管理,对于牲畜之种类、出生时间、牧人姓名,都有经常记录:

唯威德宏大的伟大的国王陛下、侍中摩畋利天子在位之 13 年……月 26 日,是时皇家橐驼之账目登记如下:

[栏一]

[1]司土安提耶有橐驼九头,牝驼一头,初生小驼一头

[2]鸠耶色那有橐驼九头,牝驼……头,初生小驼……头

[3]甘支耶有橐驼十头

[4]司土格波格耶有于阗驼六头,其他橐驼一头,新生小驼一头

[5]司土乌波格耶有于阗驼六头,其他新生驼四头

[栏二]

…………(180)[1]

为皇家看管牲畜之牧民只能得到微薄的"工薪和饲料"(509 号),牲畜如有伤亡,还要追究责任。"无论皇家畜群之橐驼于何州病倒不能行走,均应由当地扶养。倘若由于驮物赶路而亡,则要由牧驼者赔偿。倘若其自然衰老而亡,应将饲料上交当地州郡。"(40 号)为了保证皇家畜群不遭盗窃和其他损失,各州政府还给牧人配备卫兵以资保护(182 号)。看来,皇室畜群管理有着严格的制度,为使其畜群滋生繁育也享有种种特权。不过尽管如此,皇家厩吏以权谋私、贪污舞弊之事仍时有发生,他们出售牝马中饱私囊,或以皇室饲料喂养私马,对此,都已依法做出判决(524 号)。

---

〔1〕林梅村:《沙海古卷》,第 197 页。

除皇室享有种种特权，通过劳役制剥削发展御牧场以扩大财富外，国家还以税收名义，向各地征收畜产品，搜刮大量牲畜（主要是骆驼、绵羊）、酥油、毛毯、绳索、毛毡等等（190号、233号、241号、264号、284号、714号）。绿洲城国之一大特色是法令滋彰，各种税收名目繁多，发向各级税吏勒令及时征税之文书，急如星火，而内容以畜产税为最多，这也反映了在绿洲农业地区，畜牧业亦为同样重要的支柱产业，不仅社会经济借以发展，国家财政亦赖以充裕。

2.4 唐代天山南北牧业发展的盛况

6世纪中叶突厥势力崛起于金山以南，这个继匈奴之后又一个强大的游牧民族，迅速扩展其势力于西域和漠北的广大地区。公元552年其首领土门发兵击败柔然，自立为伊利可汗，建突厥汗国，同时派其弟室点密西征。"室点密从单于统领十大首领，有兵十万众，往平西域诸胡国，自为可汗，号十姓部落，世统其众"。[1] 在突厥军队征伐过程中，天山南北原来一些操突厥语的部落，陆续加入了这个强大的部落联盟，而活动于准噶尔盆地的铁勒等部落亦先后受其役属。史载，在准噶尔盆地，原先铁勒和柔然曾长期进行争霸斗争，大统十二年（546）"铁勒将伐茹茹，土门率所部邀击破之，尽降其众五万余落"[2]。经过这次袭击，铁勒人俯首听命，突厥实力大增，在其扩张过程中，"东征西讨，皆资其用，以资北荒"。东极东胡旧境，西尽乌孙之地，控弦数十万，在包括天山以北的广袤的草原上，成为俨然称霸的一大强国。室点密率军平定"西域诸胡国"，史无明载，详情不得而知。最迟至隋开皇五年（585）阿波可汗时，西突厥的势力范围，"东距都斤，西越金山，龟兹、铁勒、伊吾及西域诸胡悉附之"[3]，塔里木盆地诸绿洲城国，俱已在其控制之下。《北史·西域传》称，疏勒"东北至突厥牙千余里"，"土多

[1]《旧唐书·突厥传》。
[2]《周书·异域传》。
[3]《资治通鉴》卷176"长城公至德三年"条。

稻、粟、麻、麦、铜、铁、锡、雌黄,每岁常供送于突厥”,正是反映了这种依附关系。以牧业为主的突厥社会经济,结构单一,争需要各绿洲农区的生产生活资料,以补充其社会需要。史载突厥人“被发左衽,穹庐毡帐,随畜逐水草迁徙,以畜牧射猎为事,食肉饮酪,身衣裘褐”[1]。作为游牧与攻战相结合的强悍的突厥部落,羊、马是其主要的生活资料和生产资料,马更还是主要的攻战工具。曾5次充当使节在突厥生活多年的唐郑元璹称:“突厥兴亡,唯以羊马为准。”[2]汉代乌孙多马,“富人至四五匹,强盛的突厥有过之而无不及;羊马“遍满山谷”,“地过万里,士马亿数”,[3]牲畜多得难以计算。公元553年向西魏献马一次竟达5万匹之多,实足惊人。日本学者护雅夫据儒尼碑文研究,突厥富者有马可达6000匹,即使贫贱者亦有少量牲畜,婚丧喜庆,宰羊杀马。突厥人善于养马,不仅数量极多,而且突厥马擅长奔驰,平素骑乘,风驰电掣,征战之时,锐不可当,史称其“技艺绝伦,筋骨合度,其能致远,田猎之用无比”[4]。由于马匹在突厥的社会生活中占有重要地位,所以其刑法明文规定:盗马绊与反叛、杀人同罪,处以死刑。“盗马及杂物者,各十余倍征之。”[5]至于羊,温顺易养,成长较快,数量当然也就更多。《北史·突厥传》载,隋开皇八年(588)“突厥部落大人相率遣使贡马万匹,羊二万口,驼、牛各五百头”。羊是马的1倍,说明其羊多于马。当然,按牧区一般羊马比例来说,突厥马的数量在各类牲畜中所占比例还是显著较多的。《周书·史宁传》称,西魏慕帝三年(556)突厥木杆可汗和史宁共击吐谷浑军,大获财宝杂畜,在青海木杆可汗一次赠宁马500匹,羊1万口。这里马羊比例为1:20。以现在新疆牧业情况作比较,1983年有马102.22万匹,羊2444.3万头,马羊比例是1:23.9,由此可以看出,生活在天山与阿尔泰山之间大草原上的突厥人,牲畜以羊马为主,而马尤突出。西突厥的室点密可汗西征率骑兵10万,达头

[1]《北史·突厥传》。
[2]《旧唐书·郑元璹传》。
[3]《隋书·突厥传》。
[4]《唐会要》卷72“诸蕃马印”条。
[5]《旧唐书·突厥传》。

可汗分授给阿波之骑兵亦有10万。唐初西突厥统叶护可汗"霸有西域,据旧乌孙之地",臻于鼎盛时"控弦数十万"。按游牧民族惯例,骑兵一人数马,即以一人二马计算,仅战马亦当有七八十万匹左右。时突厥养马之盛,可见一斑。汉代西域,以乌孙马、大宛汗血马著称,后者更驰名中外。唐代西域继承并发扬了这一地方产业优势,所产之马仍旧名震遐迩,诗圣杜甫经过细致的观察了解,曾屡次热情地讴歌西域骏马驰骋迅疾、勇猛非凡的雄姿:

房兵曹胡马

胡马大宛名,锋棱瘦骨成,
竹批双耳峻,风入四蹄轻。
所向无空阔,真堪托死生。
骁腾有如此,万里可横行。

高都护骢马行

安西都护胡青骢,声价欻然来向东。
此马临阵久无敌,与人一心成大功。
功成惠养随所致,飘然远自流沙至。
雄姿未受伏枥恩,猛气犹思战场利。
腕促蹄高如踣铁,交河几蹴曾冰裂。
五花散作云满身,万里方看汗流血。
长安壮儿不敢骑,走过掣电倾城知。
青丝络头为君老,何由却出横门道?[1]

开元天宝年间,诗人所见,其实已没有纯种的大宛马。"腕促蹄高如踣铁",也就是腕节粗短,蹄子高厚,踏地坚硬如铁,这正是突厥马奔驰迅疾的特征。畜牧业的发达,是突厥得以强盛扩张的物质基础,突厥汗国所属各部"虽迁徙无常,而各有地分"[2],是促使各部在一定游牧范围内安定生产发展牧业的保证。当然,突厥统治者即大大小小的牧

〔1〕《杜甫诗选》,人民文学出版社1980年版,第3、18页。
〔2〕《周书·异域传》。

主,“征发兵马,科税杂畜”,对部众特别是对非本族部落的封建性奴役和剥削是非常残酷的。如隋文帝伐突厥诏所述:“世行暴虐,家法残忍。东夷诸国,尽挟私仇,西戎群长,皆有宿怨。”[1]“西戎群长”,即西域各城国的君长,对突厥的横征暴敛,久已怨恨,“达头前攻酒泉,其后于阗……一时即叛”。隋大业元年(605)铁勒诸部不堪厚敛,发生九姓暴动,大大削弱了以牧业经济为基础的突厥汗国的实力。

对于突厥、铁勒等游牧民族牧业发展的详实情况,由于缺乏历史记载,我们难以作出进一步的论述;而其邻近的高昌地区,近年不断增多的出土文书,大量反映了魏晋以来主要是隋唐时期新疆绿洲农区牧业生产的发展和管理水平。高昌,汉车师故地,东晋咸和二年(372)前凉开始在此设置郡县。高昌郡及后来的高昌国,“备植九谷,人多啖麨羊牛肉,出良马……”[2]由于经常受到游牧民族的侵扰,“国中羊、马,牧在隐僻处以避寇”[3]。唐贞观十四年(640),唐廷遣侯君集等率军消灭了高昌麴氏王朝,设置西州。《旧唐书》载高昌有“三郡、五县、二十二城,户八千,口三万七千七百,马四千三百匹”。平均9人有马1匹。当时在西域各地,对马匹的数量有详实记载的只有高昌,可见马匹在此的重要性及有关管理制度的严密。根据墓葬出土的随葬品及文书资料,当时在吐鲁番盆地,饲养业相当普遍,家畜种类繁多,有马、牛、骆驼、驴、羊、狗、猪等。历史上高昌农牧业都较发达,麴氏高昌王朝(500—640年)时期,王室拥有国内最大的牧场。直到10世纪高昌回鹘时期,亦复如此。[4] 由于封建经济发达,当时农区畜牧业亦比较兴旺,兹以下列文书为例:

高昌午岁武城诸人雇赵沙弥放羊券

[1] ______ [午][岁][十][月]廿五日赵沙弥为武城诸人放羊

[1]《隋书·突厥传》。

[2]《梁书·高昌传》。

[3]《北史·西域传》。

[4]王延德:《西州使程记》,见杨建新:《古西行记选注》,宁夏人民出版社1987年版,第160页。

[2] ▭ 中羊三口,与粟一斗。从未岁正月,到未岁十月卅日,羊五口与钱 ▭

[3]□正月内偿放羊价钱始毕。羊朋大偿大,朋小偿小。若羊 ▭

□□

[4]折骨,仰放羊儿。若 ▭

□□

[5]卅日羔子入群,与大麦一斗。若羊迳(经)宿完具(俱)死,放羊儿悉不知。▭

[6]□上有破坏处,仰大(打)放羊儿了。诸人和可后为卷(券)要,卷□□

[7]□□□不得返悔,悔者壹罚二入不悔者。民有私要,要行二主,各

[8] 放羊儿,放羊儿悉不知。

[9] □□法贤

(后缺)

高昌延寿元年(624年)张寺主明真雇人放羊券

[1]□□□年甲申岁九月十日张寺主明真师从严 ▭

[2]□羊壹百伍拾口,从九月十日,至到腊月十五日,与雇价床□□

[3]□伍斛壹日与放羊儿壹分饼与糜贰斗。雇价十月上半□□

[4]上使毕。羊不得出寺阶门,若出寺阶门住,壹罚贰入张寺□。

[5]冬至日,腊日,真罢放羊儿,仰张寺主边得价食。二主和同立□□

[6]□之后,各不得返悔,悔者一罚二□□□□□□私要,□□□□

[7]□□□名为信。倩书 ________

[8] 时□ ________

唐杜定欢雇人放马契

[1] ________ 二月七日,崇化乡杜定欢

[2]□日宁大乡□善欢放马 ________

[3]□钱拾 ________

[4]残钱肆 ____________ 钱使了□

[5]过限不毕,日别生钱□文。立契

[6] ________ 和可 ________

(后缺)[1]

上述3件文书反映了在麴氏高昌及西州时期牧业生产中出现“代放牧”的情况。当时在农区定居的情况下,牧放的形式主要是舍饲,规模都不算大,羊只较多的张寺有羊150只。为怕丢失损伤,契约中严格规定,“羊不得出寺阶门”。《唐杜定欢雇人放马契》中的雇主杜定欢,在同出的文书中,还有举钱残契及赁舍契,生活并不富裕,契约残文也可推测出马匹极为有限。唐统一西域后,丝路畅通,西州[2]地处交通冲要,手工业、商业都有显著发展,由于经济、军事需要,马匹的需求量增多。突厥、铁勒等游牧部落购卖牲畜的交易,在文书中屡有反映。

唐天宝二年(743)交河郡市估案

突厥敦马壹疋 次上直大练贰拾疋 次拾捌匹 下拾陆匹

次上直小练贰拾贰疋 次贰拾匹 下拾捌匹

草马壹匹 次上直大练玖匹 次捌匹 下柒匹

次上直小练拾匹 次玖匹 下捌匹

波斯敦父駞壹头 次上直大练叁拾叁匹 次叁拾匹

〔1〕唐长孺主编,中国文物研究所、新疆维吾尔自治区博物馆、武汉大学历史系编纂:《吐鲁番出土文书》,文物出版社1981年版,第5册、第155页,第3册、第207页,第6册,第590页。

〔2〕天宝年间曾改称为交河郡。

下贰拾 ☐

草馳壹头　　次上直大练叁拾匹　　次☐[1]

牲畜的卖方有康姓、米姓的中亚人，而更多的是突厥诸部落中人，《唐上李大使牒为三姓首领纳马酬价事》、《唐译语人何德力代书突骑施首领多亥达干收领马价抄》即反映了葛罗禄三姓首领胡录达干、都担萨屈，突骑施首领多亥达干以不同形式取得了马价钱文，[2]而买方除散见的不同身份的个人外，集中反映在阿斯塔那48号墓出土的延昌二十七年高昌兵部买马文书上。这7份文书说明延昌二十七年(587)四至八月间高昌兵部共买马122匹，花费钱数在4000文左右。[3]当时麴氏高昌经常受到周邻游牧民族的侵扰，为加强军备，兵部大批买马，还实行按赀配生马制度，让群众按财产集资购马配给喂养以备征用。这种独具地方特色的制度，反映了麴氏王朝争需购马而财力不足的窘况。[4]公元640年唐建西州后，随着中西交通的频繁，对马的需求量也就更大，仅西州长行坊一处，就"每日合饲三百匹马"。为了满足运输需要，除政府不断增加官马并造册登记外，[5]驴也逐步用于长途运输。《武周某馆驿给乘长行马驴及粟草帐》说明一些重要人物，如使人王波护、骨利干、刘嘉福等上路，也都是马驴并用。[6]由于马在生产、运输以及军事防卫等方面起到重要作用，所以马籍制度执行得非常严格，除上述对官马、按赀配生马有详实登记外，日常对乘马的死失都要据马印及时呈报备案：

---

〔1〕〔日〕池田温：《中国古代籍帐研究》，龚泽铣译，东京大学东洋文化研究所，第453页。

〔2〕唐长孺主编，中国文物研究所、新疆维吾尔自治区博物馆、武汉大学历史系编纂：《吐鲁番出土文书》第8册，第84－87页。

〔3〕唐长孺主编，中国文物研究所、新疆维吾尔自治区博物馆、武汉大学历史系编纂：《吐鲁番出土文书》第3册，第73－88页。

〔4〕《建口年按赀配生马帐》，载唐长孺主编，中国文物研究所、新疆维吾尔自治区博物馆、武汉大学历史系编纂：《吐鲁番出土文书》第1册，第156页；参见朱雷：《吐鲁番出土文书中所见的北凉"按赀配生马"制度》，载《文物》，1983年第1期。

〔5〕唐长孺主编，中国文物研究所、新疆维吾尔自治区博物馆、武汉大学历史系编纂：《吐鲁番出土文书》第6册，第583页。

〔6〕唐长孺主编，中国文物研究所、新疆维吾尔自治区博物馆、武汉大学历史系编纂：《吐鲁番出土文书》第7册，第465页。

唐健儿鄯玄嶷吴护险等辞为乘马死失另备马呈印事

[   ] 十一月　　日健儿鄯玄嶷、吴护险等辞：

[   ] 嶷马一匹，骝草六岁　　印……

险马一匹七岁印……

[   ] 嶷等先差趂贼，乘马死失 [   ]

[   ] 备前件马得请呈印谨辞。

（后缺）[1]

即如死马皮肉的处理，马鞍的购置分发也都有账可查。如《唐贞观三年(649)赵延涾送死官马皮肉价练抄》、《高昌义和二年(615)参军庆岳等条列高昌马鞍鞯帐》[2]，即告诉我们这些严格的管理制度。一匹官马死后，其肉、皮换取丝绸3匹，都要呈报入库。马籍制度有的根据马的品种、牝牡、年龄、毛色等项目登记入籍，如《高昌兵部残文书附记马匹帐》、《高昌高宁马帐》所列内容；也有的据其所有权、性能、用途造账登记，从而使马有了各式各样的名称，如有官马、私马之别，为表示运输能力不同有任行马、不任行马之别等，这在《高昌私马、长生马、行马、亭马、拾骑马、驼驴帐》、《高昌某年郡上马帐》、《高昌夸林等行马入亭马名籍》等有关文书中都有记载。除马匹外，从《高昌牛簿》、《唐牛帐》等牛籍残件看，牛登记内容有牝牡、发齿、毛色等项目[3]，与马籍基本相同。

关于吐鲁番盆地的牧业情况，有如上述。至于地域范围更大的塔里木盆地的牧业生产，在唐代以后发展情况如何？限于篇幅，容另文进行论述。

---

〔1〕唐长孺主编，中国文物研究所、新疆维吾尔自治区博物馆、武汉大学历史系编纂：《吐鲁番出土文书》第8册，第91页。

〔2〕唐长孺主编，中国文物研究所、新疆维吾尔自治区博物馆、武汉大学历史系编纂：《吐鲁番出土文书》第5册，第33页；第4册，第173页。

〔3〕唐长孺主编，中国文物研究所、新疆维吾尔自治区博物馆、武汉大学历史系编纂：《吐鲁番出土文书》第3册，第177页；第4册，第243页。

2.5 牲畜饲养和选种繁育技艺

由于自然条件的不同,古称西域的新疆,以天山为界,北疆以牧业为主,南疆以农业为主兼营牧业。这种以牧为主的生产格局,在本篇所述的汉唐期间,没有发生根本变化。[1] 历史上我国各民族人民在此从事着具有传统优势的牧业劳动,积累了丰富的经验,可惜具体情形缺乏文字记载,我们只能从近年出土的片断文书中,略知当时有关牧业生产的一些情形。

古代享有盛誉的西域畜牧技术的萌发,首先值得称道的是选种繁育技术的出现,这是牧民在长期实践中对牲畜体形认识不断深化的结果。古代匈奴、乌孙以及突厥等游牧民族,其马匹最为精良,所驯育的马驴种间杂交所生的良种——嬴(骡),在育种史上占有重要地位,被人们称为奇畜。汉宣帝元康二年(前64),乌孙昆弥上书,欲以元贵靡为嗣,得令复尚汉公主,愿出的聘礼即是"马嬴各千匹",可见骡这一奇畜,当时在人们心目中的地位。汉晋时期流行在塔里木盆地东南缘的佉卢文书中,即有品种不同的马、骆驼和绵羊的名称,如以生产优质地毯毛著称的和田半粗毛羊,在当时即已出现,以其毛织成之于阗粗毛毯,在文书中称为Kojara(583号),而与一般毛毯有别。畜牧本身是动物性的生产过程,繁育技术决定着牲畜品种的优劣和群类的兴衰。古代天山南北的畜牧业所以能兴旺发达,经过繁育出现许多优良的牲畜品种是个重要原因。在佉卢文书和吐鲁番文书里,已出现表示牲畜性别或者去势的许多名称,如牝马、牡马、骟马、牸牛、犍牛、牝羊、牡羊,或者表示年龄的犊、驹等等,说明人们经过长期实践,繁育技术已具有相当水平,很可能当时对公畜、母畜或幼畜已有分开饲养的措施,以利于牲畜生长繁殖和对孕畜、幼畜的保护。对于去势即阉割措施的重视,有利于培育牲畜的优良品种而更宜于骑乘驭挽。

---

〔1〕参见拙作:《古代新疆农垦事业的发展》,载殷晴:《新疆经济开发史研究》(上册),新疆人民出版社1992年版,第5页。

在选种繁育技术提高的同时，古代我国"相畜术"曾有着充分的发展，这是古代畜牧者从经验性的认知方式出发，在长期实践中，通过观察牲畜的外部形态识别和选择优良品种行之有效的方法。这种方法在古代西域的游牧民族中，也有着长期的运用并不断提高，"葛逻禄马的检选：若它们具有三大三小，则是优种。若问何谓三大，答曰眼大、鼻孔大、胸大；若问何谓三小，答曰耳小、腰小、蹄关节小"[1]。

其次，饲养技术直接关系到牲畜的发育和畜群数量的增加。游牧地区马、羊"夏迁凉土，冬逐暖处"，表示当时人们在草原畜牧的过程中，根据季节、气候的特点，对及时进行转场的重要性已经充分认识和掌握。在塔里木盆地的农区畜牧业，有圈养和放养两种基本形式，尼雅遗址的建筑布局和地下堆积告诉我们，畜圈并不是简陋的露天围栏，而是牲畜多已进入室内饲养，有的直接在房舍内成了真正的家畜。不过舍饲往往和放牧结合进行，根据季节、气候的特点，在适当的时候也进行放养。佉卢文书中即有这样内容："据放牧法规，春天还要从畜群中放走一头橐驼，当汝接到此楔形泥封木牍时，应即……"(743 号)[2]这是一条国王敕谕，说明在鄯善各地都要依此执行，以利于牲畜的交配繁育。在炎热的吐鲁番盆地，则还有夜间放马的习惯，《唐永徽三年(652)贤德失马陪征牒》即反映了这方面的内容。[3]

饲养牲畜还有一个重要条件，就是提供各种合适的饲料。新疆草场资源丰富，广阔的草原为游牧业的发展提供了有利条件，而在农区饲料的细加工和草料的搭配饲养，为合理提供家畜所需的必要营养就显得十分重要。汉晋时期苜蓿已在新疆广泛种植，它不但产量高、耐寒耐旱、极易推广种植，而且营养丰富、适口性强，为牲畜的生长繁殖提供了优质的草料。佉卢文书告诉我们，当时喂养马匹主要就是用碾细了的麦粟面粉加以三叶苜蓿和紫苜蓿："现在朕派奥古侯阿罗耶出使于

[1]〔匈〕乌瑞：《有关公元751年以前中亚史的藏文史料概述》，荣新江译，载王尧：《国外藏学研究译文集》第5辑，西藏人民出版社1989年版。

[2]林梅村：《沙海古卷》，第152页。

[3]唐长孺主编，中国文物研究所、新疆维吾尔自治区博物馆、武汉大学历史系编纂：《吐鲁番出土文书》第7册，第26页。

阗……务必提供该马从莎阇到精绝之饲料。由莎阇提供面粉十瓦查厘，帕利陀伽饲料十瓦查厘和紫苜蓿两份，直到累弥耶为止。更由精绝提供谷物饲料十五瓦查厘，帕利佗伽饲料十五瓦查厘，三叶苜蓿三份，直到扜弥为止。"（214 号）[1]马原是草食动物，现于饲草中加入谷物（料）喂养，粗细搭配，自然使马匹健壮，耐劳致远，这应说是饲畜过程中一项重大改革。唐代西州对饲料的提供与上述精绝等地也大致相同：

武周某馆驿给乘长行马驴及粟草帐

……。　　同达　　同达

粟壹斗捌胜　　草壹拾贰束

右同日给高昌县长行驴壹拾贰头，秦惠等乘往柳谷回，壹日料。

同达　　同达

粟贰斗叁胜，草拾束

右同日给高昌县长行马肆匹、驴两头，使人王波护等乘往天山壹日料……[2]

按上述资料，高昌县馆驿给长行马驴每日的食料是：

马壹匹：粟五胜　　草贰束

驴壹头：粟壹胜伍合　　草壹束

不过也有的长行坊提供给马匹的食料中秫料更多，每日在 5 升至 1 斗之间：

唐天宝一三或四载（754—755 年）交河郡郡坊草料帐

［八月］十六日、郡坊帖马三匹、食麦一斗八升、付健儿丁光、

同日郡坊帖马两匹、天山馆送使封大夫女婿杨郎到、食麦一斗……

廿四日、郡坊帖马十匹、内两匹细全料、共食麦六斗八升……

---

〔1〕林梅村：《沙海古卷》，第 71 页。

〔2〕唐长孺主编，中国文物研究所、新疆维吾尔自治区博物馆、武汉大学历史系编纂：《吐鲁番出土文书》第 7 册，第 465 页。

[九月]二日、郡坊帖银山马五匹、送谈判官到、便腾过、食麦五斗……[1]

“细全料”是指细马用全料喂养。按全料每匹日给1斗，两匹计2斗，余8匹各给6升，计4斗8升，故24日10匹马“共食麦六斗八升”。又，《吐鲁番出土文书》第10册第127页载，交河郡长行坊天宝十三载十月至闰十一月，3个月共支羊驴马料总计有1456石7斗7升之多，这都反映了当日西州农业生产的发达，仓廪充实，否则也无力做这样的供应。

兽医是防治牲畜疾病、发展畜牧业的重要保证。我国的中医药宝库内容丰富，经过整理已编印出的《流沙坠简》、《居延汉简》中就有不少记载牛马病的药方，这与邻近的西域兽医药的发展，不能说毫无关联。惜有关这方面的资料极少，使我们难知究竟。《吐鲁番出土文书》第6册中，有牛疫方的记载：

唐入写牛疫方

[一]

[1]（上残）牛疫方　　鬼 ______

（后缺）

[二]

（前缺）

[1] ______ 三两　　木三两

[2]细辛一两

[3] ______ 初以瓶盛药

[4] ______ 小口瓶内烧，药

[5]气熏牛鼻，中

[6] ______ 出即止。养牛 ______

[7] ______ 疫宜顿置 ______

（后缺）

---

〔1〕〔日〕池田温：《中国古代籍帐研究》，龚泽铣译，第487页。

细辛,我国中医学上以全草入药,性温,味辛,可温经散寒,化饮,祛风止痛;主治风寒咳喘、风湿痹痛等症。作为牛疫方传入边疆,反映出汉文化对西州的广泛影响。当然,古代西域的游牧民族,经过长期实践,也必然形成一套兽医技术。如在古藏文文献中,还保存有"使用突厥的铁烙法"的记载,很可能就是与兽医有关的治疗方法。[1] 1908年斯坦因在麻扎塔格发现的《唐[开元九年?]于阗某寺支出簿》有载:"出钱贰百壹拾文,付兽医、合药灌疗王骠骑家施来患草马用"[2],说明唐代于阗已出现有治疗牛、马病的兽医。这并不是个别地方的偶然现象,其他地方也肯定出现了以兽医为职业者,这是畜牧业发展到一定阶段必然会有的社会进步现象。

综上所述,古代新疆畜牧业的发展,由于地域广阔,自然条件复杂,呈现出一幅色彩斑斓的图画。南农北牧,这是主要的生产布局,并不是绝对单一的界定。以天山为界,不仅南疆以农为主,农牧兼营,北疆以牧为主,在自然条件合适的地方,种植业也有所发展。随着季节的变化,游牧部落每年需要转场,但并不是无节制地走动,除民族大迁徙外,他们"各有地分",也就是说在一定的范围内活动。所以,从考古资料可以发现,游牧部落也往往有相对定居的营地,可能利用闲荒隙地,兼营种植;在从事牧业的同时,也可进行季节性的狩猎活动,而取得必要的生活资料。考古发掘中,常见到的弓箭、石球,就是最好的围猎工具。《后汉书·西域传》称,蒲类"庐帐而居,逐水草,颇知田作。有牛、马、骆驼、羊畜。能作弓矢。国出好马",就是对上述游牧生活的真实写照。如蒲类人这样,游牧部落有各种牲畜,实际上在天山以北广阔的草原上,马是最重要的牲畜;在南疆塔克拉玛干大沙漠周围,骆驼则是常见的交通运输工具。而有草之处,温顺的羊群,随时可见,因为它们是最易驯养而又能给人们提供生活资料的绝不可少的重要资源。千百年来,天山南北牧业生产中所积累的丰富经验,现在我们已无从知晓。

---

〔1〕〔日〕池田温:《中国古代籍帐研究》,龚泽铣译,第349页。

〔2〕〔匈〕乌瑞:《有关公元751年以前中亚史的藏文史料概述》,荣新江译,载王尧:《国外藏学研究译文集》第5辑。

近年发现的出土文书告诉我们的，多是绿洲农区的牧业情况。不过即使如此，它也引起了人们的极大注意，特别是其中有关牧业管理的经验，从严格的畜籍制度到保护牲畜的法律条文，都是前人留给我们的宝贵财富，有值得借鉴的重要价值。

作为主要支柱而具有传统优势的畜牧业，是古代新疆社会经济的物质基础。虽因难以抵御的自然灾害的袭击以及时有发生的战乱的破坏，限制了它长期稳定的发展，但得天独厚的自然条件，使它成为古代新疆最具有地方优势和广泛影响的基础产业。它曾推动了天山南北以毛织业为主的手工业的发展，色彩鲜艳，五色缤纷的毯、絛、罽、罽等各类高档毛织品，曾使广大的中外人士为之倾倒。“驴、骡、駞、驼，衔尾入塞，驒騱騵马，尽为我畜。”[1]包括大宛马、乌孙马、突厥马等各种名马在内的大量牲畜以及畜产品不断进入中原，和美丽的丝织物源源西运一样，不仅大大丰富和改善了我国各族人民的物质生活，而且也促进了各自的经济发展，为密切中原和西域的不可隔绝的友好交往，增添了新的篇章。

[1]《盐铁论·力耕篇》。

3　汉唐时期
新疆农垦事业的发展

新疆自古以来就是多民族的活动舞台。巍巍天山，横亘其中。北疆地域广阔，逐水草而居的游牧民族，一个接着一个在伊犁河谷及其邻近莽莽苍苍的大草原上，纵横驰骋，留下威武雄壮的诗篇。天山以南的塔里木盆地靠着高山冰雪融化的水流，形成适于农耕的绿洲环境。远古居民依山傍水，于此劳动生息，逐渐走向农业定居，汉时称为城郭之国。考古资料表明，距今3000多年前或稍晚一些时候，这里游牧部落已开始转向定居，形成农牧兼营的生产结构。在天山以南诸遗址中，如孔雀河下游的古墓沟、哈密五堡以及天山中部的阿拉沟，先后发现过小麦、青稞、小米饼及木质生产工具。1986—1989年发掘的和静县察吾呼墓葬区，虽然大量遗存表现了牧业经济特点，但成批的陶器以及储存其中的谷物，说明农耕的定居生活对当地人已不陌生。塔里木盆地北缘，地势平坦，溉田连片，是新疆的腹心地带；南缘则系昆仑北麓，沿山前冲积扇和冲积平原构成的绿洲地带，星星点点，像串珠似的分布于大漠南缘。“自且末以往皆种五谷，土地草木，畜产作兵，略与汉同。”[1]至晚于公元前2世纪，这里已出现以农为主兼营畜牧的绿洲城国。有些以游牧为生“随畜逐水草”的行国，因境内缺少适于耕作的土地，也“寄田”邻地，如蒲犁“寄田莎车”、依耐“寄田疏勒、莎车”，种植谷物，满足本身的生活需要。

3.1　汉兴屯垦：农田水利呈新貌

汉武帝建元三年（前138）张骞出使西域后，塔里木农垦事业的发

〔1〕《汉书·西域传》。

展加快了步伐。时丝道逐渐畅通，来往商旅不绝，使西域人口稀少国力微弱的绿洲城国，遭受到前所未有的压力，他们虽然扩大垦殖，但劳力不足，农业生产规模有限，因此粮食供应遇到极大困难。正如《汉书·西域传》所载："使者相望于道，一岁中多至十余辈，楼兰、姑师当道，苦之。""敦煌、酒泉小郡及南道八国，给使者往来人马驴橐驼食，皆苦之"。

不仅楼兰、姑师处于交通要冲，提水背粮、送迎使者，负担沉重，难以应付，其他绿洲城国供应往来人员的粮食及牲畜饲料亦力不从心，深以为苦。沿途缺乏供应，往来商旅，长途跋涉，甚或断粮缺水于戈壁荒漠中，陷入绝境。如汉成帝（前32—前7年在位）时杜钦所申述的那样，汉使者至罽宾（今印巴克什米尔一带），沿途"驴畜负粮，须诸国禀食，得以自赡，国或贫小不能食，或桀黠不肯给，拥疆汉之节，馁山谷之间，乞匄无所得，离一二旬则人畜弃捐旷野而不反"[1]。平素来往行人尚冻馁丧生于险途，若大兴军旅，粮食供应自然成为无法解决的难题。太初二年（前103），李广利第一次向大宛进军，沿途各国未供应粮食，士卒长途饥疲，倒毙不计其数，残军返至敦煌，生还者不过十之一二。所以当太初三年汉武帝不顾朝臣反对，命李广利第二次出征时，以"牛十万，马三万余匹，驴骡橐驼以万数。多赍粮"[2]。万里迢迢，辗转运输，劳民伤财，全国为之骚动，几乎造成一场严重的政治危机。接受惨重教训，西汉朝廷乃决心屯垦戍边，作为维护东西交通，维护对西域统辖的基本国策。太初四年汉军伐大宛后，轮台、渠犁屯田乃付诸实施："自贰师将军伐大宛之后，西域震惧，多遣使来贡献，汉使西域者益得职。于是自敦煌西至盐泽，往往起亭，而轮台、渠犁皆有田卒数百人，置使者校尉领护，以给使外国者。"[3]来自中原包括免刑罪人在内的屯垦士卒，以政府提供的包括籽种、耕牛、农具在内的生产资料，在公有土地上开荒造田，所收粮食除自食外全部上交，由政府统收统支，此谓军屯。

[1]《汉书·西域传》。
[2]《史记·大宛列传》。
[3]《汉书·西域传》。

屯垦士卒虽然不像有些论著所说的那样多，却是标志着汉朝在西域屯田的开端，我国中央封建王朝一项长期奉行的基本国策的实施。以渠犁、轮台为中心的垦区形成后，在一般情况下，所产粮食可以满足戍卒本身的需要，解决来往使节、商旅之需，但从与匈奴斗争、统一西域的战略考虑，进一步维护和发展东西交通着眼，就远远不敷形势发展的需要。为此，需把屯垦戍边作为根本战略措施来推行。征和年间（前92—前89年），主管全国军粮的搜粟都尉桑弘羊乃提出一个进一步发展西域屯垦的方案：

> 故轮台［以］东捷枝、渠犁皆故国，地广，饶水草，有溉田五千顷以上，处温和，田美，可益通沟渠，种五谷……臣愚以为可遣屯田卒诣故轮台以东，置校尉三人分护，各举图地形，通利沟渠，务使以时益种五谷。……田一岁，有积谷，募民壮健有累重敢徙者诣田所，就畜积为本业，益垦溉田，稍筑列亭，连城而西，以威西国，辅乌孙，为便。[1]

当时作为制订和推行汉朝财经政策的决策人物，桑弘羊虽然没有到过西域，却进行过不少调查研究，提出了颇有见地的开发方略。古轮台以东捷枝、渠犁等故国，就是现在轮台以东和库尔勒一带地方，此乃塔里木河中下游冲积平原，全年降水量40—50毫米，无霜期180—210天，≥10℃积温在4000℃左右，气候干燥，水资源丰富，地势平坦，发展灌溉农业、种植粮食作物有良好的自然条件，现在仍是新疆重要的粮棉产地，而且从政治军事意义上讲，此系西域腹地，北道的交通要冲，具有重要的战略地位，所以桑弘羊建议开发此地为屯田中心，诚为有识之见。所谓“有溉田五千顷”，是个约数，指当地居民或包括屯垦士卒已初步开发进行灌溉耕作的土地。汉5000顷相当于今345600市亩耕

〔1〕《汉书·西域传》。

地，这个数字尽管有些夸大，却反映了汉代西域开发初期的垦殖情况。[1]

桑弘羊提出的宏伟规划，因汉朝廷30年连续用兵，海内虚耗，争需调整政策，而未获汉武帝的准允。经过10余年的休养生息，到汉昭帝（前86—前74年在位）时终于开始付诸实施。首先代表汉政府来贯彻施行这项开发规划的并不是内地派来的官员，而是当地兄弟民族中的一位杰出人物——扜弥太子赖丹。扜弥位于今新疆和田地区策勒县东北一带，汉初是与于阗并列的绿洲大国。据《史记·大宛列传》介绍，汉武帝元狩四年张骞第二次来西域时，分遣副使至于阗、扜弥活动，扜弥王室即派人"随汉使献见天子"，受到优厚亲切的接待。太初四年李广利伐大宛归来，经扜弥时，赖丹随至长安观光，在内地居住20余年，受到汉朝廷的礼遇。昭帝元凤四年（前77）据桑弘羊前议，选派臣属前往西域领护屯垦时，赖丹乃被委以重任。[2] 我国中央封建王朝在西域建置官职，任命当地民族上层人士担任要职，赖丹当是第一人。当时汉朝在塔里木盆地的军政势力还不稳固，赖丹不畏艰险，率领士卒，开辟草莱，屯田积谷，为汉朝廷在西域建立了一个可靠的粮食基地，为维护东西交通，实现祖国的统一大业，发挥了积极的作用。时轮台屯田，有相当规模，由于汉唐时期这里皆为垦殖区域，故今城南旧址，田埂沟渠遗迹，尚可寻觅。[3] 赖丹主持轮台屯田，"连城而西"，扩展至龟兹一带。《水经注》上说龟兹城南"有故城，盖屯校所守也"。今库车南沙雅附近，汉代城垒、农田遗迹，尚隐约可见。当时亲匈奴的龟兹贵族见汉军垦殖已进展至龟兹，乃千方百计地进行抵制，并设计杀害赖丹，但屯垦事业并未中断。汉朝的政治影响在龟兹迅速扩大，杀害赖丹的龟

〔1〕所称"五千顷"即50万亩，如以极其粗放的耕作方法每人耕种25亩计，为2万人耕作的面积。当时"轮台、渠犁皆有田卒数百人"，总数千人左右。在轮台以东的绿洲小国，乌垒1200人，渠犁1480人，尉犁9600人，捷枝无记载，即使再加上屯田士卒和一些不知名的小国，也远不足2万个劳力。这项数字可能有误或有失实之处。后魏郦道元注、杨守敬纂疏的《水经注疏》（科学出版社1957年影印版）将这句话改为"可溉田五千顷以上"，比较合乎情理，但未云所据。

〔2〕《汉书·西域传》："昭帝乃用桑弘羊前议，以扜弥太子赖丹为校尉将军，田轮台，轮台与渠犁地皆相连也。"此处标点有误，应为："以扜弥太子赖丹为［使者］校尉，将军田轮台"。

〔3〕黄文弼：《塔里木盆地考古记》，科学出版社1958年版，第2章。

兹贵族姑翼，随即受到应有的惩处。

轮台、渠犁起初均有数百名士卒开荒造田，后来随着形势的发展，屯垦士卒不断增加。地节二年（前68），渠犁屯田士卒已增至1500人，加上轮台数百人，大概当神爵三年（前59）西域都护府建立前后，在其治所乌垒城附近，约有田卒2000余名。至于其生产的具体情况，历史文献没有留下任何资料，而有待于出土简牍的填补。这里只能作些推测，以为参考。《汉书·赵充国传》称湟中屯田士卒每人治田20亩。居延汉简72EJC:1号文书称每人治田可高达34亩。[1] 塔里木盆地耕作粗放，平均以1卒治田30亩计，则当时屯田约6万亩。居延一带垦殖亩产麦粟约7.5斗上下。[2] 轮台、渠犁一带水土条件较好，以每亩年产1石计算，则每1田卒年产粮30石（约合830市斤）。[3] 据罗布淖尔汉简，田卒"积一月十二日食粟四石二斗"[4]。如此日食1斗，1月3小石[5]，约当48.6市斤；1年食量为583斤，积余247斤。2000千名士卒每年产粮166万市斤，消费116.6万市斤，积余49.4万市斤，除去供应家属及来往行人，所余不多，所以当地节二年郑吉率士卒及城郭诸国兵攻车师时，因军粮食尽，不得不暂时罢兵，待秋后重又兴师。除轮台、渠犁作为主要屯田区外，东南的鄯善在元凤四年（前77）有汉司马1人、吏士40人至伊循（今若羌县米兰一带）屯田积谷。后来随着屯垦规模的扩大，乃"更置都尉"以加强管理。另据《汉书·西域传》

---

〔1〕《居延汉简新粹》，兰州大学出版社1988年版，第88页。

〔2〕参见杨际平：《秦汉农业：精耕细作抑或粗放耕作》，载《历史研究》2001年第4期。

〔3〕1汉石约当今2市斗；1市斗容麦约14.5市斤，容粟约13.5市斤。1汉亩当今0.6912市亩。以此推算，"粟二麦一"，1市亩约产粮40市斤左右。

〔4〕林梅村：《疏勒河流域出土汉简·附录》，文物出版社1984年版，第100页。

〔5〕汉代量制中存在的大小石问题，不同意见迄今尚在讨论。据有关资料及研究文章看来，汉代官方虽未作过大小制的规定，但在西北屯垦区域发放口粮时，确实存在"小石"的容量单位。大小石之别，并非"计算上的虚名"。正如陈直先生在《〈关于居延汉简的发现与研究〉一文的商榷》中所说："居延吏卒廪给以粟为原则，用大石小石不同的升斗来计算，发[粮]二石者为大石，发[粮]三石三斗三升少者，则为小石"，载《考古》1960年第1期。小石10石为大石6石，相当于"粟一斗得米六升鏊"。详细情况请参阅邱光明等：《中国科学技术史·度量衡卷》，科学出版社2001年版，第262－266页；李振宏：《汉代屯戍生活中的古典人道精神》，载《历史研究》2001年第5期。

载,宣帝甘露元年(前53)“汉遣破羌将军辛武贤将兵万五千人至敦煌,遣使者案行表,穿卑鞮侯井以西,欲通渠转谷,积居庐仓以讨之”。在楼兰东北土垠遗址(罗布泊北雅丹群中)发现的有关屯戍木简中,屡见与《汉书》所载时间相符的居卢訾仓。有学者认为,这是地处东西交通要道的居庐仓的别称。[1] 不过此地在干旱缺水的自然条件下,大规模地开展农垦比较困难,辛武贤率兵15000人,至敦煌后“不出塞还”,这项计划并未施行。这里掘井灌溉屯田积谷是可能的,但耕种面积有限。现在不少史学论著称汉代楼兰的屯田人数多至万人以上或明确称有15000人,则是无法想象的事,可能是对上述“辛武贤将兵万五千人至敦煌”,误解为至楼兰了。

与塔里木绿洲不同的天山以北的广阔草原地带,以牧业为主,但汉代也开始出现农耕。如乌孙系游牧部落,移居伊犁河流域后,在气温高、水量充沛的河谷地带,也开始从事种植业;近年国内外考古工作者在其活动范围内曾发现过谷物、农业生产工具及粮食加工工具。昭苏乌孙墓中出土的铁铧,不论是本地制造或屯垦士卒从中原带来,都说明农业生产在此地有所发展。至于《汉书·西域传》所载,常惠将三校屯赤谷城[2],那是汉宣帝甘露元年(前53)的事。

是时汉遣常惠率军三校近两千人至乌孙解决其内部争端,《汉书·辛庆忌传》载,辛“随长罗侯常惠屯田乌孙赤谷城”。不过这支耕战结合的队伍,存在的时间很短,常惠不久即回长安接任苏武典属国的职务,辛庆忌亦率军至焉耆屯垦,就近观察乌孙动静。焉耆屯田维持的时间也不长,辛庆忌还长安为谒者后,屯田事再也不见历史记载。汉成帝阳朔四年(前21)乌孙内乱又起,西域都护廉褒徙己校于乌孙南姑墨屯田,以伺机讨伐,后乱平屯田亦罢。

---

[1]见孟凡人:《楼兰新史》,光明日报出版社、新西兰霍兰德出版有限公司1990年版,第74-76页。对这一观点,黄盛璋在《楼兰始都争论症结解难与LA城为西汉楼兰城新论证》一文中,提出异议,认为“居庐仓必距疏勒河尾闾不远,否则就不可能‘开渠通谷’”,见《吐鲁番学研究》2000年第1期。

[2]赤谷城,一说在今吉尔吉斯斯坦伊塞克湖东南,一说在今特克斯河流域昭苏盆地,或云二地皆系乌孙都城,前为冬都,后为夏都。

汉朝的屯垦起先主要在渠犁、轮台一带，后发展至天山南北各地，而最大的变动是神爵三年（前59）西域都护府建立后，屯垦重点乃逐渐东移至车师（姑师）即吐鲁番盆地。吐鲁番盆地是天山东部的山间盆地，面积10300平方公里，其北、西、南三面，均为山地环绕，有很强的封闭性，降水极少。盆地绿洲主要分布在火焰山南北两侧，土地平整，山区供水充足，宜于灌溉农业的发展，故史称"气候温暖，厥土良沃"，宜于农耕。车师是匈奴南下西域的咽喉之地，也是汉军捍卫西域的前哨。中西交通繁盛后，它成为中原西去大宛、北至乌孙的必经之地。作为西域的战略要地，汉与匈奴曾在此反复进行争夺。匈奴单于和大臣曾称"车师地肥美，近匈奴，使汉得之，多田积谷，必害人国，不可不争也"[1]，乃仿汉朝作法派4000骑兵在车师屯田，但终未能得逞。神爵二年匈奴势力退出西域，吐鲁番盆地成为汉军新的屯垦中心。《汉书·西域传》称："匈奴益弱，不得近西域。于是徙屯田，田于北胥鞬，披莎车之地，屯田校尉始属都护。"北胥鞬为何地？据文书资料应在今吐鲁番市以东，鄯善县境之鲁克沁一带。[2] 在西域统一的有利形势下，汉廷为合理布局、加强控制形势、方便与中原的联系，乃将屯田重点从渠犁移至作为西域门户的车师。元帝初元元年（前48）汉廷在此设置戊己校尉屯田积谷，掌管西域的屯垦事务。渠犁原有屯田军三校（部）田卒1500余人。据新近出土的悬泉汉简揭示：二校移驻车师。交河壁（交河故城一带）驻有戊校，高昌壁（高昌故城一带）驻有己校，两校屯垦士卒各由校尉领护。高昌壁逐渐发展为垦殖中心，己校尉地位也更为显要，有时西域都护兼任己校尉，己校尉亦兼任戊校尉。戊己校尉之设，有时由2人分任，有时由1人兼任[3]。戊己二校各分左右部，其下一级编制为曲，有前、后、左、右、中5曲，军候为之长。"曲下有屯，屯长一人，比二百石。"[4]屯是屯垦部队中的基层单位。吐鲁番盆

[1]《汉书·西域传》。

[2]详见本书4：西域屯垦与吐鲁番盆地的开发。

[3]详见本书1：悬泉汉简与西域史事。

[4]《后汉书·百官志》。

地作为交通冲要、原来是匈奴进出西域的通道和粮食供给地，现在在戊己校尉管辖下，为汉军与过往行人提供生活供应，还与乌垒城的西域都护互为呼应，维护西域的稳定。

车师屯垦的规模，从西汉末年陈良等胁略戊己校尉吏士及家属2000余人降入匈奴一事看来，和渠犁屯田最盛时达1500余人的规模相仿佛。终西汉之世，派往西域屯垦的戍卒，人数同时不会超过3000，耕种的土地约六七万亩，如包括垦殖后撂荒或休耕的土地则可估算在10万亩左右。汉朝屯垦中心的转移，对车师一带农业的发展起了有力的促进作用，以粮食为主的种植业，在吐鲁番盆地有显著发展，经济作物也日益显得重要。

《汉书·西域传》告诉我们，当时塔里木盆地和吐鲁番盆地有"城郭田畜"的绿洲城国计17个，共252710人：且末1610人、精绝3360人、焉耆32100人、扜弥20040人、于阗19300人、皮山3500人、莎车16373人、疏勒18647人、温宿8400人、姑墨24500人、龟兹81317人、乌垒1200人、渠犁1480人、尉犁9600人、危须4900人，还有车师前国6050人、车师都尉国333人。他们从事耕作，兼营畜牧，并有一定的手工业。以牧业为主兼有少许种植业的行国，则有塔里木周边6国25680人，葱岭7国22803人，天山以北乌孙等14国269868人（乌孙有63万人，其分布范围大约40%在我国新疆境内，故以25.2万人计算）。综上所述，在今新疆地域范围内，西汉末人口鼎盛时，牧区有318351人，天山以南各绿洲城国有252710人，总计当时新疆境内约有571061人。如果这一粗略推算能反映当时新疆生产结构基本轮廓的话，我们就可进一步利用这些数字，推测当时农业生产中的一些情况。据《汉书·地理志》介绍，汉平帝元始二年（公元2年）全国人口5959万4918人，垦田8亿2705万3600亩，每人13.8亩（相当于现在9.7市亩）。当时天山以南绿洲城国的农业生产情况"略与汉同"，但地广人稀，人均占有土地面积要大于中原、而低于屯田士卒，每人以15市亩计，加上牧区少量零星的耕地，则新疆境内约有耕地380万市亩左右。塔里木各绿洲城国粮食平均亩产量按 40 市斤计算[1]，则当时新疆粮食产量（主要指粟、床、麦）约为 15200 万余斤，天山以南农区人均占有粮 600 市斤左右。按 60% 原粮加工率计算，则每人占粮仅有 360 斤。由于当时人们肉食较多，如按佉卢文书记载，每名士兵除口粮外，每月要发给绵羊 1 只，故农区粮食能保持自给，还有少量积余供应来往商旅。桑弘羊在上武帝的奏章里说，渠犁附近一些城国，贵黄金采缯，可以持之向他们换取粮食，但往来人马过多，他们就无力负担而深以为苦了。再就是当时游牧部落也需要粮食，不但南疆蒲犁、依耐等地"寄田仰谷旁国"，北疆的游牧民族匈奴、乌孙等，虽有"咸食畜肉"之说，但实际上也越来越多地需要五谷杂粮。匈奴人"好汉缯絮食物"[2]，征和四年（前 89）其单于公开写信给汉武帝，提出每年索要"蘖酒万石，稷米五千斛，杂缯万匹"。汉昭帝始元四年（前 83）匈奴壶衍鞮单于初立，常恐汉兵袭击，乃穿井筑城，建楼储粮防守，说明在汉民族的影响下，匈奴对军粮也非常重视，谷物已成为士卒日常生活的必需品。所以在其统治西域期间，赋税诸国，除"马畜旃罽"之外，食粮也成为他们越来越需要掠夺的物资。当时匈奴与汉军反复争夺土地肥美、"多田积谷"的车师，而且还特派 4000 骑兵屯田于此，这除车师地居险要的战略原因外，匈奴人需要粮食也是不可忽视的因素。上述事实说明，当时粮食的需要量日益增长，在天山南北发展种植业已成为社会生产的必然趋向，而丝绸之路畅通，来往人员增多，就更为这一趋向注入了强有力的催化剂。

东汉时期车师与伊吾同时成为汉与匈奴竭力争夺的屯田重点地区。"伊吾地宜五谷、桑麻、蒲萄。其北又有柳中，皆膏腴之地。"[3]双方皆把目光注视于此。时北匈奴西迁人数不断增加，盘踞在伊吾、蒲类

---

〔1〕我国历史时期经济发展缓慢，农业生产水平长期停滞不前。据宁可在《汉代农业生产漫谈》中测算，汉代正常年景每市亩粟麦平均产量约 145 市斤，载 1979 年 4 月 10 日《光明日报》。时过两千年，据 1943 年统计，我国内地 22 个省每亩小麦平均产量为 147 斤，同期新疆莎车、叶城一带，每市亩小麦平均产量为 84 市斤，相当于内地产量的 57%，新疆其他地区尚达不到这样水平，如和田县 1944 年主要粮食平均亩产为 74 斤，总的说来只能抵内地产量的一半左右。

〔2〕《史记・匈奴列传》。

〔3〕《后汉书・西域传》。

一带的呼衍王势力越来越大,任意阻隔交通,企图控制西域。东汉政府对之不断展开斗争,给以沉重打击,为1世纪重新统一西域创造了条件。在开辟伊吾屯田,设置宜禾都尉主持其事的同时,东汉朝廷重置戊己校尉主管屯田,以耿恭为戊校尉,屯车师后部金满城(今新疆吉木萨尔县境);关宠为已校尉,屯前部柳中城(今新疆鄯善县鲁克沁),南北呼应,各置士卒数百人屯戍。这样,伊吾、金满、柳中三足鼎立,有效地加强了东汉在西域的防卫力量;而3个屯田区的开发,增加了粮食供给,亦为与匈奴展开长期持续的斗争,提供了物质条件。对此,《后汉书·西域传》曾有简明扼要的说明:

> 自敦煌西出玉门、阳关,涉鄯善,北通伊吾千余里,自伊吾北通车师前部高昌壁千二百里,自高昌壁北通后部金满城五百里。此其西域之门户也,故戊已校尉更互屯焉。……故汉常与匈奴争车师、伊吾,以制西域焉。

由于东汉政府实力所限,缺乏前朝的开拓进取精神,所以对西域的屯垦和开发,已从西汉时期天山南北的广阔范围,转移到现在哈密、吐鲁番一带,以东疆为主要的活动基地:

永平十六年(73)窦固、耿忠自酒泉向天山进军,击破呼衍王,至蒲类海(巴里坤湖),置宜禾都尉于伊吾卢(今哈密一带)屯垦,以拒匈奴。至建初二年(77)停止,匈奴遣兵守伊吾地。

永平十七年(74)汉军大败匈奴,车师复定,东汉政府置戊已校尉,已校尉关宠率数百人屯田柳中,戊校尉耿恭率田卒数百人屯垦车师后部金满城。在匈奴重兵围攻下,耿恭因金满城水源不足,将驻所移至疏勒城(今奇台县境石城子遗址)。建初元年(76)耿恭率领屯田士卒经过艰苦卓绝的斗争,被迎回中原,屯田作罢。

和帝永元三年(91)班超为西域都护,居龟兹它干城(今库车附近)。复置戊已校尉领兵500人,屯田车师前部高昌壁,并置戊部候屯田于后部且固城(今吉木萨尔一带),至永初元年(107)罢。后几经反复,至永兴元年(153)尚在坚持。

安帝元初六年(119)敦煌长史索班将兵千人,出屯伊吾,数月后,北匈奴率车师后部王攻没班等。延光二年(123),班勇将兵500人出屯柳中,永建二年(127)罢。永建六年汉以伊吾庐膏腴之地,不能让匈奴资之,以为钞暴,复设伊吾司马,开设屯田。元嘉元年(151)屯田将士仍坚守其地。

从上述不满60年的历史记载里,我们可以看出东汉在西域的屯垦时断时续,规模不大,人数约在1000左右,坚持到永兴年间(153—154)以后,地点主要在车师、伊吾一带。永平十六年(73)后的"楼兰之屯",在杨终等人反对下,未能持久,建初元年(76)即"听还徙者,悉罢边屯"[1]。1959年考古工作者在古称精绝的民丰县境,曾发现有"司禾府印"印范,时在此亦可能有从事垦殖积谷的屯田机构。塔里木盆地南缘粮食作物以粟为主,粟古称禾,故主管屯垦的机构,有司禾府之称。按,元初六年(119)索班率兵屯田伊吾被匈奴攻没,朝堂会议班超幼子班勇曾建议遣西域长史率500人屯田楼兰,虽未成事实,但这项动议却显示了高瞻远瞩的战略眼光。"西当焉耆、龟兹径路,南强鄯善、于阗心胆,北扞匈奴,东近敦煌。"[2]这样进退得便,可以使西域继续置于中央王朝的管辖之下。汉安帝延光二年(123),班勇为西域长史,将兵500人,出屯柳中。勇以柳中为基地,进行垦殖,供应军食,打通至车师前部的交通路线,"使车师六国悉平",恢复对龟兹、姑墨等绿洲城国的统辖,肃清了匈奴残余势力,城郭皆安。

两汉时期中央朝廷在西域的屯田,虽然其规模不能脱离实际作过高的估算,但通过屯垦戍边的举措,维护西陲安定,促进了天山南北农业的发展,影响至为深远。从经济发展方面看,这主要表现在以下诸方面:

考古资料告诉我们,至迟在距今3000多年前,天山南部已有原始农业的存在,不过发展缓慢,基本上处于"望天收"的原始状态,主要以木石为工具,极端的粗放经营。自公元前1世纪汉军在天山南北开展

---

〔1〕《后汉书·杨终传》。
〔2〕《后汉书·班梁列传》。

屯垦以后,中原生产技术传来西域,提高了生产水平,使当地的农业跨入了一个新的时期。这首先表现在铁工具的普遍使用方面。汉代以前,西域已出现铁器,不过,木制的耒耜仍是当时常用的生产工具。自汉朝大力兴办屯垦以后,中原生产的铁工具和先进的农业生产技术即随着屯垦大军迅速传入西域,中小型铁工具越来越多。它们除当地自制外,亦有从中原输入的产品。伊犁河谷的昭苏夏台波马沙尔霍布以及特克斯、新源、铁木里克、巩乃斯、黑山头、尼勒克的哈拉图拜等土墩墓葬[1],普遍发现有铁刀、铁剑、铁锥等用具;在塔里木盆地南缘民丰县的尼雅遗址、洛浦县的山普拉遗址,铁刀、铁镞等物亦都有发现[2]。在昭苏夏台波马沙尔霍布墓葬中的铁器,不仅有小刀、锥及环首刀等,还发现一件与汉关中长安等地所出形制完全一致的大铁犁铧。铧重6斤2两,通长35厘米,壁厚1厘米。铧体舌形,粗糙厚重,中部凸起,剖面近等腰三角形,后部有銎,銎作扁圆形。这种舌形大犁,应需二牛牵引。在孔雀河中游汉晋时期的营盘古城,也曾发现形制相同的铁铧犁。尼雅发现的铁镰刀,圆木杆,铁刃片,刃片尾部嵌入木杆一端后再折转绕在杆上(杆长31.5厘米,圆径2.5厘米,刃片长12、残宽1—1.4厘米)[3]。洛浦山普拉的镰刀稍小,残锈严重,残长5.2、宽1.2厘米;双面斜刃,采用刀尾穿柄曲折固定法,木柄完整,长2.5厘米。铁工具的使用显著地促进了古代新疆农业生产水平的提高,使"更大面积的农田耕作,开垦广阔的森林地区,成为可能"[4]。标志着农业生产力提高最重要的工具是犁的出现。《后汉书·西域传》载,汉代进入西域的屯田士卒是携带牛和犁的。延光二年(123)由敦煌太守张珰提出后为班勇实施的进取西域的方略,就是"将士五百人,四郡供其犁牛谷食,出

---

[1]张玉忠:《伊犁河谷土墩墓的发现和研究》,载《新疆文物》1989年第3期。

[2]新疆维吾尔自治区博物馆:《洛浦县山普拉古墓发掘报告》,载《新疆文物》1989年第2期。

[3]李遇春:《尼雅遗址和东汉合葬墓》,载新疆考古所1988年编印:《尼雅考古资料》,第16页。

[4]《家庭、私有制和国家的起源》,见《马克思恩格斯选集》第4卷,人民出版社1972年版,第159页。

据柳中"[1]。昭苏波马发现的铁铧,很可能就是汉代屯田士卒留下来的遗物。当然从中原携带笨重的铁铧远行并非易事,数量有限,犁耕当时在西域尚未推广使用,但常用的农具镰刀、铁斧等已能在当地冶炼打造是没有疑问的。鄯善、若羌一带地方,"山有铁,自作兵,兵有弓、矛、服刀、剑、甲"[2]。近年考古工作者在洛浦阿其克山和库车阿艾山两处都发现了汉代开矿冶铁遗址,这些冶炼工场能制兵器,自然也会造农具,在中原先进文化的影响下,"颇得汉巧"[3],不断提高工艺水平。

图 3-1　铁铧犁(昭苏县出土,汉)

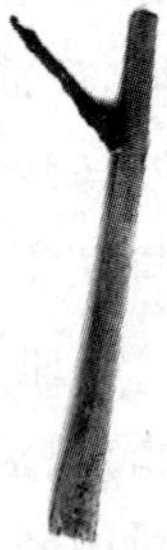

图 3-2　镰刀(尼雅遗址出土)

其次,在水利建设方面亦有显著成就。至西域屯垦的士卒,往往就是穿上军装的农民,他们在严密的军事组织下进行垦殖,具有突出的优势,即可以进行大规模的水利建设,这是分散的绿洲个体农民无法与之相比的。马克思在《不列颠在印度的统治》一文中曾经告诉我们:"气候和土地条件,特别是从撒哈拉经过阿拉伯、波斯、印度和鞑靼区直至最高的亚洲高原的一片广大的沙漠地带,使利用渠道和水利工程的人工灌溉设施成了东方农业的基础。……节省用水和共同用水是基本要求……在东方,由于文明程度太低,幅员太大,不能产生自愿的联合,所以就迫切需要中央集权的政府来干预。因此亚洲的一切政府都不能不执行一种经济职能,即举办公共工程的职能。"[4]

〔1〕《后汉书·西域传》。

〔2〕《汉书·西域传》。

〔3〕《汉书·陈汤传》。

〔4〕《马克思恩格斯选集》第2卷,人民出版社1972年版,第64页。

古代塔里木盆地正是这样,作为公共工程的组织者,汉政府在西域的屯垦组织,对农业生产的命脉——水利建设非常重视。事实上,也只有在严密的组织下,"益通沟渠"、兴办大型水利工程才有可能。桑弘羊"益垦溉田"的宏伟计划,在渠犁、轮台一带实施后,良田沃野,沟渠纵横,其遗迹至今尚存。20世纪20年代末黄文弼先生在这一带地方进行考古调查时,曾发现多处和汉代屯垦有关的遗迹,记载于他的《塔里木盆地考古记》中。沙雅发现的长达100公里的古渠,名黑太也拉克(汉人渠),在渠旁及遗址中曾发现有汉代五铢钱及陶片。"此渠位于喀拉黑炭巴扎之西,地名曲鲁巴哈。由于河分支东行,经英业入戈壁,一直往东,至爱默提草湖遂不见,全长约200余里。""渠为红土所筑,宽约六米。至什格提东面,分为三渠至草湖。"此古渠及附近古城废墟,直至80年代,新疆考古工作者尚见其遗迹,"宛若一道逶迤远去的土堤"。[1]

在轮台县克子尔河流域,据黄文弼先生调查,亦有不少汉代遗迹:有"干渠;埂界犹存,疑为古时垦殖区域"。"柯尤克沁……可能为汉仑头国故址,城西有古时流水沟渠,盖引克子尔河水以灌城中者。……抵着果特沁旧城……疑此城为汉代屯田轮台时所筑,因城有营垒,当为田卒所住,城中有粮食,城南及东皆为红泥滩,古时沟渠田界痕迹尚显然可见。"[2]

不仅在屯垦的中心区域规模较大的水利工程遗迹历历可见,和伊循屯垦有关的米兰遗址(今若羌县东),精心设计的具有先进水平的双向灌溉、集中分水的水利设施,更明显地反映了当时西域农田水利建设在运用中原的先进技术后得到高度发展:

> 七条大型支渠,均匀地分布和控制着整个古城地区。干渠全长8.5公里,渠身一般宽10—20米(包括渠堤宽度),渠高3—10米(自地面算起),纵坡1/100—1/1700米,支渠总长284公里,渠

[1] 王炳华:《从考古资料看新疆古代的农业生产》,见氏著:《丝绸之路考古研究》,新疆人民出版社1993年版,第274页。

[2] 黄文弼:《塔里木盆地考古记》,第2章。

身一般口宽3—5米，渠高2—4米，纵坡一般1/200。部分干、支渠堤顶及渠槽内比较平整，可通行汽车。形如垫高的路基或水库的堤坝。渠槽微成注曲，小的斗、农、毛渠，阡陌纵横，密布于各支渠间的灌溉面积上。……古城堡干、支、斗渠，全部沿最大坡度，垂直地形等高线布置。七条支渠均匀地顺地形脊岭，采用双向灌溉，有效地控制着整个灌区。全灌区没有不能上水的土地。[1]

据探查，该遗址的水利技术人员饶瑞符同志估算，灌溉区控制土地面积4.5万亩，其中农耕土地约1.7万亩，总需人工220万个。"要将1.7万亩土地投入灌溉和生产，需要1000人劳动8—10年方可完成。"开凿一般不长的渠道，技术不很复杂，但要开凿大型配套的渠道，特别是灌溉体系，施工技术则较复杂，必须对引水、分水等一系列渠道开凿的过程，有必要的工程技术措施；而且对渠道经过与引灌地带的地形、地质条件，以及水流缓急等情况进行必要的勘测，作总体设计与工程布局。上述以米兰为中心的完整配套的灌溉系统：从米兰河引水为总干渠，下分7条支渠，环绕古城；主干渠与支渠建有总闸和分水闸，随时开关引水放水。这种复杂的渠水控制工程，技术要求较高，特别对引水的关键部位——渠口工程，必须仔细勘测，"相度"得当。米兰灌溉系统所以能保存至今，清理积沙，稍加修整，即可使用，说明当时在此施工的屯垦士卒，引进中原水利技术结合当地的自然条件，进行了成功的实践。上述米兰遗址系汉代鄯善国的伊循城，汉唐期间，这里屯垦持续不衰，且不断扩大规模，经过长期不断修建加工，故能留下这样高水平的农田水利遗迹。《水经注》载索劢率兵兴修水利，横断注滨河的故事，虽系传说，有夸大的成分，但确也反映了东汉或其后世统辖西域的中心移至塔里木盆地东南缘后，集中力量进行大型水利工程的基本史实。索劢"将酒泉、敦煌兵千人至楼兰屯田，起白屋，召鄯善、焉耆、龟兹三国兵各千，横断注滨河，河断之日，水奋势激，波陵冒堤……大战

[1]饶瑞符：《米兰古代水利工程与屯田建设》，载《新疆地理》1982年1—2期合刊。

三日，水乃回减，灌浸沃衍，胡人称神，大田三年，积粟百万”[1]。汉晋时期，鄯善一带为汉军屯垦基地，故精绝也有司禾府的设置，留存至今的水利建设遗迹颇多。我们知道，水渠建成后，堤防必须坚固，以保持水流平稳，长期进行灌溉，而且也防洪水决堤泛滥成灾。关中地区经常施用的一种固堤方法——柳堤，在罗布泊附近孔雀河北曾有发现。1934年黄文弼先生来疆考察，在《罗布淖尔考古记》中，有这样的记述：

长形之柳堤，西南东北行，长950双步，下为土壤，上覆柳条，旁栽柳条一线，宽190公尺，高80公尺，每隔170公尺，竖植胡桐一根，高54公尺……西属平原，东临干河……疑当时东北支水势甚大，而东南地势平坦，可以种地，故筑堤障水，使水东南流灌地。

这种在渠堤上栽种柳树，下以柳条筑堤的方法，既可固堤，又可就地取材进行保护，在关中一带相沿成习，系古老之传统。黄氏据附近发现之文物，推断为汉代屯垦士卒所建，有一定根据。

在汉朝大兴屯垦的推动下，当时天山南北以种植业为主的农垦事业呈蓬勃发展之势，经百余年到东汉后期，成效显著，有关资料对此有充分反映。由于独特的地理条件，吐鲁番盆地的先民，史前时期的经济生活，以游牧、狩猎为主，兼有少量种植。汉代以后，牧业仍占主要地位，所以在交河沟北一号台地车师贵族大墓内，就有“十数个或数十个不等的马（驼）坑，坑内殉马（驼）二十至三十余匹（峰）不等”[2]。但到大兴垦殖以后，这里已是农业发达的西域屯垦中心。在今巴里坤一带的蒲类国和乌鲁木齐一带的东且弥国居民，都以游牧为生，但此时种植业亦获得显著发展。《后汉书·西域传》有这样记载：

蒲类国……庐帐而居，逐水草，颇知田作。

东且弥国……庐帐居，逐水草，颇田作。

西汉时期治于务涂谷的车师后王国有595户、4774人。至东汉时期，据《后汉书·西域传》载，人口剧骤增长，“领户四千余、口万五千

---

[1]《水经注·河水二》。

[2]新疆文物考古研究所等：《交河故城——1993、1994年度考古发掘报告》，东方出版社1998年版，第72页。

余”。人口的迅速增长,不仅说明了牧业生产的扩展,也反映了农垦事业的开拓。这些“庐帐而居,逐水草”的牧民,时已发展垦殖,颇知田作,适于农耕的塔里木盆地以及东部各绿洲城国,垦殖事业当然更普遍地有所发展。如伊吾“地宜五谷、桑麻、蒲萄”,车师、柳中“皆膏腴之地”,屯垦持续不断,粮食亦常获丰收。在塔里木盆地西南一带,经过西汉时期100余年的垦殖,至东汉初农业发展已有相当规模。章帝建初五年(80),在此地活动的班超向朝廷上书说:“莎车、疏勒田地肥广,草牧饶衍,不比敦煌、鄯善间也,兵可不费中国而粮食自足。”[1]说明处于丝路要冲的疏勒、莎车,土地肥沃,水草丰茂,如果发展垦殖事业大有可为,粮食不仅自给还能供给军用。东汉后期,中央朝廷在西域的军政势力曾一度移至塔里木盆地东南一带,不少汉人移居于此,和当地居民杂居,共同开发这块面积有限、水草丰茂的绿洲。反映3世纪左右汉晋时期社会状况的佉卢文书说明,当时为鄯善所并的精绝,名义上国王拥有一切自然资源、享有至高无上的权力,实际上土地为私人占有。法律亦保护私有财产。除小块土地为个体经营外,奴隶制剥削曾广泛存在。在农民开垦的一块块土地上,种植五谷,兼营畜牧。种植业的普遍发展,使谷物不仅成为人们日常消费的主要食品,也是经济活动中常用的支付手段,向国家纳税的主要实物。

当西域广大地区农业生产蓬勃发展之际,有一种新兴产业悄然兴起,这就是具有地方特色的园艺业。西域的自然条件适于果木园林的发展。据文献记载,至晚在距今两千余年的秦汉时期,中亚诸地葡萄栽培和酿造业已非常发达。在今新疆境内且末、伊吾(哈密)等地也都如此。葡萄原产于东地中海沿岸,后逐步传到中亚、东亚地区。远在五六千年前,埃及、叙利亚、伊拉克诸地,已有人工栽培。1992年新疆考古工作者在鄯善县的苏贝希墓地(前5—前3世纪)曾发现葡萄籽种130

〔1〕《后汉书·班梁列传》。

余粒,说明在史前时期吐鲁番地区已有这种日后名扬海内的特产出现。[1]

汉代西域广大地区盛产葡萄,并通过人员往来,把它东传至中原种植。汉武帝太初四年(前101),李广利率军伐大宛返回后,汉廷又数次遣使至中亚诸国,寻求奇物。大宛葡萄远近驰名。"宛王蝉封与汉约岁献天马二匹,汉使采蒲陶、苜蓿种归。"[2]这位采葡萄、苜蓿种子返回中原的使者姓甚名谁,史籍没有留下记载,在当时可能是位不很重要的人物。今人多以为葡萄籽种系张骞通西域时携回中原,实际上是个传之已久的误会。[3]

据传世文献,汉代新疆且末诸地有"蒲陶诸果"[4],也就是说不仅有葡萄而且有各种果品种植,"诸果"是指哪些果品,文献中找不到答案。现代的考古资料展示了这方面的内容。位于今和田地区洛浦县的汉晋山普拉遗址,发现有桃、杏、核桃和沙枣等主要果种。[5] 桃、杏原产我国中原,很可能随屯田士卒引入西域。核桃原产于波斯等地,传入西域并至中原。

3.2 魏晋南北朝时期天山以南绿洲区域的开发

魏晋南北朝时期,西域政局虽亦动荡,时有战乱发生,但塔里木盆地诸绿洲城国,农业经济仍有着阶段性的程度不同的发展。《魏书·西域传》载:焉耆、龟兹一带,"土田良沃,谷有稻、粟、菽、麦","税赋准地征租,无田则税银钱"。以田地赋税作为政府的主要财政收入,说明农业生产在当地占主要地位。疏勒不仅农产品丰饶,矿冶、纺织品也多

[1]参见新疆文物考古研究所等:《鄯善县苏贝希墓群三号墓地》,载《新疆文物》1994年第2期;伊斯拉菲尔·玉素甫:《葡萄在古代吐鲁番社会经济中的地位》,载《吐鲁番学研究》2002年第1期。

[2]《汉书·西域传》。

[3]详见本书5:物种源流辨析——汉唐时期新疆园圃业的发展及有关问题。

[4]《汉书·西域传》。

[5]新疆维吾尔自治区博物馆等:《中国新疆山普拉》,新疆人民出版社2001年版,第47页。

有发展，并向外地供送产品。“土多稻、粟、麻、麦、铜、铁、锡、雌黄、锦、绵，每岁常供送于突厥。”这时在塔里木盆地，农作物品种不断增多，园艺、蚕桑发达，不少地方已有稻米生产，这可能和中原移民有关——是他们带来了新的作物品种和生产经验。龟兹石窟第175号洞窟保留的农民耕作画面，有学者认为它“类似二牛抬杠的牛耕图”[1]，当地犁耕生产已经出现。至于耕作图中出现的宽刃的镢或锄，颇有地方特点，现新疆的万能工具——砍土镘，或系上述工具演进而来。

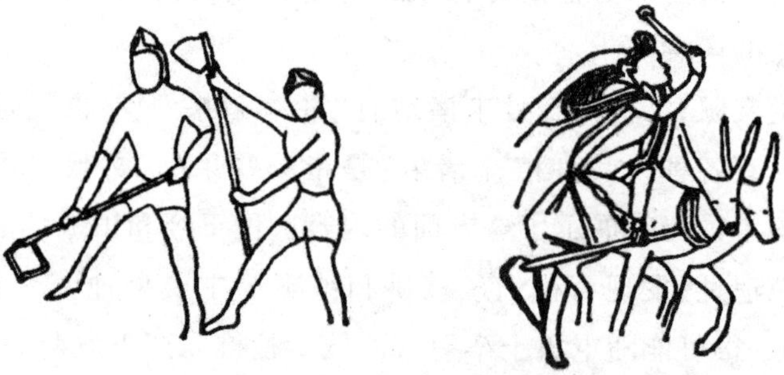

图3－3　耕作图(拜城克孜尔千佛洞第175号窟)

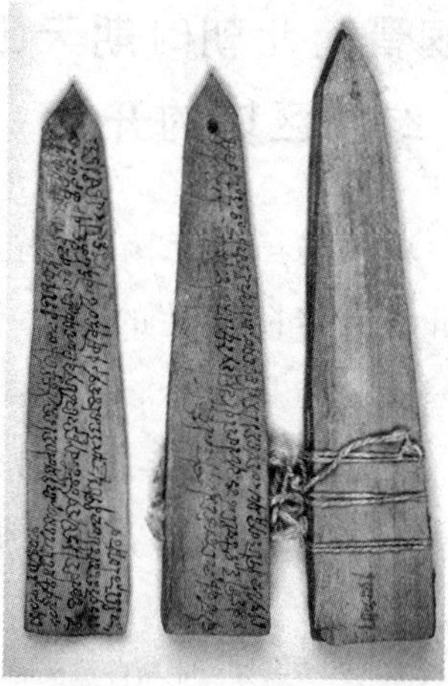

图3－4　楔形佉卢文木简(尼雅遗址，汉晋)

[1]阎文儒：《新疆天山以南的石窟》，载新疆社会科学院考古研究所：《新疆考古三十年》，第567页。

东汉末,中央王朝在西域的军政势力向东退缩,西域都护府降格为西域长史府,先驻于阗,后移海头。随着政治中心的东移,大量汉人也就迁移至塔里木盆地东南缘鄯善、精绝一带,他们和当地居民融洽相处,共同开发,使农牧业生产出现了新气象。这在当时流行的佉卢文书里留下了许多宝贵的历史资料,使我们得以了解公元3世纪前后塔里木盆地南缘社会生产的一些具体情形。在农民开垦的一块块土地上,种植五谷、培育果木,并兼营畜牧。种植业的普遍发展,使谷物不仅成为人们日常消费的主要食品,而且也是经济活动中常用的支付手段,是他们向国家纳税的主要实物。

(1)绿洲居民以农牧为生,粮食是精绝等地向鄯善王廷交纳之主要赋税,国王不断下令催索交粮。

> 威德宏大、伟大之国王陛下敕谕州长索伽,汝应知悉朕所下达之谕令……司税派帕尔怙陀在汝处征收 Kvuana, tsamghina 和 Koyimamdhina 三种谷物,并存放于城内所有官府……(272 号)[1]

> 前曾从汝处征收 Kuvana 谷物三百五十弥里码,因知悉彼等将此税[三分之]一带至扜泥,所以现派司税波尔柯陀来汝处。当此诏书到达汝处时,应即刻从速征收此项谷物,应派四十峰橐驼运送,每只橐驼载物三弥里码,其中二份 juthi 和一份 Sahini。(291 号)[2]

> 以前管理汝州者一直交一百五十弥里码 Koyimamdhina 谷税,自汝管理该州以来,该项谷物迄今尚未送来。冬天本廷曾颁布一道谕令,命汝将谷物送至且末。汝现在竟然未将任何东西送至且末。当汝接到此楔形泥封木牍文书时,应即刻将该项 Koyimamdhina……务必购买和该谷物等价之物品交黎贝耶送来,不得隐瞒。(309 号)[3]

[1]林梅村:《沙海古卷》,第 82 页。王广智译:《新疆出土佉卢文残卷译文集》,中国科学院新疆分院民族研究所 1979 年编印。

[2]林梅村:《沙海古卷》,第 86 页。

[3]林梅村:《沙海古卷》,第 91 页。

(2)粮食不仅是绿洲居民从事垦殖的主要产品,而且也是流通领域中的主要支付手段。国家或私人支付工资报酬或其他费用,都以粮食支付,借贷、交换也都用粮食。

在毗陀县汝处仍有用来支付薪俸之谷物……此处一名扈从之薪俸为三弥里码……(25号)[1]

彼等却雇佣此人,支付sikh谷物作彼之佣金。(532号)[2]

黎贝耶曾借粮食一弥里码一硒,按惯例借一还二……(142号)[3]

今有苏怙陀上奏,鸠伐耶从泥彼处取走谷物三弥里码……应给橐驼一峰,或归还谷物及利息。(530号)[4]

当时的农业开发,主要是垦荒,扩大耕地面积,经营粗放,并不注意耕作技术的提高。在文书中经常出现的是种子和水的问题。计算土地面积也是以播种多少籽种为准。这种原始落后的计算方法,一直沿续到清代。绿洲的生命是水,由于水源紧缺,所以在农业生产中对灌溉管理十分注意,用水收费,力求节约:

小麦曾灌水二三次,此系灌水记录(接着是登记表,详细记录了每家农户的灌溉次数)。(72号)[5]

来此耕种,涉及水和籽种之事……水费及籽种费应即由汝送来。(160号)[6]

水已由阿钵尼耶借来。彼将借来之此水给其它人,当汝接此楔形文书和印信,务必作详细调查,此水是否由阿钵尼耶借来

[1]林梅村:《沙海古卷》,第265页。

[2]林梅村:《沙海古卷》,第132页。

[3]林梅村:《沙海古卷》,第22页。

[4]林梅村:《沙海古卷》,第131页。

[5]王广智译:《新疆出土佉卢文残卷译文集》,中国科学院新疆分院民族研究所1979年编印,第20页。

[6]王广智译:《新疆出土佉卢文残卷译文集》,中国科学院新疆分院民族研究所1979年编印,第38页。

……(502 号)[1]

在极端干旱的塔里木盆地东南缘,作为基本生产资料的不仅是土地,同样重要的还有水,它作为绿洲财富被人使用时,政府要收水费,只有经过国王批准方能豁免。

经过长期劳动实践,人们对包括园艺在内的农业生产的一些基本程序,已初步掌握,如在 586 号文书中,对种植葡萄支架、拆架、剪枝都有明确交代。文书中还反映出当时人们对掌握节气进行播种、收获和其他田间劳作已有了一定经验,出现了通行于亚洲各国的天干地支计时方法,这当然和中西文化交流也有一定关系:"干亥(猪)nakgatra 宜耕种、播种及翻耕葡萄园,定能结果增产。"(565 号)自然这时耕作方法还是极其粗放的,生产工具简单落后,反映了生产水平的低下。佉卢文书中虽然出现过"犁"字,如 83 号"关于犁地、大麦、小麦……由汝仔细[……]照拂",同时牛作为家畜也多次出现,但是否已广泛使用犁耕尚无确凿史料能加以证实。据《洛阳伽蓝记》载,北魏正光二年(521),宋云、惠生路过且末时,其地尚"不知用牛,耒耜而田",说明在塔里木南端普遍使用牛耕是相当晚的。

近年新疆博物馆的考古工作者,在且末扎滚鲁克墓地遗址里发现的木耜[2],就正是当时使用的生产工具。

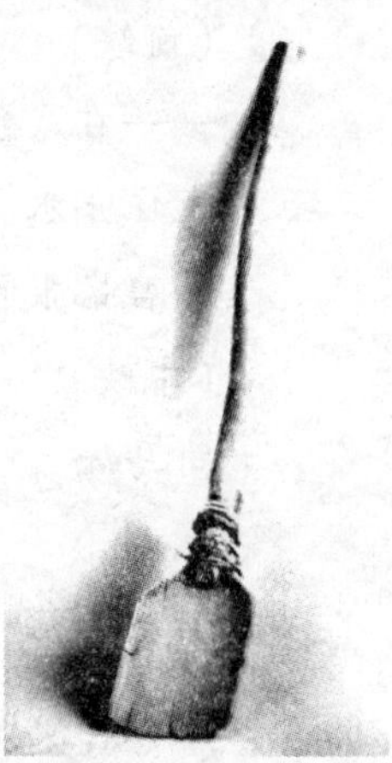

图 3-5　木耜(且末扎滚鲁克遗址出土,魏晋南北朝)

当时,天山以南以东各绿洲区域,经济开发有显著成效的是吐鲁番盆地。随着汉元帝初元元年(前 48)戊己校尉的设立,高昌作为西域的

[1]王广智译:《新疆出土佉卢文残卷译文集》,中国科学院新疆分院民族研究所 1979 年编印,第 127 页。

[2]据王博:《扎滚鲁克文化初探》一文介绍:此"木柄木耜,木耜尾部有一短柄用毛绳将它绑缚在木柄上。全长 149 厘米,柄为细圆木,两头稍作加工,柄径 3.6 厘米,耜呈长方形,宽 16.8 厘米",载《吐鲁番学研究》2002 年第 1 期。

屯田中心，即开始了具有规模的开发进程。曹魏继汉接管西陲以后，黄初三年(222)魏文帝曹丕任命张恭为戊己校尉，到高昌继续率众垦殖。恭"素有学行"，"恩信甚著"，深得广大群众拥戴。后其子又继任此职。时戊己校尉不仅负责屯戍、管理行政事务，来往商胡有时亦聚会高昌寻求保护。这种局面一直维持到十六国时期。建兴十五年(327)，前凉政权在打败了叛将赵贞以后，在吐鲁番东部设置高昌郡，分高昌、田地(柳中)二县，从此在戊己校尉领导下的屯垦区，成为西域第一个实施郡县制的行政区域。后历前秦、后凉、西凉和北凉，虽然政权更迭，但包括军屯和民屯的屯垦事业始终未废，和其他田制同时并存。在北凉统治下的高昌郡，玄始十二年(423)兵曹曾有如下牒文，记录当时屯垦士卒值夜灌溉农田的情况：

兵曹下八幢符为屯兵值夜守水事

(前缺)

——右八幢知中部屯。次屯之日，幢共校将一人撰(选)兵十五人夜住守水。残校将一人，将残兵，值苟(狗)还守。

兵曹掾张预、史左法疆白。明当引水溉两部

(中缺)

司马　　蔺　功曹史　璋

典军主簿　嘉

录事参军　悦　五官　洿[1]

这件文书明载高昌屯田军某八幢[2]负责"中部屯"，校将率兵值夜守水的安排。当时承袭汉代习惯，仍称屯田单位为"部"。"明当引水溉两部"，则指通过渠道引水灌溉两部农田。高昌郡有关水利灌溉事宜由郡府功曹统管安排，军屯亦系如此，故兵曹在签发这份文件时，尚有功曹史璋的押署。除军屯外，当时高昌还有其他官田，或租给民户耕种，或征发民夫耕作，与上述文书时间相近、同为北凉时期的《都乡啬

〔1〕唐长孺主编，中国文物研究所、新疆维吾尔自治区博物馆、武汉大学历史系编纂：《吐鲁番出土文书》第1册，文物出版社1981年版，第138页。

〔2〕"幢"为当时受柔然影响建立的基层军事单位。

夫被符征发役作文书二》："右五家户作次，逮知为官种芜荒……应□罪……"以军屯为基础的高昌垦区具有军事化的传统，如黄烈先生所说："五家户应是乡里基层组织什五的五……民户与官田相联系，可能是屯田的另一种形式。"[1] 在官有土地上，具有军事组织形式的屯垦生产、兴修水利，充分发挥规模效益，特别在干旱酷热的吐鲁番盆地从事农田水利建设，对灌溉农业有着特殊重要的意义。历史时期此地水渠如网，农业生产率高，犁耕逐渐推广[2]，实系汉晋以来，长期屯垦所取得的积极成果。[3] 由军垦区域演变而来的高昌郡，成为远近闻名的膏腴之地。"彼之甿庶，是汉魏遗黎。"[4] 当地居民有的系汉晋屯户的后裔，也有的是因中原战乱、陆续从河西各地逃亡来的民户。魏太平真君三年（442）沮渠无讳由敦煌进军高昌时，就曾率数千部众。这些带来中原各地生产经验的移民，男耕女织、养蚕植桑，使精耕细作的农业生产水平大大提高。1964 年在吐鲁番阿斯塔那晋墓中出土的一幅纸画，形象地反映了当时高昌的庄园情景（见图 3－6）：

图 3－6　墓主人生活图（晋）

〔1〕见《中国古代民族史研究》，人民出版社 1987 年版，第 421 页。

〔2〕北凉时期，哈喇和卓古墓地 75TKM94 号墓有犁耕壁"一人牵牛，牛拉着犁，一人扶犁犁地"，见新疆社会科学院考古研究所：《新疆考古三十年》，第 122 页。

〔3〕参见柳洪亮：《十六国时期高昌郡的水利灌溉》，载殷晴：《新疆经济开发史研究》，第 103 页。

〔4〕《魏书·高昌传》。

这幅画长106.5厘米、宽47厘米[1]，内容表现了墓主人即庄园主的闲适安逸生活，有良田、禾稼、果木，屋舍俨然，灶火正旺，农具纷陈，似一派田园丰饶景象。《北凉承平年间(443—460)高昌郡高昌县赀簿》登记了当时居民的田地情况，以便政府征收赋税，其内容具体反映了这里具有地方特色的生产情景：

北凉承平年间(443—460)高昌郡高昌县赀簿

[一]□预等户赀簿

[1]

(前缺)

莜(苜)宿(蓿)四亩空地一亩半 ▭

赀合二百廿八斛[五]□……

得贡得奴田地卤田三亩半

田地[县]沙车田五亩……

赀合二百五十七斛……

[2]

冯照蒲陶二亩半桑二亩

常田十亩半

无他田十五亩……

得韩千哉田地沙车田五亩

得张绪无他田四亩半　　(瓜)二亩半

赀合二百五十七斛……

[3]

(前缺)

次常 ▭

得范周 ▭

得画猗奴 ▭

---

[1]见新疆博物馆：《新疆出土文物》，文物出版社1975年版，第29页；又见新疆维吾尔自治区文物事业管理局等：《新疆文物古迹大观》，新疆美术摄影出版社1999年版，第136页。

田地[县]沙车田 [illegible] ……

赀合二百卅三斛五斗……[1]

从赀簿所载我们可以看出，在当时高昌县、田地县接壤即今鄯善鲁克沁一带，土地已充分开发，农田不仅根据水土条件有不同名称和计赀数额[2]，而且按不同土质进行多种经营，除大田粮食作物外，还有苜蓿地、瓜地、葡萄园、桑树园。在赀簿残页中，田地总数为548.5亩，其中桑田87亩，占25%；葡萄54亩，占9%；枣38亩，占7%；苜蓿4亩，占0.7%；以上合计183亩，占31.7%，其余占68.3%的365.5亩土地，一般都是粮食作物。总的看来，粮食作物占2/3，特色产业约占1/3，园圃业尚未完全计算在内。

高昌的畜牧业亦同样兴盛。由于国小势弱，强邻四逼，山北的游牧民族不断侵扰，为强化国防，全国上下对马的饲养和爱护特别注意。"国中羊马，牧在隐僻处以避寇，非贵人不知其处。"[3]在北凉及以后一段时间，高昌为发展养马，还按居民的资产情况配养官马[4]，此发动全民"按赀配生马"[5]的制度，促进了高昌牧业的全面发展，牛、羊、驼、驴品种齐全，十分兴旺，故《梁书》称高昌"人多噉麦少及羊、牛肉"度日。史称高昌"引水溉田"，"种植九谷"，"气候温暖，厥土良沃，谷麦一岁再熟，宜蚕，多五果"。[6] 由于其地处交通冲要，不仅中原战乱时，移民来此众多，"国有八城，皆有华人"，[7]中、西亚各国商旅亦常会集于此，引进各种物产、先进技术都较便捷。粮食作物有麦、黍(床)、粟(小米)、

[1]朱雷:《吐鲁番出土北凉赀簿考释》，载沙知、孔祥星:《敦煌吐鲁番文书研究》，甘肃人民出版社1983年版，第8页。

[2]如常田计赀最高，1亩3斛，低产的盐碱地1亩2斛等。

[3]《魏书·西域传》。

[4]1户有赀6斛，配养生马1匹，斛数不够，2户合赀配养

[5]详见朱雷:《吐鲁番出土文书中所见的北凉按赀"配生马"制度》，载《文物》1983年第1期。

[6]《魏书·西域传》、《梁书·高昌传》。

[7]《北史·西域传》。

黑豆、青稞等[1]，经济作物除麻类外，棉花亦率先在此种植。麴氏高昌时期(502—640年)，百余年国势稳定，农业生产进入了全面开发的新阶段。汉代以来，垦殖业的发展主要集中在绿洲东部高昌故城一带；车师前王统治的西部地区，汉军屯垦没有长期坚持，农业开发迟缓。车师灭亡后，吐鲁番盆地统一，麴氏高昌立国于强邻之间，王室乃加强屯垦，扩大官田，特别强化对西部地区即车师故地的开发，以增强国力，使政权稳固。政府职能机构中专设屯田曹与其他诸曹平立，显示其地位的重要。时屯田范围，遍及许多郡县，从下列文书中，我们可以充分看出这点：

高昌延寿十七年(640)屯田下交河郡南平郡

及永安等县符为遣麴文玉等勘青苗事

令　敕交河郡、南平郡、永安县、安乐县、洿林县、龙泉县、安昌县、□□□□

昌县、郡县司马主者：彼郡县，今遣麴郎文玉、高□

青苗去，符到奉

威远将军门下校郎麴□□

延寿十七年庚子岁四月九日　起

虎贲将军屯田□□高

屯田　司马　司空

虎贲将军中兵校郎张　世隆[2]

从上可以看出，高昌王麴文泰通过屯田曹下达的这道敕令，遣麴文玉等勘察屯垦区的苗情，多在西部地区。交河郡为原车师前国的都城所在地，南平郡在其南。至于所列各县位置，据专家初步考证：安乐

[1]对于高昌的农作物品种，王素在《高昌史稿交通编》(文物出版社2000年版)中，曾有详细叙述。该书87页对高昌是否种植稻米的问题，曾做了有益的探讨。吐鲁番出土文献中，有稻米出现，"却没有任何有关水稻种植的证明资料"，所以作者以为"当时高昌食用的稻米有可能是从邻国进口的"。在没有获得新资料前，这一看法值得考虑。明陈诚《西域番国志》亦称吐鲁番"土宜麻、麦，水稻不生"。据向当地人了解，清代以来，吐鲁番虽有稻米种植，但数量极少。

[2]唐长孺主编，中国文物研究所、新疆维吾尔自治区博物馆、武汉大学历史系编纂：《吐鲁番出土文书》第4册，第124页。

县城在交河城东10公里今苏公塔东北侧，永安县城在安乐县南，葡萄沟可能即系洿林县的所在地。其北龙泉县，约于今大河沿附近之泉水溢出带，而安昌县和始昌县则于南平郡一带。上述均系原车师前国所辖之地，在麴氏高昌时期已得到全面开发。不仅如此，高昌屯田曹所管辖的范围，并不限于开荒造田发展种植业，绿洲各地的葡萄生产，亦系其管理经营范围。阿斯塔那24号墓出土的《高昌延昌西岁屯田条列得横截等城葡萄园顷亩数奏行文书》称得：

（前缺）

[1] ______ □截俗四半　交河俗二半六十步

[2] ______ 安乐俗八亩　洿林俗四亩　始昌俗一半　高宁僧二半

[3]都合桃（萄）壹顷究（玖）拾叁亩半[1]

说明高昌屯田机构已在经营葡萄生产，并在不断扩展中。

3.3　唐代天山南北农田水利事业的发展

经过魏晋南北朝的长期战乱，至公元7世纪唐朝统一中原后，中央王朝又恢复了对西域切实有效的统辖。这时，在天山以北的准噶尔盆地，继匈奴、柔然、铁勒之后，以游牧为生的突厥人入主草原。关于他们的社会经济情况，近人知之甚少。从各种迹象看，这时突厥人对于粮食的需要量明显增加，说明了其发展农垦生产的必然趋向。贞观四年（630），唐太宗李世民派李大亮为西北道安抚大使，于碛口贮粮，赈给散落于伊吾一带的西突厥人。大概这部分突厥人的生活习惯，已逐步摆脱游牧方式，转向定居生活。按《唐开元二二年（734）八月西州都督

〔1〕唐长孺主编，中国文物研究所、新疆维吾尔自治区博物馆、武汉大学历史系编纂：《吐鲁番出土文书》第5册，第2页。

府关》[1]所反映的情况，当时西州一带的突厥部落亦已开始参加当地行水灌溉，从游牧转向农耕：

唐开元二二年(734)八月西州都督府关

（西州[都督府之印]）

（前缺）

□□葛腊啜下游弈首领骨逻拂斯

（右件）

□□得中郎将麴玄祚等状称西面武□

检校。今共曹长史、与此首领计会、传可汗□

计会定人数、长令浇溉。更不用多杂人出□□

一水子专领人勾当。首领请与多少粮食□□。

用遣杨嘉运领人者。游弈突厥、令于此计[会]□、

行水浇溉。关牒□□准状者。关至准状谨关。

（开）

□元廿二年八月十二日。

府高山

（后缺）

这件西州都督府致游弈首领骨逻拂斯计会定人浇灌的关文，很可能为游弈突厥部落转向农耕定居的反映。文书提到"首领请与多少粮食"并"计会定人数、长令浇灌"农田，明显地说明了这点。时各地处于生产结构变革中的突厥部落，都出现同样情况。据突厥碑铭，其可汗当时已为人民取得"有种子的粟"，可见其部落也在发展农耕生产，迫切地需要粮种。武则天当政时，唐廷给予突厥"种子四万余石，农器三千事以上"[2]，帮助他们发展农业生产。一般说，当人们种植五谷以后，他们会把粮食看作最好的食物，即使限于条件，一时不能大规模地发

[1][日]池田温：《中国古代籍帐研究·录文》，龚泽铣译，第369页；又见唐长孺主编，中国文物研究所、新疆维吾尔自治区博物馆、武汉大学历史系编纂：《吐鲁番出土文书》第9册，第104页。

[2]《通典》卷198《边防典》。

展农业生产，也要通过各种手段向其他地方索取粮食。这说明在有条件的地方发展农垦，已是当时人们最佳的选择。至于天山以南的塔里木盆地诸绿洲城国，5世纪以来农业又有了进一步发展，虽然畜牧业仍占重要地位。据公元7世纪玄奘西行沿途所见：

[阿耆尼国（焉耆）]泉流交带，引水为田。土宜糜、黍、宿麦、香枣、葡萄、梨、柰诸果；

[屈支国（库车）]宜糜麦，有粳稻，出葡萄、石榴，多梨、柰、桃、杏；

[佉沙国（喀什）]稼穑殷盛，花果繁茂，出细毡褐，工织细毡氍毹；

[斫句迦国（叶城）]临带两河，颇以耕植，葡萄、梨、柰，其果实繁；

[瞿萨旦那国（和田）]宜谷稼，多众果，出氍毹细毡，工纺绩絁。

《大唐西域记》的这段文字，说明诸绿洲城国有发达的灌溉农业，园艺业更具特色；沟渠纵横，引水为田，稼穑殷盛，花果繁茂，曾给这位西行高僧留下鲜明的印象。而普遍发达的毛织业，“工织细毡、氍毹”，则说明畜牧业特别是饲羊业仍系农区的重要产业。《周书·异域传》称焉耆“谷有稻、粟、菽、麦，畜有驼、马、牛、羊”。《旧唐书·西戎传》称龟兹“有城郭屋宇，耕田畜牧为业”，都是对绿洲诸城国兼营农牧的写照。就社会经济结构而言，据吐鲁番、于阗出土文书看来，这些地区租佃关系已大量出现。同时，由于绿洲自然条件的制约，也有不少占有小块土地的自耕农的存在。塔里木盆地农业发展的具体状况，有如下述：

(1)农作物以粟、床（糜）为主，麦次之，稻米则为罕见之物。粟现北方统称谷子，去壳后称小米，喜温暖耐旱，对土壤要求不严，可春播或夏播。在盆地北缘种床较多。床亦耐旱，系高寒作物，产量不及粟高。于阗市场价格粟为每斗15文，稻米每升30文，为粟之20倍，故居民常食以粟为主，于阗王李圣天所食亦是“粳沃以蜜，粟沃以酪”。在反映于阗地区居民生活状况的《唐于阗神山某寺支用历》中，4个月购粟17

硕，僧众主食即系粟、麦面饼[1]；同时，除以每硕300文价购麦5硕外，还以每升9文价购进油麻3硕9斗1升；其余杂粮尚有绿豆（每升15文）、小豆和澡豆（每升10文）。当地虽也生产稻米，但产量极少，故价格昂贵。[2] 塔里木盆地北缘焉耆、龟兹等地，农作物有床、粟、麦、菽、稻等。1957—1958年黄文弼先生来龟兹作考古调查时，曾在唐王城等遗址发现粮仓遗迹和大批粮食，有当地人称黄米的糜、粟、麦、高粱、胡麻等，以及一些极细的面粉。[3]

（2）作为干旱地区，当政者非常重视水利建设和水资源的管理、分配。在当地政府的主持下，有一整套严格的灌溉管理制度，诸城国国王多亲自过问农田水利事宜。日常有关渠水分配之事务，地方执政官也多亲自处理。[4] 正如马克思在《不列颠在印度的统治》一文中所说："气候和土地条件，特别是从撒哈拉经过阿拉伯、波斯、印度和鞑靼区直至最高的亚洲高原的一片广大的沙漠地带，使利用渠道和水利工程的人工灌溉设施成了东方农业的基础。……节省用水和共同用水是基本的要求……在东方，由于文明程度太低，幅员太大，不能产生自愿的联合，所以就迫切需要中央集权的政府来干预。因此亚洲的一切政府都不能不执行一种经济职能，即举办公共工程的职能。"[5] 由政府主管水利灌溉事宜，这是古代新疆经济生活的特点。不仅塔里木盆地是这样，下面将要述及的吐鲁番盆地也是如此。在以自然经济为主的个体分散经营的情况下，只有政府出面领导，才能有组织地兴建一些规模较大的水利工程。开凿数十里以至上百里的大渠，需有比较复杂的工程技术和施工条件，渠首的引水工程，地形复杂的输水渠道，都要在

[1] 陈国灿：《斯坦因所获吐鲁番文书研究》，武汉大学出版社1994年版，第498页；参见本书19：唐代于阗的社会经济研究。

[2] 在《支用历》中，稻米称稻谷花。池田温在《麻扎达格出土盛唐寺院支出簿小考》一文中，谓稻谷花或为"煎爆稻米的点心"，见段文杰：《敦煌研究五十年纪念文集》，世界图书出版公司1996年版。

[3] 黄文弼：《西北史地论丛》，第31－34页。

[4] 章巽校点：《大唐西域记》卷12；H. W. Bailey：*Khotanese Texts*（《于阗语文书集》）. Cambridge University Press，1961，Ⅳ. p. 99.

[5] 《马克思恩格斯选集》第2卷，人民出版社1972年版，第64页。

有组织有计划的施工条件下才能进行，所以新疆古代建筑的大型干渠，不是屯垦大军所建就是由地方政府主持建成，如汉唐时期沙雅南部所建长达200华里之黑太也拉克即汉人渠，轮台、罗布泊附近之古渠，均系如此。当时在安西都护府领导下，龟兹有专管水利建设的掏拓所之设置。1903年日本大谷探险队在库车都勒都尔·阿护尔遗址（今库车县城以西21公里渭干河沿岸的夏克吐尔、玉其吐尔）获得《掏拓所·大母渠堰》文书：

[1]掏拓所

[2]大母渠堰

[3]右件堰十二日毕，□为诸屯须掏未已，遂

[4]请十五日下水。昨夜三更桃花水泛涨。

[5]高三尺，年得春堰，推破南边马头一丈已

[6]下。恐更暴涨，推破北边马头及春堰，伏

[7]□□□检河漕及堰功积，便下水。十四日□

（后缺）[1]

负责挖掘、浚通渠道的掏拓所下属水利工程队于十二日将拦水灌溉的春堰修筑完毕，按库车物候资料平均桃花开放时间为4月17日，此月份残缺之十二日当为4月即农历三月十二日，而山区积雪融化之洪水或加降雨之“桃花水泛涨”则为十三日，如此则可确定，这件掏拓所文书当写于武后长寿元年（692）唐廷收复四镇大军驻扎龟兹大规模进行屯田的某年的农历三月十四日。按在龟兹即今库车传统之农田水利惯例，农历正月以后的枯水季节，为了对较少的水流进行最大限度的利用，必须在河道中筑坝挡水导流，从上游河岸开口引水。此文书所说的大母渠堰，即于渭干河开口引水之主渠上筑坝引水至各屯田区之支渠。十二日筑坝（堰）完毕，因各支渠尚在疏浚，故请于十五日引水，不意十三日夜“桃花水泛涨”高达3尺，“推破南边马（码）头一丈已

[1]［日］小田义久：《大谷文书集成》（叁），图版20，第225页；北京大学中国中古史中心：《敦煌吐鲁番文献研究论集》第5辑，北京大学出版社1990年版，第635页。

下”,故施工人员即速向上呈报,“恐更暴涨”,推破北边马头(渠首)及春堰,请求全面检查河漕、渠堰情况,以便抢修补救,争取按时引水。

值得注意的是,还有一件库车汉文文书亦与此大母渠有关:

[1]捡校掏拓使　牒东西掏拓夫柒人

[2]合[大?]母渠夹(决?)□(雇?)收掏拓夫总四百卅九人

[3]　　　　　　　　　　□[1]

在捡校掏拓使的直接主持下,这次合[大?]母渠夹(决?)□(雇)工程,总计出动劳力449人,取得了预期的效果。

从上述文书内容看,掏拓所正履行职责,检修渠堰,管理垦区的水利灌溉事宜。在塔里木盆地南缘,除前述汉唐米兰遗迹精心设计的双向灌溉外,于阗兴建的大型渠道尚有不少,设计之妙亦令人叹服。如在策勒县北乌曾塔提至丹丹乌里克遗址,被沙漠掩盖的古渠道以及在今和田北郊的布盖威里克古渠道都是“位于一条高地上”。前者形成了玉龙喀什河和克里雅河之间的分水线,“……这恰是灌溉渠道的开凿者择优选用的最恰当地点,……保持在最高的地平线上,一条水渠不仅能控制大面积的灌溉区域,而且也很容易防止天然排水道的破坏以及类似的干扰”[2]。

平时分散经营的庄户,也都把田间浇水作为日常重要的农事,兴修水利设施系冬闲时的主要任务。《唐于阗神山某寺支用历》中记载,和田北郊的某佛寺占有大片土地,在其所属的田庄上,十月到十一月的农事主要就是修渠掏井:

出钱壹佰贰拾、估酒叁斗……掏井寒冻辛苦吃。

新庄先陈状,又请掏山水渠。

---

〔1〕1907年法国东方学家伯希和在今库车西南之都勒都尔·阿护尔遗址获得大批文物,其中约有200余件汉文佛典和文书残片。近由童丕、池田温、张广达诸氏整理为《库车汉文文书》,文书编号为 D. A. Éric Trombert, Ikeda On et Zhang Guang-da, Les Manuscrits Chinois de Koutcha, Fonds Pelliot de la Bibliothèque Nationale de France, Paris, 2000. 此文书之复印件现蒙北京大学历史系荣新江教授赠予,谨表谢忱。上引文字,出自《库车汉文文书》第57页。

〔2〕M. A. Stein: *Ancient Khotan*(《古代和阗》), p. 287.

西旧园状请两处掏渠。[1]

处于冲积扇缘泉水溢出带的这座寺院,利用冬闲时间掏井,这是新疆水利史上较早利用地下泉水供生活需要的记录。

(3)在汉晋时期的佉卢文书中,牛并不罕见,而犁耕的记载,却难发现。唐代于阗农村牛畜亦不少,常见于出土文书中,在丹丹乌里克发现的《建中三年(782)马令痣举钱券》、《大历十七年(782)霍昕悦举钱券》中[2],向护国寺僧虔英借高利贷的马令痣和霍昕悦在私契中都写明,如不按期归还本利,由虔英牵掣“家资牛畜”。显然,急要钱用的马霍两家都非富户。当时农户养牛较多,显示犁耕在于阗已可能出现,并逐步推广。

值得注意的是,时西州一带社会经济及人口有显著发展,成为西域诸绿洲城国的一个亮点。西汉时期车师前国有“户七百,口六千五拾”,虽国小人少,其地肥美,自然条件优越,谷麦一岁再熟。东汉以后,大量移民进入,由汉人、车师人、高车人组成的多民族融洽相处的高昌王国,曾写下了一段有声有色的历史。贞观十四年(640)唐军平定高昌,《旧唐书·西戎传》载其地有“三郡、五县、二十二城,户八千,口三万三千七百”。至天宝年间,人口增至49000余人。人口急剧增长,而溉田的面积有限,按杜佑的《通典》记载,在西州时期“垦田九百顷”,人均耕地只有2亩多点。以这样少的耕地养活这样多的人口,显然耕作水平是比较高的。大量出土文书证实,当时内地先进的耕作技术随着众多的汉人西迁在此得到广泛传播,使之成为天山南北经济获得全面高涨的先进地区,其农业所取得的成就,主要表现在如下几个方面:

(1)水利建设成果显著,灌溉管理井然有序。吐鲁番盆地人多地少,干旱缺水(今平均年降水量只有16.4毫米,而年均蒸发量却高达2844.9毫米,为年均降水量的177倍),历代政府都十分注意农田水利建设,对田间的灌溉管理、节约用水也非常重视,即使在时有战乱的十

[1]陈国灿:《斯坦因所获吐鲁番文书研究》,第489页。

[2]M. A. Stein:*Ancient Khotan*(《古代和阗》),pp. 527,530.

六国时期也是如此。沮渠氏统治高昌时，当地的水利建设还有一定发展。吐鲁番出土文书中的《功曹条任行水官文书》、《兵曹下八幢符为屯兵值夜守水事》，就反映了当时民间以及军屯用水都要通过地方统一管理。《周书·高昌传》称："国内总有城一十六……诸城各有户曹、水曹、田曹。"水曹就专门主管水利建设和灌溉事宜。从麴氏高昌以至唐代，渠道如网、星罗棋布。在高昌县城周围，有51条渠道纵横密布，依渠道而分割成的小块农田，及时可以放水灌溉，在很多吐鲁番文书中对此有所反映。

唐开元廿九年(741)西州高昌县给田簿

给张英彦充(泰)

一段壹亩部田城西五里屯头渠　东渠　西赵仕义　南渠　北荒

一段壹亩部田城西七里白地渠　东渠　西道　南贾如　北串佑

…………

唐开元廿九年前后(741)西州高昌县退田簿

及有关文书(付开元廿五年文书)

户张师训剩退壹段叁亩永业部田叁易城东肆拾里柳中县　东至渠　西至渠　南梁住　北至道[1]

根据上述众多文书所标明的渠名、方位、距离，孙晓林先生绘制出一幅以高昌城为中心的灌溉渠系图(图3-7)[2]，以使我们对汉唐时期通过屯垦长期经营的高昌渠系网络有个明确的印象。从这张渠系图可以看出：(1)以城北20里渠首新兴谷(今胜金口)的涧水为主干，形成向南纵贯高昌城的满水渠及其分支系统给城内外供水。(2)以高昌城为中心，城西有渠道16条，城东有渠道17条，南北各9条，绕城环行，纵横交错；干、支、斗、毛渠，形成网络。渠系密度较大的城东、城西

〔1〕〔日〕池田温：《中国古代籍帐研究·录文》，龚泽铣译，第418、399页。

〔2〕此图为孙晓林：《唐西州高昌县的水渠及其使用管理》一文中的附图，载孙晓林：《敦煌吐鲁番文书初探》，武汉大学出版社1983年版。

平原区域，亦即屯垦的主要耕作区。(3)对这样渠系密集的耕作区，必然要有严格的灌溉管理才能保证浇灌先后有序地正常进行。如唐《水部式》所载："凡浇田，皆仰预知顷亩，依次取用。水遍即令闭塞，务使均普，不得遍并……[1]政府为发挥管理水利、灌溉的职能，历来有专职机构和职官的设置。

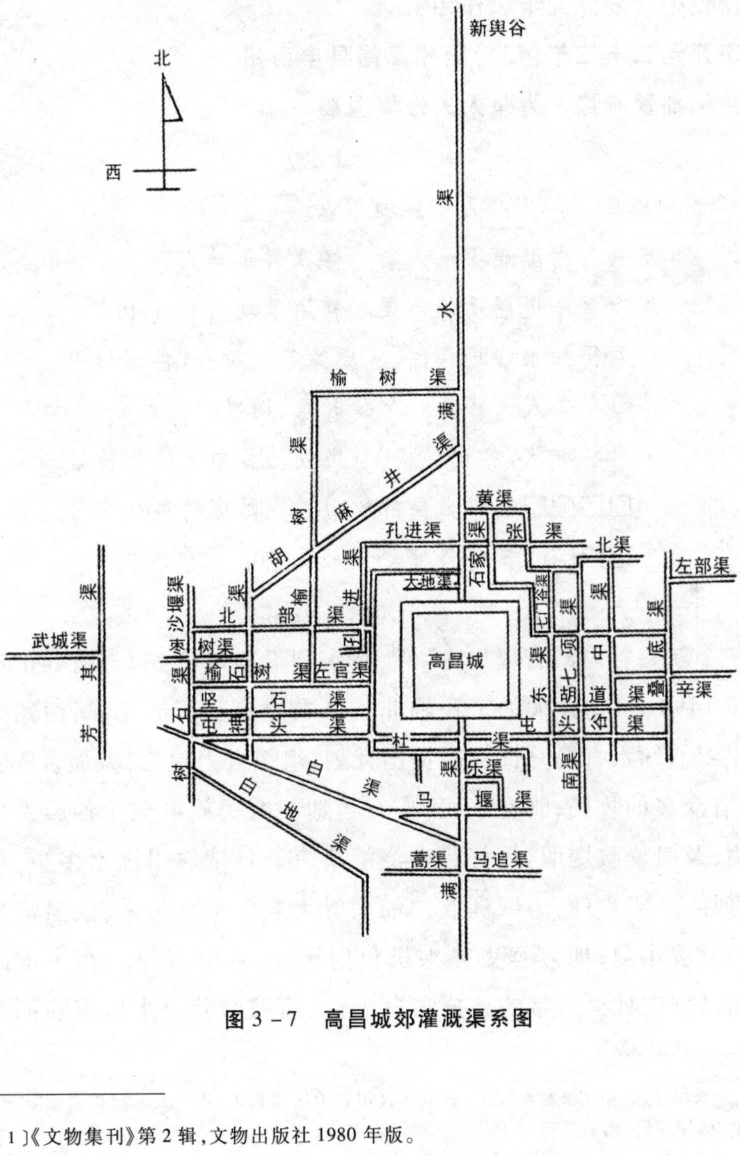

图 3－7　高昌城郊灌溉渠系图

〔1〕《文物集刊》第 2 辑，文物出版社 1980 年版。

早在高昌时期,对负责水利的职官设置,就有常年负责水利事务的平水官与临时安排的行水官以及乡里渠长等一整套分层负责的管理制度。西州高昌县亦有知水官、渠长、堰头等一系列职官出现。遇有大规模的水利工程,都由政府出面组织,如《唐开元二十二年(734)西州高昌县申西州都督府牒为差人夫修堤堰事》就充分反映当地政府在水利建设中所发挥的组织作用:

唐开元二十二年(734)西州高昌县申西州

都督府牒　为差人夫修堤堰事

(事)

[高]昌县　　　为申修堤堰人□

新兴谷内堤堰一十六所　修塞料单功六百人。

城南草泽堤堰及箭干渠　料用单功八百五十人。

右得知水官杨嘉恽、巩虔纯等状称:前件堤堰

每年差人夫修塞。今既时至,请准往例处分

者。准状,各责得状,料用人功如前者。依检案

□□□□例取当县群牧、庄坞、邸店及夷胡户

□□□□日功[修]塞。件检如前者。[修]堤夫

……[1]

一个新兴谷内即有堤堰16所,其水利设施成群配套,两处工程需用单工1450人,这样大的工程确非个体农户自身所能完成,而需政府出面组织。知水官杨嘉恽及时提出计划,组织人力检修,参加者既有庄户,亦有众多的牧民;既有汉民,亦有当地少数民族群众。各族人民齐心协力,及时修整堤堰,搞好行水浇灌事宜。日常农田浇水多少,事关收成好坏、一年生计,为绿洲农户的头等大事。千百年来,豪强富户每籍此以欺凌小户,地方官吏亦乘机鱼肉民众,而农区纠纷亦多由此而起。高昌城南杜渠一带的部分农户所呈《唐城南营小水田家牒稿为举

[1]唐长孺主编,中国文物研究所、新疆维吾尔自治区博物馆、武汉大学历史系编纂:《吐鲁番出土文书》第9册,第107-108页。

老人董思举检校取水状》，即反映了他们为解决取水争端而提出的合理要求，这一为维护自身权益具有民主意义的正义要求，虽然不一定能为政府接受，却闪烁着推动社会进步的光辉。

城南㊉㊊营小水田家　状上

○○老人董思举

右件人等所营小水田，皆用当城四面豪(濠)

坑内水，中间亦有口分，亦有私种者，非是

三家五家。每欲浇溉之晨，漏并无准。

只如家有三人两人者，重浇三回。

茕独之流，不蒙升合。富者因滋转赡，贫者转复更穷。总缘无检校人，致使有强○欺弱，前件老人性直清平、谙识水利，望差检校，庶得无漏，○○立一牌榜，水次到

转牌看名用水，庶得无漏。如有不依次第取水用者，请罚车牛一道即无漏并长安稳。请处分。

牒件如前谨牒[1]

这些住于城南经营小块土地的孤贫小户，依靠沿城渠水浇灌耕作，常受大户欺凌，浇不上水，故乃联合推举“性直清平，谙识水利”的老人董思举检察水情，立榜公示，“庶得无漏”。取水浇灌，乃绿洲农户生计攸关之大事，由此可见。

(2)大量铁器工具的使用和牛耕的推广，给农业带来了新的生产力，从唐代一杂物账上[2]，我们可以看到，各种名称为本地制造或来自内地的铁制生产工具：

大镬拾壹口，大破镬贰、中镬叁，小镬陆、□小镬壹……中凿壹、小凿肆……切刀叁、镰叁拾叁个，犁肆具……大小斧肆，大锯壹，中锯贰，小锯肆……铁箭柒。

---

[1]唐长孺主编，中国文物研究所、新疆维吾尔自治区博物馆、武汉大学历史系编纂：《吐鲁番出土文书》第9册，第146页。

[2]唐长孺主编，中国文物研究所、新疆维吾尔自治区博物馆、武汉大学历史系编纂：《吐鲁番出土文书》第4册，第60页。

在西州市场上各种常见的铁器，价格便宜，供货充足，铁1文1斤，调铁约3文1斤。精制的钢铁价格较昂贵，钢1斤9文，镔铁1两则高达37文。镔铁是一种高碳钢，由于数量有限，故价格昂贵，被视为珍品，与本地铁价差异悬殊。

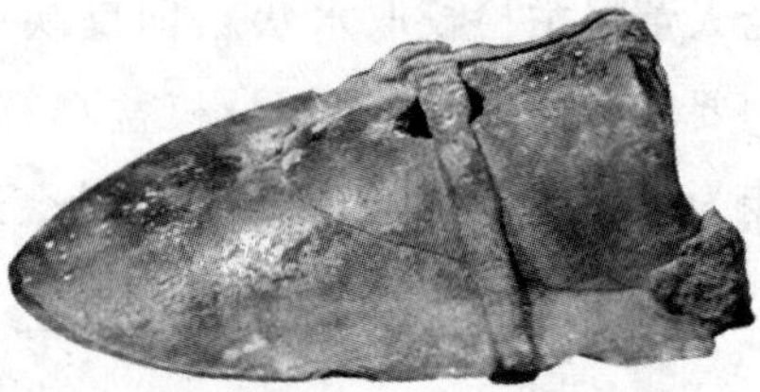

图3－8　铁铧犁

（吐鲁番柏孜克里克石窟出土）

铁工具的广泛使用，使牛耕逐步得到推广，在文书中屡有记载：

唐权僧奴佃田契[1]

[1]［　　］僧奴［　　］

[2]南渠常田壹分；次，薄田壹分。贰分田中粪塸土，仰

[3]权僧奴使足。□□田主以田中耕牛、人力、麦子、粟子仰

[4]僧奴承了。田［　　］少，贰人场上亭分。田中粪塸土不

[5]遭好［　　］佰役，仰田［　　］

（后缺）

唐龙朔三年（663）西州高昌县张海隆夏田契

[1]龙朔三年九月十二日武城乡人张海隆于

[2]同乡人赵阿欢仁边夏取叁肆年中、

[3]五年、六年中，武城北渠口分常田贰亩。海

[4]隆、阿欢仁二人舍佃食。其耒牛、麦子，

[5]仰海隆边出。其秋麦，二人庭分。若海隆

[6]肆年、五年、六年中不得田佃食者，别钱伍拾文

[7]入张；若到头不佃田者，别钱伍拾文入赵。

[8]与阿欢仁草玖围。契有两本，各捉一本。两

[9]主和同立契，获指□记。

---

〔1〕唐长孺主编，中国文物研究所、新疆维吾尔自治区博物馆、武汉大学历史系编纂：《吐鲁番出土文书》第4册，第59页。

[10]　　　田主赵阿欢仁……

[11]　　　舍佃人张海隆……

[12]　　　知见人赵武隆……

[13]　　　知见人赵石子……[1]

在上述文书中,皆记有佃户出牛,可见牛、农具等生产资料,已并非稀罕贵重之物,不过在下述贞观十四年的文书中,尚出现有"斫地"的记录,而镬作为斫地的主要工具,在文书中也大量出现,可以推知未用牛耕的土地也还不少。

(3)精耕细作,养护地力,对土地施肥异常重视,所以有效地提高了单位面积产量,超越了耕作粗放的塔里木盆地。

高昌延寿元年(624)张寺主赁羊尿粪刺薪券

□□□□□[申]岁闰七月竟日,张寺[主]＿＿＿

□□□真回二边赁羊尿粪,要八月、九月[赁]□□□

□□壹车,此辛(刺薪)五车,要到舍。与严粟柒[斛]□斗。[2]

高昌某寺条列粮食帐

……[叁]斛(斛)伍兜(斗),供买粪。

合用小＿＿＿……[3]

高昌乙酉、丙戌岁某寺条列月用斛斗帐历

……[得]钱贰拾伍文,用买粪。粟贰拾陆斛(斛)……

麦伍斛斛＿＿

□[浑]上桃中……[4]

---

〔1〕唐长孺主编,中国文物研究所、新疆维吾尔自治区博物馆、武汉大学历史系编纂:《吐鲁番出土文书》第5册,第117－118页。

〔2〕唐长孺主编,中国文物研究所、新疆维吾尔自治区博物馆、武汉大学历史系编纂:《吐鲁番出土文书》第3册,第205页。

〔3〕唐长孺主编,中国文物研究所、新疆维吾尔自治区博物馆、武汉大学历史系编纂:《吐鲁番出土文书》第3册,第210页。

〔4〕唐长孺主编,中国文物研究所、新疆维吾尔自治区博物馆、武汉大学历史系编纂:《吐鲁番出土文书》第3册,第227、230页。

唐贞观十四年(640)西州高昌县弘宝寺主

法绍辞稿为请自种判给常田事

贞观十四年十二月廿七日弘宝寺主法绍辞

件　亩　数

前判得附庸上常田,为作弘宝寺田堞(业),

运粪着田中,并斫田竟。

以充僧供养。今时量官田家不与。乞索

作寺名,寺家自种。请以谘陈,请裁,谨辞。

上坐　　寺主　都维那　　　寸　辞[1]

从上述不完全的文书资料中可以看出,当时吐鲁番盆地质量好的常田或质量差的薄田,多要施足粪肥,才进行耕作。租佃契约中也多写明由佃户承担施肥。两座佛寺的账历都反映出,在缺肥时甚至卖粮以购进粪肥。张寺主缺肥在无法可想时,只好立券租借羊尿粪以供急用。由于农家耕作普遍及时施肥,所以当时在西州市场上,粪肥亦作为一项紧俏物资进行交易,其价格是:“粪壹大车　　上直钱贰拾伍文　次贰拾贰文　　下贰拾文。”[2]除及时施肥、增强地力,提高土地单位面积产量外,时吐鲁番盆地还实行休耕制,以养护地力。在出土文书中,常田系指肥水足质量好常年耕作的土地,部田则指部分耕种,实行休耕轮作的土地,或曰汉晋时期屯田单位称“部”,部田原系屯田。部田往往靠近荒地,大概也多系新垦之地。常田、部田等名称在公元5世纪后已经出现,常见于文书契约则在唐代西州时期。实行休耕的农田轮作制度,中原早在汉代即已施行,《汉书·食货志》根据土质将农田分为上田、中田、下田:“岁耕种者为不易上田,休一岁者为一易中田,休二岁者为再易下田。”据文书所见,部田多于常田,可见当时大部分土地歇茬休耕。由于古代新疆吐鲁番等地,可供垦殖的荒地较多,而人力、肥料紧缺,所以施行休耕维护地力,成为一种因地制宜的耕作制度。

---

〔1〕唐长孺主编,中国文物研究所、新疆维吾尔自治区博物馆、武汉大学历史系编纂:《吐鲁番出土文书》第4册,第46页。

〔2〕〔日〕池田温:《中国古代籍帐研究·录文》,龚泽铣译,第453页。

(4)吐鲁番盆地极端干旱，夏季酷热，降水少，日照时间长，积温高，无霜期长，达 268—304 天，热量资源十分丰富。据科学测算，今吐鲁番本地≥10℃积温为 5454.5 度，具备一年两熟或三熟的条件。早在公元 4 世纪左右，接受中原影响，吐鲁番农民即根据地方特点，充分发挥自然优势，施行复播，提高单位面积产量。《魏书》、《隋书》、《旧唐书》介绍高昌情况时，都载明其地气候温暖，"厥土良沃，谷麦一岁再熟"。按出土文书分析，当时有半数土地进行复播，往往是二三月份种麦，五六月份收割，六七月份糜、粟正好接茬。通过及时施肥、适当浇灌，使粮食单位面积产量获得显著提高。

据出土文书，当地粮食作物主要为糜、粟和麦，以及黑豆、麻子等。《高昌乙酉丙戌岁某寺条列月用斛斗帐历》记述，这所规模不大的寺院，从延寿二年十月至次年十月(625—626)支用糜粟 438.7 斛，麦主要是大麦 330.63 斛。在 438.7 斛糜粟中，糜 109.38 斛、粟 217.06 斛，糜粟合称者 112.26 斛。可见，当时人们种植或消费的粮食，从数量上看仍以粟为第一位。在出土文书中多以糜粟连称，并非糜比粟多，而是糜的身价较高。通常糜和大麦、青稞 1 斛值 1 文，而粟 1.3—1.6 斛值 1 文。糜、粟都可做饭(分细米、粗米)，面亦可作饼。高昌生产的糜较黏糯还可做羹，食之可口。糜生长时间短，产量不及粟，故价略高。粟和大麦产量高，故多用作马匹饲料。小麦每斛约 1.25 文，所出白罗面，色白面细，相当于现在的上等面粉。《高昌传供酒食帐》、《高昌重光三年(622)条列虎牙汜某等传供食帐》告诉人们，白罗面皆系上层人物所食。文书中偶见粳米，或为稻米，不知是否为本地所产。至于麻子和豆作饭食，文书中亦有反映。

关于当地粮食的单位面积产量，吴震先生曾有测算，质量好的常田每市亩年均产麦约为 125.8 公斤，此在前文中已有述及。[1] 种植业的发展，值得注意的还有棉花生产，据文献及考古资料，至迟在 1500 年

[1]参见新疆人民出版社编:《新疆历史论文续集》，新疆人民出版社 1982 年版，第 106 页；殷晴:《新疆经济开发史研究》，第 43 页。

前,即南北朝时期,高昌已生产棉花并用于纺织。唐代西州棉布不仅远销内地,而且植棉的方法亦渐传至内地推广。

3.4 南北各地屯垦的新高潮

唐朝公元7世纪逐步统一西域后,长期面对西突厥、突骑施以及吐蕃势力的袭扰,不得不大规模地驻军。为保证军粮供应,沿袭汉代以来中原王朝一贯遵循的基本国策,“凡军州边防镇守,转运不给,则设屯田,以益军储”[1],乃在天山南北大兴屯垦,促进了各地农垦事业的发展。

贞观十四年(640)唐军进驻高昌后,“岁遣屯戍”进行垦殖。“屯守常千人”,同样以吐鲁番盆地作为屯垦的起点。后安西都护府由西州移至龟兹,四镇都督府相继建立,唐中央政府“岁调山东丁男为戍卒,缯帛为军资,有屯田以资糗粮,牧使以娩牛马”[2]。时西突厥与吐蕃南北呼应,不断进袭,四镇时置时罢,屯垦亦时兴时辍。武后长寿元年(692),王孝杰率军大破吐蕃,收复四镇,遣军3万人常驻安西,并于长安三年(703)置北庭都护府于庭州,辖区内驻军2万人,加强了天山以北的防御体系,确保了西陲形势的稳定,也为天山南北屯垦事业的发展准备了条件。《唐六典》载:“凡天下诸军州管屯,总九百九十有二,大者五十顷,小者二十顷。凡当屯之中,地有良薄,岁有丰俭,各定为三等,凡屯皆有屯官、屯副。”唐朝在全国范围内设置屯田,主要集中在边镇军州。属于河西道的西域屯垦有:

> 安西二十屯,疏勒七屯,焉耆七屯,北庭二十屯,伊吾一屯,天山一屯。[3]

对于屯田的规模,《唐六典》载:“大者五十顷,小者二十顷”,而《通典》卷2屯田门则作了更为明确具体的说明:“诸屯隶司农寺者,每三十顷以下、二十顷以上为一屯,隶诸军州每五十顷为一屯。”据伯D.

---

[1]《唐六典》卷7“屯田郎中员外郎”条,中华书局1992年版。

[2]《旧唐书·吐蕃传》。

[3]《唐六典》卷7“屯田郎中员外郎”条。

A19 屯田文书残页，作为军垦单位之“屯”，其拥有之田地系分地段垦殖。

[1]合当屯应[和?] □

[2]一段四顷屯南 □

[3]一段廿顷屯 □

[4]　右通

按每屯 50 顷计算，则其时在天山南北共垦田 28 万亩，大大超过汉朝在西域屯田的数量。这仅是河西道向唐朝廷呈报的数额，虽不可能精确，也应有一定根据。此为唐朝派驻碛西驻军垦田的数额，各地镇戍、烽铺的斫田以及各州所属的垦区尚未计算在内。经过几代将士的惨淡经营，开元年间碛西的军垦达到高潮。时安西副都护张孝嵩“劝田训士，府库盈饶”[1]，北庭垦区成效更为显著，“粮贮可支五年以上”[2]。所以在《新唐书·吐蕃传》中特地称许“轮台、伊吾，禾菽弥望”。

安西都护府治所所在的库车绿洲，自然条件优越，汉唐至今一贯为重要的农业基地。这里光照充足，气候温和，热量充沛，年平均气温 11.4℃，作物生长期逾 200 天，生长期积温 4515.6℃，粮、棉、瓜果、蔬菜都能按时成熟。灌溉农业的水源主要来自天山山区由冰雪消融和夏季降水所形成的渭干河与库车河。渭干河在《水经注》上称西川河，由今拜城雅尔干河、克孜尔河汇流而成，从克孜尔石窟附近流入平原，年径流量 22.1 亿立方米，集流面积 16784 平方公里，经库车绿洲西境南流，流程达 452 千米。处于渭干河流域的今新和县、沙雅县内，以通古孜巴什古城为中心的唐代城堡遗址[3]，就是当日安西主要的屯垦区域。在古城南约 5 公里的博提巴什戍堡遗址，发现有内盛麦、粟的大量陶瓮。位于古城西北 15 公里的来合曼协海尔戍堡，处于红柳沙丘中，至今尚显露有田埂、渠道和耕地的痕迹。在古城东北 9 公里的乔拉克

[1]《新唐书·郭虔瓘传》。

[2]《张曲江文集》卷 10。

[3]详见张平：《新和通古孜巴什古城遗址的调查与研究》，载《吐鲁番学研究》2003 年第 2 期。

协尔戍堡内，有多座窖穴，存留有很厚的碳化麦粒层，可能为粮仓遗迹。在古城东北16公里现属沙雅县的艾格买力羊达克协海尔戍堡，发现有排列成群的大陶瓮（高1.59米，瓮口周长1.38米，底部周长1.65米），其中一口腹部从左至右竖行墨书“薛行军”（唐将薛万备官衔）、“监军”字样。[1] 特别在古城西北吐尔烽燧遗址附近，雨过天晴，风蚀的盐碱荒漠地表“呈现出自渭干河口向西南延伸的很宽且深的支河道。戍堡附近围绕着自东北向西南的干渠和支渠遗迹，干渠宽约1.5米，渠坝高于地表0.7米。这些古渠遗迹被沙丘掩盖，如登上高耸的烽台向四周望去，古河道、渠道真可谓斗折蛇行，明灭可见”[2]。

图3-9　薛行军陶瓮（沙雅艾格买力羊达克协海尔古戍堡出土）

1928年黄文弼先生在通古孜巴什古城附近考察时，还曾发现了戍卒领取口粮的文书：

白苏毕梨领屯米状

□历十四年米□□三月二十三日白苏毕梨领得

□屯米四斗半　麺壹硕捌斗　踖壹

□油叁胜　酱□胜　酢五胜

（后缺）[3]

据考证，此乃安史之乱后，大历十四年（779）吐蕃进占河陇、与中原交通隔绝时，当地戍卒在坚守屯戍岗位时所留存，证实唐军在安西之屯田，孤苦奋斗，坚持至最后一刻。与通古孜巴什古城东西遥遥相对的是

[1]吴疆：《“薛行军”陶罐考》，载《新疆社会科学》1986年第1期。该瓮现存沙雅县文化馆。

[2]张平：《新和通古孜巴什古城遗址的调查与研究》及下附《通古孜巴什古城和唐王城分布示意图》，载《吐鲁番学研究》2003年第2期。

[3]黄文弼：《塔里木盆地考古记》，第95页。

唐王城遗址,位于库车东南约80公里的草湖地区,处塔里木河北岸,渭干河、库车河的尾闾地带。这里土地肥沃,水草丰盛。在唐王城周围也有一系列的古戍堡存在。考古工作者认为“草湖地区不仅为屯田之地,更重要的是唐代龟兹军马饲养之地”[1]。《新唐书·高仙芝传》载,高有“城东千石种田”,即系此地。

在天山北麓与准噶尔盆地南缘之间,是长约500余公里的广阔的冲积平原,气候夏热冬寒;年平均气温6℃—7℃,全年无霜期150余天,年平均降水量230毫米,水源丰富。在北庭都护府治所今吉木萨尔县东西两侧,唐代皆系屯垦之地。屯田遗迹虽缺乏系统报导,从零散发现的文书、遗物中,却有蛛丝马迹可寻。出土文书S. 11459E、S. 11459F、S. 11459L即有瀚海军所属沙钵屯、西界屯和咄王屯的出现。在原绥来县西北(今沙湾大拐附近),有唐朝废渠的存在,今已为流沙埋没。20世纪70年代,木垒县城东北15公里之新户汉唐遗址,曾出土铁犁铧1件:舌形,残长22厘米,宽15厘米,厚8厘米,中部隆起,銎径2厘米。位于木垒和奇台交界的英格堡古城遗址,俗称唐城,亦曾发

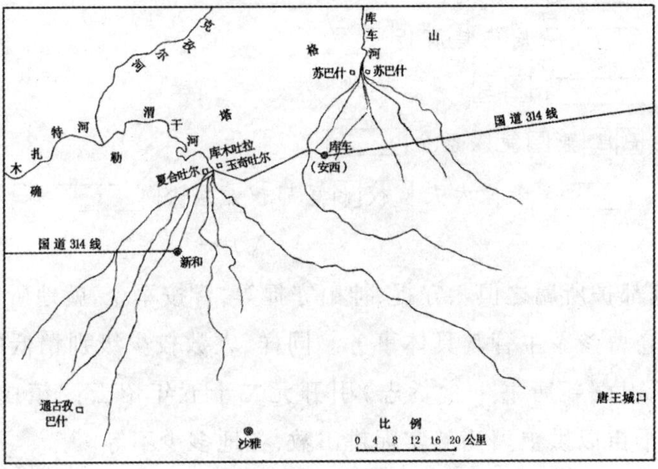

图3-10　通古孜巴什古城和唐王城分布示意图

现古铁铧1件。阜康市的六运古城,即唐俱六城守捉遗址,出土的铜犁

[1]张平:《库车唐王城调查》,载《新疆文物》2003年第1期。

铧残长29.4厘米，宽17厘米，1988年由阜康县文管会征集。[1] 由于军食供应是当时有关边防安全的关键问题，故唐军除建置大片屯田区外，还严令碛西所有守捉、镇戍、烽铺都必须大力垦殖，以确保军粮供应。

唐开元十一年(723)状上北庭都护所属

诸守捉斫田顷亩牒

(前缺)

□ 白粟 □ 叁拾伍 □

□ 俱六守捉并床 □

□ 神山守捉并麦 □

□ 凭洛守捉并床 □

□ 前件斫田 □ 状

□ 顷亩到日 □ 上

□ 一年七　月 □ 牒

□ 郎行仓曹参军 □

□ 州和政府折冲都 □

□ 府崇信府折 □

□ 北庭

副都兼□使赐紫金 □

□ 光禄大夫检校北庭都护兼经略 □

八月[2]

北庭都护所属之俱六守捉、神山守捉等，皆按军令，就地斫田，种植禾麦，由仓曹参军主管其具体事务。同样，人数较少级别稍低的镇戍，也就地斫田，《新唐书·食货志》引开元二十五年诏云："镇戍地可耕者，人给十亩以供粮。"当然实际耕田数，各地多少不等。

---

〔1〕参见戴良佐:《庭州纵横》，新疆人民出版社1999年版，第107－108页。

〔2〕唐长孺主编，中国文物研究所、新疆维吾尔自治区博物馆、武汉大学历史系编纂:《吐鲁番出土文书》第8册，第197－198页。

唐西州都督府上支度营田使牒　为具报

当州诸镇戍营田顷亩数事

[1]西州都督府　　　牒上　　敕▭

[2]合当州诸镇戍营田,总壹拾□顷陆拾▭

[3]赤亭镇兵肆拾贰人,营□□顷;维磨戍▭

[4]柳谷镇兵肆拾人□□□肆顷;酸枣戍▭

[5]白水镇兵叁拾▭营田陆顷;曷畔戍兵▭

[6]银山戍兵□□□营田柒拾伍▭

[7]　　　右被□度营田使牒,当州镇戍□田顷亩▭

[8]　　　戍兵▭及营田顷亩▭

[9]方亭戍▭谷戍狼井▭

[10]　　右▭

[11]牒,被牒称:▭

[12]格令斫▭

[13]者▭

[14]存▭

(后缺)[1]

属于西州都督府管下的各镇戍垦殖多少不一,多者如白水镇30余人,营田6顷,每人相当于20亩;少者如银山戍,营田只有75亩;当州诸镇戍营田总计10余顷。西州汇总各镇戍斫田情况后,及时向支度营田使呈报,而下面人数更少的基层单位——烽铺,也同样有斫田任务。唐在碛西的烽铺分属军镇和州县管辖。军镇管辖的烽铺,由军镇派驻士卒守望;州县军府管辖的烽铺,由州县军府募兵派往,或由百姓轮番上烽。烽卒必须就近营田,以充粮贮。这是开元二十五年(737)或更早一些时候,唐朝颁布的军防令中所明确规定了的:“防人在防,守固之外,唯得修理军器、城隍、公廨、屋宇。各量防人多少,于当处侧近给

[1]唐长孺主编,中国文物研究所、新疆维吾尔自治区博物馆、武汉大学历史系编纂:《吐鲁番出土文书》第8册,第219－220页。

空闲地，逐水陆所宜，斟酌营种，并杂蔬菜，以充粮贮及充防人等食。"[1]唐在碛西的边防军，由于形势所迫，强化了这项法令，于镇戍、烽铺侧近普遍营种，掀起了碛西历史上前所未有的屯垦高潮。

唐北庭诸烽斫田亩数文书

……耶勒守捉界　　耶勒[烽]□

乾坑烽床伍亩□

白粟三亩　　共刈得[贰]□

柽林烽床　　伍亩[共]□

白粟贰[亩]□

(后缺)[2]

在伊吾也同样如此。《唐开元某年伊吾军典王元琮为申报当军诸烽铺斫田亩数事》[3]就反映了伊吾军所属速独、高头、阿查勒、泥熟、故亭、青山、柽林、花泉诸烽皆从事屯垦，少者1亩，多者8亩，平均5—6亩；种植粟豆等作物，以供军食、马料。

唐在碛西的边防军，为满足本身的军食供应，除战时外，必须参加屯垦，各级军事单位都有规定的垦殖任务。凡有驻军的地方，也必有屯垦的土地。如地处西州边远之天山军鸜鹆镇，所遗存之阿拉沟一号文书，即有"一十三人在麦场……"[4]字样，反映出在夏收农忙季节，边军士卒都要轮换参加劳动。镇戍下属的烽铺斫田，也遍布交通要道或深山荒漠的边防哨所，阡陌纵横，为历代罕见。按唐制，1烽6人：5人烽子，1人烽帅。碛西烽铺荒远，人数不足，一般只有2—3人，每烽种地不足10亩，1卒种地2—3亩，所收粮料，就地收贮。从下列文书，我们可以看出分散各地的烽铺士卒，在艰难困苦的条件下，从事垦殖之

[1]《唐律疏议》卷16《擅兴律》，中华书局1983年版。

[2]唐长孺主编，中国文物研究所、新疆维吾尔自治区博物馆、武汉大学历史系编纂：《吐鲁番出土文书》第8册，第222页。

[3]唐长孺主编，中国文物研究所、新疆维吾尔自治区博物馆、武汉大学历史系编纂：《吐鲁番出土文书》第8册，第202－203页。

[4]王炳华：《阿拉沟古堡及其出土唐文书残纸》，载荣新江：《唐研究》第8卷，北京大学出版社2002年版，第323－345页。

情状：

唐开元十年(722)伊吾军上支度　营田使

留后司牒为烽铺营田不济事

(前缺)

［　　］状称［　　］

［　　］属警固，复奉使牒，烽铺子不许

［　　］功，各渐斫种前件亩数如前者。然烽铺

［　　］少差失，罪即及身，上下怕惧，专忧

［　　］数少，又近烽地水不多，不

［　　］隐没垅亩，求受重

(中缺)

［　　］无田水。纵有者，去烽卅廿

□□上，每烽烽子只有三人，两人又属警固，近烽不敢不营，里数既遥，营种不济，状上者。曹判：近烽者，即勒营种，去地远者，不可施功。当牒上支度使讫……[1]

只有二三人的烽铺，也须利用闲地营田，这是支度营田使下达的军令，所以烽铺在人少缺水难以耕作时，"上下怕惧"，"罪即及身"。由此可见，当时有关屯垦之军令非常严格，和一般民间之农业经营不同。这种军事化极强的兵农合一的屯垦组织，经营管理有其特殊方式。下面我们将作专门论述。现有一需要弄清的问题是：除常驻天山南北的唐军有屯垦任务外，北庭、安西都护府所属之府州是否也有自己所管的屯田区？答案是肯定的。大谷文书3786(2)唐前期西州屯田收入账有云：

[1]　　［　　］十顷，收率得干净麦粟床总

[2]　　［　　］五合

[3]　　［　　］三百一十五石六斗青稞

〔1〕唐长孺主编，中国文物研究所、新疆维吾尔自治区博物馆、武汉大学历史系编纂：《吐鲁番出土文书》第8册，第194－195页。

[4] □ 二百廿一石小麦

[5] □ 千七百廿三石六斗六升四合粟

[6] □ 一百廿一石三斗二升一合床

[7] □ 石六斗，天山屯营田五十顷收

[8] □ 十五石六斗青稞

[9] □ 廿一石小麦

[10] □ 卅六石粟

[11] □ 升五合，柳中屯营田卅顷收

[12] □ 石三斗二升一合床

[13] □ 七石六斗六升四合粟[1]

上录文书中出现的天山屯、柳中屯，有学者认为《唐六典》卷7所列992屯中无柳中屯，故“柳中营田卅顷收”与“天山营田五十顷收”的性质不同：天山屯营田是屯田收入，而柳中的30顷则是斫田收入。此谓天山屯和柳中屯性质并不相同的说法，尚可斟酌，作进一步探讨。在文书中两处都同样称为屯，即使一为屯田，一为斫田，也只是管辖单位有别，而非性质上的不同。所以出现这样的看法，可能是因为把文书中的天山屯与《唐六典》中之“天山一屯”即天山军屯田混为一谈。时天山军置西州城（高昌故城）内，其屯垦区亦应在城区附近。《唐六典》中之“伊吾一屯、天山一屯”，皆系指河西道所属的唐军的屯田，故“伊吾一屯”常以伊吾军的名义对有关单位行文，此在吐鲁番出土文书中屡见，而绝没有以伊吾屯的名义出面行文。同样理由，上述大谷文书中和柳中屯并列的天山屯，并非《唐六典》中的天山军一屯，而是西州都督府下属置于天山县（今吐鲁番地区托克逊一带）、柳中县（今鄯善县鲁克沁一带）的屯田。在《中国古代籍帐研究》所载的《唐开元十九年(731)正月至三月西州天山县到来符帖目》中，我们明显可以看出，天山屯之物资供应与天山县有关，而在阿斯塔那出土的《唐开元年间西

〔1〕参见〔日〕池田温：《中国古代籍帐研究》（上），龚泽铣译，第351页，其推算补入数字未录。

州都督府诸曹符帖事目历》中，州兵曹则要求天山府输丁20人助天山屯营种。从下列文书我们还可看到，西州除天山屯、柳中屯外，还有白水屯[1]。《西州图经》载："白水涧道，右道出交河县界，西北向处月以西诸蕃，足水草，通车马。"根据此道走向，考古工作者认为，在吐鲁番盆地西北出山口处（白杨沟峡谷西）建有镇城，白水屯应即在镇城附近。从该屯向西州官库纳粮情况看来，它有相当规模，与上列之白水镇戍营田有别。

唐神龙二年（706）白涧屯纳官仓粮帐

白涧屯神龙二年九月十五日纳青稞杂大麦，交用两硕函量，壹函为壹点，拾点成壹大上[字]：尚建

（中略）

已上叁拾叁上字，计青稞杂大麦陆佰陆拾硕。仓督曹建，监仓官王□，[屯][官]侯献，监纳官镇副刘初。[2]

据文书所载神龙二年九月十五日白涧屯纳仓谷物660硕，后于二十九日前又纳入"计青稞杂大麦贰伯陆拾硕"，至九月二十九日还有一批粮食入仓，惜文书缺损已不知其数。总计白涧屯在本年纳入西州官仓粮料应在千硕以上，营田亦在二三十顷。根据上述，当时在西州都督府管下，至少有天山、柳中、白水3屯，其他地方是否还有，尚待新发现的资料证实。在《唐开元十九年（731）正月西州岸头府到来符帖目》[3]中，载"屯官主簿李诲等差人领送事"。岸头府设于交河县，屯官主簿为当地屯田所设，这样说来交河县也可能有屯田设置。又大谷3354号文书出现有"柳中仓、交河仓、天山仓、蒲昌仓"，这些官仓往往伴随着屯田纳粮而设，说明在府州管辖下，各地都有屯田区的设置。

唐代之碛西屯垦主要系军屯，朝廷派驻的各军其垦殖所需之生产资料，包括土地、耕牛、农具、种子等，无疑由国家无偿提供；有些大型农

〔1〕白水屯，因白水涧而得名，亦可称为白涧屯。

〔2〕唐长孺主编，中国文物研究所、新疆维吾尔自治区博物馆、武汉大学历史系编纂：《吐鲁番出土文书》第7册，第372页。

〔3〕〔日〕池田温：《中国古代籍帐研究》（上），龚泽铣译，第357页。

具还可能随军由中原携进。在焉耆唐王城中，曾发现过唐代的铁铧。这种铁铧头较长，套进犁底的部分凹入，形制与内地同时的铁铧完全一致，较汉代的铁铧更易破土而提高时效。它可能为唐军屯田所留的遗物。在《通典·食货二》中，对于屯田配给耕牛，曾有如下规定："屯田应用牛之处，山原川泽，土有硬软，至于耕垦用力不同，土软处每一顷五十亩配牛一头，彊硬处一顷二十亩配牛一头，即当屯之内，有硬有软，亦准此法。"对于边地屯垦部队分配、使用耕牛的情况，吐鲁番盆地西南，位处古楼兰道上的营盘遗址，曾有出土文书反映了有关情况。

唐右厢第二队上应请官牛数状

[1]右厢第二队　　　　状上

[2]合当队应请官牛数□五头

[3]三　　头　　杂　　□

[4]梨伯犍壹头、四岁，将进下　梨犍壹头，□

[5]沙犍壹、八岁，西州换得青父壹，七岁

(后缺)[1]

营盘遗址地处交通冲要，汉唐时期常有驻军，护卫交通，并为屯垦重地。[2] 据"右厢第二队"分析，驻军当不止一队，人数较多。他们每年可能都要申请耕牛，因与西州关系密切，故能换得青父壹头，或系为西州所驻天山军之属部。

军屯参加劳动生产的主要是士卒。戍边士卒有番期，但不可能按时替还。《资治通鉴》卷214载，开元二十五年(737)"癸未，敕以方隅底定，令中书门下与诸道节度使量军镇闲剧利害，审计兵防定额，于诸色征人及客户中召募丁壮，长充边军，增给田宅，务加优恤"。各地的边防军所需兵额，一律于各种征人及客户丁壮中招募。招募来的健儿，长充边军，允许携带家口，并给以各种生活资料，以便久住。从此这些

[1]陈国灿:《斯坦因所获吐鲁番文书研究》,第476页。

[2]据李文瑛:《新疆尉犁营盘墓地考古新发现及初步研究》(载殷晴等:《吐鲁番学新论》,新疆人民出版社2006年版,第393页)一文介绍,在营盘城址外,曾采集一铁犁铧,可能即系唐屯垦士卒所遗留。

称为健儿的兵士,也就成为各地屯垦中的主要劳力。黄文弼的《吐鲁番盆地考古记》中收录有"伊吾军残牒":

(上缺)

[1]□远□界

[2]五十亩种豆　一十二□检校健儿焦思顺

[3]三亩种豆　二十亩种麦　检校健儿成公洪福。

在上面述及的北庭、伊吾所属守捉、烽铺文书中,参加劳作者亦系士兵,人员尽管缺少,尚未看到有动用民力的迹象。在《吐鲁番出土文书》中,《唐开元十年(722)伊吾军上支度营田使留后司牒》、《唐伊吾军牒为申报诸烽铺斫田所得斛斗数事》,都说明烽铺虽仅有士卒二三人,且缺水难种,亦未征用民夫。在府州所管的屯田中,车牛、农具都是由当地政府供给。《唐开元十九年(731)西州天山县到来符帖目》记有"营田使牒:为天山屯车牛、农具,差人领……限牒到日送事",《唐西州蒲昌县下赤亭烽帖为牛草料事》中,同样有牛壹拾贰头"准给草料"的记录。[1] 在屯田文书中,亦时有征用民力进行劳作的内容,此名为助屯。如《唐开元十九年(731)西州诸曹符帖目》中即有西州兵曹"差输丁廿人,助天山屯"[2]。在出土于库车唐建中五年的《孔目司帖》[3]中,亦有工匠白某配织春装布100尺,而被孔目官伍詈"准例放掏拓、助屯及小小差科,所由不须牵挽"的文字——助屯成为百姓差役的一种,可见屯田的普遍。在龟兹都督府管辖下,也有地方上的屯田。此种屯垦由地方政府主办,并提供一系列人力物力的支持,所以田间收获,自要缴纳当地政府仓库,如上述白涧屯那样,而且其收支也都在当地营田内核算。时州县政府开支浩繁,如负责交通运输的长行坊所需人畜食料皆由当地政府提供,所属镇戍烽铺垦殖数量极少,难以满足州府的士卒需要,也必须靠州县补充供应。至于伊吾军、天山军等大规模军

[1][日]池田温:《中国古代籍帐研究》(上),龚泽铣译,第359页;唐长孺主编,中国文物研究所、新疆维吾尔自治区博物馆、武汉大学历史系编纂:《吐鲁番出土文书》第4册,第97页。

[2][日]池田温:《中国古代籍帐研究》(上),龚泽铣译,第362页。

[3]陈国灿:《斯坦因所获吐鲁番文书研究》,第132页。

屯的收获物,则主要贮纳在本军镇的仓库,供本军镇食用,抑或送纳部分给当地州县,如阿斯塔那226号文书《唐伊吾军上西庭支度使牒为申报应纳北庭粮米事》所揭示的那样。

唐代的屯田,从中央到地方有一套专门的管理系统。唐廷管理屯田的最高权力机构是尚书省工部屯田司。屯田司的实际管理从属两个系统:一是司农寺管辖的宫苑屯田,此与本文无涉,可略而不谈;二是州镇诸军系统。为加强领导,全国各地州镇军队的屯田,主管者往往是州镇诸军长官。高宗时出现"知营田事"的官衔,到玄宗时统称营田使。开元盛时,安西、北庭支度营田使,一般都由都护或节度使兼任。如在出土文书中,即有"节度副大使、银青光禄大夫、检校北庭都护、支度营田等使、上柱国杨楚客"等的出现。天宝十一载封常清在任安西副大都护时,亦有营田副大使的官衔。按《新唐书·百官志》:"边州别置经略使,沃衍有屯田之州,别置营田使",则在都护府营田大使下,各州亦有营田使之设,由各州府长官兼任。故从《唐西州都督府上支度营田使牒为具报当诸镇戍营田顷亩数事》看,西州向北庭都护府支度营田使行文,皆由都督府出面,具体事务则由仓曹主管,并无营田使专门的办事机构。至于所属各屯事务,则设有屯官、屯副以及屯官主簿具体负责。管理屯田事务的基层单位,则为屯坊。唐朝从中央到地方对屯田的管理是非常严格的,经常派员到各地检查屯垦收粮情况。开元四年任监察御史的杜暹(后任安西副大都护),就曾往碛西检查过屯田等有关情况。我们从出土文书中了解到,西州都督府也曾通知各县军府,将派州官检查屯田收获情况,收粮不足数额,要"决杖六十"。至于"方春屯官巡行,谪作不时者"[1],更是不需细说的日常工作。唐朝前期新疆屯垦以军屯为主,或混杂以犯屯,如上所述。贞观十四年(640)唐平高昌以后,内地就有罪犯谪戍新疆,参加屯垦。其土地、耕牛、农具、籽种以及包括家属在内的口粮,皆由政府发给。吐鲁番阿斯塔那91号墓出土的家口给粮账,或即指此。其耕作所收粮料,则全部交公。

[1]《新唐书·食货志》。

由于当时“流徙罪人与镇兵杂限”[1],所以把犯屯作为军屯的附属部分,亦未尝不可。犯屯不仅在贞观年间存在,而且长期延续。开元十二年四月有敕云:“今后抵罪人合杖敕杖并从宽,决杖六十,一房家口,移隶碛西。”[2]这说明按唐律规定,罪犯充军碛西参加屯戍,乃系长期执行的刑法,非临时的应急措施。

唐朝的军屯至开元时达于鼎盛。出土文书证明西州诸地有为数甚多的屯田区,即使文书中没有提到的于阗、疏勒、焉耆等地,也并不是没有屯田区的设置,而是尚待发现直接有关的资料。如和田丹丹乌里克发现的《唐建中三年(782)七月健儿马令庄举钱契》,就揭示这位健儿可能是参加过屯垦的士卒。天宝年间,唐朝安西、北庭驻军所需食粮,主要靠各种形式的屯垦收入。据不完全统计,安西屯田每年收入约26.17万石,占军粮的62.43%;北庭屯田每年收入29.38万石,占军粮的73.67%,[3]可见碛西各式军屯规模之大、产粮之多。由于各府州主管的屯田日渐增多,随着屯田面积的扩大,劳动力不足的问题也越来越突出,即使征发少量民夫服役助屯,但终究难以克服根本的矛盾,而不得不改变屯田的经营方式,逐渐地将屯田改为官田租给民人耕种。《唐开元十九年(731)正月至三月西州天山县到来符帖目》内有“今年废屯税子粟麦四千石事”[4],即告诉我们最迟在开元十九年天山县已有废屯之事发生。大谷3476号文书记有“天山府将屯坊作马坊”,亦同样告诉我们这一值得注意的事实。按唐代亩产量约1石至1石5斗,而上述伊吾军屯田,推算下来只有8斗,现折中以亩产1石计算,官田所纳租一般系50%,即5斗左右。如此纳4000石租税等于收入8000石粮,亦即有田8000亩左右,上述天山屯营田50顷恰好包括在内。开元以后,屯田逐渐转化为百姓佃种的官田,这一经营方式的变化在下列文书中也透露出信息:

[1]《新唐书·郭孝恪传》。

[2]《唐会要》卷40。

[3]李锦绣:《唐代财政史稿》,北京大学出版社1995年版,第1231-1232页。

[4][日]池田温:《中国古代籍帐研究》,龚泽铣译,第361页。

唐天宝元年(747)七月交河郡纳青麦状

浑孝仙纳天宝元年屯田地子青麦贰硕又

纳吕才艺屯田地子青麦壹石贰斗,又纳浑

定仙贷种子青麦壹石贰斗,又纳浑孝仙贷种

(子青麦　　斗)　　　　天宝元年七月十三日□史王虔[1]

由军屯转变为民屯,这是历史发展的必然趋势。佃种废屯官田的浑孝仙等除纳地子(租税)外,还要交还所贷种子青麦,证明租种废屯后的官田,部分生产资料仍由官府提供,而不同于一般的租佃制,或者说是不完全的租佃制——民屯。

[1][日]池田温:《中国古代籍帐研究》,龚泽铣译,第446页。

4 物种源流辨析

——汉唐时期新疆园艺业的发展及有关问题

新疆的自然条件,适于园艺的发展,自古以来园艺业就是它具有地方优势的特色产业。汉唐时期,丝路畅通,西域屯垦兴起,各类作物品种及生产技术之交流,有力地促进了园圃业的兴盛;而佛教寺院林立,所造成的特殊氛围,亦为果木菜蔬的栽培,提供了广阔的空间。历史时期特别是19世纪以来,中外学者曾不断对此探讨论述,提高了人们的认知水平,但也出现了不少与史实不符的说法,直至今日仍在流传,而有待于澄清。

4.1 秦汉以前吐鲁番诸地的葡萄种植

据文献记载,至晚在距今两千余年的秦汉时期,中亚诸地葡萄栽培和酿造业已非常发达。在今新疆境内且末、伊吾(哈密)等地也都如此。葡萄原产于东地中海沿岸,后逐步传到中亚、东亚地区。远在五六千年前,埃及、叙利亚、伊拉克诸地,已有人工栽培。1992年新疆考古工作者在鄯善县的苏贝希墓地(前5—前3世纪)曾发现葡萄籽种130余粒;2003年鄯善县洋海墓葬曾发现公元前1千纪即汉代以前的葡萄藤标本,扁圆状,褐色,长115、扁宽2.3厘米,属于圆果紫葡萄植株,这是至今发现最早的葡萄藤标本,说明至迟在战国时期吐鲁番地区已有这种日后名扬海内的特产出现。[1]

[1]参见新疆文物考古研究所等:《鄯善县苏贝希墓群三号墓地》,载《新疆文物》1994年第2期;伊斯拉菲尔·玉素甫:《葡萄在古代吐鲁番社会经济中的地位》,载《吐鲁番学研究》2002年第1期;新疆文物考古研究所、吐鲁番地区文物局:《吐鲁番考古新收获——鄯善县洋海墓地发掘简报》,载《吐鲁番学研究》2004年第1期。

汉代西域广大地区盛产葡萄，通过人员往来，把它东传至中原种植。汉武帝太初四年(前101)，李广利率军伐大宛返回后，汉廷又数次遣使至中亚诸国，寻求奇物。“宛王蝉封与汉约岁献天马二匹，汉使采蒲陶、苜蓿种归。”[1]这位采葡萄、苜蓿种子返回中原的使者姓名，史籍没有留下记载。今人据《齐民要术》或《博物志》等古籍，多以为葡萄籽种系张骞通西域时携回中原，实际上这是个传之已久的误会，连著名的美国博物学家劳费尔(Berthold Laufer)也未能摆脱这一误区。他在《中国伊朗编》的序言中说：“现在学术界中竟有这样一个散布很广的传说，说大半的植物在汉朝都已经适应中国的水土而成长了，而且把这事都归功于一个人，此人就是名将张骞。我的一个目的就是要打破这神话。其实张骞只携带了两种植物回中国——苜蓿和葡萄树。”劳费尔的论著打破了我国古籍中一些穿凿附会的传说，如说胡桃(核桃)、胡豆(蚕豆)、安石榴(石榴)、胡蒜(大蒜)、胡荽(芫荽，亦名香菜)等等都系张骞输入；[2]但在述及葡萄、苜蓿从西域引入中原时，仍旧作了不确当的介绍。汉武帝建元三年(前138)，张骞第一次出使西域返回时，途经柴达木盆地，被匈奴扣押，后乘匈奴内乱逃脱。按处境险恶的仓促之状，揆之常理，他不可能携回许多物种。元狩四年(前119)，张骞第二次西行，实际上本人只到了乌孙，只是分遣副使至各地活动。这次，也没有他携回物种的记载。当然，说明这些史实并非忽视或贬低张骞的伟大功绩：正是通过他的联络、沟通，破天荒地带回了许多新奇的信息，激发了汉廷开拓西域的雄心，促成了中西经济文化交流的高潮。

据传世文献，汉代新疆且末诸地有“蒲陶诸果”[3]。也就是说当时不仅有葡萄，而且有各种果品种植。“诸果”具体是指哪些果品，文献中找不到答案。现代的考古资料展示了这方面的内容。位于今新疆和

[1]《汉书·西域传》。

[2]参见[晋]张华：《博物志》；[元]王桢：《农书》第8卷；[北魏]贾思勰：《齐民要术》第3、4卷；[明]徐光启：《农政全书》第16、27、29卷。

[3]《汉书·西域传》。

田地区的汉晋尼雅遗址、山普拉遗址，发现有桃、杏、核桃和沙枣等主要果种。[1] 桃、杏原产我国中原，至迟在汉晋引入西域。

4.2 魏晋时期 葡萄诸果已在西域各地广泛出现

魏晋南北朝时期，天山以南诸绿洲城国，园艺业特别是葡萄的种植，已获得普遍推广。晋太元九年(384)吕光率兵西进龟兹时，该地富户“厚于养生，家有葡萄酒，或至千斛，经十年不败”[2]。葡萄酒如此之多，毫无疑问，葡萄种植业已非常发达。于阗、焉耆等地也都如此，广种葡萄，“俗尚葡萄酒”。时流行于塔里木盆地东南缘的佉卢文文书，关于葡萄园和葡萄酒的记载曾屡屡出现。如见于新疆民族研究所编印的《新疆出土佉卢文残卷译文集》的 418 号文书：“阿塔莫之两子……愿将 4 Apoira 之葡萄园一所及另一块……地出卖，总共为五块地……付地价金币一枚”；581 号文书：“……该达摩阇愿将内共有 7 avacira 之葡萄园一所卖给司书罗没索蹉……”斯坦因在他的《西域考古记》里，曾展示过尼雅遗址的果园风貌，称那里有枯干了的成排的桃、杏、梅、苹果以及葡萄等果树。据 1996 年中日尼雅遗迹学术考察队介绍，在今新疆民丰县北尼雅遗址“所发现的果树园中，规模最大的是，为东西 122 米，南北最大处 68.50 米。园子完全不是正方形，东面有些凹陷，葡萄株呈东西向平行，等距离排列着。作为添加树木，还种着胡杨和沙枣小树，且园子中央埋着一个大瓮(口径 60 厘米)”。瓮可能和酿酒有关。还有一点值得注意的是，“现在为让葡萄爬藤，大范围地支葡萄架，而在尼雅，是在葡萄株旁种一些其他树木来发挥葡萄架的作用”[3]。由于且末、精绝(今民丰县境)一带地方光热条件好，昼夜温差大，葡萄味

[1]新疆维吾尔自治区博物馆等：《中国新疆山普拉》，第 47 页；M. A. Stein：*Ancient Khotan*(《古代和阗》)，p. 337.

[2]《晋书》第 122 卷《吕光载记》。

[3]中日共同尼雅遗迹学术考察队：《中日共同尼雅遗迹学术调查报告书》第 2 卷，中村印刷株式会社 1999 年版，第 28 页。

美甘甜。当时塔里木盆地东南缘是著名的葡萄产区，酿造业亦非常发达。人们经过长期实践，掌握了“播种及翻耕葡萄园的”时令及有关支架、折架、剪枝等栽培技术，这在佉卢文文书里皆有所反映。4世纪前后，塔里木盆地东南缘环境显著恶化，且末、精绝一带干旱缺水，种植业凋敝，园林果木干枯，甚至古城废弃被沙漠湮没。唐贞观年间，粟特人首领康艳典，在沙卤之中的鄯善故址，聚众建城，种植葡萄成功，名谓葡萄城；但终因环境恶劣，难以持久，复又消失在荒漠之中。代之而起的是北道兴盛，吐鲁番盆地崛起，使人刮目相看。葡萄作为支柱产业，千百年来成为该地最著名的特产。出土文书揭示，至迟在5世纪前半叶，高昌以葡萄为主的园艺业已有相当规模。在《北凉承平年间（443—460）高昌郡高昌县赀簿》[1]中，田地总数为548.5亩，葡萄园占地54亩，相当于10%；最大的一所葡萄园地有10亩半。整个高昌葡萄园所占土地之多，可见一斑。今吐鲁番市东北的葡萄沟，古称洿林，历史上就是著名的优质葡萄产区。现被视为上品的无核白、马奶子、红葡萄、琐琐等优良品种，历史文献上亦曾出现。梁大同年间高昌王麴嘉子坚曾遣使献葡萄、良马等物。《太平御览》卷845引《梁四公记》称洿林葡萄皮薄味美，即系果肉甜软的“无核白”，其含糖量达60%左右。据上述5世纪高昌县赀簿所载，葡萄园为民户所有。至7世纪民间葡萄园更加普遍。作为业主的佛寺，果园发展尤为迅速。阿斯塔那320号墓出土有《高昌张武顺等葡萄园亩数及租酒帐》残件，保留了包括寺院在内的65个姓氏其葡萄园的地亩数，最大的抚军寺葡萄园占地有5亩60步。同时，政府租给民户分散经营的屯田，种植葡萄的地亩亦相当可观：

高昌延昌酉岁屯田条列得横截等城

葡萄园顷亩数奏行文书

（前缺）

[1]［　　　　］□截俗四半　　交河俗二半六十步

---

〔1〕沙知、孔祥星：《敦煌吐鲁番文书研究》，第25页。

[2]□安乐俗八亩　洿林俗四亩　始昌俗一半　高宁僧二半

[3]　　　　都合桃(萄)壹顷究(玖)拾叁亩半

[4]谨案(屯田)条列得萄顷亩列别如右……[1]

文书揭示当时在横截、交河、安乐、洿林、始昌、高宁等县,都有葡萄种植。除葡萄外,高昌栽培的果品尚有枣、梨、梅(李)等。

枣　原产我国黄河流域,汉晋时出现于西域,由于能果腹充饥,成为广大民众的副食品,故种植广泛。在上述《赀簿》548.5 亩的田地总数中,占地 46 亩,为 8.9%,仅次于葡萄。以产葡萄著名的洿林地区,所产大枣甘甜肉多,亦同时驰名远近。阿斯塔那 154 号墓出土的《高昌传供酒食帐》中,洿林枣即作为酒席上的果品出现。在该地随葬品中,红枣、黑枣乃系常见之物。塔里木盆地居民亦以枣为重要果品,《唐于阗某寺支用历》中,冬季 4 个月即购枣 2 石 4 斗 7 升,供僧徒大量食用。新疆文物考古研究所等单位,1990 年在鄯善县三个桥战国—晋唐墓葬的清理发掘中,曾发现长圆形干枣,黑褐色,其中一枚长径 1.5、短径 1.2厘米。所以新疆种枣的时间,可能提前到汉代前后。[2]

梨　我国栽培梨的历史悠久,已有 3000 多年;种类很多,古代新疆至迟在魏晋南北朝时期已广泛栽培。成书于 5 世纪的《西京杂记》称:“有瀚海梨,出翰海地,耐寒不枯”,即系指塔里木盆地所产的梨。吐鲁番阿斯塔那古墓群中屡见梨为随葬品,72TAM186:10 号墓中,发现梨干 49 枚[3],墓主想必是位嗜梨成癖者。梨树、枣树当时常见于葡萄园中,多种经营,节约水土,管理方便。出土于阿斯塔那 153 号墓的《高昌

[1]唐长孺主编,中国文物研究所、新疆维吾尔自治区博物馆、武汉大学历史系编纂:《吐鲁番出土文书》第 5 册,文物出版社 1983 年版,第 2 页。

[2]新疆文物考古研究所等:《新疆鄯善县三个桥古墓葬的抢救清理发掘》,载《新疆文物》1997 年第 2 期。

[3]新疆文物考古研究所:《吐鲁番阿斯塔那第十次发掘简报? 附表》,载《新疆文物》2000 年第 3—4 期合刊。

曹张二人夏果园券》[1]即记有葡萄园中兼种梨、枣,且产梨多而以斛计。

梅(李) 在阿斯塔那古墓群中,60TAM318、320、328、329、330号诸墓,均发现有当地称为酸梅的干果[2],黑褐色,圆形。有专家声称这实际上是李的一种。斯坦因在《西域考古记》里曾述及梅是尼雅果园里的常见之物,《唐于阗神山某寺支用历》[3]中亦有购买梅子的记录。梅,蔷薇科,落叶乔木;叶卵形,边缘有细锯齿;花多为红色或白色;核果球形,未熟时青色,成熟后呈黄色;味极酸。梅原产我国,喜温暖湿润,对土壤适应性强,果实除少量生食外,可制蜜饯和果酱等。未熟果加工成"乌梅",供药用或作饮料。李亦产我国,蔷薇科,落叶乔木;叶长椭圆形,边缘有锯齿;花白色;果实圆形,果皮紫红、青绿或黄绿;果味甜,生食及制蜜饯,果仁;根皮供药用。

4.3 唐代的瓜果之乡
——绿洲园圃业的兴盛

大唐盛世,塔里木盆地各绿洲城国,农业、手工业发达,园圃业呈前所未有的兴盛。贞观元年(627)玄奘法师西行,在《大唐西域记》中云:

[阿耆尼国(焉耆)]泉流交带,引水为田。土宜穈、黍、宿麦、香枣、蒲萄、梨、柰诸果;

[屈支国(库车)]宜穈麦,有粳稻,出蒲萄、石榴,多梨、柰、桃、杏;

[斫句迦国(叶城)]临带两河,颇以耕植,蒲萄、梨、柰,其果实繁。

以"多众果"著称的塔里木绿洲,灌溉农业发达,"稼穑殷盛,花果

[1]唐长孺主编,中国文物研究所、新疆维吾尔自治区博物馆、武汉大学历史系编纂:《吐鲁番出土文书》第2册,第337页。

[2]鲁礼鹏:《阿斯塔那古墓群发掘墓葬登记表》,载《新疆文物》2000年第3—4期合刊。

[3]陈国灿:《斯坦因所获吐鲁番文书研究》,第497页。

繁茂”，园艺业十分发达。常见的果品除葡萄、枣、梨、李外，尚有核桃、柰、石榴、桃、杏等。桃、杏原产中原，是人们常食的水果。至于核桃、柰、石榴，现分别简述如下。

核桃 原产波斯，并传到希腊、罗马诸地。公元前10世纪向中、西亚传播。古代西域亦是核桃即胡桃的主要产区之一，4世纪后逐渐在我国北方推广种植。于阗北麻扎塔格遗址曾出土一件《唐果物帐》：

(前缺)

[1]胡桃贰阡(仟)颗　　石[榴][贰]□

[2]蔺勃贰拾颗　　杏仁叁㪷五胜□

[3]拾颗……[1]

在这件果物账里，胡桃即核桃一笔就是2000颗，与其他果物相比，数额惊人，一定程度上反映了产量之多。天宝二年(743)在交河市场上：

干蒲萄壹胜　　上直钱拾柒文　　次拾陆文　　下拾伍文

大　枣壹胜　　上直钱陆文　　次伍文　　下肆文

胡桃让(仁)壹两　　上直钱陆文　　次伍文　　下肆文

胡桃仁的价格是大枣的10倍、葡萄干的3倍。其所以昂贵，不仅因富含油质，可以耐饥养身，更重要的是人们当时已认识到其药用价值：性温味甘，温肺补肾，主治当地病患较多的虚寒喘咳等症，所以在市场上可作为药材出售。

柰 产于我国，与林檎即花红同种；蔷薇科，落叶小乔木；叶卵形或椭圆形，春夏之交开花，果实秋季成熟。汉代中原已有栽培，司马相如在《上林赋》中曾经提及。唐时塔里木绿洲广泛种植。于阗汉文文书中称果子，至今亦是。

石榴 亦称安石榴，原为波斯及其邻近地带所产，史前已有种植。汉晋时期通过西域向中原传播，“它最初来到中国似乎是第三世纪后

[1]陈国灿：《斯坦因所获吐鲁番文书研究》，第523页。

半叶"[1]，唐代塔里木盆地栽培已较广泛。在《唐于阗神山某寺支用历》中，称为柘留[2]，曾屡次出现。不过价格昂贵，只有在节日供斋或招待官僚时食用。按当时于阗市场价，1 颗柘留 15 文，相当于 3 升干葡萄、15 颗榅桲、1 斗粟，非一般平民所能常食。由于独特的地理条件，至今新疆叶城、和田诸地盛产石榴，果实与籽粒俱大，味甜多汁，且易于久存。

下述扁桃、榅桲、无花果、阿月浑子则是古代新疆具有地方特色的产品。

扁桃 《新唐书·地理志》载，安西"土贡硇砂、绯毡、偏桃人(仁)"。所谓偏桃仁，即巴旦杏。唐段成式撰《酉阳杂俎》载："偏桃，出波斯国，波斯呼为婆淡。树长而形偏，故谓之偏桃。其肉苦涩不可噉，核中仁甘甜，西域诸国并珍之。"[3]巴旦杏现维吾尔语称巴旦姆(波斯语 badam)，仍为新疆地产名果。果仁别有风味，营养丰富，香甜可口，具有很高的医药价值。当日作为名贵特产，由安西向唐廷进贡，身价自非一般。

榅桲 果实秋季成熟，成梨形或苹果形，黄色，味甘酸；原产中亚各地，唐代塔里木盆地已有栽培；果供生食、制蜜饯，亦供药用，系当时于阗等地常见的果品。[4]

无花果 现维吾尔语名安吉尔，原产于波斯等西亚国家，唐代前后通过西域传入中原。《酉阳杂俎》称："'阿驿'，波斯国呼为阿驿，拂林呼为底珍。树长四五丈(或丈四五)，枝叶繁茂。叶有五出，似榫麻，无花而实。实赤色，类椑子，味似干柿……"现在天山以南各绿洲地带仍普遍种植，以阿图什所产为最著名。果皮细薄，果肉淡黄色，柔嫩多汁，清香扑鼻，甘甜如蜜。

阿月浑子 又名胡榛子，原产于波斯等西亚国家，后传西域以至

---

[1]〔美〕劳费尔：《中国伊朗编》，林筠因译，商务印书馆 1964 年版，第 101 页。

[2]陈国灿：《斯坦因所获吐鲁番文书研究》，第 489－499 页。

[3]〔唐〕段成式：《酉阳杂俎》，中华书局 1981 年版，第 178 页。

[4]参见本书 19：唐代于阗的社会经济研究。

中原,唐西州市场有售。《酉阳杂俎》称:“胡榛子,阿月生西国,蕃人言与胡榛子同树,一年胡榛子,二年阿月。”[1]阿月浑子为漆树科的落叶小乔木,春季开花,夏秋间果熟,核果卵形或长椭圆形,淡黄色或淡红色,有皱纹。味美甘甜,食之使人健壮,亦作药材用。唐西州市场有售,价格昂贵。

唐代西域,随着丝路贸易的进一步繁盛,中西经济文化交流扩大,各类果木品种不断增加。在发展规模上,仍以葡萄居首位,尤其在吐鲁番盆地,继续扩大栽培面积,产量显著提高,对其生产规模,阿斯塔那103号墓出土的《唐田亩簿》透露出如下信息:

[1]□下乡

[2]常田九十四亩五十□

[3]常田桃三顷一十□

[4]常田菜三顷七十七□

[5]军上官田廿四亩□□[2]

此西州高昌县文书田亩簿上的统计数字,可能是某乡田亩的数额。《元和郡县图志》卷40载,西州5县有乡24个,全境垦田900顷,平均每乡土地只有37.5顷。此乡葡萄园地有3顷10余亩,占全乡土地约8%强,与上述《赀簿》中葡萄园占地10%的比例相差不大。据2002年新疆人民出版社出版的《吐鲁番市志·主要作物种植情况表》介绍,1980年全市有葡萄地2120公顷(31800市亩),占耕地面积8.77%;1995年葡萄地6207公顷(93105市亩),占耕地面积27.6%。唐代高昌县葡萄地占耕地面积与1980年相似,近20年来该市葡萄栽培已大大超过历史上的任何时代。在阿斯塔那35号墓出土的《武周圣历元年(698)前官史玄政牒为四角官萄已役未役人夫及车牛事》,则充分说明唐代官营葡萄园规模之宏大以及生产安排之合理有序。

[1]四角陶所

[1][唐]段成式:《酉阳杂俎》,第287页。

[2]唐长孺主编,中国文物研究所、新疆维吾尔自治区博物馆、武汉大学历史系编纂:《吐鲁番出土文书》第4册,第242页。

[2]合陶内抽枝、覆盖、踏浆并收拾残枝、埋柱等总料得夫玖

[3]拾陆人,人各役单功,各合五日

[4]　　七十七人役讫

[5]　　一十九人未役

[6]合运浆及运枝捋(?)料得车牛贰拾伍乘,乘别各一日役,

[7]　　十乘运浆　役讫

[8]一十五乘未　役

[9]　　右陶内昨准往例料得夫及车牛数,

[10]　　各具件如前,请处分。

[11]牒件状如前,谨牒

[12]　　　　　圣历元年十月　日前官史玄政牒[1]

吐鲁番盆地夏季高温酷热,7月份平均气温在40℃左右;冬季严寒,平均气温约在零下10℃左右;阴历十月入冬,葡萄植株需覆土防冻。文书所记的这所官营葡萄园,葡萄尚未完全摘下,在剪除枝蔓埋土覆盖前,要先"踏浆"并装车运回。据史玄政估算,这一切劳务需96人完成。葡萄园规模庞大,亟待劳力操作显然可见。虽然服役者与车牛并未到齐,还是如期勉强完成任务,工作安排不失为井然有序。在塔里木绿洲各地亦同样如此,葡萄生产居于果品首位。特别是干葡萄与枣、核桃等干果,生产量大,消耗量亦大,为人们生活中不可或缺的副食品。《唐于阗神山某寺支用历》记载冬季4个月中,一个约30人的小寺即购进干葡萄3石3升、大枣2石4斗7升。当地居民平日吃蔬菜不多,而果品却不可缺,这是历史传统,至今尚存。

4.4　关于甜瓜的起源问题

瓜果蔬菜系人们生活中的必需品,瓜分果瓜和菜瓜,所以有的瓜被视为果品,有的被视为蔬菜。说起它们的栽培史,却较复杂。从植物

[1]唐长孺主编,中国文物研究所、新疆维吾尔自治区博物馆、武汉大学历史系编纂:《吐鲁番出土文书》第7册,第448页。

地理学的角度说,植物栽培起源于野生种。野生种经自然选择和人工培育,逐步演化为现有的品种。新疆吐鲁番、哈密等地都曾发现过野生果瓜——甜瓜,所以园艺家们认为新疆的甜瓜出现很早,应是中亚甜瓜起源中心之一。《中国大百科全书·农业卷》载:厚皮甜瓜原产非洲,中亚和西南亚被认为是第二起源中心。中国西北的新疆、甘肃和内蒙古干旱地区有网纹甜瓜,果皮有网状裂纹,甜味浓(含糖20%左右),吐鲁番诸地的可口奇、蜜极干,兰州的醉瓜等为著名的品种。新疆有的园艺工作者认为,地产甜瓜即俗称的哈密瓜,其栽培历史可上溯到汉代:"据历史文献记载,早在公元前2世纪,新疆甜瓜已在敦煌栽培,并以此为珍品进贡皇朝……《太平广记》卷411记述:'汉明帝阴贵人,梦食瓜甚美,时敦煌献异瓜种,名穹隆……'。'穹隆'二字之读音,与至今维吾尔语还保留把甜瓜叫作kogun的称呼十分相似……汉明帝梦食之'穹隆',即新疆甜瓜无疑。"[1]2002年中国大百科全书出版社出版的《新疆百科全书》有关条目亦称,甜瓜有2000余年的栽培历史。不过,传世文献和现有的考古资料,对上述观点却未表示支持而难予证实。在吐鲁番出土文书中,最早记载瓜的系阿斯塔那39号墓出土的《前凉升平十四年(370)残卷》:"瓜地二亩",22号墓出土的《田亩籍》:"瓜一亩半"[2],以及上述《赀簿》中有"瓜地二亩半"的记述。这些瓜在大田之中与其他作物并列,可能为菜瓜而非果瓜。《高昌重光三年(622)条列虎牙汜某等传供食帐一》记:"白罗面贰斗,市肉叁节,胡瓜子叁升,作汤饼供世子夫人食。"[3]胡瓜即今黄瓜,亦系菜瓜的一种。在汉唐史籍有关西域的记载中,尚未见有果瓜的介绍,上引宋李昉编辑《太平广记》中敦煌献瓜的故事,原见于东晋王嘉的志怪小说《拾遗记》卷6:"后汉明帝阴贵人梦食瓜甚美,帝使求诸方国,时敦煌献异瓜

[1]潘小芳:《新疆甜瓜》,新疆人民出版社1984年版,第7-8页。按,1985年出版的《新疆甜瓜西瓜志》的有关内容与此书基本相同。

[2]唐长孺主编,中国文物研究所、新疆维吾尔自治区博物馆、武汉大学历史系编纂:《吐鲁番出土文书》第1册,第7、202页。

[3]唐长孺主编,中国文物研究所、新疆维吾尔自治区博物馆、武汉大学历史系编纂:《吐鲁番出土文书》第3册,第168页。

种……瓜名‘穹隆’，长三尺而屈曲，味美如饴。父老云：‘昔道士从蓬莱山得此瓜，云是崆峒灵瓜’……”这段神话传说，自非历史资料，难予证实。按，“穹隆”二字原义系指瓜之长曲形状，“长三尺而屈曲”。说其与今维语 kogun 之音相似[1]，肯定当时敦煌所献即为西域甜瓜，根据似嫌不足。古代新疆民族不断迁徙，语言变化很大，即使汉字读音古今也有差异，如此从词语对应来代替科学的论证，有点牵强附会。为了证明汉唐时期新疆已栽培甜瓜，《新疆甜瓜》中又称：“新疆考古工作者1959 年在吐鲁番阿斯塔那古墓挖掘的出土文物中，发现有属晋墓（3—4 世纪）的半个干缩甜瓜和属唐墓（6—9 世纪）的两块甜瓜皮表明，吐鲁番地区栽培甜瓜至少已有一千五六百年的历史。”这段话流传很广，被许多书刊引用。但稍作查证，也存在不少疑点。在《新疆文物》2000 年第 3—4 期合刊所载《吐鲁番阿斯塔那古墓群发掘墓葬登记表》中，只有 73TAM211 斜坡墓道洞室墓的随葬器物中有瓜皮登录，其他不见。王炳华在其《新疆农业考古概述》[2]一文中说：“吐鲁番古墓内，见过甜瓜子、甜瓜皮，较之其他瓜果，发现数量不算多。”文后所附统计表内，73TAM504 却只有甜瓜子一项，未见甜瓜皮。对于广泛流传的吐鲁番古墓发现唐代甜瓜一事，我曾请教新疆博物馆的吴震及王博先生，他们都持怀疑、否定态度说，随葬物是人们将死者所需之物，带到‘阴世’去享用，有谁把瓜皮作为随葬品哩！《新疆甜瓜》一书中还提到：‘1959 年在巴楚县脱库孜沙来 A 庙内，挖掘出属南北朝（4—5 世纪）的十一粒不同形状的甜瓜籽壳。’现亦找不到考古资料加以核实，只有在1960 年 1 月 9 日的《新疆日报》上有篇语焉不详的报导。总的看来，汉唐时期新疆已有甜瓜之说，从考古资料看，有关论著引用的不少，但尚有待证实，而企盼文物部门正式发掘报告的发表。在历史文献方面，唐宋时的高昌回鹘文书（850—1250 年）曾有涉及甜瓜的内容，此在德冯·佳班的论著中已有述及。又，西瓜一般认为原产非洲，经埃及而入

〔1〕德著名学者冯·佳班在《高昌回鹘王国的生活》一书中称：“在 qabaq 和 qayun（甜瓜属）中有长形瓜和圆形瓜。”该书为吐鲁番市地方志编辑室出版印行，邹如山译。

〔2〕载《农业考古》1983 年第 1 期

印度,隋唐时传入天山以南地区,通过回纥、契丹后引进中原。故徐光启《农政全书》卷 27 称,西瓜'种出西域,故名。……'按五代合阳令胡峤,陷回纥归,得瓜种,以牛粪种之,结实如斗大,味甚甘美,名曰西瓜。"而《新五代史》卷 73 引胡峤《陷虏记》云:"契丹破回纥得此种,以牛粪覆棚而种,大如中国冬瓜而味甘。"[1]

4.5 古代西域常见的蔬菜

由于自然条件和传统的游牧生活的影响,西域居民多食果品而少食菜蔬。汉晋以来,中西交通频繁,移民剧增,入居吐鲁番盆地的汉人不断增多,按其生活需要,蔬菜栽培也逐渐兴盛。魏晋楼兰屯田,有令"加饶种菜,豫作冬储"[2],说明西域屯垦也推动着园圃业的发展。故上述十六国时期(317~420 年)吐鲁番出土文书中,已出现种植瓜菜的内容。而至 6 世纪中叶,该地除有大量果园外,蔬菜栽培亦具规模。如《高昌延昌二十六年(586)某人从□□崇边夏镇家菜园券》中载明,以银钱 5 文租取菜园经营。至唐代菜田面积则又显著扩展。高昌某乡《田亩簿》中,"常田菜三顷七十七"与葡萄园的面积几乎相等。还有下列出土文书亦皆与菜园有关,《高昌重光四年(623)孟阿养夏菜园券》、《唐大历三年(768)僧法英佃菜契》及《唐孙玄参租菜园契》等。[3] 后两件租佃契约地主皆为马寺。马寺为前庭县寺院,出租土地颇多,仅菜园就有三四处。法英佃菜园一区,面积较大,菜的种类也多,有韭菜、葱、瓜、芥菜等,还有准备冬藏的蔓菁。寺院也分享蔬菜,近与佃户平分:"其韭两畦,壹畦佃人收,余壹畦分为叁分,两分入寺家,一分□□","葱内所种芥,寺家取壹佰束","其园内所种瓜,每日与寺壹拾颗"。寺院所得菜蔬,可能为僧尼自食。在《唐孙玄参租菜园契》中,也

[1]参见张波:《西北农牧史》,陕西科技出版社 1989 年版,第 215 页。

[2]林梅村:《楼兰尼雅出土文书》,第 71 页。

[3]唐长孺主编,中国文物研究所、新疆维吾尔自治区博物馆、武汉大学历史系编纂:《吐鲁番出土文书》第 3 册,第 187、310 页;第 4 册,第 242 页;第 10 册,第 292、301 页。

是主佃两家分享园内蔬菜；从菜、瓜数量上看，亦不排除寺院销售的可能。马寺菜地多在前庭即高昌县城南一二里杜渠一带，入城销售方便，获利又巨，经营意识甚强的上座尼法慈等人是会做出这样选择的。马寺向官府呈报在杜渠有菜园1亩80步，计算其出租面积应不止此数。寺院的菜园多比民户大。《武周载初元年(690)西州高昌县宁和才等户手实》、《唐开元四年(716)西州柳中县高宁乡籍》[1]记载，当时西州民户菜园，多在1亩以下50步左右，只有康才宝“一段一亩一白(百)八十九步”。无疑菜地多是水土条件较好的常田。

据所见资料，西域蔬菜主要有葱、韭以及其他各类“杂菜”。

葱　葱属百合科，多年生草本植物。其种类很多，《齐民要术》称葱有胡葱、木葱、山葱、紫葱。古代新疆生产以胡葱为多。帕米尔高原、昆仑山一带，汉称葱岭，即与产葱有关。或云葱的原产地为阿尔泰山寒冷地带。在德冯·佳班著《高昌回鹘王国的生活》(850—1250年)中，曾介绍原产于西南亚的洋葱，时已于吐鲁番盆地出现。

韭　韭菜栽培历史悠久，是我国中原特产。《诗经》、《尔雅》早有记述，汉唐时期传至西域。韭菜作为当地居民普遍食用的菜蔬，在吐鲁番出土文书里屡有出现。《唐典高信贞申报供使人食料帐历牒》[2]记，某客馆供应饭菜，买菜用钱“杂菜叁分，韭菜贰拾分”。西州菜园生产，首推韭菜。

芥　十字花科，一二年生草本植物。原产我国中原地区。人们常食的叶用芥菜，俗称雪里蕻，在高昌菜园里多见。

蒜　胡蒜即大蒜，原产欧洲南部和西亚一带，西域早有栽培，汉晋时期传入中原。中国原产小蒜，胡蒜称大蒜。吐鲁番文书与高昌回鹘文书皆有记述。

蔓菁　亦称芜菁，原产我国及欧洲北部，汉晋西域已有栽培，尼雅

〔1〕唐长孺主编，中国文物研究所、新疆维吾尔自治区博物馆、武汉大学历史系编纂：《吐鲁番出土文书》第7册，第426页；〔日〕池田温：《中国古代籍帐研究·录文》(上)，龚泽铣译，第246页。

〔2〕唐长孺主编，中国文物研究所、新疆维吾尔自治区博物馆、武汉大学历史系编纂：《吐鲁番出土文书》第6册，第186页。

遗址发现过不少干蔓菁,唐代西州作为冬菜存储,其籽种市场有售。[1]

白菜 时名菘菜,或称青菜。原产我国,栽培历史已有数千年。至迟唐代在西域已有种植。唐末吐蕃人进占塔里木盆地,在小罗布(婼羌)一带开荒种菜,即以"圆饼、发面饼、青菜、腌菜"[2]供应士卒。

瓠瓜 俗称瓠子,属葫芦科,原产非洲及印度,我国亦广泛种植,食其青白色的嫩果。在吐鲁番阿斯塔那墓葬群中屡有发现。[3] 高昌国(460—640年)及唐西州时期,这是当地居民普遍食用的蔬菜。

萝卜 又名莱菔,一二年生草本植物,原产我国。《尔雅·释草》:"葖、芦葩"。《齐民要术》称之为芦菔。唐西州市场上出售萝卜子,供居民种植。萝卜适于沙土生长,一年四季均可收获。生萝卜含淀粉酶,助消化,子可入药。对其不同品种与种法,徐光启《农政全书》有详细叙述。

荠菜 十字花科,一二年生草本植物,性喜温和,耐寒力强,野生,也有人工栽培。吐鲁番出土文书中有食用的记载。[4] 荠嫩株作蔬菜,带花、果的全草入药,唐西州市场有售。

荏 亦称白苏,一年生草本植物,嫩叶可食,其籽在唐西州市场上有售,以供栽培。

芫荽 亦名胡荽,俗称香菜,伞形科,一二年生草本植物,原产地中海沿岸,西域早有栽培并传入中原。鄯善县汉代以前的洋海墓葬中,曾在一皮篓内,发现香菜籽种。[5]

汉唐西域蔬菜种类,有如上述。还有些蔬菜如菠菜,原产于地中海附近波斯等地,至迟在唐代传至中原,据常理推论,时西域也应有种植,但缺乏可供证实的资料,只能存疑。至于现在新疆居民普遍食用的胡

---

〔1〕见《天宝二年(743)交河郡市估案》,载〔日〕池田温:《中国古代籍帐研究》,龚泽铣译,第447页。

〔2〕王尧、陈践:《吐蕃简牍综录》,文物出版社1986年版,第66、73页。

〔3〕见《吐鲁番阿斯塔那古墓群发掘墓葬登记表》,载《新疆文物》2000年第3—4期合刊。

〔4〕唐长孺主编,中国文物研究所、新疆维吾尔自治区博物馆、武汉大学历史系编纂:《吐鲁番出土文书》第6册,第300页。

〔5〕新疆文物考古研究所等:《鄯善县洋海墓地发掘简报》,载《吐鲁番学研究》2004年第1期。

萝卜,系元代从西方传入并达中原。辣椒、西红柿、马铃薯等传入我国时间更晚,当在明清时期,已不在本篇的论述范围,此处从略。

丝路畅通,中西交往频繁,晋唐时期西域园艺水平显著提高,果蔬新品种不断涌现,园圃业由处于种植业的从属地位,发展成为新兴的产业,并以其广泛的辐射力和商品化的特点,推动着社会经济的发展。在吐鲁番出土文书中,屡屡出现的葡萄与各种果蔬有关的契券,引人瞩目,反映了当地园圃业以及酿造、加工业的盛况与唐代西州以及其他绿洲城镇商品经济的活跃。时社会上涌现出不少种植果蔬的专业户,如《唐侯菜园子等户佃田簿》里的“户主侯菜园子”[1],其真名则已被人忘却;同时也出现了发财致富的园圃经营者,在阿斯塔那出土文书中,屡见其名的左憧憙就是突出的一个。

---

[1]唐长孺主编,中国文物研究所、新疆维吾尔自治区博物馆、武汉大学历史系编纂:《吐鲁番出土文书》第4册,第239页。

5 西域佛寺经济的兴衰

寺院经济是在一定社会阶段出现的特殊的经济成分，它的发展，受社会条件两方面的制约：一为全社会的经济发展水平，二系宗教势力的发展状况。公元3—7世纪前后，是天山南部诸绿洲封建租佃制蓬勃发展的时期。此时塔里木盆地及其以东地带，佛教传入后，正迅速流传，臻于鼎盛；僧侣云集，寺院林立，佛寺经济以一种独特的形式出现，急遽膨胀，成为天山以南各地社会经济的重要组成部分。有关情况汉文史籍记述简略，或阙而不载。今3世纪前后流行于塔里木盆地南缘的佉卢文书和3—7世纪吐鲁番汉文文书的大量出土，乃使人们渐知其详。

2—3世纪佛教始传塔里木盆地后，佉卢文书对寺院经济情况已有反映，但对佛寺共有的常住财产尚无记述，僧徒的个人经济活动，或偶尔出现的僧团收支，则与俗人无异。3世纪左右是塔里木绿洲阶级分化、社会大变动的时期，在佛教僧侣中，也明显地表现出这种等级差异贫富悬殊的现象。正如恩格斯在《德国农民战争》中分析欧洲基督教时所指出的那样："在僧侣中间有两个极其不同的阶级。僧侣中的封建特权阶层形成贵族阶级。"塔里木盆地从佛教传入之始起，上层僧侣构成特权阶级，拥有土地和奴仆，养尊处优；而担负着沉重劳动任务的下层僧侣如沙弥、行者，形同奴仆，遭受着惨重的剥削与压迫：

> 僧人耽提伽(Ttiga)曾自僧人僧凯处领僧人婆多罗。彼将与婆多罗一起到达都城。为该僧婆多罗，耽提伽给奴隶色罗色达(Sraskha)一名为僧凯做活。彼等达成下列协议：该奴隶色罗色达不得留在屋内。彼应在僧凯处干活，直到耽提伽及婆多罗回来为

止。(506号)[1]

……该贰兄弟将能种1米里马10希籽种之土地卖给僧人僧伽菩地。摩尼吉耶及莫伽多得于阗alena粗地毯一条及谷物5米里马作为地价。价格共计为15。双方在此公平的条件下达成协议。今后,无论何人对此有异议,彼之翻案在皇廷均属无效。(549号)[2]

僧人菩达尼罗及其子菩度娑(Budhos)愿将misi地一块卖给僧人Kutajadaga菩达钵诃摩……(655号)[3]

上述这些僧侣拥有一定数量的土地,也有的进行土地买卖,他们生活安逸,有奴隶为其劳作。奴隶有的是百姓沦落者,有的就是下层僧侣——沙门或沙弥。如152号文书记载:"有一沙门,名曰法爱,现在沙津韦耶之庄园。当此位慧善抵达汝处时,应令慧善将该沙门拘捕,该沙门系夫人摩施迪格耶及牟特格耶之奴仆。彼之住所已出售给余。余等对所有这些均已决定。该沙门现已归汝所有。"[4]像这样没有独立人格只是主人附属物的奴仆,虽然也皈依佛门,但地位低下,难以改变自己贫贱的命运。他们不仅失去住房,自身也像一件物品那样,被人买卖。沦为奴隶的沙门,并非个别,106号文书中的僧伽陀摩(Samghadhama),虽曾为皇室服役,也还被人出卖。[5] 截然不同的是,上层僧侣在佛教势力急遽膨胀的过程中,愈益取得了尊贵的地位。凯度多(精绝)建有僧人会组织,有权有势的僧团长老,可以取代地方执政官,在僧侣或其子女发生交易行为订立契约时,主持作证,具有法律效力。

佉卢文书419号称,鄯善王Amkvage在位之28年11月13日,Sra-

〔1〕王广智译:《新疆出土佉卢文残卷译文集》,中国科学院新疆分院民族研究所1979年编印,第127页。

〔2〕王广智译:《新疆出土佉卢文残卷译文集》,中国科学院新疆分院民族研究所1979年编印,第141页。

〔3〕王广智译:《新疆出土佉卢文残卷译文集》,中国科学院新疆分院民族研究所1979年编印,第174页。

〔4〕林梅村:《沙海古卷》,第279页。

〔5〕林梅村:《沙海古卷》,第272页。

magna 阿塔莫之两子菩地逻等,出卖包括葡萄园在内的 5 块地时,卖地契约即在凯度多僧侣面前订立,主持并参与作证的有僧伽长老 Yipiy 诸人。僧人夷毕耶将土地出售给暴发户罗没索蹉,主持作证的亦同样为僧界人士(582 号)。长老主管寺院及僧界之一切活动。僧侣违背戒律,要受到刑杖,或处以罚款。"任何僧人不参加僧界之各种活动,将交付罚款丝绢一匹。任何被邀请参加 Posatha 仪式之僧人,身着俗服前来,应付绢一匹。任何僧人殴打另一僧人,轻者罚丝绢五匹,不轻不重者,罚丝绢十匹,重者罚丝绢十五匹。"[1]这说明僧侣拥有财产的相当普遍,并已得到承认。罚款既可作为处罚,则富有的财产越多,越可以为所欲为,不怕戒律的惩罚。这种价值观念在僧界深入人心,无疑对寺院经济之发展,是有力的激励。

由于当时佛教初传,在佉卢文书中尚未出现规模宏大的寺院,更没有提到寺院共有的常住财产。后秦弘始二年(400)法显西行,次年春抵达南道之佛教中心——于阗。当时这座丝绸之路上的名城,佛教流传正臻于鼎盛时期:人民尽皆奉法,家家门前都起小塔,僧徒多达数万人;国中大寺 14 所,法显寄宿的瞿摩帝寺有 3000 僧徒。据介绍说,四月一日开始行像活动,"瞿摩帝僧是大乘学,王所敬重,最先行像。离城三四里,作四轮像车,高三丈余,状如行殿,七宝庄校,悬缯幡盖,像立车中,二菩萨侍,作诸天侍从,皆金银雕莹,悬于虚空"[2]。城西七八里有王新寺,"作来八十年,经三王方成,可高二十五丈,雕文刻镂,金银覆上,众宝合成。塔后作佛堂,庄严妙好,梁柱、户扇、窗牖皆以金薄"[3]。建成这样规模宏大的佛寺、金碧辉煌的豪华建筑,必然要消耗大量的人力物力,有碍于社会经济的发展;而要养活成千上万的僧侣,在粮食生产上如何能承受如此巨大的负担?由于资料匮乏,虽然难以作出具体明确的回答,但蛛丝马迹,我们还是可以理解这种特殊的历史现象。

[1]林梅村:《沙海古卷》,第 272 页。
[2]杨建新:《古西行记选注》,第 33 页。
[3]杨建新:《古西行记选注》,第 33 页。

这些巨大佛寺的建立和日后的经济来源,于阗王室也就是政府官方,曾给予有力的支持和赞助。在藏文《于阗国史》中,几乎所有佛寺皆为历代于阗王所建造,《大唐西域记》称城南十余里之大伽蓝,即通称之赞摩寺,“此国先王为毗卢折那阿罗汉建也”。上述“作来八十年,经三王方成”之王新寺,即《大唐西域记》中的娑摩若伽蓝,亦为王室所建。于阗东境捍麽城南15里,有1大寺,僧众[1]余人,金像1躯,仪容超绝,有1丈6之高,深为人所敬拜,于阗王为供养该寺僧众“封四百户,供洒扫”。300此供洒扫之400户,实际上就是为寺院服务的相当于寺户的农奴,“供诸寺扫洒,岁兼营田输粟”[2]。他们为寺院的田产耕作,有的也可能在寺院从事杂务,相当于“家人”,即奴仆。僧众300余人的寺院,可得400寺户为其服劳役,于阗有14大寺,瞿摩帝寺有僧徒3000人,可以想见这些规模宏大的寺院,有多少田产、多少奴仆!而寺院隶属人口之多,也反映了农奴制生产方式之盛,说明于阗封建租佃制在5世纪初尚未得到充分发展。数以万计的人口消费,如果官方富室不作布施,寺院没有足够的田产,僧侣的生计都难以维持。于阗如此,“塔庙千所,僧尼万人”的龟兹也同样由捐废俗务、奉持斋戒的“国王大臣、士庶豪右”,“四事供养”着上万僧尼的生活消费。其次,这些位于丝路城镇上的佛寺,常为来往商旅提供食宿,救助困危,故亦经常得到商旅行人的施舍。《大唐西域记》中有段记载说,葱岭东冈四山之中,极其艰险,“昔有贾客,其徒万余,橐驼数千,赍货逐利,遭风遇雪,人畜俱丧。时朅盘陀国有大罗汉,遥观见之,悯其危厄,欲运神通,拯斯沦溺,适来至此,商人已丧。于是收诸珍宝,集其所有,构立馆舍,储积资财,买地邻国,鬻户边城,以赈往来,故今行人商侣,咸蒙周给”。在长途漫漫时有艰险的中西大道上,来往商旅和佛寺僧侣有着互相援助的密切关系,接受来往商贾的布施,曾是佛寺重要的财源之一。于阗东捍麽城南之佛寺,“后人于像边造丈六像者及诸宫塔乃至数千,悬綵幡

[1]范祥雍校注:《洛阳伽蓝记校注》,第265页。

[2]《魏书·释老志》。

盖亦有万计"[1]。这些来往于中西大道上络绎不绝的商旅,向寺院布施肯定不仅是"悬綵幡盖",还会有其他财物。详细情形如何,惜史无记述。所幸20世纪以来,在和田境内出土的各种契约文书,多少弥补了这方面的空白。特别是1908年英人斯坦因在和田城北180余公里的麻扎塔格发现的《唐于阗神山某寺支出簿》[2],相当丰富地提供了这方面的资料。这本账册残页记载了盛唐时期某年最后3个月和次年元月于阗某寺的日常开支,憾惜它没有收入项目,只能从中分析出寺院曾获得官方的资助,并拥有相当可观的田产收入。

这所坐落在于阗城郊的约有40人的小寺院,日常开支全部以铜钱支付。由于账页残缺不全,可见到的账面数字是:

从十月二十六日到十一月十三日:开支15700文

从十一月二十七日到十二月十五日:开支6470文

从十二月三十日到来年一月二十二日:开支6184文

在账面出现的60天内,共支出铜钱28354文。其具体支付情况见表5-1。

通过表5-1我们可以看出,在这60天的寺院支出中,饮食开支占第一位:12584文,占总支出的44.3%(4次设斋购买粟面1石7斗半共263文尚未计算在内)。就其主要食物来说,共买小麦5石,粟17石,油麻3石9斗1升,干葡萄3石3升,枣2石4斗5升,面2石。根据账册所载,岁节3日所用,主要为胡饼2石面脚(粟面),干葡萄1石3升,油麻1石5斗1升。以正常食量计算,寺院约有40人左右,在60天内,上述粮油果品肯定不够食用,估计其外庄田产,尚有粮食进供。从所购食品来看,寺院僧侣生活是相当清苦的,只是维持僧众基本的生活需求。只有甜浆一甕可算是奢侈品了。账页中第二项较多的开支,乃是与官府往来中的花费:6110文,占总支出的21.8%。这所寺院与

[1]范祥雍校注:《洛阳伽蓝记校注》,上海古籍出版社1958年版,第266页。

[2]这件文书原载[日]池田温:《中国古代籍帐研究·录文》,龚泽铣译,标题为《唐(开元九年?)于阗某寺支出簿》,现收录于陈国灿:《斯坦因所获吐鲁番文书研究》,第489页。其具体内容参见本书19:唐代于阗的社会经济研究。

表 5－1　唐开元年间于阗某寺支出账　　单位:文

支出项目	时间	用途	金额	合计
官府往来	十月廿六日	为行军设斋,买面、菜、估酒	400	6110
	十月二十九日	付子傔杨景升车钱	1120	
	十一月十三日	官科送王骠骑料	3910	
	十二月八日	为朱副使供斋买物	110	
	十二月十五日	为行军设斋	90	
	正月初四	为赵超亡父设斋	185	
	正月十四日	为看灯官员买食品	295	
工匠报酬	十月二十六日	皮裘手工价	150	2620
	十月二十九日	工匠酒钱	120	
	同上	助造官毡手工价	760	
	十一月十三日	付瓦匠	370	
	十一月二十九日	雇造官毡手工价	990	
	同上	缝皮裘手工价	150	
	十二月八日	付画匠	80	
为家人赋税	十月二十九日	为家人悉末止税付政声坊	1730	3480
	同上	为家人盆仁挽税付同坊	200	
	十一月二十九日	为勿悉满科税付安仁坊	200	
	十二月一日	为勿悉满科税付安仁坊	550	
	正月二十二日	为家人悉勿吉良科税	800	
日常杂用	十月二十六日	买胶 2 斤	300	1850
	十月二十九日	掏井估酒	120	
	十一月十三日	买纸壹帖	60	
	十一月二十七日	买毡箔	550	
	同上	给厨子买土布	520	
	十二月一日	买新巩 3 口	90	
	同上	买药灌马	210	

续表 5-1

支出项目	时间	用途	金额	合计
日常杂用	同上	买纸笔	120	755
	十二月八日	供斋买杂物及涝篱	165	
	十二月十五日	残缺	170	
	正月四日	买纸	100	
	正月十四日	买纸	100	
	正月二十二日	为桑宜洛买布	100	
饮食开支	十月二十九日	籴僧惠澄干葡萄2硕小麦5硕	2500	12584
	十一月一日	籴油麻2硕4斗	2160	
	同上	籴枣1硕2斗	520	
	十一月十三日	沽甜浆一甕价	1000	
	十一月二十九日	籴河粟12硕	1800	
	十二月三十日	众岁节三日用,食面2硕及酢等	705	
	同上	干葡萄1硕3升,豆、油麻1硕5斗1升	2484	
	正月二十二日	买面、酢众用	165	
	同上	籴粟5硕众用并枣1硕2斗5升	1250	
外庄农事	十一月一日	新庄掏渠沽酒	100	955
	十一月一日	西旧园掏渠沽酒	180	
	十一月二十七日	西庄营农买锅、沽酒	675	
合计				28354

官府特别是与汉族官员关系密切,从僧侣的名字看,他们也都系汉僧。他们以做法事为名,邀请当地头面人物聚会,当寺车钱就花了1120文。除常设斋为汉军政官员超度亡灵外,还要雇匠人擀毡,呈送官府,以为纳贡。而使人奇怪的是:“十一月十三日出钱参阡玖佰壹拾文,购彩帛贰拾叁疋(疋别一百七十文)。官科送王骠骑料,结衣舆一、并结孝车绞床等用。”这笔支出不是正常的赋税,而是这位王骠骑办丧事对该寺的科敛。不过从另外一项开支,即十二月一日“出钱贰佰壹拾文,付兽医合药灌疗王骠骑家施来患草马用”中,可知王骠骑家布施该寺的1

匹草马价值也相当可观。当时西州1匹中等草马值大练8匹,1匹中等大练值460文。也就是说王骠骑布施给该寺的马匹值3680文,和"官科送王骠骑料"的钱数差不多正好相抵。所以上述开支尚不能视为强行勒索,而是反映了彼此往来的密切关系。这座寺院的规模不大,依附人口也不算多,少数的几名"家人"即奴仆,寺院要代其向当地政府缴纳赋税。4名家人科税3480文,平均870文,相当于5石8斗粟价、2石9斗小麦价;多者1730文,少者仅有200文。不知何故税额相差如此悬殊。古代新疆地多人少,劳动力一向紧张,当地政府向寺院提出纳税的要求也是合乎情理的。据《大唐西域记》记载,于阗"伽蓝百有余所,僧徒五千余人"。大大小小的寺院必然有大量依附人口,而与地方政府发生利益上的冲突。政府为争夺劳动力,限制大量纳税人口的流失,采取这样的有力措施,应该说是很必要的、确当的。由于寺院内部依附人口受到限制,所以不少事务是临时雇佣社会上的工匠前来劳作,而以货币付给相应的劳务报酬,共2620文,占寺院支出第四位。两个多月这个项目共有7笔支出,每笔数字虽多少不等,都没有超过千文。这些被雇工匠,在人格上是独立的,有活则干,活完拿钱走人,来去自由,这正是商品经济发达的反映:

十月廿六日出钱壹佰伍拾文,付匠阎门捺。充缝皮裘手功价。

十月廿九日出钱柒佰陆拾文付求福充还先雇匠贵财助造官毡手功价。

十一月廿九日出钱玖佰玖拾文付匠刘阿师奴充还雇造官毡手功价。

该寺在日常杂用上,共花费2605文。寺院所需日用纸张、笔墨、酒浆、香、药,以至胶、布、涝篱等零星杂物,也多是向外购买,以铜钱支付。虽然这本账册缺乏收入部分,难以知悉其大量钱币的来源,但它和世俗社会关系密切,货币流通的范围广泛,反映了丝绸之路上的于阗,商品经济之发达。另外有一点应该说明的是,账面上所记寺院的现金开支,如购买粮、面等,并不一定都用现金至市场购买,粟、麦有可能是寺院田庄所产,而以现金折付转账。该寺有新庄、西庄及西旧园经营农业田产，由直岁僧幽润、善法、智寅分别负责管理，其生产效益账册上未有记载，肯定外庄会向寺院缴纳实物或货币。外庄系由百姓耕作，冬季也由他们掏渠，进行水利建设。百姓在唐律中相当于庶人亦即良人，而和杂户贱口有别，他们和敦煌寺院的寺户不同，不是依附于寺院的农奴，而是具有独立身份的自由民，所以掏渠时寺院还备酒招待，寺院对耕种其土地的百姓的剥削形式，必然是租佃制无疑。这3所外庄，西庄与新庄以粮食生产为主，西旧园则种植蔬菜瓜果之类。这所寺院及其田庄很可能坐落于距于阗城不远的两河（玉龙喀什河、喀拉喀什河）附近，地处冲积扇缘泉水溢出带，土壤肥沃，水资源丰富，农业生产的收益丰厚。除田庄外寺内可能有所菜园，所以有厨库园子（园丁）得满等掏井寒冻、沽酒慰劳的记载。寺院的"家人"虽系身份低贱的奴仆，但却未见参加重体力农田劳动，可能做些日常杂务。自然有的寺院"家人"还是参加农田劳动的。

该寺上述的内部情形，说明其组织结构和规章制度，完全与中原寺院相同。据《唐六典》、《旧唐书·职官志》载，唐僧尼属礼部之祠部郎中管属，每寺设3纲即上座1人、寺主1人、都维那1人统领众僧。管理财务或庄田的寺僧称直岁，典座僧则有看管库房财物的职权。所以该寺的每笔开支，直岁僧法空都要通过三纲会签才能施行。可见该寺财务管理制度比较严密，开支控制严格，有的费用须"状请"即打书面报告获得批准后，方能开支。除直岁僧法空专管财务外，也有的直岁僧即知庄则主管庄田事务，如负责新庄的幽润、负责西旧园的智寅，负责西庄的善法等，有关田庄果园的开销都由他们领取财物支出。寺院常住财物的存藏有专门的库房称外库，系典座僧惠光管理，十月廿九日买小麦5硕，"其麦纳外库"，即交惠光收存。另外寺院还拥有碾硙设备，账页最后一天的开支："出钱壹仟贰佰伍拾文，籴粟五硕（斗别壹拾伍文），其粟便付长者，回造供寺用。"长者可能是年长的行者，从事劳务的下层僧侣；回造即让其加工成面供寺僧众用。除属于寺院的常住财产外，僧徒也有自己的私产，如出售小麦、干葡萄的惠澄，其田产即相当可观。

于阗各地寺院林立，清规大体相同，但具体生活情景却各自有别，在丹丹乌里克发现的护国寺契约文书，曾有这样一件：

唐某年八月廿七日护国寺处分寺家人帖

护国寺□□□□外巡僧大䛒，克果□□多少等。右帖至，仰领前件家人，刈草叁日。留一人浇田，余人尽将去，不得妄作事故，违，必宜科决。八月廿七日帖。

都维那僧惠达，

上座僧惠缘

寺主僧惠云。[1]

这件文书明白地记载了护国寺的家人，像农奴一样被派至田野参加割草的情况。他们在严格监视下，不能自由行动，"妄作事故"，否则就要按法规惩罚。正如马克思所说："徭役劳动者为自己而做的劳动，和他为领主而做的强制劳动，在时间和空间上，都是明白地可以感知地区别着的。"[2]也就是这座护国寺，僧人虔英大放高利贷，盘剥百姓：

唐建中三年(782)七月健儿马令庄举钱契

建中三年七月十二日，健儿马令庄为急要钱用，交无得处，遂于护国寺僧虔英边举钱壹仟文。其钱每月头分生利佰文。如虔英自要钱用，即仰马令庄家利并还，如不得，一任虔英牵掣令庄家资牛畜，将充钱直，有剩不追，恐人无[信]，故立私契，两共平章，画指为记。

钱主

举钱人：马令庄，年廿

同取人：母，范二娘，年五十

同取人：妹，马二娘，年十二[3]

虔英不仅以高利贷盘剥小民，而且还以大批粮食出借。一件借据表明，他将 17 硕粮食一次借给霍昕悦。粮食究竟是他本人的，还是寺

〔1〕陈国灿：《斯坦因所获吐鲁番文书研究》，第 557 页。
〔2〕《资本论》第 3 卷，人民出版社 1975 年版，第 587 页。
〔3〕陈国灿：《斯坦因所获吐鲁番文书研究》，第 546 页。

院共有的常住财物,无法辨清。有契约表明,寺院的常住钱币,也同样是以高利贷形式出借的:

唐建中八年(787)四月苏某举钱契

□□□□家常住钱壹拾伍仟

□□□□计会,如违不还即任

□□□□建中八年四月二十日

□□□□

负钱人妻阿孙

负钱人男苏嘉放年廿

□人行官中郎廉奇[1]

护国寺僧虔英是惯于放高利贷进行聚敛的老手,护国寺所有的常住钱财多出贷生利。一次贷出15000文,在开元年间相当于100硕粟的价钱,数额之大,实足惊人。向护国寺僧侣借高利贷的,有原为士卒的农户、下级官吏、劳动妇女,他们如不能按时付出本利,一任牵掣"家资牛畜"。这些薄有资财的平民,为解燃眉之急,只能让高利贷者吮吸其膏血,跌入陷坑而不能自拔。高利贷在塔里木盆地诸绿洲城国的历史上,一直危害很大,其膨胀往往导致社会生产力的萎缩,经济的凋敝。正如马克思所说:"当高利贷者不能满足于只榨取他的牺牲者的剩余劳动,而渐次夺取他的劳动条件本身,例如土地、房屋的所有权……使这个生产方式变得穷乏,使各种生产力萎缩,而不是发展它们,同时还使这种悲惨的状态永久化。"[2]8世纪后,西域佛寺经济活动中高利贷时有出现,其利润收入为寺院的重要经济来源之一。残酷的盘剥有碍于社会经济的发展,其消极作用是显而易见的。不过,农村的个体小农当其借贷用途为购买农具、肥料、种子时,其在社会再生产中的积极作用,也还可适当评估。

从塔里木盆地南缘佛教发展的情况看来,于阗、鄯善诸地僧团势

---

〔1〕陈国灿:《斯坦因所获吐鲁番文书研究》,第548页。

〔2〕《资本论》第3卷,第698页。

力在社会上有一定地位,官建的规模宏大的佛寺较多,宗教界和当地政府的关系较为密切;而高昌即唐西州不同,民间小寺林立,迄未见有千人以上的大寺院出现,这些到处可见的十几人或几十人的中小寺院,其经济活动更着眼于精打细算,从事生产经营。近年大量的吐鲁番文书出土,为我们提供了一幅幅具体形象的历史画面:吐鲁番盆地在5世纪初的北凉时期,佛教亦开始兴起。高昌系强邻四逼、经常受到南下的游牧民族侵扰的弹丸小邦,长期政局动荡,外患频仍,这为佛教的善功福田思想的深入人心,造成了极有利的社会条件。王公贵族、地主富户为寻求心灵的寄托,多崇信佛教,以冀神灵护佑,长保富贵平安。因此,佛教传播至麴氏高昌时期臻于鼎盛,施舍田宅、助造佛寺者各地都有。《麴斌造寺碑》、《高昌主客长史阴尚□造寺碑》就是上述社会现实的写照,是佛寺大量田产、房屋来源的实物见证。[1] 麴斌是第六代高昌王麴宝茂的从兄弟,曾担任过新兴县令等重要职务,建昌元年(556)于新兴县城西建立1寺,同时施舍园田7处,里宅1区。高昌主客长史阴尚□亦同样捐出宅院1所建立了伽蓝。像这样施舍田宅建造佛寺之举,在高昌还大有人在。所以此地以姓或名字命名的佛寺非常之多,有阴寺、史寺、冯寺、康寺、周寺、郭寺、罗寺、李寺、赵寺、严寺以及张阿忠寺、赵孟季寺、王阿勒寺等90多所。这些寺院受檀越的布施,获得大量的田产财物。就寺院内部而言,与世俗社会一样,僧徒贫富有别、等级差异很大;上层僧侣作威作福,下层僧众生活艰难,处于贫困受欺压的可悲境地。在《北凉真兴某年道人德受辞》里,我们可以看到如上所述形象逼真的文字:

> □应甘心。然
> 受素自贫薄,岂可自活。为维[那]
> 所逼,无□
> (中缺)

---

〔1〕黄文弼先生在《吐鲁番考古记》中作此题名,亦有的学者改名为:《高昌新兴令麴斌芝造寺施入记》。原碑在1911年为吐鲁番三堡农民发现,后运到迪化,在将军署立碑亭保护,现不知下落,有拓本流传。《高昌主客长史阴尚□造寺碑》,为普鲁士探险队攫取,携至柏林。

□□□□□□□可当使

圣上获无穷之福。恩□之诚，事……[1]

这是僧徒德受的诉状，控诉当寺的维那欺逼。上有户曹张万的签署，官府如何处理，尚未见分晓。在另一份《高昌卯岁尼高参等二人赁舍券》里，则记载女尼高参等人，无处住宿，从索寺寺主赁舍各1间，除租金外，还接受苛刻的条件：余人“不得病死，若病死者，罚钱□□□”[2]。可见这些贫寡老弱女尼，处境亦异常凄苦。

麹氏高昌时期，“像庙星罗，僧榄云布”，在出土文书中所出现的大小佛寺近180座，若位于都城一带的寺院以60%计算，则高昌全境约有300余所寺院。此地民间小寺特多，大小佛寺平均每座以12人计，则僧尼亦有3600人左右，与高昌王麹文泰对玄奘法师所言“僧徒虽少，亦有数千”，正相吻合。贞观十四年(640)唐统一高昌时，该地有“户八千、口三万三千七百”，僧侣约占地区总人口的1/10强。各地星罗棋布的大小佛寺，特别是规模不大的民间小寺，从其经济活动的日常收支看来，它们和官方关系并不密切，接受布施亦多系零星衣物，作为封建地主经济的一部分，其主要收入靠经营土地与收取地租维持其日常简朴的生活。寺院剥削佃农的手段虽多严峻刻薄，但集约经营精细有方，对社会经济的发展亦有其积极的方面。现试以《高昌乙酉、丙戌岁某寺条列月用斛斗帐历》[3]为例，说明7世纪吐鲁番中小寺院经济状况的一斑。这所寺院规模较小，有僧6人，沙弥1人，使人及作人各2人，共11人。农忙时期雇工，以经营田产为主。有各类田地六七十亩，园田二三亩。全年收入粮食虽无账可查，从支出总数783.83斛看，不会低于此数，其支出情况，可见表5-2。

[1]唐长孺主编，中国文物研究所、新疆维吾尔自治区博物馆、武汉大学历史系编纂：《吐鲁番出土文书》第1册，第71页。

[2]唐长孺主编，中国文物研究所、新疆维吾尔自治区博物馆、武汉大学历史系编纂：《吐鲁番出土文书》第3册，第199页。

[3]唐长孺主编，中国文物研究所、新疆维吾尔自治区博物馆、武汉大学历史系编纂：《吐鲁番出土文书》第3册，第225、234页。参见吴震：《高昌寺院经济管窥》，载殷晴：《新疆经济开发史研究》(上册)，第43页。

表5-2　高昌某寺支用斛斗分类统计表　　单位:斛

费用 \ 品名 / 数额	麦	床粟	枣	合计	备注
本寺食用	144.855	238.8	12.50	396.55	
生产费用	71.2	57		128.2	
生活杂用	110.475	127.90	2.00	240.375	
佛事活动	4.10	15		19.10	
总计	330.63	438.7	14.50	783.83	

从表5-2我们可以看出该寺收入的粮食,以本寺食用为主。在支出的783.83斛粮食中,僧众及作人、使人、佣工共食用396.155斛,即占支出的50%。生活杂用计240.375斛,占30%强,其中作冬衣用去38斛麦,输租纳剂上税共享粮121.975斛,杂用及账页残缺用途不明(包括本寺食用粮)计80.40斛。从支出情况看,该寺僧众生活非常俭朴,除吃饭穿衣外,几乎没有别的花费。在每年青黄不接时,口粮都要扣减,以次年二月与上年十二月相比,僧食减麦0.18斛,三月与十一月相比减麦0.175斛,床粟减0.04斛,共减0.215斛。如果说有高消费的话,那就是一年中,曾以钱1文,买肉1次,以麦0.1斛买酪,仅此而已。而以粮食换取其他物品继续投入生产的却有128.2斛。其中仅买粪肥即有3次,破用粮食42.4斛,占支出总数的5.4%。至于用于佛事的费用却只有19.10斛,占总支出的22.4%。也就是说,这样一座小小的寺院,一年中以各种不同的形式,向社会提供的商品粮共计麦1352斛、床79.7斛、粟117.2斛,一共332.3斛。不少人认为寺院是只消费不生产的地方,僧侣过着寄生虫般的生活,看来并不完全符合事实。当然各地大小不同的寺院,生产消费情况也不能一概而论。这座有僧徒7人的小寺,占地约70亩,即1僧占地10亩。高昌约有3600名僧侣,则寺院田产总计约36000亩。据《通典》记载,西州时期约42000人"垦田九百顷",人均耕地2亩左右,寺院僧侣人口约占总人口

的12.5%，而寺田约占高昌耕地的40%，由此可见寺院经济在高昌社会经济中的重要地位。当时高昌佛寺僧众特别是下层僧侣，除在寺院中兼作杂务并部分参加农田劳动外，有时也承租寺院田产佃种，如马寺就有两件文书说明这种情况：

唐大历三年(768)僧法英佃菜园契

马寺园一区(下残)

大历三年十月廿四日僧法□

取上件园佃种，其园限叁年佃种。每年租价准麦

壹亩贰硕伍斗，粟叁硕。其麦粟□至时熟，仰□

英依数送纳；其田税仰佃人自知。园内起三月□□

送多少菜，至十五日已后并生菜供壹拾束，束壹□。

如修理墙壁不如法，送菜阙少，不在□斛

斗并须依□送付。如违限，任掣夺衣资杂物，平充

斛斗直，并□别人。仍限叁年佃种。如修理□疏(蔬)如法，

斛斗不阙，徒众不得中途改悔。其韭两畦，壹畦佃

人收，余壹畦分为叁分，两分入寺家，一分□□。其韭至八月

一日更不得侵损，其冬藏蔓□北壁壹畦入寺

家。如收菜之时，有不如法，仰佃人□菜充替。其有

官科税诸杂，一仰佃人知当，不忓(干)寺□事，仍下葱子壹斗

其子寺家出陆胜，佃人出肆胜，人功仰佃人，□□葱内所种芥，

寺家取壹佰束。契有两本，各执一本，其园内所种瓜，每日与寺

壹拾颗。两家平和，画指为记。地主

地主

地主马寺尼净信年四十

地主尼上坐法慈年卅四[1]

---

〔1〕唐长孺主编，中国文物研究所、新疆维吾尔自治区博物馆、武汉大学历史系编纂：《吐鲁番出土文书》第10册，第292页。

唐大历四年(769)后马寺请常住田改租别人状

马寺　状上

当寺常住分地一亩半在高宁城

右件地大历四年租与高宁城

左寺僧□□佃,其地子麦粟

并征[不]□,今改[租]与别人□□

[　　]不听改[　　]

(后缺)[1]

马寺拥有的土地分散各处,据《唐大历六年(771)某寺田园出租及租粮破用账》所记,该寺呈报"管常部田总陆拾亩陆拾步",其中有"壹拾捌亩陆拾步出租"[2]。其质量上乘的常住田多为菜园,僧法英租菜园佃种,每年每亩租价麦2石5斗、粟3石,"官科税诸杂,一仰佃人知当",当寺一概不管,这与一般租佃契约"赀租百役仰园主"有所不同。在敦煌吐鲁番文书中,佃农自寺院领种田地后,一般都由寺院供给籽种,而马寺"下葱子壹斗,其子寺家出陆胜,佃人出肆胜,人功仰佃人"。当寺生产经营确系精打细算,但这也包含着悭吝的寺主,如何惨重地盘剥佃户,使自己获得更大收益。经营菜田比种粮食经济效益要好,所以马寺分散各处的菜园颇多,仅相似的租地契约还有3件,别的小寺也同样如此,常经营园艺生产:

高昌重光四年(623)孟阿养夏菜园券

[重][光][四]年癸未岁正月十八日孟阿养从[赵]□

主法嵩边夏武成(城)渠菜垣(园)卅步,要迳(经)伍年。未□

中无夏价,次四年中,年与夏价银钱贰文。□

养夏葱,次夏韭,合二〇禾(乘)。菜垣(园)中役使,渠□

---

〔1〕唐长孺主编,中国文物研究所、新疆维吾尔自治区博物馆、武汉大学历史系编纂:《吐鲁番出土文书》第10册,第295页。

〔2〕唐长孺主编,中国文物研究所、新疆维吾尔自治区博物馆、武汉大学历史系编纂:《吐鲁番出土文书》第10册,第296页。

水谜，仰阿养了。二主和同立券，券成之后，各不得返悔，悔者壹罚二入不悔者。民有私要□

（后缺）[1]

所见高昌时期的出土文书中，仅此1件园田中役使要佃户负担，寺田出租条件比较苛刻，看来是普遍现象。寺院除多菜地外，种植葡萄亦较常见。上述《帐历》所载某寺尽管僧徒生活艰难，还为葡萄园投入了相当多的人工、肥料。在高昌大小寺院都有数量不等的田产，或自佃、或出租，这是寺院经济收入最主要最稳定的部分，其他副业生产如经营手工作坊，文书中也时有所见——生产织物及其制品的叠坊，制造农具或牛具、马具的匠户或家庭作坊。在阿斯塔那151号墓出土的《高昌作头张庆佑等偷丁谷寺物平钱账》中，对此都有记述。敦煌寺院具有碾硙设备进行粮食加工的非常普遍，这是人们日常生活的基本设施。古代新疆的寺院也同样如此。麻扎塔格出土的于阗某寺支用历中，在正月二十二日后有这样一笔开支，出钱籴粟5硕后，"其粟便付长者，回造供寺用"。所谓回造便是指原粮通过碾硙进行加工食用。和田绿洲由于自然条件关系，一贯水硙较多，这种加工粮食的磨坊，也可成为寺院获利的重要生产设备。

在育蚕缫丝发达的麴氏高昌时期，寺院也以此作为重要的副业生产：

高昌年次未详(6世纪后期或7世纪前期)田地城僧尼入绵历

九十六斤四两

田地僧绵　绵一斤、十月十六日、宣恭师入绵卅九斤半。十一月三日、宣恭师入次绵一斤。十一月廿二日，尼法华入次绵五十二斤半。次绵一斤半，次绵十二两、十二月五日、宣恭师入……[2]

这是当时田地城僧尼养蚕缫丝上交丝绵的记录，从记录的数量

[1]唐长孺主编，中国文物研究所、新疆维吾尔自治区博物馆、武汉大学历史系编纂：《吐鲁番出土文书》第3册，第310页。

[2][日]池田温：《中国古代籍帐研究》(上)，龚泽铣译，第311页。

看，在宣恭师、尼法华的背后，还有众多的僧尼参加了这项生产活动。

古代新疆寺院经济以经营农业为基础，以田产为其主要的收入来源，辅之以手工业及其他副业生产。有时农牧结合，牧业生产也占有重要位置。兹以公元7世纪高昌的张寺为例，说明当时寺院的农业生产，在精耕细作的过程中，同时发展牧业，走农牧结合的有效途径：

高昌延寿元年(624)张寺主明真雇人放羊券

□□□年甲申岁九月十日张寺主明真师从严□

□羊壹佰伍拾口，从九月十日至到腊月十五日与雇价床□□

□伍斛，壹日与放羊儿壹分饼与糜贰斗。雇价十月上半□□

上使毕。羊不得出寺阶门，若出寺阶门住，壹罚贰入张寺□。

冬至日，腊日，真罢放羊儿，仰张寺主边得价食。二主和同立□

□

□之后，各不得返悔，悔者一罚二□□□□□□□私要□□□

□

□□□名为信。

倩书□

时□ [1]

高昌延寿元年(624)张寺主赁羊尿粪刺薪券

□□□□□申岁闰七月竟日，张寺主□

□□□真回二边赁羊尿粪，要八月九月赁□

□□壹车，刺薪五车，要到舍。与严粟柒斛□斗。

三主和同立券，券成之后，各不得返悔，

□者壹罚二入不悔者。民有私要，要行二主，

□自署名为信。

倩书　　法岳师

[1]唐长孺主编，中国文物研究所、新疆维吾尔自治区博物馆、武汉大学历史系编纂：《吐鲁番出土文书》第3册，第207页。

时见　　德取师[1]

结合这两件文书我们可以看出,张寺主雇人放羊,放羊儿的身份是季节性的雇工,与张寺并无人身的依附关系。张寺的羊群可能在天气暖和时,放在草地牧养,冬天赶回寺内圈养。张寺不属有名的大寺,但院内能放150只羊,面积亦不会太小。把羊养在院内,不得出寺阶门,可能怕羊丢失;若与上件结合考察,则可能与积肥有关。斯时高昌农业生产因地少人多,精耕细作,必须有足够的粪肥,所以张寺主明真不惜以粮食换取羊粪尿及沤绿肥的刺薪,在自佃田亩上使用。仅此还嫌不够,圈养羊群也可积大批肥料,农牧结合,固属绿洲农业重要的发展途径。寺院除养羊外,还多有牛、驴,以为农业生产和运输服务。所以在《高昌乙酉、丙戌岁某寺条列月用斛斗帐历》中,当寺除四、九两月外,每月以麦1斛5斗或2斛作牛酢(以麦磨碎作为精饲料)用,并有买"驴调索两具"的记载。寺院养牛、驴比较普遍,除当寺外,像规模甚小的马寺也于唐上元二年(761)以现金在西州市场上买5岁黑犍牛1头喂养。至于饲养条件较高的马匹,据测算在高昌全境约300余所寺院中,有1/4寺院有马,马匹不仅可用于生产、运输,且与国防军事有关,所以当地政府有专门的统计资料:

柳中县为申

七级寺:十六匹。

一匹白草十八岁(柳中县大印);

一匹紫玉面草二岁,一匹;

一匹乌草二岁　　一匹赤;

一匹乌草二岁　　一匹者。

西塔寺:七匹。

一匹白草六岁　　一匹□……

一匹草乌九岁,　　一匹……

[1]唐长孺主编,中国文物研究所、新疆维吾尔自治区博物馆、武汉大学历史系编纂:《吐鲁番出土文书》第3册,第205页。

一匹□□□岁[1]

柳中县诸寺马匹多为草马，在于阗寺院中出现的亦系草马，并且有病。《唐于阗神山某寺支用历》载：十二月一日"出钱贰佰壹拾文付兽医合药灌疗王骠骑家施来患草马用"，看来寺院马匹或为军中淘汰而来。此亦可见，时当地马匹珍贵，优先保证军用。自汉代丝绸之路畅通后，佛教传入天山以南各地。公元3世纪后伴随佛寺兴建而萌发的寺院经济，以其独特的形式出现于绿洲大地，这是丝绸之路商贸兴盛经济文化交流的产物，所以不可避免地有着商品经济的烙印。此在唐代寺院尤为明显。于阗麻扎塔格发现的某寺支用历，所有支出均以货币作为支付手段，说明当地商品交换的频繁，货币经济的活跃。寺院并不是孤立于世俗社会经济以外的封闭体，它的许多日用杂物、饮食酒浆均系在于阗市场内购得。在这种社会氛围下，该寺的生产、生活方式，明显地受到商品经济影响。外庄的田产，系由具有独立人格的百姓耕种，寺内日常生活必需品除在市场购买外，加工制作往往临时雇佣工匠，付给工价。依附寺院的人口有限，公元4—5世纪曾经存在的相当农奴的净人、家人、作人，至唐代已逐渐减少，这对摆脱奴隶制不久的塔里木绿洲城镇来说，不能不视为巨大的进步。

自然，佛教寺院从其伊始，随着僧侣地位的不同，即出现了享有特权的上层僧侣，前期称为长老，唐代前后则和中原一样，根据职权的不同称之为都维那僧、寺主僧、上座僧，间或有典座僧、直岁僧，亦属于这一范围。他们和世俗社会中的官僚地主阶级一样，养尊处优，有权有势。至于豪华的寺院建筑、辉煌的金身佛像，"其诸费用，不可胜记"，确曾浪费过无数的劳动人民血汗，给社会财富的积累、当地经济的发展带来巨大的损耗。而受奴役的下层僧侣，如沙弥、行者之类，则不仅要参加各项劳动，还要受尽清规戒律的束缚。至于有些寺户、家人、作

---

[1]H. Maspero：*Les Documents Chinois De La A Troisieme Expedition De Sir Aurel Stein en Asie Centrale*（《斯坦因第三次中亚探险所获汉文文书》）. No. 311. 1953. 见谢和耐：《中国五至十世纪的寺院经济》，甘肃人民出版社1987年版，第155页。又陈国灿《斯坦因所获吐鲁番文书研究》第393页亦收录此件文书，并题为《唐西州柳中县为申当县诸寺马匹牒》。

人、使人等等，作为变相的农奴，更处于被压迫受奴役的地位，没有人身自由可言。当然，从另一方面看，寺院作为一个经济实体，应该承认其管理是井然有序、颇富成效的。僧众的日常消费极其简单俭朴，财务开支有着严格的审批手续，特别是为数众多的中小寺院，生产精打细算，实行集约化经营，发挥其规模优势，生产效率远远超过个体农户。在公元6—7世纪前后高昌、于阗诸地，以封建租佃制为主的寺院经济结构，主要依靠田产维持其存在发展，抑或有官绅、富商的布施增加其收益。从本质上说，这种对寺院的奉献是世俗地主阶级将地租的一部分转让给寺院的表现。当社会正常发展的兴盛时期，高利贷收入在寺院经济活动中罕见，但到公元8世纪特别是755年安史之乱以后，绿洲经济停滞之际，它却成为寺院的重要收入，在一定程度上成为导致社会生产萎缩的重要因素，也是佛寺经济走向衰败的征兆。总的看来，寺院经济是封建地主经济的一部分，在佛教盛行的古代西域，由于它迅速地膨胀，在原先互相支持的基础上，与世俗的封建政权，也存在着一定的矛盾，有时甚至很尖锐，所以中原的封建朝廷时有灭佛之议。在西域绿洲城国的历史上，也隐约可见这种斗争的痕迹。据藏文《于阗国史》载，在释迦牟尼身后1500年，于阗王不信佛法，迫害僧侣，出现过一次"灭佛"的危机，包括寺院经济在内的佛教势力遭到沉重的打击。在上述某寺支出历中，于阗地方政府对佛寺的"家人"课以沉重的赋税，也是世俗政权对寺院经济施以严格控制的反映。唐宝应元年(762)伊、西、庭节度使杨志烈与吐蕃势力进行殊死斗争，为扩大赋税人口及征集兵员的需要，颁布了寺院依附人口放良的榜文：

唐宝应元年(762年)五月节度使衙榜西州文

使衙　　榜西州：

诸寺观应割附充百姓等

右件人等久在寺观驱驰，矜其勤劳日久，遂与僧道商度，并放从良，充此百姓。割隶之日，一房尽来，不能有愧于僧徒。更乃无厌至甚，近日假讬，妄有追呼。若信此流，扰乱颇甚。今日以后，更[有]此色者，当便决然。仍仰所由分明晓喻，无使踵前。榜西州及西海县。

以前件状如前

建午　　月四日

使御史中丞杨志烈[1]

西州寺院隶属人口的放良,一方面使残余的农奴制的经营方式进一步衰微,使之被封建租佃制所取代,另一方面也使寺院经济遭到沉重打击而渐趋没落。

[1]唐长孺主编,中国文物研究所、新疆维吾尔自治区博物馆、武汉大学历史系编纂:《吐鲁番出土文书》第9册,第126页。

6 汉唐时期西域屯垦与吐鲁番盆地的开发

西汉王朝为解决西域军食及过往汉使的需要，于武帝太初四年(前101)后，在轮台(今新疆轮台附近)、渠犁(今库尔勒一带)各派遣士卒数百名，屯田积谷，置使者校尉领护。昭帝时期(前86至前74年)，朝廷采纳了桑弘羊提出的扩大轮台屯田的建议。经过不断扩展，至地节二年(前68)，除其他地方零星垦殖外，渠犁田卒已增至1500余人。神爵三年(前59)，西域都护府建立后，屯垦重心由渠犁转移至车师前部，即今吐鲁番地区。

位于吐鲁番盆地的车师，由于其独特的地理位置和自然条件，在汉与匈奴争夺西域并最终取得胜利的过程中，曾处于关键性的位置。太初四年汉征大宛后，实际上它已成为汉与匈奴在西域斗争的焦点。在不断的拉锯战中，征和四年(前89)汉遣大军至天山一带讨伐匈奴，另派匈奴降将开陵侯成娩率楼兰、尉犁、危须等6国兵击车师，车师乃归属汉。这次征战汉与楼兰等国竭尽全力，汉武帝后来在诏书中承认，围击车师虽然取得胜利，但由于缺乏军食，汉与西域诸国都付出了极大的代价。军食供应，成为当时汉经营西域成败的关键问题。

> 前开陵侯击车师时，危须、尉犁、楼兰等6国子弟在京师者皆先归，发畜食迎汉军，又自发兵，凡数万人，王各自将，共围车师，降其王。诸国兵便罢，力不能复至道上食汉军。汉军破城，食至多，然士自载不足以竟师，强者尽食畜产，羸者道死数千人。[1]

在强大的军事压力下，车师王虽然降汉，但汉军在此并未站稳脚跟。昭帝即位后，“匈奴复使四千骑田车师”。游牧民族以其骑兵进行

〔1〕《汉书·西域传》。

屯垦,在新疆历史上是史无前例之举,很明显,此系仿效汉人屯田所为。这是双方接触过程中,经济文化交流的特殊体现;同时也说明,车师地扼天山南北孔道,又当中西交通要冲,战略地位重要,土地肥美,为双方所必争。所以当汉宣帝本始元年(前73)遣五大将分击匈奴、屯田于车师的匈奴骑兵惊走后,汉廷即令在渠犁主持屯田的郑吉进兵交河城,发展垦殖,"益积谷以安西国"。吉使吏卒300人别田车师,但因力薄难支而撤兵返回。在汉宣帝拒绝了增兵西域的要求后,"尽徙车师国民令居渠犁",以郑吉为卫司马,使护鄯善以西南道,实际上汉廷暂时放弃了对车师的争夺。意想不到的是,这时匈奴内争,活动于西边一带的日逐王降汉,才使形势发生了根本性转折。匈奴在塔里木盆地的统治势力瓦解,"僮仆都尉由此罢,匈奴益弱,不得近西域"。汉朝长期争取的把西域屯垦重点从渠犁转移到车师的计划,终成现实。

6.1 都护府建立后屯垦基地的东移

神爵三年,汉西域都护府于乌垒城建立。按《汉书·西域传》所载,其第一件大事,就是将屯田重心作战略性地转移。

"于是徙屯田,田于北胥鞬[1],披莎车之地,屯田校尉始属都护……至元帝,复置戊己校尉,屯田车师前王庭。"理清历史发展的线索和汉朝政策措施的连贯性,这段文字本来很容易解释,北胥鞬、比胥鞬或比胥犍、比胥楗,皆系当地民族语言同音之不同译法,非如颜师古所注,北为方位词,胥鞬系地名。但由于传文曰:"田于北胥鞬,披莎车之地",顿使人们难以捉摸,仁智各见,以致今日这个新辟的屯垦区在哪里,仍是众说纷纭,多称西域屯田扩大到从莎车划分出来的北胥鞬,乃因都护府建立后,丝路南道显得护卫薄弱所致。上述对西域形势的分析,显然与实际情况有别。从公元前1世纪以来,汉与匈奴斗争的重点,是对北道特别是对车师的争夺。从汉武帝天汉二年(前99)开始的

〔1〕按:《通典》称比胥鞬,近年出土的悬泉汉简,亦称比胥犍或比胥楗。

五争车师,为的就是实现汉廷决策:“田渠犁及车师,益积谷以安西国”,也就是除渠犁外,在车师再开辟一个新的屯垦基地,以足食足兵,安定西域形势。汉西域都护府建立后,“匈奴益弱,不得近西域”。远离匈奴的南道莎车,根本不存在需要加强护卫的问题,说此举便于安抚诸国、督察边外,也与地理位置不合。审时度势,莎车不可能成为新开辟的屯垦区,而遍检汉代史籍,也无任何具体史料说明它曾成为具有规模的屯垦区域。基于上述,所以清代学者徐松提出“莎车为车师之讹”的说法后,为不少人所赞同。不过出现的问题是,沿袭岑仲勉先生的主张,释北胥鞬为别失八里者,颇不乏人。“徙屯田于北胥鞬者,即徙屯田于车师后王庭一带。”[1]在载于《中国历史地理论丛》1994年第4辑的《别失八里名称源于北胥鞬考》一文中说:“实际北胥鞬一名,显然是‘bes kent’的音译,‘bes’系突厥语‘五’,‘kent’系‘城’,合而言之即‘五城’之意。这里把‘bes’译成‘北胥’,把‘kent’译成‘鞬’,这与‘bes kent’的音相符,足见在西汉时于东部天山北麓,已有‘五城’之名。‘八里’即古回鹘语‘城’意。在西汉时的五城名称‘北胥鞬’是译突厥语音而得。”屯垦北胥鞬是公元前1世纪西汉事,如果说这个地名和车师语有关尚合情理。不过车师人究竟操怎样的语言,现在尚不清楚。而突厥兴起于6世纪,作为突厥语的别失八里(Bishbalik,意为五城)据现所知,和西汉北胥鞬并无任何关系。五城之名早先出现于唐代,《旧唐书·地理志》:“北庭都护府·金满”条云:“后汉车师后王庭,胡故庭有五城,俗号‘五城之地’。”有的学者认为,它的出现还要晚于唐代:“‘别失八里’一称,实际应起源于公元840年回鹘西迁北庭之时,或其后不久。而在此之前,所谓的‘五城’与‘别失八里’则仅仅是在字义上相同,是一种偶然的巧合而已。”[2]因此没有任何根据可说“别失八里”这一名称在西汉即已出现。时车师后王庭位于务涂谷,据考古工作者实地考察,它应在“今天山达坂北面的山谷口即头道桥、二

[1]岑仲勉:《汉书西域传地里校释》(下册),中华书局1981年版,第337页。

[2]孟凡人:《北庭史地研究》,新疆人民出版社1985年版,第188页。

道桥一带”。[1] 这里是水草丰盛的山谷地带,宜于畜牧,而不适于垦殖。车师后国适于农耕的屯垦区,东汉时才出现,称金满城(唐代以后称别失八里,今吉木萨尔北),耿恭曾率兵于此屯垦。金满城这一名称显然与北(比)胥鞬也无任何相似之处。审度情势,新建立的汉西域都护府,当时也不可能舍近求远,放弃与匈奴长期争夺的车师前国的肥美之地,从有限的田卒中,再抽调人力,翻山越岭到相距500里的车师后国去开辟垦区。

根据上述,北(比)胥鞬还应在车师前部即吐鲁番盆地范围之内。与之相似的地名,钱伯泉先生根据语音提出的白棘城,确还可作考虑对象。他认为:“‘白棘’当是‘北胥鞬’的异译。”[2]北魏时的白棘,北凉时称“白芳”,即“白芨”,沿用至唐,则称蒲昌。宋为宝庄,明为必残,清为辟展,直至光绪二十九年(1903)改为鄯善县,沿用至今。从白棘以至辟展,和北(比)胥鞬确系一音之转。虽然解决历史地名问题时,用音变的方法不能作为唯一坚实的依据,从当时西域屯垦发展的动向分析,北(比)胥鞬在吐鲁番盆地东部无疑是符合历史实际的。从地节二年(前68)汉遣郑吉、司马熹在准备并不充分的情况下,“发城郭诸国兵”[3],竭尽全力攻打车师,可以看出汉廷急于把渠犁屯田向车师发展。车师请降后,郑吉分渠犁屯田卒300人屯田车师前王庭。元康二年(前64)匈奴进攻汉在车师田卒,为保护新垦区,郑吉尽将渠犁屯田士卒1500人前往营救,终因力薄,未能如愿。西域都护府建立后,汉如愿以偿,取得车师,扩大屯田规模,系必然之举。吐鲁番绿洲东自鄯善,西至托克逊,大部分系山麓倾斜平原,由于火焰山阻挡了由戈壁砾石带下渗的地下水,形成潜水溢出带,引水灌溉方便。从交河至柳中东西约70公里,是绿洲的主要地带,土壤质地好,热量资源丰富,“厥土良沃,谷麦一岁再熟”,是适于农垦的理想之地。郑吉等人在筹建新垦区时,必不会局限于交河城一隅,理所当然地东移至高昌一带自然条件

[1]陈戈:《别失八里名义考实》,载《新疆社会科学》1986年第1期。
[2]钱伯泉:《北胥鞬考》,载《新疆社会科学》1985年第2期。
[3]《汉书·西域传》。

优越之地。而与西汉名将周亚夫之细柳营有关的柳中这一地名的出现,也是历史的必然。《史记》卷57《绛侯周勃世家》称:“文帝之后六年,匈奴大入边……以河内守亚夫为将军,军细柳营,以备胡。”时细柳营军吏士以披坚执锐、号令严明,著称于世。柳中即细柳也,这在《史记》、《汉书》中皆有释意。《史记·樊哙列传》注7索隐按:柳中即细柳地,在长安西也;《汉书·樊哙传》注:“师古曰:‘柳中即细柳地也,在长安西。”汉代人以细柳(柳中)称名为时尚光荣,专记秦汉都城建设的历史地理名著《三辅黄图》里,细柳之名屡有记载。按,西域柳中之名的出现,很可能在西汉,而著称于东汉,当为对在吐鲁番绿洲东部从事屯垦的汉军军营的美称,而后引申为地名,沿用于汉唐。这也有力地证明了这一带地方是当时汉军驻扎的屯垦区域。加之下列两种因素,更会促进这种选择和决策:

(1)汉朝对西域各绿洲城国施行的是羁縻政策,承认并维护其原有的统治权益,汉军垦区绝不会设在车师前王城一带。为了互不干扰,两方面必然划分地界,明确垦区范围,并建立与车师前国有别的管理系统。元始年间(公元1—5年),戊己校尉徐普欲开新道,“避白龙堆之厄”,还要和车师后王姑句“分明其界”,也就是分清地界,说明汉军在车师境内,开辟垦区进行屯田,划分地界,“披莎车之地”,也就成为必不可少的行政步骤了。

(2)汉军屯垦必然尽可能地寻求、选择与中原交通联系比较方便之地。上述“新道”(五船道,唐称大海道),恰好在这个新兴的垦区之内。

把“披莎车之地”改正为“披车师之地”后,有关问题确可作出合理解释。或认为,《汉书》上的白纸黑字,不能轻易改动,那么,“披莎车之地”亦非指南道上的莎车国。在吐鲁番出土文书里,莎车还可写为沙车。《中国古代籍帐研究》中有件《高昌年次未详(6世纪后期?)高昌县孝敬里赀簿》,其中包括3个断卷。赀同资,赀簿系当时人们按拥有土地的多寡、质量进行登记的资产簿。这批残卷出土于吐鲁番胜金口等地,经朱雷先生考订为北凉承平年间(443—460)高昌郡高昌县赀簿

残卷,其中沙车二字常见。现将与本文有关的部分内容节录如下:

北凉承平年间(443—460)高昌郡高昌县赀簿

□预等户赀簿

[一]

(前缺)

蕟(苜)宿(蓿)四亩空地一亩半

赀合二百廿八斛五□……

预蒲陶十亩半破三亩半

桑八亩半常田十六亩

无他田五亩

田地桑一亩空地二亩入田地

得冯善爱蒲陶二亩常

桑一亩半入张业奴

田地桑一亩半枣一亩半空……

得贯得奴田地卤田三亩半

田地沙车田五亩……

赀合二百五十七斛……

[二]

冯照蒲陶二亩半桑二亩

常田十亩半

无他田十五亩……

田地枯枣五亩破为石田亩二斛

兴蒲陶二亩半桑二亩

常田十八亩半无他田七亩

泮桑二亩半

得张阿兴蒲陶二亩半

得阚衍常田七亩

得韩千哉田地沙车田五亩

得张绪无他田四亩半(瓜)二亩半

赀合二百五十七斛……

[三]

(前缺)

次常

得范周

得画猗奴

田地沙车田……

赀合二百卅三斛五斗……[1]

高昌、柳中土地,汉时为屯田士卒所开发,星移斗转,300 年风雨沧桑,这时多已转化为私有田地,进行多种经营。赀簿登记居民田地,以便征收赋税,故写明常田、卤田、沙车田、无他田、石田以及桑田、瓜田、葡萄田、枯枣田等。常田质量最好,1 岁可种两造,故计赀亦高,1 亩 3 斛。卤田即盐碱地,产量低,每亩计赀 2 斛。在《赀簿》里写明为田地的柳中一带的田地县,因地近库木塔格沙漠,每每出现沙车田,如朱雷先生在《考释》中所云:"田地县东南为大沙碛,唐之大沙海即是,可能这类田即是沙碛边沿地带开发出的。"魏晋南北朝时期,田地县汉人称此地近大漠受流沙影响之田为沙车田,或汉代即已有此名称。沙与莎音同形似,在悬泉汉简里二字通用,莎车使者,即写为沙车使者[2]。辗转相传,《汉书》上将沙车之地写为"莎车之地"亦有可能。虽一时难做定论,但不失为一条线索可供考虑。

6.2 戊己校尉和西域屯垦

汉西域屯垦的重点逐步由渠犁向车师转移后,元帝初元元年(前 48),汉廷为加强对西域屯垦事业的领导与所属武装力量的统一调度指挥,在原屯田校尉即悬泉汉简所记比胥楗校尉的基础上,设戊己校尉。自此,车师成为西域的屯垦中心,戊己校尉为这支劳武结合的屯垦

[1]朱雷:《吐鲁番出土北凉赀簿考释》,载沙知、孔祥星:《敦煌吐鲁番文书研究》,第 8 页。

[2]荣新江等:《中外关系史:新史料与新问题》,科学出版社 2004 年版,第 131 页。

部队的最高长官,秩比二千石,与西域都护同,自然其职权的行使须受都护节制。由于汉廷对西域各城国以安辑为主,调遣田卒参加军事行动则要报请朝廷批准,不得擅自发兵。按,《汉书·百官公卿表》载,戊己校尉属官与西域都护属官有相似处:"有丞、司马各一人,候五人,秩(皆)比六百石。"戊己校尉府作为西域屯戍的首脑机关,最初设在交河城,不久即迁移高昌。至于高昌垦区有多少田卒,史书则无明确记载。渠犁"三校尉屯田"有"田士千五百人"。按编制说,戊己校尉所属高昌田卒,亦应与此仿佛。《汉书·西域传》有段文字曾作这样记述:王莽建国二年(公元10年)戊己校尉刀护的部下陈良等发动叛变,"将数千骑至校尉府,胁诸亭令燔积薪,分告诸壁曰:'匈奴十万骑来入,吏士皆持兵,后者斩!'得三(百四,四百?)人,去校尉府数里止。晨火燃,校尉开门击鼓收吏士,良等随入,遂杀校尉刀护……良等尽胁略戊己校尉吏士男女二千余人入匈奴。"两千余人有男有女,包括不少家属在内。上述陈良"将数千骑至校尉府",这数千骑是否为田卒?如是,则高昌田卒至少也要有四五千人。但据当时情节分析,我疑此"数千骑"系数十骑之误。按汉朝在西域的军事实力,不可能有这样多的骑兵;而从陈良随吏士混入校尉府的行迹看,也只能是数十骑,不可能是声势浩大的"数千骑"。

关于高昌垦区的生产规模及其具体情况,我们现已无从知悉。按当时的生产水平,田卒每人垦田约为20亩左右(近14市亩),垦区耕地约为3万余亩。他们"引水溉田"、"人庶昌盛"。[1] 吐鲁番盆地的政治、经济中心很快就由交河城转到了高昌。这个新兴的垦区东及柳中,元始(公元1—5年)以后,以此为起点,通过沙碛直达敦煌的"新道"[2]之辟,更有力地提高了其战略地位,成为中原王朝经营西域的前哨基地。1世纪后,东汉政府不断与进行干扰的匈奴势力进行斗争,力图以此为基地,屯田积谷,为"西域蔽扞"。永平十七年(74)汉军大败

---

〔1〕《北史·西域传》。

〔2〕即唐之大海道,从吐鲁番直达敦煌的沙碛路。此路从鲁克沁斜向东南行,由底坎儿至敦煌玉门关遗址,直线距离只有400公里左右。

匈奴，置戊己校尉，己校尉关宠率田卒数百人屯田柳中，戊校尉耿恭率数百人屯田金满城（今吉木萨尔县北）。在匈奴骑兵不断围攻下，建初元年（76）撤回中原。永元三年（91），班超为西域都护，复置戊己校尉，领兵500人，屯田车师前部高昌壁，并置戊部候屯田于后部候城，至永初元年（107）罢。延光二年（123），班勇以西域长史身份将兵500人出屯柳中。勇不仅团结各绿洲城国力量，击败匈奴势力，开通前部，使“车师六国悉平”，使其地“无复虏迹”、“城郭皆安”，[1]而且还有一点值得注意的是，“四郡供其犁牛谷食”[2]。他从河西四郡带至柳中的这些犁耕农具和操作技术，也必然显著提高了当地的生产水平。东汉末匈奴势力衰弱，已无力挑起大的事端，故戊己校尉、西域长史能长期坚守岗位，仲裁各城国之间的内部争端，为稳定西域形势作最后的努力。据《资治通鉴》卷56载：

> 灵帝建宁三年（170），凉州刺史扶风孟砣，遣从事任涉将敦煌兵五百人，与戊己校尉曹宽、西域长史张宴将焉耆、龟兹、车师前后部，合三万余人讨疏勒……[3]
>
> 灵帝熹平四年（175），于阗王安国攻拘弥，大破之，杀其王。戊己校尉、西域长史各发兵辅立拘弥侍子定兴为王，人众才千口。

他们代表东汉朝廷执行使命，维护社会稳定，直到曹魏政权接管西陲为止。黄初三年（222），魏文帝曹丕任命张恭为戊己校尉，到高昌继续统领屯田。恭“素有学行”，“恩信甚著”，深得广大士卒拥戴。后其子又继任此职。时戊己校尉府不仅负责屯戍，管理行政事务，而且来往商胡有时亦聚会于此，申办有关事宜。这种局面一直维持到十六国时期。建兴十五年（327），前凉政权在打败了叛将赵贞以后，接管了西晋在西域的全部统治机构，在吐鲁番地区东部设置高昌郡，分高昌、田地（柳中）二县，从此在戊己校尉统领下的屯垦区，成为西域第一个实施郡县

[1]《后汉书·班勇传》。

[2]《后汉书·西域传》。

[3]关于凉州刺史讨伐疏勒事，陕西博物馆碑林所存《曹全碑》碑文，与《资治通鉴》所载，略有差异，见马雍《西域史地文物丛考》，文物出版社1990年版，第41－45页。

制的行政区域，属前凉地方政权，由其任命的太守管辖。后历前秦、后凉、西凉和北凉，虽然政权更迭，但包括军屯和民屯的屯垦这一生产体制始终未废，和农户的个体经营同时并存。在北凉统治下的高昌郡玄始十二年(423)兵曹曾有如下牒文，记录当时屯垦士卒值夜放水灌溉农田的情况：

兵曹下八幢符为屯兵值夜守水事

(前缺)

——右八幢知中部屯。次屯之日，幢共校将一人撰(选)兵十五人夜住守水。残校将一人，将残兵，值苟(狗)还守。

兵曹掾张预、史左法疆白。明当引水溉两部

(中缺)

司马蔺功曹史璋

典军主簿嘉

录事参军悦五官洿[1]

这件文书明载高昌屯军某八幢(幢为当时受柔然影响建军的基层组织单位)，负责“中部屯”，校将率兵值夜守水。当时承袭汉代习惯，仍称屯田单位为“部”。“明当引水溉两部”，则指通过渠道引水灌溉两部农田。当时高昌郡有关水利灌溉事宜由郡府功曹统管安排，军屯亦系如此。故兵曹在签发这份文件时，尚有功曹史璋的押署。除军屯外，当时高昌还有其他官田，或租给民户耕种，或征发民夫耕作。与上述文书时间相近、同为北凉时期的《都乡啬夫被符征发役作文书二》记有：“右五家户作次，逮知为官种芜荒……应□罪……”以军屯为基础的高昌垦区具有军事化的传统，如黄烈先生所说：“五家户应是乡里基层组织什五的五……民户与官田相联系，可能是屯田的另一种形式。”[2]在官有土地上，具有军事组织形式的屯垦生产、兴修水利，充分发挥规模效益，特别是在干旱酷热的吐鲁番盆地从事农田水利建设，对灌溉农

[1]唐长孺主编，中国文物研究所、新疆维吾尔自治区博物馆、武汉大学历史系编纂：《吐鲁番出土文书》第1册，第138页。

[2]见《中国古代民族史研究》，人民出版社1987年版，第421页。

业有着特殊重要的意义。历史时期此地水渠如网,农业生产率高,实系汉晋以来,长期屯垦所取得的积极成果。由军垦区域演变而来的高昌郡,成为远近闻名的膏腴之地,“彼之蠢庶,咸汉魏遗黎”。有的系汉晋屯户的后裔,也有因中原战乱,陆续从西北各地逃亡来的民户。魏太平真君三年(442)沮渠无讳由敦煌进军高昌时,曾率数千部众。这些带来中原各地生产经验的移民,男耕女织,养蚕植桑,葡萄瓜果,多种经营,不仅使精耕细作的农业生产水平大大提高,而且许多新兴的手工业、副业生产也都获得发展。上述《北凉承平年间(443—460)高昌郡高昌县赀簿》所反映的内容,就正是这时高昌社会生产情景的一个侧面。在随后的高昌国——主要是麹氏王朝时期(502—640),随着国势的稳定,农业生产进入了全面开发的新阶段。汉代以来,垦殖业的发展主要集中在绿洲东部高昌、柳中一带,车师前王统治的西部地区,农业开发迟缓,粮食供应不足。北魏太平真君十一年(450),在沮渠无讳攻击下,车师王车夷落申诉“人民饥荒,无以存活”,请求北魏赈救。车师灭亡后,吐鲁番盆地统一。麹氏高昌时期,形势稍定,人口增加,王朝乃加强屯垦,扩大官田,特别强化对西部地区即车师故地的开发,以增强国力,使政权稳固。在中央机构的设置上,专设屯田曹与其他诸曹平立,显示其地位的重要。时屯田范围,遍及许多郡县,从下列文书中,我们可以充分看出这点:

高昌延寿十七年(640)屯田下交河郡南平郡及
永安等县符为遣麹文玉等勘青苗事

令敕交河郡、南平郡、永安县、安乐县、林县、龙泉县、安昌县、□□□□

昌县、郡县司马主者:彼郡县,今遣麹郎文玉、高

青苗去,符到奉□威远将军门下校郎麹□□

延寿十七年庚子岁四月九日起

虎贲将军屯田□□高

屯田司马司空

虎贲将军中兵校郎张世隆[1]

从上可以看出,高昌王麹文泰通过屯田曹下达的这道敕令,遣麹文玉等勘察屯垦区的苗情,都在西部地区。交河郡为原车师前王国的都城所在地,南平郡在其南。至于所列各县位置,据考证:安乐县城在交河城东10公里今苏公塔东北侧,永安县城在安乐县南,葡萄沟可能即系林县的所在地,其北龙泉县,约于今大河沿附近之泉水溢出带,而安昌县和始昌县则于南平郡一带。上述均系原车师前国所辖之地,现在成为新兴的屯垦区域,意味着吐鲁番盆地东西部的绿洲各地,在麹氏高昌时期已得到全面开发,这在该地区的经济开发史上不能不说是一个巨大的进展。不仅如此,麹朝高昌屯田曹所管辖的范围,并不限于开荒造田发展种植业,绿洲各地的葡萄生产,亦系其经营范围。阿斯塔那24号墓出土的高昌屯田文书,说明政府正以不同方式取得僧俗各界私有之葡萄园,纳入屯田的范围。

高昌延昌酉岁屯田条例得横截等城

葡萄园顷亩数奏行文书

(前缺)

[1]□截俗四半交河俗二半六十步

[2]安乐俗八亩洿林俗四亩始昌俗一半高宁僧二半

[3]都合桃(萄)壹顷究(玖)拾叁亩半

[4]谨案条例得桃(萄)顷亩列别如右记……[2]

6.3 唐代天山南北农垦发展的盛况

7世纪唐朝逐步统一西域后,长期面对西突厥、突骑施以及吐蕃势力的袭扰,不得不大规模地驻军。为保证军粮供应,遵循唐的基本国

---

[1]唐长孺主编,中国文物研究所、新疆维吾尔自治区博物馆、武汉大学历史系编纂:《吐鲁番出土文书》第4册,第124页。

[2]唐长孺主编,中国文物研究所、新疆维吾尔自治区博物馆、武汉大学历史系编纂:《吐鲁番出土文书》第5册,第2页。

策，“凡军、州边防镇守转运不给，则设屯田以益军储”[1]，乃在天山南北大兴屯垦，促进了各地农垦事业的发展。贞观十四年(640)唐军进驻高昌后，“岁遣屯戍”、“屯守常千人”，以吐鲁番盆地作为西域屯垦的起点，并曾采取许多具体措施，以保证屯垦的发展。试以下列新出文书为证：

唐贞观十七年(643)牒为翟莫鼻领官牛料事

[1]青稞伍硕，准六硕，给官牛陆头贰拾日料。

[2]牒：被问前件料领得以不者，仰称并依数

[3]领得。被问有实，谨牒。

贞观十七年四月五日付翟莫鼻领[2]

在屯垦生产中，官府要提供耕牛、籽种及必要的生产工具。这里说的6头牛、20日料(碾碎了的豆、粟)是否领得，有关人员及时检查，喂牛人翟莫鼻据实回文：已依数收领。这表明在贞观十七年即平定高昌后的第三年，西州屯垦已正常展开并有序地进行。不过此后安西都护府由西州移至龟兹，四镇都督府相继建立，唐中央政府“岁调山东丁男为戍卒，缯帛为军资，有屯田以资糗粮，牧使以娩牛马”[3]。时西突厥与吐蕃南北呼应，不断进袭，四镇时置时罢，屯垦亦时兴时辍。武后长寿元年(692)，王孝杰率军大破吐蕃，收复四镇。吸取前期经验教训，武则天力排众议，遣军3万人常驻安西，2万人常驻北庭，并于武周长安三年(703)置北庭都护府于庭州，进一步加强了天山北麓的防御体系。在北庭辖区，金满城有瀚海军12000人，西州有天山军5000人，伊州西北甘露川有伊吾军3000人。大量驻军确保了西陲形势的稳定，也为天山南北屯垦事业的扩展准备了条件。《唐六典》载：“凡天下诸军州管屯，总九百九十有二，大者五十顷，小者二十顷。凡当屯之中，地有良薄，岁有丰俭，各定为三等，凡屯皆有屯官、屯副。”唐朝在全国范围内设置屯田，主要集中在边镇军州。属于河西道的西域屯垦有：

[1]《唐六典》卷7“屯田郎中员外郎”条。

[2]柳洪亮：《新出吐鲁番文书及其研究》，新疆人民出版社1997年版，第94页。

[3]《旧唐书·吐蕃传》。

安西二十屯，疏勒七屯，焉耆七屯，北庭二十屯，伊吾一屯，天山一屯。[1]

对于屯田的规模，《唐六典》载："大者五十顷，小者二十顷"，而《通典》卷2《屯田门》则作了更为明确具体的说明："诸屯隶司农寺者，每三十顷以下、二十顷以上为一屯，隶诸军州每五十顷为一屯。"按每屯50顷计算，时在天山南北共垦田28万亩，大大超过了汉朝在西域屯田的数量。这是河西道向唐朝廷呈报的数额，虽不可能精确，也应有一定根据。此为唐朝派驻碛西正规军垦田的数额，各地镇戍、烽铺的斫田以及各州所属的垦区尚未计算在内。经过几代将士的惨淡经营，开元年间碛西的军垦达到高潮。时安西副都护张孝嵩"劝田训士，府库盈饶"[2]，北庭垦区成效更为显著："粮贮可支五年以上"[3]。所以在《新唐书·吐蕃传》中特地称许"轮台、伊吾，禾菽弥望"。不过，即使如此，在突骑施、吐蕃不断进袭的紧张形势下，唐廷仍不得不以粮食储备不足为忧。开元二十二年苏禄举兵反唐，唐玄宗在敕安西节度使王斛斯书中，除筹划军事行动外，还屡屡问及屯种粮储情况：

朕虽在九重，心悬万里，念虑之至，想所知之，近既加兵，惟忧粮贮，诸处屯种，今复何在？

近日狂虏形候如何？屯收是时，尤须备预，更资一熟，亦复何忧。[4]

由于军食供应是当时决定边防安全成败的关键问题，故唐军除建置屯田区外，还严令碛西所有守捉、镇戍、烽铺都必须大力垦殖，以确保军粮供应。

唐开元十一年(723)状上北庭都护

所属诸守捉斫田顷亩牒

(前缺)

---

〔1〕《唐六典》卷7"屯田郎中员外郎"条。

〔2〕《新唐书·郭虔瓘传》。

〔3〕《张曲江文集》卷10。

〔4〕《张曲江文集》卷10。

[　　]白粟　叁拾伍[　　]

[　　]俱六守捉并床[　　]

[　　]神山守捉并麦

[　　]凭洛守捉并床

[　　]前件斫田[　　]状

[　　]顷亩到日[　　]上

[　　]一年七月[　　]牒

[　　]郎行仓曹参军[　　]

[　　]州和政府折冲都[　　]

[　　]府崇信府折[　　]

[　　]北庭副都□兼□使赐紫金[　　]

[　　]光禄大夫检校北庭都护兼经略[　　]

八月[1]

北庭都护所属之俱六守捉、神山守捉等，皆按军令，就地斫田，种植禾麦，由仓曹参军主管其具体事务。同样，人数较少级别稍低的镇戍，也就地斫田。《新唐书·食货志》引开元二十五年诏云："镇戍地可耕者，人给十亩以供粮。"当然，实际耕田数，各地多少不等。

唐西州都督府上支度营田使牒为具报

当州诸镇戍营田顷亩数事

[1]西州都督府　牒上　敕[　　]

[2]合当州诸镇戍营田，总壹拾□顷陆拾[　　]

[3]赤亭镇兵肆拾贰人，营□□顷，维磨戍[　　]

[4]柳谷镇兵肆拾人□□□肆顷；酸枣戍[　　]

[5]白水镇兵叁拾[　　]营田陆顷；曷畔戍兵[　　]

[6]银山戍兵□□□营田柒拾伍[　　]

[7]右被□度营田使牒当州镇戍□田顷亩[　　]

〔1〕唐长孺主编，中国文物研究所、新疆维吾尔自治区博物馆、武汉大学历史系编纂：《吐鲁番出土文书》第8册，第197页。

[8]戍兵□及营田顷亩□

[9]方亭戍□谷戍狼井

[10]右□

[11]牒,被牒称□

[12]格令斫□

[13]者□

[14]存□

(后缺)[1]

属于西州都督府管辖的各镇戍垦殖多少不一,多者如白水镇30余人,营田6顷,每人相当于20亩;少者如银山戍,营田只有75亩,当州诸镇戍营田总计10余顷。西州汇总各镇戍斫田情况后,及时向支度营田使呈报,而下面人数更少的基层单位——烽铺,也同样有斫田任务。唐在碛西的烽铺分属军镇和州县管辖。军镇管辖的烽铺,由军镇派驻士卒守望;州县军府管辖的烽铺,由州县军府募兵派往,或由百姓轮番上烽。烽卒必须就近营田,以充粮贮。这是开元二十五年(737)或更早一些时候,唐朝颁布的军防令中所明确规定了的:

防人在防,守固之外,唯得修理军器、城隍、公廨、屋宇。各量防人多少,于当处侧近给空闲地,逐水陆所宜,斟酌营种,并杂蔬菜,以充粮贮及充防人等食。[2]

唐在碛西的边防军,由于形势所迫,强化了这项法令,于镇戍、烽铺侧近普遍营种,掀起了碛西历史上前所未有的屯垦高潮。

唐北庭诸烽斫田亩数文书

……耶勒守捉界　耶勒烽□

乾坑烽床伍亩□

白粟三亩　共刈得贰□

柽林烽床伍亩共□

〔1〕唐长孺主编,中国文物研究所、新疆维吾尔自治区博物馆、武汉大学历史系编纂:《吐鲁番出土文书》第8册,第219页。

〔2〕《唐律疏议》卷16《擅兴律》。

白粟贰亩

(后缺)[1]

在伊吾也同样如此。《唐开元某年伊吾军典王元琮为申报当军诸烽铺斫田亩数事》[2],就反映了伊吾军所属速独、高头、阿查勒、泥熟、故亭、青山、柽塠、花泉诸烽皆从事屯垦,少者1亩,多者8亩,平均5—6亩,种植粟豆等作物,以供军食、马料。唐在碛西的边防军,为满足本身的军食供应,除战时外,必须参加屯垦。各级军事单位都有规定的垦殖任务。凡有驻军的地方,也必有屯垦的土地。烽铺斫田,不仅遍布交通要道或险要之地,深山荒漠的边防哨所,也往往有麦之田。阡陌纵横,屯田分布之广泛为历代罕见。按,唐制1烽6人:5人烽子,1人烽帅。碛西烽铺荒远,人数不足,一般只有2—3人,每烽种地不足10亩,1卒种地2—3亩。所收粮料,就地收贮。从下列文书我们可以看出分散各地的烽铺士卒,在艰难困苦的条件下从事垦殖之情状:

唐开元二年闰二月蒲昌府范阿祚牒为知园临番方始与替、仗备失时事

[1] ＿＿＿＿ 才应上萨捍烽长探奉司

[3] ＿＿＿＿ 应马瘦被打,即走向州,将钱拟买肥……

[14] 眼看目验,困苦不虚 ＿＿＿＿

[15] 者,知园临番,方始 ＿＿＿＿

[16] 称春种,仗备失时,其 ＿＿＿＿

[17] 须申上……[3]

服役者临番至萨捍烽,带钱买肥,拟上烽垦殖,不料路上被打伤,故春耕失时,遭受处分。反映当时屯田管理,十分严格。

---

[1]唐长孺主编,中国文物研究所、新疆维吾尔自治区博物馆、武汉大学历史系编纂:《吐鲁番出土文书》第8册,第222页。

[2]唐长孺主编,中国文物研究所、新疆维吾尔自治区博物馆、武汉大学历史系编纂:《吐鲁番出土文书》第8册,202-203页。

[3]陈国灿等:《日本宁乐美术馆藏吐鲁番文书》,文物出版社1997年版,第32页。

唐开元十年(722)伊吾军上支度营田
使留后司牒为烽铺营田不济事

(前缺)

□□ 状称 □□

□□ 属警固,复奉使牒,烽铺子不许

□□ 功,各渐斫种前件亩数如前者,然烽铺

□□ 少差失,罪即及身,上下怕惧,专忧

□□ 数少,又近烽地水不多,不

□□ 隐没垅亩,求受重

(中缺)

□□ 无田水,纵有者,去烽卅廿

□□上,每烽烽子只有三人,两人又属警固,近烽不敢不营,里数既遥,营种不济,状上者。曹判:近烽者即勒营种,去地远者,不可施功。当牒上支度使讫。[1]

只有二三人的烽铺,也须利用闲地营田,这是支度营田使下达的军令,所以烽铺在人少缺水难以耕作时,"上下怕惧","罪即及身"。当时有关屯垦之军令非常严格,和一般民间之农业经营不同。这种军事化极强的兵农合一的屯垦组织,经营管理有其特殊方式。这一情形,下面我们将作专门论述。现有一需要弄清的问题是,除常驻天山南北的唐军有屯垦任务外,北庭、安西都护府所属之府州是否也有自己所管的屯田区?有学者认为西州天山军有屯田,西州并无屯田,这一看法可能不合实际情况。大谷文书3786(2)唐前期西州屯田收入账有云:

[1] □□ 十顷,收率得干净麦粟床总

[2] □□ 五合

[3] □□ 三百一十五石六斗青稞

[4] □□ 二百廿一石小麦

〔1〕唐长孺主编,中国文物研究所、新疆维吾尔自治区博物馆、武汉大学历史系编纂:《吐鲁番出土文书》第8册,第194页。

[5] □ 千七百廿三石六斗六升四合粟

[6] □ 一百廿一石三斗二升一合床

[7] □ 石六斗,天山屯营田五十顷收

[8] □ 十五石六斗青稞

[9] □ 廿一石小麦

[10] □ 卅六石粟

[11] □ 升五合,柳中屯营田卅顷收

[12] □ 石三斗二升一合床

[13] □ 七石六斗六升四合粟[1]

上录文书中出现的天山屯、柳中屯,或认为二者性质不同:天山屯营田是屯田收入,而柳中的30顷则是斫田收入。此说其实不确。在文书中两处都同样称为屯,即使一为屯田,一为斫田,也只是管辖单位有别,而非性质上的不同。之所以出现这样的误解,是因为把文书中的天山屯与《唐六典》中之"天山一屯"即天山军屯田混为一谈了。时天山军置西州城(高昌故城)内,其屯垦区亦应在城区附近。《旧唐书·地理志》载:"天山军,开元中,置西州城内,管镇兵五千人,马五百匹。"《唐六典》中之"伊吾一屯、天山一屯",皆系指河西道所属唐军的屯田,故"伊吾一屯"常以伊吾军的名义对有关单位行文,此在吐鲁番出土文书中屡见,而绝没有以伊吾屯的名义出面行文。同样理由,上述大谷文书中和柳中屯并列的天山屯,并非《唐六典》中的天山军一屯,而是西州都督府下属置于天山县(今吐鲁番地区托克逊东北一带)、柳中县(今鄯善县鲁克沁一带)的屯田。在大谷3473号文书《唐开元一九年(731)正月至三月西州天山县到来符帖目》中,我们明显可以看出,天山屯之物资供应与天山县有关,而在阿斯塔那出土的《唐开元年间西州都督府诸曹符帖事目历》中,州兵曹则要求天山府输丁20人助天山屯营种。[2] 从下列文书我们还可看到,西州除天山屯、柳中屯外,还有

[1] [日]池田温:《中国古代籍帐研究》(上),龚泽铣译,第351页。其推算补入数字未录。

[2] [日]池田温:《中国古代籍帐研究》(上),龚泽铣译,第357、362页。

白水屯(因白水涧而得名,亦可称为白涧屯)。根据白水涧道走向,考古工作者认为,在吐鲁番盆地西北出山口处(白杨沟峡谷西)建有镇城,白水屯应即在镇城附近。从该屯向西州官库纳粮情况看,它规模较大,与上列之白水镇戍营田有别。

唐神龙二年(706)白涧屯纳官仓粮帐

白涧屯神龙二年九月十五日纳青稞杂大麦,交用两硕函量,壹函为壹点,拾点成壹大上字:尚建

(中略)

已上叁拾叁上字,计青稞杂大麦陆佰陆拾硕。仓督曹建,监仓官王□,屯官侯献,监纳官镇副刘初。[1]

据文书所载,神龙二年九月十五日白涧屯纳仓谷物660硕,后于二十九日前又纳入“计青稞杂大麦贰伯陆拾硕”,至九月二十九日还有一批粮食入仓,惜文书缺损已不知其数。总计白涧屯在本年纳入西州官仓粮料应在千硕以上,营田亦在二三十顷。根据上述,当时在西州都督府管下,至少有天山、柳中、白水3屯,其他地方应该还有,尚待新发现的资料证实。在《唐开元十九年(731)正月西州岸头府到来符帖目》[2]中,载《屯官主簿李诲等差入领送事》。岸头府设于交河县,屯官主簿为当地屯田所设,可以肯定交河县也有屯田设置。大谷3354号文书出现有“柳中仓、交河仓、天山仓、蒲昌仓”,这些官仓往往伴随着屯田纳粮而设,说明在府州管辖下,各地都有屯田区的设置。唐代之碛西屯垦主要系军屯,朝廷派驻的各军垦殖所需之生产资料,包括土地、耕牛、农具、种子等,无疑由国家无偿提供;有些大型农具还可能随军由中原携进。在焉耆唐王城中,曾发现过唐代的铁铧,这种铁铧头较长,套进犁底的部分凹入,形制与内地同时的铁铧完全一致,较汉代的铁铧更易破土,从而提高了时效。它可能为唐军屯田所留的遗物。在《通典·食货二》中,对于屯田配给耕牛,曾有如下规定:“屯田应用牛

[1]唐长孺主编,中国文物研究所、新疆维吾尔自治区博物馆、武汉大学历史系编纂:《吐鲁番出土文书》第7册,第372页。

[2][日]池田温:《中国古代籍帐研究》(上),龚泽铣译,第357页。

之处，山原川泽，土有硬软，至于耕垦用力不同，土软处每一顷五十亩配牛一头，僵硬处一顷二十亩配牛一头，即当屯之内，有硬有软，亦准此法。"军屯参加劳动生产的主要是士卒，戍边士卒虽有番期，但不可能按时替还。《资治通鉴》卷214载，开元二十五年(737)"癸未，敕以方隅底定，令中书门下与诸道节度使量军镇闲剧利害，审计兵防定额，于诸色征人及客户中召募丁壮，长充边军，增给田宅，务加优恤"。各地的边防军所需兵额，一律于各种征人及客户丁壮中招募。招募来的健儿，长充边军，允许携带家口，并给以各种生活资料，以便久住。从此，这些称为健儿的兵士，也就成为各地屯垦中的主要劳力。

伊吾军残牒

(上缺)

[1] ☐ 远 ☐ 界

[2] 五十亩种豆一十二 ☐ 检校健儿焦思顺

[3] 三亩种豆二十亩种麦检校健儿成公洪福[1]

在上面述及的北庭、伊吾所属守捉、烽铺文书中，参加劳作者亦系士兵，人员尽管缺少，尚未看到有动用民力的迹象。阿斯塔那226号墓文书《唐开元十年(722)伊吾军上支度营田使留后司牒为烽铺营田不济事》和《唐伊吾军牒为申报诸烽铺斫田所得斛斗数事》[2]，都说明烽铺虽仅有士卒二三人，且缺水难种，但仍未征用民夫。在府州所管的屯田中，车牛、农具都是由当地政府供给。《唐开元十九年(731)西州天山县到来符帖目》载："营田使牒：为天山屯车牛、农具，差人领……限牒到日送事"；《唐西州蒲昌县下赤亭烽帖为牛草料事》中，同样有牛12头"准给草料"的记录。[3] 在屯田文书中，亦时有征用民力进行劳作的内容，此名为助屯。如《唐开元年代(731)西州诸曹符帖目》中即有西

[1]黄文弼：《吐鲁番盆地考古记》。

[2]唐长孺主编，中国文物研究所、新疆维吾尔自治区博物馆、武汉大学历史系编纂：《吐鲁番出土文书》第8册，第194、209页。

[3][日]池田温：《中国古代籍帐研究》(上)，龚泽铣译，第359页；唐长孺主编，中国文物研究所、新疆维吾尔自治区博物馆、武汉大学历史系编纂：《吐鲁番出土文书》第4册，第97页。

州兵曹“差输丁廿人,助天山屯”[1]的记载。在出土于库车唐建中五年的《孔目司帖》[2]中,亦有工匠白某配织春装布100尺,而被孔目官伍“准例放掏拓、助屯及小小差科,所由不须牵挽”的文字。助屯成为百姓差役的一种,可见屯田的普遍。此种屯垦由地方政府主办,并提供一系列人力物力的支持,所以田间收获,自要缴纳当地政府仓库,如上述白涧屯那样,其收支也都在当地营田内核算。至于伊吾军、天山军等大规模军屯的收获物,则主要贮纳在本军镇的仓库,以供食用,抑或送纳部分给当地州县,如阿斯塔那226号文书所揭示的那样:

唐伊吾军上西庭支度使牒为申报应纳北庭粮米事

[1]敕伊吾军牒上西庭支度使

[2]合军州应纳北庭粮米肆仟硕叁仟捌佰伍拾叁硕捌斗叁升伍合军州前后检纳得肆拾叁硕壹斗陆升伍合前后欠不纳

[3]壹佰玖拾柒硕纳伊州仓讫叁仟陆佰肆拾陆硕捌斗叁升伍合纳军仓讫

(后缺)[3]

唐代的屯田,从中央到地方有一套专门的管理系统。唐廷管理屯田的最高权力机构是尚书省工部屯田司。屯田司实际管理从属两个系统:一是司农寺管辖的宫苑屯田,此与本文无涉,可略而不谈。二是州镇诸军系统,主管全国各地州镇军队的屯田,直接掌管者实际上是州镇诸军长官,高宗时出现“知营田事”的官衔,到唐玄宗时统称营田使。开元盛时,安西、北庭支度营田使,一般都由都护或节度使兼任,如在吐鲁番阿斯塔那226号墓出土文书中,即有“节度副大使、银青光禄大夫、检校北庭都护、支度营田等使、上柱国杨楚客”[4]的出现,名将封常清在天宝年间亦有营田副大使的官衔。按,《新唐书·百官志》载:

[1][日]池田温:《中国古代籍帐研究》(上),龚泽铣译,第362页。

[2]陈国灿:《斯坦因所获吐鲁番文书研究》,第132页。

[3]唐长孺主编,中国文物研究所、新疆维吾尔自治区博物馆、武汉大学历史系编纂:《吐鲁番出土文书》第8册,第212页。

[4]唐长孺主编,中国文物研究所、新疆维吾尔自治区博物馆、武汉大学历史系编纂:《吐鲁番出土文书》第8册,206页。

"边州别置经略使,沃衍有屯田之州,别置营田使",则在都护府营田大使下,各州亦有营田使之设,由各州府长官兼任。故西州向北庭都护府支度营田使行文,皆由都督府出面,具体事务则由仓曹主办,并无营田使专门的办事机构。至于所属各屯,则设有屯官、屯副以及屯官主簿,按规定由善农事、有书判、堪理务者具体负责。管理屯田事务的基层单位,则为屯坊。唐朝从中央到地方对屯田的管理是非常严格的,经常派员到各地检查屯垦收粮情况。开元四年任监察御史的杜暹(后任安西副大都护),就曾往碛西检查过屯田等有关情况。我们从出土文书中了解到,西州都督府也曾通知各县军府,将派州官检查屯田收获情况,收粮不足数额者,要"决杖六十"。至于"方春屯官巡行,谪作不时者"[1],刚更为普遍。唐朝前期新疆屯垦以军屯为主,或混杂以犯屯。如上所述,贞观十四年(640)唐平高昌以后,内地就有罪犯谪戍新疆,参加屯垦,其土地、耕牛、农具、籽种以及包括家属在内的口粮,皆由政府发给,吐鲁番阿斯塔那91号墓出土的家口给粮账,或即指此;其耕作所收粮料,则全部交公。由于当时"流徙罪人与镇兵杂限"[2],所以把犯屯作为军屯的附属部分,亦未尝不可。犯屯不仅在贞观年间存在,而且长期延续。开元十二年四月有敕云:"今后抵罪人合杖敕杖并从宽,决杖六十,一房家口,移隶碛西。"[3]这说明按唐律规定,罪犯充军碛西参加屯戍,乃系长期执行的刑法,非临时的应急措施。

唐西域军屯至开元时达于鼎盛。出土文书证明,西州诸地有为数甚多的屯田区;即使文书中没有提到的于阗等地,也并不是没有屯田区的设置,而是尚待发现直接有关的资料。和田丹丹乌里克发现的《唐建中三年(782)七月健儿马令庄举钱契》,就揭示这位健儿可能是参加过屯垦的士卒。由于各府州的屯田日渐增多,劳动力不足的问题也越来越突出,即使征发少量民夫服役助屯,但终究难以克服根本的矛盾,最终不得不改变屯田的经营方式,逐渐地将屯田作为官田租给

[1]《新唐书·食货志》。

[2]《新唐书·郭孝恪传》。

[3]《唐会要》卷40。

民人耕种。《唐开元十九年(731)正月至三月西州天山县到来符帖目》内有“今年废屯税子粟麦四千石事”[1],即告诉我们最迟在开元十九年,天山县一带已有废屯之事发生。大谷3476号文书记有“天山府将屯坊作马坊”,亦同样告诉我们这一值得注意的动向。开元以后,屯田逐渐转化为百姓佃种废屯的官田,在下列文书中也透露出信息:

唐天宝元年(747)七月交河郡纳青麦状

浑孝仙纳天宝元年屯田地子青麦贰硕又

纳吕才艺屯田地子青麦壹石贰斗,又纳浑

定仙贷种子青麦壹石贰斗,又纳浑孝仙贷种

(子青麦　　斗)　天宝元年七月十三日□史王虔[2]

由军屯转变为民屯,这是历史发展的必然趋势。佃种废屯官田的浑孝仙等,除纳地子(租税)外,还要交还所贷种子青麦,证明租种废屯后的官田,部分生产资料仍由官府提供,而不同于一般的租佃制,或者说是不完全的租佃制——民屯。

6.4　吐鲁番农垦的特点与优势

从汉代戊己校尉在西域率兵屯垦以来,历经魏晋南北朝时期的演变发展,至唐代,天山南北屯垦已远远超过汉代的规模。由汉代屯戍区发展起来的吐鲁番绿洲城乡,经各族人民700年来的辛勤垦殖,已成为“人庶昌盛”之地。西汉时期车师前国有“户七百,口六千五十”;至贞观十三年(639)唐平高昌时,其地虽经战乱,仍有“三郡、五县、二十二城,户八千,口三万七千七百”[3]。至8世纪中叶的天宝年间,由于地处丝路冲要,来往过客集聚,人口骤增近达5万。据杜佑的《通典》记载,时西州有“垦田九百顷”,人均耕地约2亩左右。以这样少的耕地养活这样多的人口,显然已有着较高的农业生产水平。大量的出土文

[1][日]池田温:《中国古代籍帐研究》,龚泽铣译,第361页。

[2][日]池田温:《中国古代籍帐研究》,龚泽铣译,第446页。

[3]《旧唐书·西戎传》。

书证明，当时中原精耕细作的生产技艺，已随着中原移民在此屯垦得到广泛传播，使之成为古代新疆生产最发达的先进地区。由于社会条件和独特的自然环境，在长期开发基础上发展起来的新疆农业生产，显示着如下特点：

(1)由于本地区人多地少，极端干旱，自汉代以来，历代屯垦或地方行政机构都对水利建设和灌溉管理非常重视，至唐代已形成一整套的水利设施和比较成熟的管理制度：以高昌城为中心，城北20里处的新兴谷(今胜金口即古代新兴谷口)为水源地，通过主干渠——满水渠，形成干、支、斗、毛分级管理的渠道五六十条，纵横密布，绕城环行。依渠道而分块的农田，可依次放水灌溉。

唐开元二十九年(741)西州高昌县给田簿

给张英彦充(泰)

一段壹亩部田城西五里屯头渠　东渠　西赵仕义　南渠　北荒

一段壹亩部田城西七里白地渠　东渠　西道　南贾如　北串佑

唐开元廿九年前后(741)西州高昌县退田簿及有关文书(付开元廿五年文书)

户张师训剩退壹段叁亩永业部田叁易城东肆拾里柳中县　东至渠　西至渠　南梁住　北至道……[1]

渠道分级管理，皆有专人负责。根据上述众多文书所标明的渠名、方位、距离所绘制的一幅以高昌城为中心的灌溉渠系图(见图3-6)，使我们对汉唐时期通过屯垦长期经营的高昌渠系网络有了明确的认识。从渠系图可以看出：(1)以城北20里渠首新兴谷(今胜金口)的涧水为主干，形成向南纵贯高昌城的满水渠及其分支系统给城内外供水。(2)以高昌城为中心，城西有渠道16条，城东有渠道17条，南北各有9条；绕城环行，纵横交错；干、支、斗、毛渠，形成网络。渠系密度较

[1][日]池田温：《中国古代籍帐研究·录文》，龚泽铣译，第418、399页。

大的城东、城西平原区域，亦即屯垦的主要耕作区。(3)对这样渠系密集的耕作区，必然要有严格的灌溉管理才能保证浇灌先后有序地正常进行。如唐《水部式》所载："凡浇田，皆仰预知顷亩，依次取用。水遍即令闭塞，务使均普，不得……"[1]政府为发挥管理水利和灌溉的职能，历来有专职机构和相应的职官设置。早在高昌郡时期，在水利方面的职官就有常年负责水利事务的平水官与临时安排的行水官，以及乡里的渠长、堰头等，并有一整套分层负责的管理制度。遇有大规模的水利工程，则由政府出面组织。下列文书就充分反映了当地政府在水利建设中所发挥的组织作用：

唐开元二十二年(734)西州高昌县申西州

都督府牒为差人夫修堤堰事

(事)

高昌县为申修堤堰人

新兴谷内堤堰一十六所修塞料单功六百人。城南草泽堤堰及箭干渠料用单功八百五十人。右得知水官杨嘉恽、巩虔纯等状称：前件堤堰每年差人夫修塞。今既时至，请准往例处分者。准状，各责得状，料用人功如前者。依检案□□□□例取当县群牧、庄坞、邸店及夷胡户□□□□日功修塞。件检如前者。修堤夫……[2]

新兴谷水利工程规模宏大，设施配套。其堤堰16所，是否安全坚固，关系到高昌城一带的农田灌溉。按惯例每年"差人夫修塞"，两处工程需用单工1450人，确非个体农民所能承担，而需政府出面组织。知水官杨嘉恽等及时提出计划，组织人力检修，参加者既有庄户，亦有牧民；既有汉民，亦有当地少数民族。各族人民在当地政府的组织下及时修整堤堰，以使不误季节，搞好行水浇灌事宜。

(2)早先屯垦人员从中原带来的先进生产工具，至唐代在吐鲁番

[1]《文物集刊》第2辑，文物出版社1980年版。

[2]唐长孺主编，中国文物研究所、新疆维吾尔自治区博物馆、武汉大学历史系编纂：《吐鲁番出土文书》第9册，第107－108页。

盆地已获推广。大量铁器工具的普遍使用和犁牛的推广，给农业带来了新的生产力。从一杂物账上，我们可以看到各种名称的本地制造或来自内地的铁制生产工具：

大镬拾壹口，大破镬贰、中镬叁、小镬陆、□小镬壹……中凿壹、小凿肆……切刀叁、镰叁拾叁个，犁肆具……大小斧肆，大锯壹，中锯贰，小锯肆……[1]

上列最常用的工具大小20口以上、镰33个、犁4具，应都是从市场上购得的。《唐天宝二年交河郡市估案》显示，在唐西州市场上，各种常见的铁器随时可以买到，铁1文1斤，调铁1斤2文多。精制的钢铁价格较贵，钢1斤9文，镔铁1两则高达37文。这些精制的镔铁，可能系外地生产，与本地铁价悬殊。又，钢镰1张，上价55文，次50文，下45文。锄与钢镰价同，斧1孔重3斤，中等价为100文……由于铁工具的广泛使用，犁耕较前有所推广，在文书中屡有记载：

唐权僧奴佃田契

[1] □ 僧奴 □

[2] 南渠常田壹分；次，薄田壹分。贰分田中粪塲土，仰

[3] 权僧奴使足。□□田主以田中耕牛、人力、麦子、粟子仰

[4] 僧奴承了。田□少，贰人场上亭分。田中粪塲土不

[5] 遭好□佰役，仰田 □

(后缺)[2]

唐龙朔三年(663)西州高昌县张海隆夏田契

[1] 龙朔三年九月十二日武城乡人张海隆于

[2] 同乡人赵阿欢仁边夏取叁肆年中，

[3] 五年、六年中，武城北渠口分常田贰亩。海

〔1〕唐长孺主编，中国文物研究所、新疆维吾尔自治区博物馆、武汉大学历史系编纂：《吐鲁番出土文书》第4册，第60页。

〔2〕唐长孺主编，中国文物研究所、新疆维吾尔自治区博物馆、武汉大学历史系编纂：《吐鲁番出土文书》第4册，第59页。

[4]隆、阿欢仁二人舍佃食。其耒牛、麦子，

[5]仰海隆边出。其秋麦，二人庭分。若海隆

[6]肆年、五年、六年中不得田佃食者，别钱伍拾文

[7]入张；若到头不佃田者，别钱伍拾文入赵。

[8]与阿欢仁草玖围。契有两本，各捉一本。两

[9]主和同立契，获指□记。

[10]　　　　田主赵阿欢仁……

[11]　　　　舍佃人张海隆……

[12]　　　　知见人赵武隆……

[13]　　　　知见人赵石子……[1]

在上述文书中，所见皆系佃户出牛，可见牛、犁等生产资料已非稀罕之物；而作为斫地的主要工具，在文书中也大量出现，可知非牛耕的土地也还不少。

(3)精耕细作，养护地力，对土地施肥异常重视，所以有效地提高了单位面积产量，这是较耕作粗放的塔里木盆地先进之处。

高昌延寿元年(624)张寺主赁羊尿粪刺薪券

□□□□□申岁闰七月竟日，张寺主 ＿＿＿＿

□□□真回二边赁羊尿粪，要八月、九月赁□□□

□□壹车，此辛(刺薪)五车，要到舍。与严粟柒斛□斗。[2]

高昌某寺条例粮食帐

……叁㪷(斛)伍兜(斗)供买粪。

合用小＿＿＿＿……[3]

高昌乙酉丙戌岁某寺条例月用斛斗帐历

……得钱贰拾伍文，用买粪。粟贰拾陆㪷(斛)……

[1]唐长孺主编，中国文物研究所、新疆维吾尔自治区博物馆、武汉大学历史系编纂：《吐鲁番出土文书》第5册，第117页。

[2]唐长孺主编，中国文物研究所、新疆维吾尔自治区博物馆、武汉大学历史系编纂：《吐鲁番出土文书》第3册，第205页。

[3]唐长孺主编，中国文物研究所、新疆维吾尔自治区博物馆、武汉大学历史系编纂：《吐鲁番出土文书》第3册，第210页。

麦伍斛(斛)□

□浑上桃中……[1]

唐贞观十四年(640)西州高昌县弘宝寺

主法绍辞稿为请自种判给常田事

贞观十四年十二月廿七日弘宝寺主法绍辞

件 亩 数

前判得附庸上常田为作弘宝寺田业,

运粪着田中,并斫田竟。

以充僧供养。今时量官田家不与。乞索

作寺名,寺家自种。请以谘陈,请裁,谨辞。

上坐 寺主 都维那 寸 辞[2]

唐权僧奴佃田契

……南渠常田壹分,次,薄田壹分。贰分田中粪塌土,仰权僧奴使足……[3]

从上述不完全的文书资料中可以看出,当时吐鲁番盆地质量好的常田或质量差的薄田,都要施粪肥,才进行耕作。租佃契约中也多写明由佃户承担施肥。两座佛寺的账历都反映出,在缺肥时甚至卖粮以购进粪肥。张寺主缺肥在无法可想时,只好立券租借羊尿粪以供急用。从上述《唐开元二年闰二月蒲昌府范阿祚牒为知园临番方始与替、仗备失时事》我们还可知道,即使民众服役番上烽戍,也要购买肥料参加屯垦。由于农家耕作普遍及时施肥,所以天宝年间在西州市场上,人们把粪肥亦作为一项紧俏物资进行交易,其价格是:"粪壹大车,上直(值)钱贰拾伍文(相当于1斗粟的价格),次贰拾贰文,下贰拾文。"[4]

---

[1]唐长孺主编,中国文物研究所、新疆维吾尔自治区博物馆、武汉大学历史系编纂:《吐鲁番出土文书》第3册,第227、230页。

[2]唐长孺主编,中国文物研究所、新疆维吾尔自治区博物馆、武汉大学历史系编纂:《吐鲁番出土文书》第4册,第46页。

[3]唐长孺主编,中国文物研究所、新疆维吾尔自治区博物馆、武汉大学历史系编纂:《吐鲁番出土文书》第4册,第59页。

[4][日]池田温:《中国古代籍帐研究·录文》,龚泽铣译,第453页。

除及时施肥、增强地力、提高土地单位面积产量外，当时吐鲁番盆地还实行休耕制，以养护地力。在出土文书中，常田系指肥水足质量好常年耕作的土地；部田则指部分耕种，实行休耕轮作的土地。部田往往靠近荒地，大概也多系新垦之地。常田、部田等名称在5世纪后已经出现，常见于文书契约，则在唐代西州时期。实行休耕的农田轮作制度，中原早在汉代即已施行。据文书所见，西州部田多于常田，可见当时大部分土地歇茬休耕。由于古代新疆吐鲁番等地可供垦殖的荒地较多，而人力、肥料紧缺，施行休耕维护地力，不失为一种因地制宜的耕作制度。

吐鲁番盆地日照时间长，光热资源十分丰富，具备一年两熟或三熟的条件。早在4世纪左右，受中原影响，即施行复播。按出土文书分析，当时有半数以上的土地，通过及时施肥、适当浇灌、进行复播，使土地单位面积产量获得显著提高。据吴震先生在《近年出土高昌租佃契约研究》一文中估算，当时该地粮食每亩单产当在50公斤以上："……6—7世纪高昌地区正常年景的粮食产量平均每市亩大约在1.5市石左右，即夏秋两季各7—8市斗"[1]，与1957年吐鲁番地区小麦平均亩产60公斤基本接近，高于1949年前小麦每亩单产50公斤的平均水平。

（4）最后，重要的一点是，吐鲁番盆地自然条件的特殊和具有各种生产经验的移民不断涌入，使在粮食生产不断提高的同时，蚕桑、瓜果、葡萄以及棉花的种植面积也不断扩大。首先，这里官府垦殖就不是单一的种植粮食，除葡萄园的经营不断扩大外，桑田也大片涌现。

北凉玄始十二年（423）兵曹牒

……

［　　］被符省县桑佃，差看可者廿人知［　　］

［　　］以阚相平等殷可任佃，以○游民阚［　　］

□□佃，求纪识，请如解纪识。[2]

5世纪初，吐鲁番盆地的蚕桑业已相当发达，官府拥有大片桑田，

〔1〕新疆人民出版社编：《新疆历史论文续集》，第106页。

〔2〕唐长孺主编，中国文物研究所、新疆维吾尔自治区博物馆、武汉大学历史系编纂：《吐鲁番出土文书》第1册，65页。

租佃给民众培育守护；而在农户的私有土地上，因地制宜，多种经营的趋势和特点亦非常突出。在上述《兵曹牒》20 年后，前引《北凉承平年间(443—460)高昌郡高昌县赀簿》中，民户资产中的桑田已占有相当大的比重。残存的《赀簿》共有田地 548.5 亩：有稳定粮食产量的常田 177 亩，占 30%；桑田有 87 亩，占 15%；葡萄 54 亩，占 9%；枣 46 亩，占 8.1%。这可以说是当时高昌农业生产情景的一个缩影。葡萄是吐鲁番人民至今仍引为自豪的特产，但不为人们注意的大枣其实也是当时人们常食的干果。农业生产中的多种经营，不仅增加了农民收入、保证了他们的基本生活需要，而且推动了纺织业、酿造业、印染业以及瓜果加工等手工业的发展，也促进了商贸以至社会经济的全面高涨。

值得一提的是，魏晋以后在吐鲁番盆地的开发过程中，除实行屯垦的官田外，在不断扩大的私田中，租佃制业已出现。当地称佃田为夏田，至迟在北魏太延二年(436)以前已有这一名称，尔后盛行于高昌麴氏王朝时期(502—640)和唐代的西州；租额一般为收获物的 50% 上下。田主负责赋税差役，佃户负担籽种、农具、耕畜。在广泛施行租佃制的过程中，有如下地方特点：(1)小农土地分散，彼此隔越，生产不便。他们多交错出赁，互佃现象较多，甚至还有家贫无力耕种而出租土地的现象。(2)地处丝路要冲，商品经济发达。不仅整个农业生产过程与市场经济联系密切，货币地租亦较为流行。高昌时期夏价交银钱者约占 1/3 以上。总的说来，汉唐时期通过屯田所进行的大规模的农业开发，为处于交通要冲的吐鲁番盆地经济之全面高涨，进而成为丝路贸易重镇创造了基本条件。

7 晋唐西域土地制度与赋税徭役

魏晋南北朝时期，西域处在奴隶制衰微、向封建制演进的过程。各绿洲城国的基本田制，从理论上讲应是占田制。土地的占有形式，大体上有官田和私田两大类：凡属各城国政府所有（包括王室和官府所有）的各种可耕地和山林原野等无主荒地，均属公田或官田范畴；凡属私人（各类庄园主与小土地持有者）所有的耕地、林园、牧场等均为私田。

在名义上，各绿洲城国的国王——该地区的最高统治者，是城国土地的最高所有者；但实际上，国王所能直接支配或经营的仅是王室占有的公田中的一部分——王田。王田是王室直接经营，作为自己收入的土地。政府所有的公田，国王作为政权的最高代表者，当然可以赐给臣民或作其他处置；私田的所有者，可以随意经营自己的土地，或进行买卖、转让、交换、馈赠。土地买卖等行为虽也要经过政府批准，但这主要是由于赋税劳役等原因，接受政府管理监督的法律或行政程序，并非占有权或实际所有权方面的问题。如马克思所说："土地所有权的前提是，一些人垄断一定量的土地，把它作为排斥其他一切人的、只服从自己个人意志的领域。"[1]土地所有权属于某个人私有以后，它即具有排斥其他一切人再来占有的属性，使其只服从于所有者个人的意愿。此所谓"其他一切人"也应包括统治者及其所操纵的政府在内，除因罪罚没外，不论是国王或政府都不能随意占夺私有土地。

佉卢文书为我们提供了具体资料，包括土地占有、农田开发、赋税徭役等方面的内容。不同形式的官田，比如各级政府所有的土地，事实上由称为"司土"的官吏管理。司土一职，主管田地，地位显要，在鄯善

[1]《资本论》第3卷，人民出版社1975年版，第695页。

国和所属州县政府中均有设置。如在阿迟耶摩县，荒地很多，司土甘左迦擅自作主将荒地赠予他人，无人能加以阻止。至于王室所有之土地，由其直接派人管理，地方政府只能给予“照料”。

威德宏大、伟大之国王陛下敕谕，致州长索阇伽谕令如下：

今有司土兼御牧卢达罗耶上奏，此地奥古侯寺主之领地，有一男子在特罗县欠款二十目厘。当汝接到此楔形泥封木牍时，应即刻亲自详细审理此案。若原先作过判决，应维持原判决，若不能澄清此案，应速将彼等押送皇廷。(393 号)[1]

……在阿迟耶摩县有众多土地，该领地人一再向余报告，司土甘左迦不懂管理，将荒地赠予他人。……他人耕种县属土地，却让余私有庄园交纳 maka 及 ogana 税，殊不合法。(713 号)[2]

人皆爱慕、长命百岁、貌似天神之大州长索阇伽：大太子太侯鸠波苏陀……兹致函如下：以前余之领地诸人由汝照料。现仍全部由汝照料。税收在汝处征收。(307 号)[3]

政府所有之公田，国王可以赐给臣下，成为私有土地，但处此干旱地区的灌溉农业，浇水极端重要，水源为政府控制，须交纳水费，方可耕种：

莎阇地方的一块田已给州长黎贝耶使用，但未提供水和种子。该田地系天子陛下所赐，为汝私人所有。汝处若有关于水和种子之事的任何亲笔信，或有内具详情之谕令，应找出送来。若无此类文件，汝得先交纳水和种子的费用，才可在此耕种。此外，据诸长老所云，当年沙尔比伽在此居住时，由彼提供土地，由莎阇人提供水和种子，合作耕种，汝等可商议依此办理。(160 号)[4]

对于数量不多的小块私有土地，鄯善国王廷及各级政府是承认其所有权并给予合法保护的，谁也不能违法侵占；若有强占他人土地之

[1]林梅村：《沙海古卷》，第 108 页。
[2]林梅村：《沙海古卷》，第 316 页。
[3]林梅村：《沙海古卷》，第 294 页。
[4]林梅村：《沙海古卷》，第 281 页。

事发生,政府会立即予以追究,依法查处:

威德宏大、伟大之国王陛下敕谕,致州长索阇伽谕令如下:

今有叶波怙上奏,沙门众吉将彼之一座葡萄园和一块耕地抵押给他人。汝应亲自详细审理此事,确认该葡萄园和耕地是否已被抵押,该葡萄园和耕地为叶波怙之私有财产,彼不得放弃。该葡萄园和耕地为私有财产,彼应归还,倘若并非如此,应依法作出判决,汝若不能澄清此事,应将彼等押送王廷,在此裁决。(473号)[1]

威德宏大、伟大之国王陛下敕谕,致州长索阇伽谕令如下:

今有鸠元格上奏本廷,克尼伽(之子)苏耆伽现将彼之耕地无理强占。当汝接到此楔形泥封木牍时,应即刻亲自详细审理此案,确认该耕地是否为彼私人所有,苏耆伽是否将其无理强占。和以前一样,该耕地若属鸠元格私有,应归还给彼。苏耆伽不得违法无理占有。若有争执,应依法作出判决。汝若不能澄清此事,速将彼等拘捕,送至皇廷,在本廷裁决。(235号)[2]

为了保护私有土地,并使之依法承担租税,避免发生纠纷,对于地界的划分,鄯善王廷颇为重视。管理有关事项,是司土的职责范围,所以在国王致州长第陀伽的谕令中,专门提到:

彼等正向诸司土呈明左迪、布罗和司税僧卢韦耶三人之地界划分……伏伽和黎贝耶业已挖成一条界沟。(37号)[3]

汉代以后,随着中西交通的畅达和丝路贸易的频繁,塔里木盆地各绿洲城国土地买卖之风兴盛,只是由于货币经济尚未充分发展,而往往以物物交换之形式出现:

兹于伟大之国王、上天之子第都伽·阿买克(Amkvage)在位之28年11月13日,Sramamna阿塔莫之两子菩地及次子菩达耶愿将4 Apoira之葡萄园1所及另1块在misi地内之letga Kuthaia

---

[1]林梅村:《沙海古卷》,第118页。

[2]林梅村:《沙海古卷》,第75页。

[3]林梅村:《沙海古卷》,第51页。

地出卖。总共为5块地。阿难陀购买该5块地,付地价金币1枚,另付2穆立,以后又付12穆立。双方在此公平之条件下达成协议。买卖双方皆很满意。此文件根据菩地及菩达耶之请求在凯度多僧伽比丘之面前所立。证人为僧人菩达罗支,僧伽之长老……此文件系由余司书阿钵吉耶奉僧伽比丘及菩地和菩达耶之命所写……期限无限。(419号)[1]

……有一人名鸠伐耶(kuvaya)系(tasuca)奥祇耶之子,另有一人名阿祇犀耶及其诸兄弟米多洛摩(metroma)、支毕多伽(cipitga)及牟达乌蹉(mudhaütsa),彼等原籍皆系阿夷耶摩村。现阿祇犀耶及其兄弟愿将土地卖给鸠伐耶。该地能种2米里马 out hiye。鸠伐耶出价 Agiltsa 骆驼1峰。双方在此公平的条件下达成协议。下列证人皆知该事。诸执政官中有凯耶……此文件系由余莫特伽之子司书莫吉耶所写,其时限长如生命。(420号)[2]

……耶吠村有一名男居民名阿钵注,彼愿将土地出卖,该地由莱吉耶购买。该地能种1米里马10希籽种,给价价值30穆立之三岁马一匹,已由卖主收讫。双方在此公平的条件下,当诸执政官凯特耶及毕特耶之面达成协议……。(495号)[3]

在诸多的土地买卖文书中,从例举的这3份契约可以看出,这种买卖或交换行为完全是出于当事人的意愿和需要,并非接受官方的指示。以官方身份出现的执政官只是起行政监督或见证作用;而有时德高望重的僧侣,在双方签约时,也能充当这样被信赖的见证人。由于当时于阗、鄯善一带,以所播籽种的数量计算土地面积,所以难知其准确亩数。不过总的看来,土地买卖的数额不大,反映当时由个体农户垦殖出来的小块耕地经营分散,受劳力和水源的限制,以小土地所有者为

〔1〕王广智译:《新疆出土佉卢文残卷译文集》,中国科学院新疆分院民族研究所1979年编印,第110页。

〔2〕王广智译:《新疆出土佉卢文残卷译文集》,中国科学院新疆分院民族研究所1979年编印,第111页。

〔3〕王广智译:《新疆出土佉卢文残卷译文集》,中国科学院新疆分院民族研究所1979年编印,第25页。

多。从另一部分契约我们还可以看出，当地生态环境恶化，干旱缺水，生产不振，贫富分化，土地兼并呈现剧烈之势：

有男人达摩沙，另一人司书罗没索蹉，双方在此干旱和饥馑之时达成一项买卖。彼等皆系耶吠村本地人，达摩沙愿将共有7 avaoira之葡萄园1所卖给司书罗没索蹉，给价6手长之地毯1条，Kavaji 1条，绵羊2只，谷物1米里马。双方在此公平条件下当执政官毕达耶、迦罗没蹉之面达成协议。(581号)〔1〕

有一男人名叫莫伽多之探子，彼愿将能种1米里马10希adimni籽种之akri地1块卖给司书罗没索蹉。得价价值12穆立之13手长之地毯1条，故司书罗没索蹉对该地有权播种、耕作，作为礼物赠送他人，为所欲为。(579号)〔2〕

不断买地的司书罗没索蹉是当时横行乡里的暴发户。作为地方胥吏，他利用手中拥有的权势，大肆搜刮。仅在佉卢文资料中，他通过巧取豪夺的手段，买得土地和奴隶的文书就有10余件。当时，社会生产关系正剧烈变动，奴隶买卖虽常有出现，但奴隶地位已非昔比，尽管他们的苦难依旧深重，却已不再是可以任意杀害的一无所有的"会说话的工具"。奴隶有自己的生产资料和微薄的财产，有时也能参与土地买卖等经济活动：

盛德宏大、伟大之国王陛下敕谕，致州长索阇伽，谕令如下：

今有税监黎贝上奏本廷，苏耆耶趁彼之奴仆帕陀耶遇难之机，将其2头ambila和1匹马带走，当汝接到此楔形泥封木牍时，务必即刻根据国法对此案和誓约、证据一起详细审理。倘若确实如此，该苏耆耶曾将其拿走，彼要归还这些私有之物；倘若并非如此，汝不能澄清此案，应将彼等关押，送至王廷，再作裁决。(33号)〔3〕

〔1〕王广智译：《新疆出土佉卢文残卷译文集》，中国科学院新疆分院民族研究所1979年编印，第155页。

〔2〕王广智译：《新疆出土佉卢文残卷译文集》，中国科学院新疆分院民族研究所1979年编印，第153页。

〔3〕林梅村：《沙海古卷》，第49页。

兹于伟大国王、上天之子第都没伽·阿没瞿伽陛下在位之34年2月24日,kori牟啰德耶及罗没索蹉达成一项协议。罗没索蹉曾向牟啰德耶之诸奴隶买地。该地已由罗没索蹉付给报酬,价款potgorlena酒1米里马及vito马1匹必须归回。[此地]已由牟啰德耶交给罗没索蹉收取,关于此事,kori牟啰德耶现已允许罗没索蹉今年开辟葡萄园及耕种该地。(574号)[1]

苏耆耶趁奴仆帕陀耶遇难之机,将其牲畜夺走,政府依法追究,这说明作为奴仆的帕陀耶已有私人财产,而鄯善国法律是承认并保护奴仆的私有财产的。在法律上,奴隶已经有着一定的地位而不是完全为其主人的附属物。正因为经过分化有些奴隶已经有着一定的财产和社会地位,所以在574号文书中,奴隶才能够参与土地买卖,而不是只受主人支配的毫无发言权的"工具"。按照常规,奴隶社会里的奴隶,一无所有,终生为其主人做牛做马,甚至其子女亦遭受同样悲惨的命运。但在当时的鄯善并非如此。在327号文书中,"caru楼色都及齐摩耶之名为阿僧那之奴隶将misi地中之十三kuthala卖给阿注那耶之奴隶柯啰斯。售价为价值10(价格单位)之牝牛一头。以后又给价值5单位之kojava(粗地毯)一条作为atga价格,售价累计共为十五[单位],于是双方在执政官面前达成协议"[2]。这件佉卢文书说明,两个奴隶在交换土地时,不仅得到了主人的许可,而且也得到了官方的批准,受到法律的保护。奴隶拥有自己所有的小块土地,已是普遍的受到社会公认的事实。从上述种种迹象看来,随着社会经济及人们生活状况的变化,社会生产关系正面临着变动。奴隶作为被压榨的群体,其内部也发生着明显的分化:有的仍处于水深火热之中,有的则已拥有财产和一定的社会地位。前者即使处境艰难,但已成为封建制下的农奴,而不是一般意义上的奴隶。反映这种社会生产关系变革的迹象,最值

[1]王广智译:《新疆出土佉卢文残卷译文集》,中国科学院新疆分院民族研究所1979年编印,第149页。

[2]王广智译:《新疆出土佉卢文残卷译文集》,中国科学院新疆分院民族研究所1979年编印,第80页。

得注意的是在农业生产中租佃关系的出现：

……因莱比耶在凯度多，凯提沙·德昆村已接受能种4米里马籽种并与伐没都村相毗连之地……当莱比耶耕种该地时，应送此酥油2希，作为地租。(496号)〔1〕

余在该处之可耕地确实未给任何人耕种。因此，余现已在此向莱比耶收取地租，故该可耕地现由莱比耶随意耕种。(498号)〔2〕

上述租佃关系之租额究竟多少，缺乏具体确凿的记载，但可以肯定，除正常地租外，额外勒索亦是常有的事。358号文书中的地主昆诃罗伐犯罪关押期间，还要强令佃户经常提供酒肉，供自己挥霍享受，就明显地说明了这点。

根据史书记载，塔里木盆地龟兹、焉耆、于阗诸绿洲城国，"赋税准地征租，无田者则税银钱"。从佉卢文书的有关内容来看，事实也正是这样。赋税的数额根据耕地的面积计算。由于当时该地货币流通尚不广泛，故以缴纳实物特别是谷物为主。在291号文书鄯善王向州长勤军的敕谕中，曾有这样的内容："前曾从汝处征收 kuv'ana 谷物三百五十弥里码，因知悉彼等将此税[三分之]一带至扜泥，所以现派司税波尔柯陀来汝处，当此诏书到达汝处时，应即刻从速征此项谷物。"〔3〕在309号致州长索阇伽的谕令中，也有同样内容："以前管理汝州者，一直交一百五十弥里码 koyimamdhina 谷税，自汝管理该州以来，该项谷物迄今尚未送来，冬天本廷曾颁布一道谕令，命汝将谷物送至且末。"〔4〕鄯善王国政府每年都要核定各州、县的税收任务，称为年税，按时缴纳，以谷物为主；同时，他们还向各地征收畜产品，搜刮大量牲畜（以骆驼、绵羊为主）、酥油、毛毯、绳索、毛毡等等。各种税收名目繁多，发向各

〔1〕王广智译：《新疆出土佉卢文残卷译文集》，中国科学院新疆分院民族研究所1979年编印，第125页。

〔2〕王广智译：《新疆出土佉卢文残卷译文集》，中国科学院新疆分院民族研究所1979年编印，第126页。

〔3〕林梅村：《沙海古卷》，第86页。

〔4〕林梅村：《沙海古卷》，第90页。

级税吏勒令征税之文书急如星火，这也反映了在绿洲农区，牧业有重要地位，政府财政亦赖以充裕：

务必速将所有税收全部上交税吏僧迦贝耶，和往常一样要计入一头橐驼。(42号)[1]

汝等曾派波耆陀来此征收毗陀县处之税收。去年彼已征收到三年之税，收绵羊十八只，今年彼等已将全年税收绵羊六只带至打泥。(162号)[2]

兹将阿夷耶摩县税收统计如下：酥油、绵羊、毛毯、arnavaja、地毯、绳索、毛毡、camdri 及 kammamta，另有 maka ogana、croma 及其它一切税收。(714号)[3]

从有关资料看来，税收的来源和征税的依据，主要是土地。包括官田以至王(皇)田在内的田地，都要征收年税，这是鄯善王立下的制度：

威德宏大、伟大之国王陛下敕谕，致州长第陀伽和督军伏陀谕令如下：和以前一样，汝处叶吠县诸领地之年税，每包谷物按十五弥里马统计。(468号)

……汝正在侵吞汝自己田园应交之规定税收，并不告知……其它人之税收……(211号)[4]

(致 cozbo 索没阇迦)

国王陛下等等……：

从前汝处摩辛那之年税由 tuguja 苏陀娑那及 yatma 阿科(Aco)两人从人民之私有地产(kilmeciyana)征收，皇家土地亦征税，当汝处接此楔形文书及印信，此税立即全部交 yatma 阿科……(374号)[5]

---

[1]林梅村：《沙海古卷》，第53页。

[2]林梅村：《沙海古卷》，第282页。

[3]林梅村：《沙海古卷》，第316页。

[4]王广智译：《新疆出土佉卢文残卷译文集》，中国科学院新疆分院民族研究所1979年编印，第51页。

[5]王广智译：《新疆出土佉卢文残卷译文集》，中国科学院新疆分院民族研究所1979年编印，第97页。

各级政府征税主要依据纳税人拥有的耕地和牲畜，这反映了鄯善诸地农牧兼营的特点。与中原一样，当地除土地税和牧业税外，亦有人口税的征收。根据不同居民的身份，有妇女税、沙弥税等税收名称，至于其他名目繁多的苛捐杂税，亦常出现在文书中，如酒税、苏克酒税以及饲料、柴火等等都要征税。既有妇女税，肯定就有丁男的赋役：

司土黎贝……上奏说，毗陀县柯尼陀和摩施迪伽之百户中丁男拒不赋役。原有法律规定，丁男须赋百户之役，女子不赋领地之役。(46 号)[1]

所谓法律规定“丁男须赋百户之役”，是指的哪些差役或力役，我们不得而知。鄯善王国由于人口稀少，政府中各种相当于胥吏的低级职务，都以差役形式，分派给居民承担，如 439 号文书国王的敕谕声称：

今有怖军上奏，彼已收到王妃之母牛，彼现为叶吠县之牧羊人，同时又是 Kuv'ana 谷物之司税，现又将皇家母牛交给彼，此人身兼五职，殊不合法。(439 号)[2]

像这样抱怨或申斥兼职太多也就是差役太重的文书，经常出现，而对各种差役，政府之要求亦非常严厉苛刻，

毗陀县去年及今年之欠税须全部交此二人送来。若汝不如期送到而在途中被劫，汝税监黎贝耶要从自己私人之庄园中如数赔偿。(163 号)[3]

由于干旱缺水、生产不振、赋税繁杂，人民难堪重负，所以在鄯善王的谕令中，催索欠税的内容，往往急如星火、严峻苛刻，反映了这个绿洲王国面临艰难的遭际。塔里木盆地诸绿洲城国社会经济情况大同小异，上述佉卢文书资料，反映了他们在 3—4 世纪前后的土地制度和赋税徭役的基本内容和特点。至于有关制度的全面内容、租税赋役的具

〔1〕王广智译：《新疆出土佉卢文残卷译文集》，中国科学院新疆分院民族研究所 1979 年编印，第 55 页。

〔2〕王广智译：《新疆出土佉卢文残卷译文集》，中国科学院新疆分院民族研究所 1979 年编印，第 115 页。

〔3〕王广智译：《新疆出土佉卢文残卷译文集》，中国科学院新疆分院民族研究所 1979 年编印，第 284 页。

体数额，由于缺乏资料，现尚不得而知。农区如此，天山南北的牧区情况，有关史书的介绍，就更罕见而只是只言片语了：

国无常赋，须则税富室商人，以充用焉。[1]

其征发兵马，科税杂畜，辄刻木为数……虽迁徙无常，而各有地分。[2]

在牧区由于迁徙无常的游牧生活以及文明程度的制约，赋税徭役很可能没有经常正规的制度，各部应当时的需要而征发。

通过上述，我们可以了解到，塔里木盆地社会经济发展的一些基本轮廓。

在此生产关系发生根本变革的过程中，如果说公元3—4世纪此地已经出现租佃制的话，那么在吐鲁番盆地，由于接受中原的影响，以租佃制为标志的封建经济结构，至5世纪时发展得就更为充分。根据出土文书有关内容分析，5—6世纪的高昌，持有百亩以上土地的大庄园主较少，大量的是具有自由民身份的小土地持有者。"在自由农民中间，小土地持有者的比例更大，达到总数的65%以上。"[3]这些小土地持有者，依靠数量甚少的土地，并不能解决全家的温饱，必须租佃土地、出外打工或从事其他副业，以维持生计。对高昌的土地与赋税情况，《周书·高昌传》里曾有简略介绍："赋税则计输银钱，无者输麻布。"近年不断发现的出土文书，则为我们提供了较为具体的资料。吐鲁番盆地原系汉代的屯垦中心、戊己校尉的驻地，曾存在着大量的以公田形式出现的屯田。这种以军屯为主的屯田制度，尔后一直延续未废。十六国时期（317—420），高昌有大量屯田。在460—640年的高昌国时期，各地仍广泛垦殖，并设置屯田机构。除了遍及州县的公田外，还有大量分散的为民占有的私田，在《北凉承平年间（443—460），高昌郡高昌县赀薄》中，有这样记载：

[1]《魏书·吐谷浑传》。

[2]《周书·突厥传》。

[3]宋晓梅：《试论高昌郡、国时期的自耕农与庄园经济》，载《吐鲁番学研究》2004年第1期。

潘靖等户赀簿

潘靖常田六亩

桑三亩　卤▭

得道人昙普桑二亩半

赀合八十斛簿后别

▭六亩蒲陶五亩半

（后缺）

孝敬里冯法政等户赀簿……

冯法政　常田四亩

赀合十二斛

符震弘常田七亩半

石田九亩　蒲陶三亩半

田地桑二亩　田地常田卅亩

田地郡下卤田廿二亩

得廉愿田地桑二亩

得田地道人僧威常田▭

得王整田地桑一亩空地▭

□张慈桑一亩半[1]

既有大量私田的存在，所以不管以任何强制形式，人们对官田的耕作，多缺乏热情，而忙着自己那块田地的耕作：

都乡啬夫被符征发役作文书二

（前缺）

[1]▭令狐玩▭

[2]右五家户作次，逮知为官种芜荒▭

[3]▭应□罪▭

[1]沙知、孔祥星：《敦煌吐鲁番文书研究》，第29页。

（后缺）[1]

“五家户”在带有军队色彩的乡里基层组织的控制下，对不积极耕种官田的民户，虽仍可加罪，但只是官样文章，难以真正落实。而这时对占有土地的民户，造册设置赀簿、征收赋税，实际上也就是政府承认私田存在的合法性。

为计算百姓财产以便征收赋税，在高昌赀簿中，对各户所占有的土地都有详实记录。作为财产的标志，当时主要是人们对土地的占有情况。反映人们财产即私田占有状况的不仅有土地的数量，而且有土地的质量。不同的土地名称，就是质量的体现。根据土地的土质、水源等条件，在赀簿中记载有常田（一年可种两造的良田）、潢田（地势低洼容易积水的田地）、石田（地多碎石沙碛的低产田）、卤田（盐碱地）、无他田（无其他灾害、变故可长期耕种的稳产田）、沙车田（靠近沙漠易受沙害的垦田）等。十六国时期统治高昌的五凉政权不断更迭，在北方游牧民族的侵扰下，情况更加复杂多变，直到公元6世纪麹氏王朝建立后，吐鲁番才进入相对的稳定阶段。一批批不同身份的人员从内地主要是河西地区涌入，吐鲁番的社会经济包括土地占有情况也一再发生变化。比如依据当地生产特点、田地质量划分土地等级的称谓，前后也都不同。麹氏高昌时期，石田、沙车田、无他田的名称，皆已消失，习见的则是常田、潢田、部田、厚田、薄田之类。这些名称不同的土地，质量相差悬殊，承担的赋税劳役也差别很大。1亩常田相当于2.5亩厚田、2.3亩部田；1亩厚田则相当于2.4亩薄田。名称的变化和逐渐划一，反映了赋税制度乃至土地制度的变化，已进入相对稳定的阶段。在历史文献及出土文书中，麹氏高昌的农业生产不管是公田、私田，均少有大量奴隶劳动的记载；除耕战结合的军屯外，政府掌管的官田有征发民夫役作的，也有租给民人耕种的。[2] 耕种官田的佃户，实行租税结合的办法，一般每年每亩缴纳3斛谷物。私田也同样如此，实行雇佣制

[1]唐长孺主编，中国文物研究所、新疆维吾尔自治区博物馆、武汉大学历史系编纂：《吐鲁番出土文书》第1册，第90页。

[2]参见杨际平：《麹氏高昌土地制度试探》，载《新疆社会科学》1987年第3期。

和租佃制。土地出租的数量如果以每件契约计，则以公田为多，有的10几亩，最高的达25亩；私田则往往是分散的小额出租，一二亩为常见，少则有一二分地的。从《北凉玄始十二年(423)翟定辞为雇人耕床事》以及其他有关文书可以看出，当时新疆地多人少，劳动力缺乏，所以田主雇人耕作，报酬不算太低。

玄始十二年□月廿二日翟定辞：昨廿一日

顧(雇)王瑞安儿坚疆耕床到申时，得

大绢□疋□今为□与□安

坚二口

□等□可□

□状如前。

(后缺)[1]

根据出土文书，高昌租佃制出现的时间与塔里木盆地南缘大体一致。阿斯塔那62号墓出土的《翟疆辞为共治葡萄园事》[2]，证实至迟在北魏太延二年(436)以前，土地租佃关系在当地已经发生。在上述两件"翟疆辞"中，记载一个破产小吏翟疆，以农耕为生。"□绩葡萄六亩，与共分治。"拥有6亩葡萄园的绩(人名)与家境贫困缺少土地的翟疆"共治"葡萄园，很可能绩以土地所有者的身份出现，参加部分轻微劳动，而只有耕牛、工具的翟疆则充当主要劳力，相当于佃农，所以他们之间虽有部分劳动的合作关系，而更重要的却是主佃关系。同时，在政府所有的官田主要是屯田的经营管理中，也有租佃现象。哈拉和卓96号墓出土的《北凉玄始十二年(423)兵曹牒为补代差佃守代事》，反映了民人任佃调整的情况，显示在兵曹所管的屯田中，亦有主佃关系的存在。5世纪以后，特别在麹氏高昌时期，租佃制在吐鲁番盆地得到充

[1]唐长孺主编，中国文物研究所、新疆维吾尔自治区博物馆、武汉大学历史系编纂：《吐鲁番出土文书》第1册，第39页。

[2]唐长孺主编，中国文物研究所、新疆维吾尔自治区博物馆、武汉大学历史系编纂：《吐鲁番出土文书》第1册，第103页；参见胡如雷：《几件新疆出土文书中反映的十六国时期租佃契约关系》，载《敦煌吐鲁番出土文书研究》，甘肃人民出版社1983年版，第33页。

分发展。现存的出土文书中涉及租佃田、园的契券，即不下百件之多。它们多以夏田的名义出现，有的佃户向地主缴纳粮食，有的则缴纳银钱，后者约占1/2左右。

高昌张永究夏田券

□岁二月五日，张永究从赵祐宣边夏□

□壹亩，到六月□与夏价大

麦粟斛（斛）伍斗，到十□

□伍斗。田中□殊（输）伯（佰）役，仰田主了；渠破水谪，各自承□

□麦粟之日，依官斗中取，使净好，若□

□卷（券）不得返悔，

悔者□罚二入不□

（后缺）[1]

高昌延昌二十四年(584)道人智贾夏田券

延昌二十四年甲辰岁二月七日，道人智贾□

田阿○众边夏南渠常田一亩交与银

钱五文，钱即毕，田即荷（付）。秕（赀）租百役。更（耕）田人

悉不知，渠破水讁，田主不知。二主和同立□□

（后缺）[2]

夏田即租田，由于溉田产量悬殊，所以租价相差极大。《延寿九年(632)曹质汉、海富合夏麦田券》中，租部麦田13亩，亩与夏价即租价"麦贰斛"[3]。《延寿六年(629)郑海俘夏田券》中，租常田4亩则亩

[1]唐长孺主编，中国文物研究所、新疆维吾尔自治区博物馆、武汉大学历史系编纂：《吐鲁番出土文书》第3册，第337页。

[2]唐长孺主编，中国文物研究所、新疆维吾尔自治区博物馆、武汉大学历史系编纂：《吐鲁番出土文书》第5册，第154页。

[3]唐长孺主编，中国文物研究所、新疆维吾尔自治区博物馆、武汉大学历史系编纂：《吐鲁番出土文书》第5册，第240页。

“大麦伍斛，与秋伍斛”[1]。据前例，按每亩夏价麦2斛计算，每斛相当于18市斤，即为36市斤。当时高昌仍用汉制，每亩相当于0.6916市亩。折算下来，部田每市亩租价为麦52市斤，而后例常田租价“大麦伍斛，与秋伍斛”，则一岁两熟每市亩高达257市斤，是当地最高的租额。时高昌正常年景的粮食产量，“谷麦一岁再熟”，“平均每市亩大约在1.5市石，即麦、秋两季各七至八市斗”。[2] 我国精耕细作的传统，已随着中原主要是河西人口的涌入，在吐鲁番盆地开花结果。租额一般为收获物的50%上下，田主负担赋税差役，佃户负担籽种、耕畜、农具。由于此地地少人多，小农土地分散，彼此隔越，生产不便，交错出赁的互佃现象较多，甚至有家贫无力耕种而出租土地的现象。除私田出租外，政府的官田有时亦出租给民人耕种：

高昌延昌二十八年(588)王幼谦夏镇家麦田券

[1] 延昌廿八年戊申岁十二月廿二日，王幼谦从主簿孟俊边

[2] 夏镇家细(佃?)中部麦田贰拾亻(伍)亩，亩与夏价麦贰

[3] 斛柒斗，租在夏价中，☐

[4] 贼破水旱，随大 ☐，

[5] 主先和后卷(券)，券成之后，各不得 ☐

[6] 民有私要，要行二主，各自署名为信。

[7] 时见张忠、苟

---

〔1〕唐长孺主编，中国文物研究所、新疆维吾尔自治区博物馆、武汉大学历史系编纂：《吐鲁番出土文书》第3册，第280页。

〔2〕上列数额计算均参见吴震：《近年出土高昌租佃契约研究》，载新疆人民出版社编：《新疆历史论文续集》。按，吴震先生在《七世纪前后吐鲁番地区农业生产的特色》(载殷晴：《新疆经济开发史研究》[上册])一文中，对高昌时期粮食单位面积产量又作了这样的表述：“根据我们以上推断，高昌时期每亩常田麦季平均可收麦10斛(为便于对比，秋粮收入从略)，当今1.2市石。以万国鼎教授提出的每市石小麦重145市斤计，合174市斤即87公斤……再以高昌一亩当今0.6916市亩计，当时折为市亩的每亩平均产量约为125.8公斤。这相当于1957年同一地区小麦(秋作高粱亦不计)每亩平均产量(60公斤)的1倍多，也相当于目前当地小麦每亩平均单产(150公斤)的84%。”

倩书　张顺和[1]

高昌延昌二十九年(589)董神忠夏田残券

[1]□□卄九年己酉岁正月二日董神忠从主簿孟俊边

[2]□　　　　亩,亩与夏价小麦贰斛柒斗

(后缺)[2]

结合其他文书分析,此镇家当指设在高昌县的永安镇,镇方的代表即是(屯田)主簿孟俊,镇家佃作官田,亦按亩输租,"租在夏价中"。

时麴氏王朝为了稳定农业生产,使耕作公田的农户,有基本生活的保证,接受中原均田制的影响,也曾局部实施过授田的办法。重光年间(620—623)由兵部、吏部官员联署的文书,就曾有张prot子不同户别的八丁,"依官限占",每口授田5亩的记录。[3] 麴朝各级政府能直接支配的只是包括屯田在内的公田,对于私田如塔里木盆地各绿洲城国一样,主要是执行有限的管理职能,如在各地盛行的土地买卖中,都必须依惯例办理政府的批准手续,转移规定的赋税劳役。由于气候干旱,政府对农业生产的调控,实际上更重要的是对水资源的管理分配。

对于赋税徭役的征发,经常的定额是以田亩为依据,即根据占有土地的数量按质计算其赋税和劳役的负担。如《北史》所载,"赋税则计田输银钱,无者输麻布"。耕种公田的民户,按亩每年向政府上交3斛左右(如上列文书为"贰斛柒斗")粮食,作为租税合一的"夏价"。每亩私田向政府缴纳的租税约2—3斗。哈拉和卓91号墓出土的《田亩出麦帐》载:"亩麦三斗七升",很可能就是租税账的数字。租佃制盛行的高昌,佃户向田主上交的夏(租)价中,也就包括了向国家缴纳的租税在内。寺院田亩的租税较轻。阿斯塔那377号墓出土的《高昌乙酉、丙戌岁某寺条列月用斛斗帐历》说明,这所规模不大的中等寺院,

[1]唐长孺主编,中国文物研究所、新疆维吾尔自治区博物馆、武汉大学历史系编纂:《吐鲁番出土文书》第3册,第359页。

[2]唐长孺主编,中国文物研究所、新疆维吾尔自治区博物馆、武汉大学历史系编纂:《吐鲁番出土文书》第2册,第360页。

[3]唐长孺主编,中国文物研究所、新疆维吾尔自治区博物馆、武汉大学历史系编纂:《吐鲁番出土文书》第5册,第51页。

占地约70亩，十一月输租麦6斛，次月输租粟16.5斛，折算共输麦17斛，相当于每亩输麦约2.4斗。吐鲁番盆地历来盛产葡萄，“多葡萄酒”，所以还有以酒纳租的地方规约，其性质亦属田租。在麴氏高昌时，1亩常田每年上交租酒3斛[1]，与佉卢文书所载塔里木盆地南缘的酒税不相上下。

除了实物税以外，在商品经济比较发达的吐鲁番地区，计亩输银钱也是田赋中的一项重要内容，经济效益显著的葡萄园不仅以银钱纳税，而且税额也比一般田地高：

高昌将显守等田亩得银钱帐

……麴郎文玉陆拾步，得银钱贰文；康悽□

得银钱壹文；赵贤儿陆拾步得银钱[壹]□

翟憙儿叁拾步，得银钱壹文；赵信惠□

得银钱壹文；令狐欢相陆拾步，[得]□

赵洛愿陆拾步，得银钱贰文；海惠师半亩叁拾步，得银□

究居

陆拾步得银钱壹文；索僧伯陆拾步得银钱壹文……[2]

上列以银钱交纳之田税，按田地质量分为两种：一为每亩8文，一为每亩4文。按当时粮价，亩纳4文相当于麦4斛或粟5斛，亩纳8文即又增加1倍。此超出常情的租税额，可能系租税合一的公田，种植经济效益高的特产者，否则纳税户难以负担这样重的税额。在出土文书中，还有一种税额不大的账单，是以银钱交纳附加税的。如《高昌延寿八年(631)隆质等田亩出银钱帐》所载，一组若干户合约50亩土地，纳银钱2文，折合麦粟每亩约纳4升左右，当非固定的正税，而为按亩附加的税额。高昌常受北方游牧民族的侵扰，财政窘困，所以临时征收之赋税较多，有名目繁多的田亩附加税及其他杂税。如《高昌某寺条列

[1]唐长孺主编，中国文物研究所、新疆维吾尔自治区博物馆、武汉大学历史系编纂：《吐鲁番出土文书》第5册，第157页。

[2]唐长孺主编，中国文物研究所、新疆维吾尔自治区博物馆、武汉大学历史系编纂：《吐鲁番出土文书》第4册，第68页。

粮食帐》中，记载之"大调麦拾究（九）斛（斛）"[1]，名称为"调"，实际即系田亩附加税。高昌各种差役，主要以田亩为征发依据，如常见的租佃契约所载："资租百役，仰田主了。"计田承役，既取决于田亩的面积，亦取决于田地的质量。常田与厚田，一亩承一亩役，薄田则二三亩承一亩役。当时高昌徭役繁重，民户以及寺院除按田亩负担差役外，计丁分派差役，亦属常见，政府征发丁壮承担运输任务的丁输非常普遍。有户籍而经商的丁壮需服商人役；外地寄居高昌的流动人口，则要服羁人役。俗役和道役稍为有别。出家的僧众较民户负担略轻，但难以免除赋役。国小僧多的高昌以及其他绿洲城国，财政所以能够维持，此为重要原因。

唐武德七年（624）颁布均田租庸调法。贞观十四年（640）唐平高昌后，在积极推行均田法的基础上，以人丁为本的赋役制度——租庸调法亦贯彻执行。《唐律疏议》卷13载："依《赋役令》，'每丁，租二石，调絁、绢二丈，绵三两，布输二丈五尺，麻三斤，丁役二十日'。此是每年以法赋敛，皆行公文，依数输纳；若临时别差科者，自依临时处分。"[2]按照这一规定，每丁每年纳租粟2石；调则随乡土所产，每年交纳绫（或绢、絁）2丈、绵3两，不产丝绵的地方，则纳布2丈5尺，麻3斤；丁役20日，若不役则收其庸，每日折绢3尺。如果政府额外加役，15天免调，30天租调皆免，正役和加役总数最多不得超过50天。赋役令还规定，遇有自然灾害，10分损4以上免租，10分损6以上免调，10分损7以上课役俱免。妇人及奴婢、部曲课役也全免。赋役令中担负赋税的丁，按唐初规定："男女始生者为黄，四岁为小，十六为中，二十一为丁，六十为老。"[3]至天宝三年改"以十八为中男，二十二为丁"。上述吐鲁番出土的户籍残卷上，在姓名、年龄之下，注明有"小男"、"小女"等字样，即指未成年免纳租庸之意，而"丁寡"则指成丁妇女免纳租

〔1〕唐长孺主编，中国文物研究所、新疆维吾尔自治区博物馆、武汉大学历史系编纂：《吐鲁番出土文书》第3册，第208页。

〔2〕《唐律疏议》卷13。

〔3〕参见《旧唐书·食货志》。

庸之意。除此之外还有“课户”、“不课户”,“见输”、“见不输”,民户中受勋的勋级,等等。

唐朝赋役令还规定,五品以上高级官僚及王公亲属都可按品级在规定范围内免除赋役。六品以下、九品以上的中下级官吏以及宿卫的府兵,可免除本人的课役。所以在户籍残卷中,常有表示某人身份的说明,如职资、品子、卫士等等。从《唐天宝三载(744)西州高昌县勘定诸乡品子、勋官见在、已役、免役、纳资诸色人名籍》可以看出,免税役的人口,要经过县一级官府认定。租庸调每年秋收后,由县尉负责征收。像西州这样的边远地区,租粟则送交安西都护府作为军粮调拨使用。当时西州居民应向州县政府交纳赋税的钱物数,可以从下列文书中得知部分情况:

唐开元一三年(725)西州未纳征物牒

(前缺)

……

□ 邓大方。典宋睿芝、孙玄玮、康才感。

玖斗贰胜。练布毡屟　　索杂物等。

□ 肆尺。钱壹佰壹拾叁贯叁伯文。

□ 十石二斗粟。

□ 一石七斗二升麦。

□ 卌七匹二丈大小练。

□ 疋九尺生□。

□ 十三端三丈五尺布。

□ 十四领毡。

□ 十九条索

□ 屯　绵。

□ 一十三贯三百文钱。

□ 五十五事毡屟杂物。

□ 贯三百文

州征所状,注所由高昌县欠。

……

□□□□四贯文。

已上准前状,注所由　柳中县。

□□□□前状,注所由蒲昌县

□□□□疋二丈。所由高昌县。

□□□□十三端三丈五尺。毡十四领。

□□□□户曹王道忱欠未纳。

□□□□四升。

所由里正范行忠。

□□□□斗八升。

所由里正宁和才

□□□□一十石二斗。　已上所由里正牛慈惠。

□□□□由里正马善积。

□□□□物。所由李义、康宝、焦藏等欠。

□□□□典曹忠顺。

□□□□三斗。

今日得李玉状,并纳了。

□□□□月十六日、衔奉处分、并限

□□□□上、依检上件数未纳□

……

牒件状如前、谨牒

开元十三年

州征物□□□□[1]

唐朝租庸调法在西州执行时,因地制宜,也有若干具体规定。时西州棉布生产已相当普遍,按规定它在当地不仅可以代替麻布,而且可以代替谷物输纳赋税。《唐宝应二年(763)西州高昌县周义敏纳布抄》

[1][日]池田温:《中国古代籍帐研究》,龚泽铣译,第353页。

中,即有"周义敏纳三月番课緤布壹段"[1]的内容。《唐年次未详西州租田课布历》中,就是以布代替租谷上交的。以緤布代番与内地以绢代役或以绢折役称之为"输庸代役"相同,反映了当时西州大量生产的棉布有着广泛的用途,在居民课役中起着重要作用。"庸緤"已成为当时社会生活中通用的名词。

唐朝前期实行的课役征敛主要是租庸调制,这是正税;同时,逐步发展成为辅助税的还有户税和地税,这在西州也曾征收,并且越来越显得重要。唐征户税正式始于武周长安时期。《中国古代籍帐研究》中的《唐开元年代(728)西州高昌县武城乡人田门孔辞》,称为大税、小税的即系户税。《唐六典》有三年一大税,每年一小税的记载。当时按资产等条件将户分为九等,户税按户等征收,税率由政府颁布。吐鲁番出土文书中即有开元天宝年间的户等簿账。民户按资产分等,土地、房屋、车牛、存粮都计算在内。如《唐开元二一年(733)—二月西州蒲昌县九等定簿》中,残存的4户下上户,登记的内容为:

户韩君行年七十二

老　部曲知富年廿九　宅一坵　菜园坞舍一所　车牛两乘　青小麦捌硕　床　粟肆拾硕

户宋克儁年十六中　婢　叶力年卅五丁　宅一坵　菜园一亩　车牛一乘　牸牛大小二头　青小麦五硕　床　粟拾硕

五品孙　老

户范小义年廿三　弟思权年十九　婢柳叶年七十　宅一坵　床　粟拾硕

卫士　白丁

户张君政年四十七　弟小钦年廿一　赁房住　床　粟五硕[2]

在西州按资产分等的户税既纳钱也纳柴:

〔1〕〔日〕池田温:《中国古代籍帐研究》,龚泽铣译,第444页。

〔2〕〔日〕池田温:《中国古代籍帐研究》,龚泽铣译,第368页。

唐天宝三至四载(744—745)交河郡高昌县

周通生、周祝子纳税抄

周通生纳天宝三年户税

蓟柴贰拾束,其年正月五

日,里正李德抄

(余白)

周通生纳天宝三载后限税钱壹伯壹拾

陆文其载七月二日,典魏立抄。

(余白)

……[1]

既要纳钱又要纳柴,这是古代新疆各地政府赋税的一大特色。不仅西州如此,于阗等地也是这样。文书记载“后限税钱”,说明纳税期限有前后两次。地税是按田亩数量征收谷物的税目。唐贞观年间曾规定,所有人等,上自王公贵族,下至黎民百姓,按所种田地,每亩纳粟2升,作为义仓粮,存贮州县,以备荒年救灾。高宗永徽二年(651)改变按地征税的办法,分9等户出粟。玄宗开元以后,综合前朝经验,从王公至一般百姓,每年每户据所种苗顷亩造青苗簿,每亩别税粟2升,称为义仓粮;无田或少田户则按九等税粮。上上户税5石,上中户以下递减1石,中中户1石5斗,中下户1石,下上户7斗,下中户5斗,下下户和逃亡户以及其他特困户不征。地税随着社会情况的变化,在政府财政收入中所占比重不断上升,在西州执行时税率比中原尤重。

唐永淳元年(682)西州高昌县下太平乡符为

百姓按户等贮粮事

高昌县

上上户户别贮一十五石　上中户户别贮一十二石

上下户户别贮一十石　中上户户别贮七石

中中户户别贮五石　中下户户别贮四石

[1][日]池田温:《中国古代籍帐研究》,龚泽铣译,第440页。

下上户户别贮三石　　下中户户别贮一石五斗

下下户户别贮一石

太平乡主者，得里正杜定护等牒称，奉处分令百姓各贮一二年粮，并令乡司检量封署，然后官府亲自检行者下乡。令准数速贮封署讫上，仍遣玄政巡检者，令判准家口多少各贮一年粮，仍限至六月十五日已来了。其大麦今既正是收时，即宜贮纳讫速言，德即拟自巡检。今以状下乡，宜准状符到奉行。

主簿判尉　思仁　　　　　佐　朱贞君

史

永淳元年五月十九日下[1]

政府打着义仓储粮、荒年赈灾的旗号，实际上已成为地税，是官府的一项重要的财政收入。从高昌县下达太平乡征税的数额看，比国家规定的征收标准要高。唐朝规定上上户的税额为5石，西州高昌县实际征收的是15石；下下户原可免征，高昌县下达太平乡的指令系征收1石。这可能与当时粮食丰产、唐平定西突厥军粮匮乏有关。

除了上述赋税外，百姓还要服杂徭和色役。杂徭是与租庸调并列的一种临时性的劳役。服正役的称丁，服杂役的称夫。正役由丁男(21—59岁)承担，杂徭则除丁男外还征发中男(16—20岁)。由于杂徭系由地方政府据需要临时征发，所以服役的项目各地不尽相同。吐鲁番阿斯塔那35号墓出土的四角官萄役夫文书说明，当时被征发在官府葡萄园中劳动的人夫，就是西州杂徭带有地方特点的项目。杂徭没有固定的期限，一般每年不超过39天。按《武周圣历元年(698)前官史玄政牒为四角官萄已役未役人夫及车牛事》[2]所载，筹划并主持这次役作的是前官史玄政。他在武周圣历元年十月某日向州呈报四角官府葡萄园所作防冻措施，包括抽枝、覆盖、踏浆，并收拾残枝、埋柱等

〔1〕唐长孺主编，中国文物研究所、新疆维吾尔自治区博物馆、武汉大学历史系编纂：《吐鲁番出土文书》第7册，第392－399页。

〔2〕唐长孺主编，中国文物研究所、新疆维吾尔自治区博物馆、武汉大学历史系编纂：《吐鲁番出土文书》第7册，第448页。

一系列劳作的简况:原计划需人夫96人,人各役5日,实到77人,并附有役夫名籍等等。看来这所葡萄园的劳役,事先由主管人员造有预算,然后征发人夫,役期同其他杂徭一样为5日,凡已役未役者录名簿备查并申报州县。由此可见,西州当时官田劳作的征发制度相当完备,在唐代前期所谓杂徭,也还是有一定制度约束的。

唐代的色役制度也曾在西州推行,史籍记载简略,出土文书使人们了解到这项制度在西州以至在全国执行的具体情况。所谓色役,系指各种有名目(即色)的职役和徭役。担任某种色役的人可以免除课役或免除正役、兵役及杂徭。在西州地区,具有资荫的五品以上官子孙及品子(指六品以下官的子孙和勋官三品以下五品以上子)、勋官(指以军功授勋的人)承担的色役较少,由白丁(指没有功名的人)充任的色役较多。如供州县官役使的有白直、执衣,供镇戍官役使的有仗身等,多数由服役人交钱代番,叫做纳课,这样他们就可以逃避正役、兵役及杂徭。《唐天宝三载(744)交河郡蒲昌县上郡户曹牒为录申征送郡官执衣白直课钱事》及《唐天宝某载(742—755)交河郡户曹晋阳判为高昌等县申送郡官执衣白直课钱事》,记载了高昌县、蒲昌县为申送白直、执衣课钱,与交河郡户曹的函件往来,说明郡户曹主管此事,征收课钱。对于唐代前期执行的仗身役制,《新唐书·食货志》云:"折冲府官则有仗身……皆十五日而代。……都护府不治州事亦有仗身……皆取于防人卫士,十五日而代。……后皆纳课,仗身钱六百四十。"西州在执行这项制度时,则稍有变通,应服役者以纳钱代替人身役使,代替15日差役的是纳银钱1文。[1] 另外,手工业者也要受官府的征发服役。吐鲁番阿斯塔那210号墓所出《唐西州都督府诸司厅、仓库等配役名籍》,反映了工匠征役的具体情况,其中有木匠、铜匠、弓匠、画匠等等。

唐前期伊、西、庭3州曾全面地贯彻执行了中央所制订的各项赋税

---

〔1〕唐长孺主编,中国文物研究所、新疆维吾尔自治区博物馆、武汉大学历史系编纂:《吐鲁番出土文书》第5册,第110页。

徭役制度,并且结合当地实际情况,具体办法有一定变通。作为羁縻府州的诸绿洲城国,并未施行。时称为安西四镇的龟兹、于阗、疏勒、焉耆等地,以农耕为主,《魏书·西域传》载其"税赋准地征租,无田者则税银钱",这是南北朝以后上述地区相沿成习的传统。唐初,西突厥霸有西域,"西域诸国王悉授颉利发,并遣吐屯一人监统之,督其征赋"[1]。西突厥派遣各地的吐屯,相当于汉代匈奴派驻西域的僮仆都尉,他们监督各绿洲城国的行政事务,并"督其征赋",严酷地榨取绿洲财富。疏勒"土多稻、粟、麻、麦、铜、铁、锡、雌黄、锦、绵,每岁常供送于突厥"[2]。其他各地亦同样如此。唐朝统辖西域后,改变了西突厥统治者向绿洲地区横征暴敛的做法。《新唐书·地理志》载:"唐兴,初未暇于四夷,自太宗平突厥,西北诸蕃及蛮夷稍稍内属,即其部落,列置州县,其大者为都督府,以其首领为都督、刺史,皆得世袭。虽贡赋版籍,多不上户部,然声教所暨,皆边州都督、都护所领,著于令式。"塔里木盆地羁縻州府"贡赋版籍多不上户部",也就是说户籍并不需要向户部呈报,唐廷也很少向其地百姓征收赋税。即使在唐中央政府直辖的安西及伊、西、北庭,每年常贡也是象征性的,贡物数量非常有限,只作为表示隶属关系的象征。

据《通典》卷6《食货》所载,唐时西域各地每年向中央政府所贡的土特产品如下:

安西都护府　贡硇砂五十斤　绯毡五领

北庭都护府　贡阴牙角五支　速藿角十支　阿魏截根二十斤

交河郡(西州)　贡氎布十端。

伊吾郡(伊州)　贡阴牙角五只　胡桐泪二十五斤。[3]

上述这些贡品都是天山南北的特产:

硇砂　氯化铵。可入药,利尿、祛痰。

[1]《旧唐书·突厥传》。

[2]《魏书·西域传》。

[3]《新唐书·地理志》、《唐六典》与《通典》所载大同小异,如《新唐书·地理志》:"安西都护府土贡为硇砂、绯毡、偏桃人(仁)。西州土贡为丝、氎布、毡、刺蜜、蒲萄五物酒浆煎皱干。"《唐六典》卷3记安西贡云:"绯毡、硇砂、阴牙角、氍毹。"

绯毡 染红的毛毡。

阴牙角、速藿角 可能系作为药材的兽角,如羚羊角之类。

阿魏 多年生草本植物,切断根和根状茎,有乳状汁流出,汁干后称阿魏,有消积解毒和杀虫作用。

氎(?)布 即棉布,10 端为 50 丈。

胡桐泪 胡杨树脂,除可作药用治疗"大毒热、腹烦懑"外,还可用来焊接金银器。

唐中央政府除每年接受上述贡品外,还接受称为"杂物州土"的杂贡——于阗玉石。玉石较为名贵,受到唐皇室和权贵们的普遍青睐,不过非每年常贡的物品。唐朝统辖碛西地区收入微不足道,而为维护西北边陲的安全,每年开支的军政费用却相当可观。如为提供军粮,每年即从中原调拨大量织物折换。安西、北庭军粮,除靠士卒屯垦外,每年和籴绢伊、西、北庭 8 万疋折粟 10.5 万石,安西 12 万疋折粟 15.75 万石。又,每年朝廷给衣伊、西、北庭折绢 40 万疋段,安西 30 万疋段。另,为适应边地需要,每年还给伊州贮物 3 万疋段,以供急用。唐廷一贯把西北边防置于战略上的重要地位,所以对安西北庭军费充分供给,列于国家开支的优先部分。

由上述可见,唐朝廷不向边地府州大量征收钱粮财物,并以足够的财政补贴提供后者。有一点需要说明的是,这一政策在开元天宝期间有一定变化。《新唐书·西域传》载:开元七年,"安西节度使汤嘉惠表以焉耆备四镇。诏以焉耆、龟兹、疏勒、于阗征西域贾,各食其征,由北道者,轮台征之。"这一方面反映了丝路贸易的繁盛,另一方面也反映了边镇军费的大幅度增加,迫使唐政府不得不新辟财源,以维持碛西驻军之巨大开支。值得我们注意的是,从"各食其征"这一指导思想出发,安西四镇必然对辖区居民征收赋税,以解决军用之不足。这从新近出土的各种文书上已得到充分证实。还有,唐朝廷前期不向西域居民征敛,并不意味着当地政府不向广大百姓征收赋税。伊、西、庭 3 州百姓如中原居民一样,按租庸调制缴纳各种赋税;作为羁縻府州,塔里木盆地绿洲城国,则按照本地实施的规章制度向群众征发赋税徭役。

关于这方面的情况,从《唐于阗神山某寺支出历》中,我们可以看出这座汉寺承担当地政府赋税的一些实情。当寺有不少田地,需要交纳田租,所以在支出账中,有买"酒一石、价三百七十五文、西庄状请营农、及供来往征催公客要用"[1]。此"征催公客"即催征租税的胥吏。在于阗语文书里,也有地方政府征收谷物作为租税的内容:"王廷的命令已经抵达,个人应纳谷物系180个库萨(Kusa,容量单位),一个库萨给当地的军事哨所。此个人的谷物,我们在困难中已经征收完毕,它确应由农户交纳。"[2]

在《于阗神山某寺支出历》的赋税开支中,有几笔是颇具地方特点的:

十月二十九日　出钱壹仟柒佰叁拾文,付市城政声坊叱半勃曜诺、充还家人悉末止税并草两络子价,出钱贰佰文付同坊叱半可你娑,充还家人盆仁挽税并草两络子价。

十一月二十九日　出钱贰佰文、付市城安仁坊叱半庆密、充还家人勿悉满税草两络子价。

十二月一日　出钱伍佰伍拾文付市城安仁坊叱半蚍密、充还家人、勿悉满又科着税。

[次年]正月二十二日　出钱捌佰文、付西河勃宁野乡厥弥拱村叱半萨董、充还家人悉勿吉良、又科着税并草两络子价。

4个月内,该寺缴纳这项税款3480文,相当于23石2斗粟或11石6斗麦的价款。税金全系为家人(当地居民入寺院为奴仆者)缴纳,收税人有市城各坊的、也有城郊乡村的。叱半即头人,相当于坊村的干部。从收税人分散不一及其身份看,税款可能是这些"家人"本身承担的人头税,而由当寺开支,向原籍头人缴纳。值得注意的是,在缴纳人头税的同时,多附加税"草两络子价",此和中原税草作为地税的附加

〔1〕陈国灿:《斯坦因所获吐鲁番文书研究》,第493页。参见〔日〕池田温:《麻札塔格出土盛唐寺院支出簿小考》,载《段文杰敦煌研究五十年纪念文集》,世界图书出版公司1996年版,第207页。

〔2〕H. W. Bailey:*Khotanese Texts*(《于阗语文书集》),Ⅳ. p. 71.

税不同，反映了于阗诸地“无田者则税银钱”，以人丁为本的赋税制度。开元七年以后，于阗赋税加重，百姓除担负羁縻府州行政系统的赋役外，还必须接受军方摊派的各种名目的差科，寺院也概莫能外：

[十月]廿九日　出钱壹仟壹佰贰拾文，付子傔杨景升、准作车□捌拾笙、笙别一十四文就丛。同日出钱柒佰陆拾文付求福充还先雇匠贵财、助造官毡手功价。

[十一月]十三日　出钱叁阡玖佰壹拾文、价綵帛贰拾叁疋、疋别一百七十文，官科送王骠骑料，结衣舆一，并结孝车绞床等用。

[十一月]廿九日　出钱玖佰玖拾文、付匠刘阿师奴充还雇造官毡手功价。

这些来自军方的名目繁多的差科，造成寺院巨大的开支。在这本支出簿的残页中，有个值得注意的现象，就是市场上货币经济活跃，各项开支都以现金即唐朝铜币的基本单位——“文”进行计算。有关赋税支出或以庸代役也都如此。在俄罗斯圣彼得堡东方研究所所藏和田出土的汉文文书中，有件 DX18925《某年正月六城都知事牒为偏奴负税役钱事》，就明确反映这一情况：

[1] ____ 里(?)胡书偏奴共负钱八十千文

[2] ____ [杰]谢所由欠上件税役钱，余 ____

[3] ____ 急，遂取族落安达汉 ____

[4] ____ 索钱，欲往共债主相随 ____

[5] ____ 被彼镇官遮截，伏 ____

[6] ____ 镇同为征索发遣，请处分。

[7][牒件状]如前。[谨]牒。

[8]　　　　正月　日，六城都知事 ____〔1〕

文书中偏奴所负税役钱，系何种赋役没有交代，故现作研究只能

〔1〕俄罗斯科学院东方研究所圣彼得堡分所、俄罗斯科学出版社、上海古籍出版社：《俄藏敦煌文献》第 17 册，上海古籍出版社 1997 年版，第 286 页。

分析推论。张广达、荣新江在《圣彼得堡藏和田出土汉文文书考释》一文中,引用《唐六典》卷3所载:“凡诸国蕃胡内附者亦定为九等,四等以上为上户,七等以上为次户,八等以下为下户。上户丁税银钱十文,次户五文,下户免之。附贯经二年以上者,上户丁输羊二口,次户一口,下户三户共一口。无羊之处,准白羊估,折纳轻货。百姓征行,令自备鞍马,过三十日已上者,免当年输羊”,认为这是唐朝开元二十五年规定的对羁縻府州的赋役制度。“此处之税役钱,或为代役的课钱”。[1]李锦绣所著《唐代财政史稿》(上卷第2分册)在论述唐代对少数民族地区的特殊税种——轻税时,也引用了《唐六典》卷3所载的有关税制,述及了“蕃胡内附者税银、羊”的情况:像新内属杂处太原北的“突厥九姓这样大规模的保留其部落组织的蕃胡内附,则是用税银羊的轻税制而待之”[2];而对于西域塔里木绿洲的税制问题,作者并没有作出明确的回答。日本学者大津透认为,税银、羊的蕃胡不是一般的外蕃人,“胡”主要是指西域商胡、兴生胡等西域人。[3] 刘安志、陈国灿的《唐代安西都护府对龟兹的治理》一文,提出在库车地区出土的文书中,未见内地推行的租庸调制和两税法的内容,这可能与唐初规定在边远民族地区只征收“丁税钱”有关。[4] 按,《唐六典》卷3载:“凡诸国蕃胡内附者,亦定为九等,四等以上为上户,七等以上为次户,八等以下为下户,上户丁税银钱十文,次户五文,下户免之。附贯经二年以上者上户丁输羊二口,次户一口,下户三户共一口。”此丁税钱在西域是否征收,虽还缺乏足够的资料加以证实,但以丁为单位征收赋税的实录,却不乏见。当然,对这一问题还需据当地具体情况作进一步研究,以取得共识。

与《于阗神山某寺支用历》几乎同时的资料,还有1991年在策勒县达玛沟名为谢依德阿格孜沙漠中发现的4枚汉文、于阗文双语木简。

[1]季羡林、饶宗颐:《敦煌吐鲁番研究》第6卷,北京大学出版社2002年版,第221－241页。

[2]李锦绣:《唐代财政史稿》,第623页。

[3]《史学杂志》95编12号。

[4]《历史研究》2006年第1期。

简牍长40厘米左右,宽30厘米左右,形制完全相同,为核桃木修整而成,正面墨写汉字,接写于阗文于背面,现存和田地区文管所:

[1正面]屋悉贵□伊里桑宜纳麦肆㪷　开元十五年九月十日

[1反面]典剧德公李贤宾(接写一行古于阗文字)

[2正面]屋悉贵□伊里桑宜纳粟陆升　开元十五年十月十日典剧

[2反面]德公李贤宾(接写一行古于阗文字)

[3正面]屋悉贵□伊里桑宜纳麦伍升　开元十五年九月十日典剧德公

[3反面]李贤宾(接写一行古于阗文字)

[4正面]屋悉贵□伊里桑宜纳麦柒升　开元十五年九月十二

[4反面]日典剧德公李贤宾(接写一行古于阗文字)[1]

这4枚木简全系屋悉贵□伊里桑于开元十五年(727)九至十月间的纳粮数,有提供驻军口粮的可能。

晚唐时期,于阗各地丝织业已相当发达,在今策勒达玛沟一带出土的汉文于阗文双语文书里,有"编户安业"的六城人不断向地方政府上交丝绸的记录:

Hedin 16

六城潘野娑捺可里没来共纳进奉絺

紬肆拾陆尺　　巳年十一月二十五日判官富惟谨　　萨波深莫抄行

六城南牟没纳进奉絺紬壹丈捌尺伍寸又贰丈贰尺五寸　又贰丈叁尺贰寸　又纳贰丈肆尺　又贰丈贰尺壹寸　又叁丈陆尺贰寸　巳年十一月廿六日判官富惟谨　萨波深莫抄行[2]

上录的成批的贡纳单据,说明六城各地百姓都通过萨波(头人)向

---

[1]据1998年第3期《新疆文物》报导。所述简牍内容,还可斟酌做进一步订正。请参阅荣新江、文欣:《和田新出汉语—于阗语双语木简考释》,载《敦煌吐鲁番研究》第11卷。

[2]H. W. Bailey: *Khotanese Texts*(《于阗语文书集》), Ⅳ. p. 173. 又 Hedin 16 于阗语文书与此贡纳数字相同,但人名有异。

政府贡献絺紬，而进奉于阗王廷；纳进奉的时间多集中在十一月、十二月间。[1] 按，唐制庸调每年八月开始征收，地税分夏秋两次征收，全国性的规章制度，对羁縻府州会有一定影响。至于于阗赋税制度的具体内容，现在已无从得知。从上述文书看，唐统辖于阗的晚期，人们仍按时向政府交纳赋税。自天宝十四载(755)安史之乱后，唐兵内调，于阗王尉迟胜亦率兵亲赴中原平叛，于阗驻军逐渐中断和中原的联系，各地遭受包括吐蕃人在内的敌对势力的扰害，社会动荡不安，百姓承担的赋税徭役名目繁多，难以按时完成。从《唐大历三年(768)三月典成铣牒》看来，于阗六城诸地皆系如此。

唐大历三年(768)三月典成铣牒

[1] ［　　］杰谢百姓并□［　　］

[2]杰谢百姓状诉杂差科等

[3]［右］被镇守军牒称：得杰谢百姓胡书，翻称："上件百

[4]［姓］□□□深忧养苍生，频年被贼损，莫知其

[5]计。近日蒙差使移到六城。去载所着差科，并纳

[6]［足］。□□慈流，今年有小小差科，放至秋熟，依限输

[7]纳。［其］［人］粮并在杰谢，未敢就取，伏望商量者"。

[8]使判："一切并放者。"其人粮，状称并　［在　］杰谢，未有处

[9]［分］。□［杰］［谢］百姓胡书状诉杂差科，准使判：牒所

[10]由放。其人粮并在杰谢，欲往使人就取粮，未敢

[11]［搬］□擅，执［案］谘取处分讫。各牒所由者，使又

[12]判：任自搬运者。故牒。

[13]大历三年三月二十三日典成铣牒

---

〔1〕张广达、荣新江《八世纪下半至九世纪初的于阗》(载《唐研究》第3卷，北京大学出版社1997年版，第339－361页)将这件文书的时间定在吐蕃占领于阗后的唐贞元十七年(801)，并认为这件文书系"于阗王向百姓征收紬，进奉吐蕃王廷"。

[14]六城质逻刺史阿摩支尉迟信(?)[1]

当时唐朝统辖下的于阗,经常受到袭击,人民无法安居,"频年被贼损"的杰谢百姓,只能迁移到六城中心(质逻)居住。他们原来负担的差科,去年的已经纳足,今年的本应上半年至迟六月以前交纳,但因粮食尚在杰谢,需前往就取,故通过镇守军(很可能当时居民所交的粮食,供应当地驻军给养)向当局申请,推迟至秋熟后交纳。按,差科原系临时摊派的赋役,而照状所诉,在这非常时期,已形成每年常规的赋敛。边地租税征调、徭役差科,历来名目繁多,当局随意变动,按需要征发放免,出于库车的大谷8074号文书,有这样内容:

唐年次未详[8世纪]安西(龟兹)差科簿

(前缺)

[1]张游艺　窦常清

[2]六人锄苜蓿

[3]吴兵马使两园家人柘羯　来富　拔勿烂　苏达素石　奴鹞子

[4]三人花林园役

[5]白支羡宁　□□磨大斯　姐渠元裕作人俱满提[2]

这是为完成某项临时任务而征发差役的登记簿。服役的系居住本地的胡汉各族劳动者,甚至吴兵马使的家人也包括在内,其中有3人即白支羡宁、□□磨大斯、姐渠元裕作人俱满提服花林园役。西域干旱,沙土多,达官贵人多爱建园林,以赏心悦目。3人所服役的园林,是吴兵马使的"两园",仰或其他高官的园林,尚难肯定。还有件唐建中五年的《孔目司帖》,也反映了这方面的情况:

孔目司帖

[1]孔目司　帖莲花渠匠白俱满尖鸡

[2]配织建中五年春装布壹佰尺,行官段俊俊　赵秦璧　薛

[1]文书录自张广达、荣新江:《于阗史丛考》,上海书店出版社1993年版,第141页;并参考陈国灿:《斯坦因所获吐鲁番文书研究》第531页中的录文。

[2][日]池田温:《中国古代籍帐研究?录文》,龚泽铣译,第383页。

崇俊　高崇仙等

右仰织前件布，准例放掏拓、助屯、及小小差科，所由不需牵挽。七月十九日检

孔目官伍　䛒……

配织建中伍年春装布匠莲花渠白俱满地黎壹佰尺了。行官段俊俊　薛崇俊　高崇仙　赵璧等。七月廿日赵璧抄。[1]

在上述《于阗神山某寺支用历》中，地方官吏是把助造官毡的差科分配给寺院雇人完成，而这件《孔目司帖》则记述了龟兹地方政府把配织春装布100尺的任务，直接向匠户摊派，条件是"准例放掏拓、助屯及小小差科，所由不须牵挽"。也就是说，匠户接受了织造任务，则兴修水利的"掏拓"、差遣农田屯垦的"助屯"，以及其他一些"小小差科"，均可"准例"放免。所谓准例的意思是，虽无制度上的具体规定，习惯上有前例可援。地方官对百姓的差科，有权随意安排。在此地方官府可以随时征发的情况下，塔里木盆地各绿洲百姓的负担肯定不轻。有资料表明，在这些绿洲城国里，不仅百姓可随时被征发各种名目的劳役，其牲畜也要征发接受官府差遣。[2] 公元8世纪下半叶以后，碛西与唐朝的联系逐渐中断，在失去中原物援的艰难情况下，戍军孤苦奋斗，军需供应不足，武器破损不堪，向当地群众征发差科，也就成为不可避免的事。

唐某年十二月二十三日杰谢镇知镇官
将军杨晋卿限纳牛皮及鹑鸟翎帖

[1]杰谢镇　　　帖知事

[2]　鞔鼓牛皮一张，鹑鸟翎破碎不堪，焦烂难蓄，皮并蹄骨等

[3]　右奉处分，上件等物为镇器械，破折损，箭

[4]　无翎修造，帖至仰准数采觅，限五日内送纳。

[1]〔日〕小田义久：《大谷探险队将来の库车出土文书たついて》，原载《东洋史苑》第40—41合刊号，引自陈国灿：《斯坦因所获吐鲁番文书研究》，第132页。

[2]〔日〕荒川正晴：《唐代于阗的乌骆》，载《西域研究》1995年第1期。

[5]　帖至准覆。十二月二十三日帖

知镇官将军杨晋卿[1]

最后，值得一说的是，有关商税的征收问题。

赋税制度与社会经济形态有密切关系，时丝路贸易臻于鼎盛时期，作为中转市场的天山南北各绿洲城镇，交换频繁，商品经济活跃，商税亦在各地普遍征收。追踪史实，实际上唐代以前各地商税亦多出现。《魏书·西域传》称：龟兹"无田者则税银钱"，即包括商税在内。《隋书·高昌传》载，麴氏高昌时期"伯雅先臣铁勒，而铁勒恒遣重臣在高昌国，有商胡往来者，则税之送于铁勒"。不仅天山以北的游牧民族着眼于丝路商税，占有塔里木盆地东南缘的吐谷浑，亦早税商人。《魏书·西域传》载其"国无常赋，须则税富室商人以充用焉"。高昌税商胡贡于铁勒，其本身亦通过商税来增加收入。见于出土文书的"称价钱"，即市场上交易税的一种：

[1]起正月一日，曹迦钵买银二斤，与何卑尸屈二人边得钱二文。即日，曹易[婆]□

[2]买银二斤五两，与康炎毗二人边得钱二文。次二日，翟陁头买金九两半，与

[3]□显祐二人边[得]□□。[次]三日，何阿陵遮买银五斤二两，与安婆□

[4]□□□□钱五文。即日，翟萨畔买香五百七十二斤，鍮石叁[拾]□□……

上引系《高昌内藏奏得称价钱帐》的前4行。[2] 据朱雷《麴氏高昌的"称价钱"——麴朝税制拾零》一文计算，金的交易大约4—5两纳1文税，银的交易每斤纳1文税。[3] 唐代中亚商胡，同高昌麴朝时期一

[1]陈国灿：《斯坦因所获吐鲁番文书研究》，第537页。

[2]唐长孺主编，中国文物研究所、新疆维吾尔自治区博物馆、武汉大学历史系编纂：《吐鲁番出土文书》第3册，第318－325页。

[3]原载《魏晋南北朝隋唐史资料》第9—10辑合刊，已收入《敦煌吐鲁番文书论丛》，甘肃人民出版社2000年版，第69－81页。

样交纳商税，而南北朝沿袭至唐的“龟兹、于阗置女肆征其钱”[1]，实际上也是一种特殊的营业税即商税。“女肆”尚且征税，其他行业，岂能不征。鉴于此，当四镇军资匮乏之时，玄宗乃于开元七年后“诏焉耆、龟兹、疏勒、于阗征西域贾，各食其征，由北道者轮台征之”[2]。唐廷正式下令在安西四镇征收商税，并非从无到有，而是由地方杂税改为国家正式税收，以济军资。

[1]《魏书·西域传》、《新唐书·西域传》。

[2]《新唐书·西域传》。

8 中国古代
蚕桑西传及其相关问题

目前国内外学者多认为,5世纪中原养蚕技术传到于阗。著有《中国伊朗编》的美国学者劳费尔把时间定在公元419年,法国的布尔努瓦在其名著《丝绸之路》中则认为其时系在420或440年。根据考古和文献资料,中原养蚕技术传到西域远较上述时间为早。近年有人提出《汉旧仪》中的蚕神寓氏公主,即为传蚕种至于阗的"东国公主";同时,《后汉书》上也提供了一些线索,说明东汉时期于阗已可能有蚕桑生产。这些观点还缺少足够证据,一时难下定论。出土文物证明,至迟3世纪于阗诸地已有蚕桑出现,这是可以肯定的。由于《大唐西域记》中东国公主的故事影响广泛,人们多把于阗看成是养蚕植桑并继续西传的圣地。其实,古代塔里木盆地许多绿洲城镇都有蚕桑生产。越来越多的文书资料证明,4世纪后吐鲁番地区养蚕植桑的规模、丝织业的发展都曾盛极一时。塔里木盆地是中原养蚕技术西传的中转之地。研究于阗文的学者提出证据,波斯的蚕桑生产可能和于阗有关。西方学者把养蚕法传入东罗马的时间定于7世纪,但这一传播过程的具体情节,尚待进一步澄清。

8.1 几种不同的看法

我国是养蚕最早的国家,其历史可以追溯到距今四五千年以前。中原养蚕技术的发展,并逐步向西传播,不仅改善了亚欧各国人民的基本生活质量,而且通过丝路贸易,促进了各国人民的经济文化交流。对于这样一件中西交通史上的大事,近代中外学者的有关论著已经不少,但牵涉到蚕桑技术西传的时间、途径等许多重要问题,迄今尚若明若暗，众说纷纭，需要我们继续探索、讨论，以求澄清。现将近年所见到的中外学者的一些重要论述，简介如下，以使读者明了在有关问题上的重大歧异。

国外学者以美国的劳费尔为代表，他在其名著《中国伊朗编》里，曾明确提出了蚕桑西传的具体时间："据推测，养蚕业传到波斯，尤其是传到至今此业还很发达的吉兰，是发生于萨珊王朝的后期（226—640 年）。由于一位中国的公主在 419 年所介绍，和阗人懂得了养蚕，很可能因此促进了这个新工业更向西面发展，渐渐传播到叶尔羌、拔汗那和波斯。"〔1〕步其后尘，法国的 L·布尔努瓦也这样说，虽然稍有变通："在公元 420 或 440 年左右，中亚一个举足轻重的国家——于阗国的君主要与汉族公主联婚……据《唐书》记载，于阗国的蚕桑业就是从这个时候开始的。"〔2〕上述观点，在我国学术界曾有广泛影响，所以在中国学者的论著中，也常出现类似的内容："据《大唐西域记》记载，东晋恭帝元熙元年（419）东方邻国的公主下嫁于阗国，将蚕种秘密藏在帽内携带到于阗，从此以后于阗才种桑养蚕并纺织丝绸。"〔3〕

上述论著认为在 419 年或稍晚些时候，中原蚕桑传入于阗，据云是根据《大唐西域记》所载。其实，在《大唐西域记》中，述及东国公主向于阗传播蚕桑时根本就没有具体的时间。上述都是作者根据当时中西交通情形推测出来的，而且测算得那么具体、肯定。

中国黄文弼、夏鼐、季羡林等著名学者，也都据《大唐西域记》所载，把于阗作为中原蚕桑事业西传的中转地区。在《中国蚕丝输入印度问题的初步研究》〔4〕一文中，季羡林先生反复强调："在古代西域，和阗是以产丝著名的，是最早从中国内地输入养蚕法的，养蚕而又能缫丝的恐怕只有和阗一国。"黄文弼先生则把蚕桑传到于阗的时间放在东汉时期。近年有的学者根据曹魏时期嘉峪关附近砖墓中的蚕桑壁

〔1〕商务印书馆 1964 年版，第 367 页。

〔2〕〔法〕L·布尔努瓦：《丝绸之路》，耿昇译，新疆人民出版社 1982 年版，第 54－55 页。

〔3〕王一丹：《波斯、和田与中国的麝香》，载《北京大学学报》1993 年第 2 期。

〔4〕季羡林：《中印文化关系史论文集》，三联书店 1982 年版，第 51 页。

画，认为紧邻的新疆蚕桑的出现当在3世纪左右。也有的学者认为汉代祭祀的蚕神寓氏公主，即是把养蚕技术传入于阗的东国公主。新疆博物馆长期从事纺织品研究的武敏先生，最近发表文章则认为：蚕桑种子由东方传来于阗是合乎史实的，其时代当不迟于6世纪中，可能即南北朝时期。所谓"东国之女"、"中国公主"，以前者近乎事实。此女未必来自当时统治中国中原地区或长江流域以南的某一王朝，而可能来自割据河西的某一政权，或者更可能是高昌（今吐鲁番）。[1]

8.2　汉晋时期蚕桑传入塔里木盆地

要弄清原委，还得从《大唐西域记》中玄奘记述的这则故事说起："王城东南五六里，有麻射僧伽蓝，此国先王妃所立也。昔者此国未知桑蚕，闻东国有之，命使以求。时东国君秘而不赐，严敕关防，无令桑蚕种出也。瞿萨旦那王乃卑辞下礼，求婚东国，国君有怀远之志，遂允其请。瞿萨旦那王命使迎妇，而诫曰：'尔致辞东国君女，我国素无丝绵桑蚕之种，可以持来，自为裳服。'女闻其言，密求其种，以桑蚕之子，置帽絮中。既至关防，主者遍索，唯王女帽不敢以验。遂入瞿萨旦那国，止麻射僧伽蓝故地，方备仪礼，奉迎入宫，以桑蚕种留于此地。阳春告始，乃植其桑，蚕月既临，复事采养。初至也，尚以杂叶饲之，自时厥后，桑树连荫。王妃乃刻石为制，不令伤杀，蚕蛾飞尽，乃得治茧。敢有犯违，明神不佑。遂为先蚕，建此伽蓝。数株枯桑，云是本种之树也。故今此国有蚕不杀，窃有取丝者，来年辄不宜蚕。"[2]

由于在史书记载中没有中原公主下嫁于阗的事例，所以上述"东国"究指何地，人们看法颇不一致。《新唐书·西域传上》将东国改为邻国，更增加了后人的疑问。黄文弼先生在《罗布淖尔考古记》中认为："东国之君为鄯善王，盖鄯善西与于阗为邻，鄯善王尤还又为汉朝外甥，先有蚕桑，极为可能。"此论一出，曾得到许多人的赞同。我也曾

[1]《从出土文物看唐代以前新疆纺织业的发展》，载《西域研究》1996年第2期。

[2]季羡林等：《大唐西域记校注》卷12，中华书局1985年版。

认为邻国之说有一定道理,但认为:"这项先进生产技术当然系自中国内地传来,这是没有疑问的,说东国公主传进蚕桑,无论东国解释成哪个地方,都不妨碍蚕桑从中国内地传入西域的历史事实。"[1]对照《新唐书》和《大唐西域记》的内容并无根本差异,欧阳修、宋祁并不是发现了什么新材料而作此改动,只是在转述于阗传入蚕桑的传说时,将情节稍作变动,文字上更简明罢了。因为这本来就不是历史纪实,对于传说《新唐书》的编撰者是完全可以改动的。不过仔细研究这段传说的背景,揆诸历史实际,我想,所谓东国还是理解为中原王朝比较符合原意:

(1)于阗王"求婚东国,国君有怀远之志,遂允其请"。怎样的国君才够得上称有"怀远之志",显然指的是中原君主,而绝不是偏居一地之王公。范晔在《后汉书·西域传》结尾时说:张骞"怀致远之略,终能立功西遐,羁服外域",这里所说的"怀致远之略"和《大唐西域记》中国君有"怀远之志"一样,都是安抚远方的意思。古代的中原王朝,如有所作为气魄宏大的汉武唐宗,都把目光注视到西北边远地域,这对国家的统一发展和社会的进步都有一定的积极意义。此所谓东国君主,显然是指这类统治人物,故藏文于阗国史就明确写为中原君主,而不是与于阗为邻的鄯善王或扜弥王。

(2)对于蚕种"东国君秘而不赐,严敕关防,无令桑蚕种出也……"有人认为我国中原王朝对蚕种从无"秘而不赐"的规定,夏鼐先生对此也表示怀疑,认为:"中国古代未必有禁止蚕种出口的事。"[2]在强大统一的汉唐时期,中原州郡之间一般不设关禁,商旅通行无阻,但封建王朝出于国家安全、本身政治经济利益的考虑,对与边疆少数民族地区特别是对西北西南地带的往来,法律上确实有着严格的限制和规定。汉初匈奴不断骚扰边境,给当地居民带来巨大灾难,所以汉朝严格禁止铁和兵器等重要物资出关。据《史记·高祖功臣侯者年表第六》载:

---

[1]殷晴:《丝绸之路和古代于阗》,载《西域史论丛》第3辑,新疆人民出版社1990年版,第73-95页。

[2]夏鼐:《考古学和科技史》,科学出版社1979年版,第89页。

宋子惠侯"九坐买塞外禁物罪,国除"。王侯违法,尚要治罪,平民百姓违禁,更不能免。汉武帝元狩二年(前121)"匈奴浑邪王率众来降,……及浑邪至,贾人与市者,坐当死者五百余人"[1]。这些该当死罪的商人,就是因为出卖兵器给匈奴人,触犯了吏民不得持兵器出关的禁令。唐朝据当时的政治形势,亦复有这样禁令。《唐会要·关市》载:"开元二年闰三月敕:诸锦、绫、罗、縠、绣织成紬绢丝、牦牛尾、真珠、金、铁并不得与诸蕃互市,及将入蕃,金铁之物,亦不得将度西北诸关。"唐朝对中原与西北少数民族地区的物资交流实际也是严格控制着的,互市在官方严密管理下进行。如《白氏六帖·事类臬》引《关市令》所云:"诸外蕃与缘边互市,比令互官检校其市,官司先于蕃人对定物价,然后交易。"[2]虽然上述律令时紧时松,并不见得都认真执行,中原地区与边疆民族地区的经济交流,亦非官府禁令所能阻挡,但它确实存在过,这是不容否认的事实。对于蚕种出关虽未见有明确的禁令,但从下列事实中我们可以看出中原王朝对之输出也有一定限制,要经朝廷批准,蚕种才能输出到边疆少数民族地区。《魏书·吐谷浑传》载,北魏神䴥四年(431)吐谷浑擒赫连定送之京师,魏世祖封慕璝为大将军、西秦王,慕璝不满,上表言:"秩虽崇而土不增廓,车旗既饰而财不周赏。"北魏君臣廷议及时作了反应:"今西秦王若以土无桑蚕,便当上请,不得言财不周赏。"这话告诉我们当时辖地包括鄯善、且末一带的吐谷浑尚无蚕桑,而欲引进蚕种还需奏请北魏朝廷赏赐。换句话说,北魏对蚕种还是控制出关而并非放任不管的。唐初和吐蕃关系友好,但弃宗弄赞请蚕种等物,也是要得到唐高宗的批准。

(3)《西域记》所载告诉我们,公主携带蚕桑之种初入于阗时,"阳春告始,乃植其桑,蚕月既临,复事采养。初至也,尚以杂叶饲之,自时厥后,桑树连荫"。从蚕种传入于阗"乃植其桑",以至"桑树连荫"是在什么时候呢?这是学术界意见分歧、当今争论的主要问题。作为传说,

[1]《史记》卷120《汲郑列传》。

[2]参见姜伯勤:《敦煌吐鲁番文书与丝绸之路》,文物出版社1994年版,第186-187页。

只能曲折地反映社会实际,确凿的根据,还要到史籍中去找。《后汉书·西域传》载章帝元和三年(86)匈奴军队袭击于阗,兵临城下,于阗每年被迫缴纳大量罽絮才算了事:"匈奴闻[于阗王]广德灭莎车,遣五将发焉耆、尉黎、龟兹十五国兵三万余人围于阗,广德乞降,以其太子为质,约岁给罽絮。"罽为当地生产的毛织品,絮即质量不佳的丝绵。《广韵》称:"精曰绵,粗曰絮。"史载汉王朝曾大量赏赐缯絮给匈奴贵族。东汉建武二十六年(50),光武帝诏赐南匈奴单于的许多礼物中就有"锦绣缯布万匹,絮万斤"[1]的记载。东汉初,西域和中原往来不多,每年不可能有大量的絮运至于阗,广德王每年进贡匈奴的絮必系地产。近年新疆考古研究所和博物馆在和田地区发掘的汉晋尼雅遗址和洛浦山普拉遗址中,除发现在绢衣内填有丝绵外,两地葬俗均有用丝绵裹身遍及头脸的做法。尼雅的一具女尸"头上裹着四层厚丝绵"[2]。这样大量消耗丝绵,不能不使人们考虑其地产的可能性。在今于田县屋于来克北朝遗址中,曾发现过一件具有地产特点的红色绞缬绢,"经纬线均为Z向拈",就是用乱丝(绵絮)加捻织成的。这种待蚕蛾咬破茧后才能缫丝的习俗,一贯是于阗等绿洲城镇的传统,除受佛教信条的影响外,很可能和当地的生产技术水平有关。主张汉代于阗已有蚕桑生产,比上引《后汉书·西域传》所载时间还要提前的,是有人认为汉代中原所祭蚕神寓氏公主就是《大唐西域记》中所述的东国公主。此说和卫宏所著《汉旧仪》有关。《后汉书·儒林列传》称,东汉建武年间(25—56年),儒士卫宏作《汉旧仪》4篇,以载"西京杂事"。其内容如何,传文未作交代,唯在《礼仪志》梁人刘昭注里,保留了一段与祭礼先蚕(蚕神)有关的文字:"春桑生而皇后亲桑于苑中。蚕室养蚕千薄以上。祠以中牢羊豕(今)[祭]蚕神曰苑窳妇人、寓氏公主,凡二神。群臣妾从桑还,献于茧观,皆赐从桑者(乐)[丝]。皇后自行。凡蚕丝絮,织室以作祭服。"《四库全书》史部曾收录《汉旧仪》全文,名《汉官

[1]《后汉书》卷89《南匈奴列传》。

[2]新疆文物考古研究所编:《新疆文物考古新收获》,新疆人民出版社1995年版,第420、426页。

旧仪》,并于提要里对该书真伪及流传经过作了说明。其有关祭祀先蚕的文字与刘昭所注基本相同。据近代学者考证,该书原本已佚,今本为晋人杂录而成。晋距汉不远,在《晋书·礼志》里也有简略的记述:“汉仪,皇后亲桑东郊苑中,蚕室祭蚕神,曰苑窳妇人、寓氏公主,祠用少牢。”刘昭注是有较高史料价值的,当时即获好评。其注文在介绍汉仪后,又述及“晋后祠先蚕”的仪式,很可能汉代祭祀先蚕的礼仪,在晋代仍有沿袭。不过,苑窳妇人和寓氏公主享祭的好运,没有能再往下传。北齐先蚕祭黄帝轩辕氏,北周祭西陵氏(嫘祖);唐朝皇后亲蚕礼仪隆重,但文只称先蚕氏,“肇兴蚕织,苏济黔黎”[1],至于蚕神为谁,却没有点明。秦汉以降,中国的传统观念,将一切造物的功绩,都归之于黄帝及其配偶嫘祖,为什么汉晋时期这两位不见经传的妇女,却能登上先蚕的宝座?这是个至今尚未弄清的问题。能说寓氏公主就是《大唐西域记》中那位东国公主吗?把这两位曾对蚕桑事业做出过贡献的传说中的人物联系起来考虑是很有意义的,只是要下等同的结论还需要以足够的材料来加以证实。从语言文字方面说,于阗和寓(禺)氏一音之转,极易相通,毫无疑义。于和禺相通,阗从真声,音 dyen。氏上古音在禅母支部,音 tjie,dyen 与 tjie 为邻纽通转,亦极易相通。日本学者榎一雄在《禺氏边山之玉》[2]一文中曾提出于阗在《史记》旧刊本中多作于窴(yu-zhi),则与禺氏音同,故我在《和田采玉与古代经济文化交流》[3]一文中认为结合历史地理环境考察,古代所称的禺氏玉极可能就是誉满各地的于阗玉。但这样说,并不意味着在一切场合都可把禺(寓)氏看成为于阗,因为在先秦以至两汉时期,寓(禺)氏作为部落或部族名称在历史典籍中是经常出现的。如《逸周书·王会解》有“禺氏騊駼”,《穆天子传》中有“伊尹献命列禺氏于正北”等等。禺(寓)氏为东夷有族的一支,《书》作嵎夷,原生活于齐鲁一带[4],在商周时期不

[1]《唐会要》卷 10 下《皇后亲蚕》。

[2]载《东洋学报》66—1,昭 60(1985),pp. 109 - 132。

[3]《故宫博物院院刊》1995 年第 1 期。

[4]参见何光岳:《郁夷大月氏的来源和迁徙》,载《新疆社会科学)1986 年第 5 期。

断西迁。过去蓢伯赞先生甚至认为居于中国北方的虞(禺)氏有一支在史前时代即已西徙塔里木盆地。[1] 嵎夷的首领禺虢、禺强在汉人的心目中地位极高,汉代被尊为法力无边的天神、海神、风神以至捉拿鬼怪的门神。上述种种情况和汉代所祭的蚕神寓氏公主有无关联,现尚难确认。再说,《大唐西域记》中称东国公主,《新唐书》中称邻国公主,并无于阗公主的称谓。《大唐西域记》载东国公主推广养蚕时,"遂为先蚕建此伽蓝",乃是她建寺庙祭祀蚕神,而公主本身并非蚕神。不过,无论这位寓氏公主的真实形象怎样,根据已发现的各种资料分析,至迟在3世纪的汉晋时期,于阗出现蚕桑是有可能的。这种先进的生产技术的传播,主要是公元前1世纪丝绸之路畅通后,中原地区与西域经济文化交流的结果。公元前59年汉西域都护府建立前后,大兴屯垦,商旅不绝于道,一批批长期从事农桑的中原人士,以不同身份陆续进入塔里木盆地。西汉末年,汉军政官员、屯田士卒及其家属,在匈奴骑兵的胁迫下,曾撤向南道于阗等地。佉卢文文书中即有秦人即汉人与当地居民杂居,友好相处,从事劳动的内容。东汉明帝时,移居于阗的汉人韩融等,还曾参加当地的政治活动,成为扶助于阗王室的重要人物。东汉后期,中央朝廷派出的西域长史曾移驻于阗,扜弥国的主簿就曾长期由汉人秦牧担任。东汉政府还曾于此时在精绝设置司禾府,掌管钱粮之事,说明当地在汉军政势力切实控制下垦殖事业拓展、经济发达。[2] 大批的中原移民来此,本着男耕女织的传统,在合适的自然条件下(于阗光热资源丰富,无霜期长,降水虽少,但有融雪灌溉,冬无严寒,且气候干燥病虫害少,适于栽桑养蚕),把蚕种带来西域养育,是很合乎情理也必然会发生的事。人们出于美好的想象和愿望,把功绩加在具有象征意义的东国公主身上,正是民间传说具有积极意义和浪漫气息的特征。值得注意的是,在《新唐书·西域传》述及蚕桑西传时,就没有说明这位女主人公具有公主身份。如果说上述这些考古、文

---

〔1〕见《论史前羌族与塔里木盆地诸种族的关系》,载《中国史论集》第2辑。

〔2〕参见平一:《司禾府小考》,载《新疆文物》1990年第2期。

献资料，还带有若干分析、推测的成分，不能使人确信无疑的话，下列事实则告诉我们，至迟在3世纪后，于阗、精绝一带已出现蚕桑。废弃于4世纪前后的尼雅遗址（遗址中发现的木简，年代最晚的一枚是晋武帝泰始五年即269年）曾多处发现枯干的桑树，1980年新疆维吾尔自治区博物馆与和田文管所的联合考古队，曾在此发现一枚蚕茧。蚕茧鉴定为家蚕，状呈橄榄形，壳白而薄，重0.2克，长4厘米，直径2.3厘米，一端有蛾子咬破的小孔。[1] 这些遗物说明在遗址废弃前，此地蚕桑已经出现。目前在国内外流行的公元420年或440年养蚕技术传到于阗之说，较之实际要晚一二百年。

8.3　5世纪前后西域各地蚕桑事业的兴盛

如果说蚕桑传入西域，与中原文化的传播，特别是大量移民有关，那么在传入西域第一站的汉晋屯垦重地楼兰，也是可以找到有关迹象的。除遗址发现有桑树外，出土简牍也可作证。在1985年文物出版社出版的《楼兰尼雅出土文书》一书里，有这样一件：

▨并明阴盛于上阴类

▨□谷□于仓蚕

▨有寒暑日有短

▨似其贾不　　（663号）

仓字在文书里多见，如仓曹掾（238、378号）、仓曹史（239号）、监仓掾（318号）、监仓史（388号）等。在这件与气候有关的含有交易活动的文书中，如断句于仓则仓库为实体，蚕系下句中的主语；如断句于蚕，则仓为蚕的修饰语，蚕为本句的主语。不管怎样断句，蚕皆系主语，独立的实体。说明在4世纪楼兰遗址废弃前，该地已有蚕桑出现。

汉代自玉门关、阳关出西域有两道：从鄯善西南行经于阗、莎车，逾

〔1〕阿合买提·热西提：《沙漠中的古城——尼雅遗址》，中日共同尼雅遗迹学术考察队：《中日共同尼雅遗迹学术调查报告书》第1卷，株式会社法藏馆，第218－221页；李吟屏：《佛国于阗》，新疆人民出版社1991年版，第77页。

葱岭至大月氏、安息为南道;由鄯善、车师前王庭经龟兹、疏勒而至大宛、康居为北道。中西经济文化交流,包括蚕桑西传,皆随丝道上川流不息的人员,递相传播。东汉以后,伊吾一线通行,由鄯善"北通伊吾千余里,自伊吾北通车师前部高昌壁千二百里"。《后汉书·西域传》载:"伊吾地宜五谷、桑麻、葡萄。其北又有柳中,皆膏腴之地。"地宜桑麻这一称述,在《魏书·西域传》介绍于阗情况时,亦曾出现。或许伊吾即今哈密一带和于阗一样,当时也有蚕桑出现。至于南北朝时吐鲁番盆地蚕桑事业兴旺发达,已有相当规模,那是近年吐鲁番文书所揭示的史实。

20世纪以来,中外许多学者受《大唐西域记》的影响,把蚕桑传入西域并继续西传归之于佛教圣地于阗。实际上,我国史籍的记载并非如此。《北史》、《隋书》都没有对于阗蚕桑着力记述,与上述内容一致的《魏书·西域传》只说焉耆"养蚕不以为丝,唯充绵纩",并说焉耆、龟兹、于阗风俗物产相同,于阗"土宜五谷并桑麻",而对高昌则明确记载着"宜蚕"。现在,吐鲁番文书的出土和研究工作的开展,使我们明确了起码在5世纪初,高昌蚕桑业已相当发达。从种种迹象看来,南北两道上的于阗、高昌通过不同途径,都直接受中原的影响,使养蚕植桑在本地推广。下面这件5世纪初的文书,明确地证实了这点:

西凉建初十四年(418)严福愿赁蚕桑券

建初十四年二月二十八日严福愿从阚签得赁叁薄蚕桑,贾(价)交与毯

(后缺)[1]

418年4月19日,严福愿以毯若干张订购相当于3薄蚕的桑叶。薄(簿)通箔,中原养蚕用的器具,南方为竹筛或竹席,北方则多用苇子或秫秸织成。《齐民要术》曰:"桑至春生,一亩食三箔蚕。"严福愿所订相当于1亩地的桑叶,数量相当可观。《吐鲁番文书》中还有1件《高

[1]唐长孺主编,中国文物研究所、新疆维吾尔自治区博物馆、武汉大学历史系编纂:《吐鲁番出土文书》第1册,第17页。

昌某家失火烧损财物账》,内有烧损"蚕种十薄"的内容,时间相当于北凉玄始十二年。失火人家有"蚕种十簿",其规模可观,非雇工不可,可见当时以薄养蚕在高昌相当普遍。蚕桑生产不断推广的势头,我们从《高昌年次未详(6 世纪后期或 7 世纪前期)田地城入绵历》中可看出,当时在寺院中也有不少人养蚕:"田地僧绵九十六斤四两,绵一斤,十月十六日,宣恭师入绵卅九斤半。十一月三日,宣恭师入次绵一斤。十一月廿二日,尼法华入次绵五十二斤半。次绵一斤半,次绵十二两,十二月五日,宣恭师入。"[1]这些僧尼不断交入的丝绵,有多有少,差别很大,肯定不是市场买进的,而极大可能是从事蚕桑生产向寺院缴纳的产品。寺院养蚕能出这样多的丝绵,若普遍如此,蚕桑事业之兴盛,可以想见。反映汉晋时期中原农事经验的《四民月令》中说:"清明节,令蚕妾治蚕室,涂巢穴,具槌持簿笼。"它告诉人们,农家养蚕之前,要先整治蚕室,准备好养蚕的器具,室中扎起蚕架,放好蚕箔(簿)。以箔养蚕,是中原地区普遍施用的方法,不过各地名称不同。《方言》卷 5 载:"宋魏陈楚江淮之间谓之苗,或谓之曲,自关而西谓之薄。"上述说明在 5 世纪前中原关西的养蚕方法已传到新疆,而文书上与蚕桑有关的当事人,也都是中原汉族移民。汉晋之际,中原战乱,河西人士不断迁入高昌诸地,"彼之氓庶,是汉魏遗黎",这自然给吐鲁番盆地带进了许多先进的中原文明。而与发展育蚕相应的是,在吐鲁番盆地植桑的普遍。根据该地出土的十六国时期北凉赀簿残片所反映的情况,在北凉承平年间(443 — 460)该地桑田之多,已非人们意料所及。在赀簿中,常年耕种的粮田,按亩计赀 3 斛,而亩半桑田却计赀 5 斛。换言之,桑田由于经济效益好,计价最高,租税亦较多。不过,即使如此,仍不断有新开桑田出现。据统计,在该赀簿残片所记 548.5 亩的土地中,桑田就有 87 亩,占 16%,仅少于占 32% 的种植粮食的 177 亩常田,较其他经济作物种的都多。从载于《吐鲁番出土文书》第 1 册的《北凉玄始十二年(423)兵曹牒》看来,当时还有官府经营的桑田,并有佃农看守桑田的

[1] [日]池田温:《中国古代籍帐研究》(上),龚泽铣译,第 311 页。

记录。5世纪当地蚕桑事业的蓬勃发展,有力地促进了丝织手工业的发展。出土文书中屡屡出现的有关丝绸的内容,明确记录着地产丝的普遍。如《承平五年(447)道人法安第阿奴举锦券》称:“高昌所作黄地丘慈中锦一张,绵经绵纬,长九(尺)五寸,广四尺五寸。”[1]丘慈即龟兹,当时高昌织锦发达,花色品种渐多,有龟兹锦、疏勒锦、柏地锦、紫地锦等等。高昌、龟兹、疏勒都处于北道上,人员来往频繁,高昌引用龟兹、疏勒具有地方特点的式样织锦这是很正常的。《魏书·西域传》载,焉耆、龟兹“养蚕不以为丝,唯充绵纩”;疏勒“土多稻、粟、麻、麦、铜、铁、锡、雌黄、锦、绵,每岁常供送于突厥”。看来,在南北朝时期(420—589)焉耆、龟兹、疏勒都已出现蚕桑生产。高昌在四五世纪“宜蚕”,并非“养蚕不以为丝,唯充绵纩”,而是在蚕桑生产蓬勃发展的基础上,丝织手工业亦获得长足发展,不仅能生产一般的丝织品,而且作为高级织物的锦,都已经是品种繁多、美不胜收。就连龟兹、疏勒,织锦业也已相当发达。锦是以彩色丝线织成有花纹的织物,彩纹兼茂、华丽多姿,是丝绸中最为精巧复杂的品种,就是在于阗也非仅产绵纩。《大唐西域记》称,于阗蚕种传入后“王妃乃刻石为制,不令杀伤,蚕蛾飞尽,乃得治茧,敢有犯违,明神不佑……故今此国有蚕不杀,窃有取丝者。来年辄不宜蚕”。这段话并不完全符合事实,如1世纪东汉明帝时于阗已养蚕产绵,其时尚无佛教传播的迹象。再说塔里木绿洲,农牧兼营,畜牧业发达,人们经常食肉,怎能谈到不杀牲!公主从中原来,按照内地的养蚕习惯,也不会具有这样不利生产的迷信观念。反映南北朝时期中原民俗的乐府民歌曰:“伪蚕化作茧,烂漫不成丝,徒劳无所获,养蚕持底为。”生产者的目的,总是要尽可能地取得效益,于阗王要东国公主带进蚕桑之种,是为了“自为裳服”,如果“蚕蛾飞尽,乃得治茧”,不利缫丝织帛,“养蚕持底为”?即使以传说作为事实,也还有不畏“明神不佑”而“窃有取丝者”。再说蚕蛾产卵,不飞不食,数日结束

〔1〕唐长孺主编,中国文物研究所、新疆维吾尔自治区博物馆、武汉大学历史系编纂:《吐鲁番出土文书》第1册,第181页。

寿命,根本无飞尽可能。这些只是佛教徒不谙生产夸大渲染的说法。从于阗丝织业发展的实际情况看,也没有完全受此清规戒律的限制。唐代于阗"工纺绩絁紬",因产量多,不便外销,价格相当低廉。开元年间每匹彩帛只有170文,相当于西州的一半。如只以蛾口茧加捻织造,费工费时,是难以生产大量彩帛的,价格也不会如此便宜。如果从生产技术发展的过程说,那只是反映了于阗人开始养蚕时,尚未完全掌握蚕虫的生长规律,采取了近似放野蚕的做法。各种资料说明,在5世纪前后即相当于南北朝时期,高昌、焉耆、龟兹、疏勒以及于阗等地,不仅养蚕植桑普遍推广,而且丝织手工业的发展亦具相当规模,其中高昌尤为突出。有件麴氏高昌时期的《得称价钱账》中出现5次蚕丝买卖,共230斤,最多的1次成交达80斤,账面显示丝价5月较4月降低了50%,这与5月起新丝大量上市有关,说明了上述成交的丝为当地所产。如果新丝从内地运来,在时令上不可能这样早。

8.4 蚕桑继续西传的途径和时间

育蚕技艺传入古代新疆后,又怎样进一步向西传入波斯、罗马的呢?汉代南北两道的路线,到南北朝后,已经有了相当变动,人们经南道西行的路线至于阗后,可过朅盘陀(塔什库尔干)而至北婆罗门(北印度),但也可以从于阗至疏勒转走中道,过葱岭,经钹汗(费尔干纳)、康国(撒马尔罕)、穆国(木鹿)而至波斯。自公元前119年汉武帝派遣张骞率300多人的使团,携带大批金银丝绸礼品抵达西域后,张骞副使曾远抵安息,受到友好的接待,从此两国之间使节频繁往还,经济文化交流不绝。贯通东西的丝绸之路,通过作为贸易枢纽的安息,曾把一批批的丝绸及其他物资不断地运向遥远的西方,换取黄金、香料和玻璃器皿等等。"自大宛以西至安息……其地皆无丝漆,不知铸钱器。"[1]这些西方国家时皆不知养蚕取丝,视丝绸极为珍贵。处于极西的大秦

[1]《史记》卷110《大宛列传》。

王为得到这些丝绸等物，“常欲通使于汉，而安息欲以汉缯彩与之交市，故遮不得自达”[1]。所以和帝永元九年(97)西域都护班超遣甘英使大秦时，临大海欲渡，安息人亦力阻而止。东汉以后的300多年，三国鼎立，紧接着短暂统一的西晋王朝，各民族统治集团又长期混战。中原大地长期动乱分裂，使得中西交通一时趋于沉寂冷落。430年北魏统一了中国北部，社会渐趋安定，中国和波斯等地的交往重又恢复频繁。据《魏书》记载，在五六世纪时，中国和波斯关系非常密切。从文成帝太安元年(455)至孝明帝正光三年(522)，波斯萨珊王朝遣使中国10次，中国使者亦曾通过于阗、疏勒踏上波斯的国土。波斯王常遣使献珍物，通过于阗向北魏朝廷进贡。至于频繁的民间往来则难以确记，但由两件事可以看出，当时在中西大道上来往人员众多，中西经济文化交流繁盛。519年宋云、惠生西行至于阗东境媲摩时，在一大寺佛像旁，见“诸宫塔乃至数千，悬彩幡盖亦有万计，魏国之幡过半矣。上隶书云：太和十九年(459)，景明二年(501)、延昌二年(513)。唯有一幅，观其年号，是姚秦时幡”[2]。这时南道生态环境恶化，塔克拉玛干沙漠不断南侵，旧日旅途正逐渐埋于沙碛之中，有的来往商旅已改行北道。但即便如此，经南道过于阗的商旅，仍如上述，络绎不绝，其中抵波斯至大秦的亦不在少数。《魏书·西域传》云：“先是，朝廷遣使者韩羊皮使波斯，波斯王遣使献驯象及珍物，经于阗。于阗中于王秋仁(按：中于二字误衍)辄留之，假言虑有寇不达，羊皮言状，显祖怒，又遣羊皮奉诏责让之。自后每使朝献。”魏晋南北朝时期，是社会大动荡、民族大迁徙的时代。在我国历史上，西域移民入居中原以北魏一代为最多。据《洛阳伽蓝记》载，流寓洛阳的外国人，自葱岭以西至于大秦有万余家，这当然也有波斯人在内。在来往不绝的东西大道上，行者有的走南道，有的行北道，也有如15世纪《沙哈鲁遣使中国记》所记述的那样，来回走不同的路线：使者从1419年11月24日从哈烈(今阿富汗西北之赫

[1]《后汉书》卷88《西域传》。

[2]范祥雍校注：《洛阳伽蓝记校注》，上海古籍出版社1978年版，第266页。

拉特)出发,经塔什干于1420年7月2日至吐鲁番转往北京;而返回时为避蒙兀儿斯坦战乱,乃改走沙漠小道,于1423年6月在于阗逗留,后经喀什,在8月17日回到哈烈。从路程往返时间看,通过于阗的小道则捷近得多。在波斯文历史资料或故事传说中,于阗是经常提到的名字,这两地之间似有一种特殊的密切关系。需要说明的是,于阗在古伊朗语中作khvatan,据说系指塔里木盆地南缘与西南缘的广大地区包括于阗、疏勒在内的许多城镇。南北朝时期(420 — 589),塔里木各绿洲城国已普遍有蚕桑生产,与中亚各地乃至波斯有着密切往来,所以蚕桑由此西传是完全可能的。《魏书·西域传》载,康国(samarkand)产锦,丈夫多衣锦袍,波斯出产锦绫,王公贵族亦多衣锦袍。玄奘在《大唐西域记》里亦明确记载波斯"工织大锦"。波斯语中的蚕茧的茧字很可能即源于于阗文:"波斯文里有pile一词,意作茧;维吾尔语中有pile或pille,意作茧。这些作茧字解的词,都可能和于阗语的birā有关,可能源于于阗语。"[1]这说明波斯开始有家蚕饲养,很可能是通过于阗传进。不过使人感到奇怪的是,与于阗关系比较密切的印度,在同时并未见有家蚕饲养的材料。据生于公元前4世纪的憍胝厘耶所著《治国安邦术》记载,那时印度不仅有憍奢耶(野蚕丝)还有"脂那(即中国)的成捆的丝",但关于养蚕植桑技术,直到7世纪也未见在此有传播的迹象。《大唐西域记》对当时印度人的衣饰曾有介绍:"其所服者,谓憍奢耶衣及氎布等。憍奢耶者,野蚕丝也。"氎布即细纱棉布。中国家蚕丝光泽鲜明,手感柔软,从韧性、弹性和纤维细度等质量说,都具有很大的优越性。根据实测,中国汉代蚕丝纤维的直径为0.02—0.03毫米,而印度野蚕丝则为0.08—0.09毫米,这是家蚕讲究饲养的结果。当然,野蚕丝坚韧耐用,所以在印度长期被人们作为衣着的原料。正是因为有野蚕丝和棉布制作衣服,所以古印度不像罗马那样迫切地需要传进养蚕缫丝之法,甚至可说它抵制了这一新技术的开发,所以印度家蚕

〔1〕段晴:《于阗文的蚕字、茧字、丝字》,载《季羡林教授八十华诞纪念论文集》,江西人民出版社1991年版,第45-50页。

饲养是比较迟的。在米儿咱·马黑麻·海答儿所著的《中亚蒙兀儿史》中,曾有这样一段记述,表明16世纪克什米尔蚕桑事业之盛:"克什米儿的桑树之多,也蔚为奇观。他们[种]桑树是为了摘叶养蚕取丝。"这是1543—1544年作者所目睹的景象。究竟其地什么时候开始植桑养蚕,还没有看到确凿可信的资料。与印度的情况不同,消费量很大、迫切需要中国丝绸的东罗马,由于长期受到波斯等国的阻阂和中间盘剥,急切寻求养蚕取丝的方法,以生产丝绸。据文献记载,在查士丁尼(527 — 565)统治时期,他们终于如愿以偿,得到由中国西传的这项重大的生产技术。这段材料见于普罗科波(500 — 566年)所著的《哥特人的战争》中:"一些僧侣自印度人(指塔里木盆地居民)中前来并获悉查士丁尼是如何迫切希望拜占庭人不再向波斯人采购丝绸。他们于是便去拜谒查士丁尼并向他许诺设法使拜占庭人完全不需要向波斯人和其他任何外国采购丝绸,他们声称:我们曾居住在一个有许多印度人(佛教徒)的城市的地区,该地区叫作'塞林迪亚'(西域)。那里从事养蚕业,我们将向拜占庭人介绍其秘密。查士丁尼询问他们以试图知道怎样在拜占庭生产丝绸以及他们的事业有何保证。僧侣们回答说,丝绸的生产者是某种在大自然的指挥下操作的毛虫,大自然使他们的工作变得容易了。但由于很难从那里携来活虫(由于距离的关系),他们可以运用计谋。事实上每条毛虫都生产相当数量的虫卵,很容易把它们存藏起来,用厩肥覆盖后,其温度则可以保存一段时间。僧侣们作了这样的澄清之后,查士丁尼向他们许诺,如果他们成功地实现自己的计划,他将重赏他们。之后,僧侣们就再度出发前往印度。过了一段时间之后,他们为拜占庭携来了相当数量的蚕卵,在完全按照他们所说的方式处理之后,他们便获得了用桑叶饲养的新生毛虫,从此之后,拜占庭便开始饲养蚕了。"[1]

与上述记载相似的还有泰奥法纳(6世纪末)的记述[2],情节大同

---

[1] [法]阿里·玛扎海里:《中国波斯文化交流史》,耿昇译,中华书局1993年版,第422－423页。

[2] 见米勒:《希腊文历史片断》。

小异。这些当时西方人的记载,为我们澄清了一些模糊的问题,使我们确知7世纪养蚕之法传入东罗马以前,西方对中国养蚕取丝之法根本无知。如1世纪著有《博物志》的罗马学者白里内称:赛里斯人"其林中产丝,驰名宇内。丝生于树叶上,取出,湿之以水,理之成丝。后织成锦绣文绮,贩运至罗马,富豪贵族之妇女,裁成衣服,光辉夺目"[1]。上述说明当时西方人还不知养蚕吐丝之法,错误地认为"丝生于树叶上"。《后汉书·西域传》含糊地说,大秦"多种树蚕桑",实际上是指的野蚕,"又有细布,或言水羊毳,野蚕茧所作也"。普罗科波记述的从"塞林迪亚"即西域于阗诸地居民那里获得的养蚕取丝的方法,是符合当时社会实际情况的。6世纪前后,塔里木盆地诸绿洲城国蓬勃发展,中西交通畅达,人员交往众多,确具有较为方便的文化技术之传播条件。当然,具体的传播方式和途径,还缺乏具体的材料来加以证实。

[1]张星烺:《中西交通史料汇编》第1册,中华书局1978年版,第20页。

9 和田采玉与古代经济文化交流

古称于阗的新疆和田地区,历来以产玉闻名于世。在我们尚缺乏了解的远古时期,和田玉即为人们喜爱珍重,并长途跋涉运送各地,至今仍长盛不衰。作为历史的见证,它告诉人们,千百年来,祖国内地与古称西域的新疆以及包括中、西亚在内的其他各地,曾有着密切的经济文化交往。

根据《汉书·西域传》所提供的资料,西汉时期人们已知昆仑北麓产玉之地有四:"鄯善国……产玉";"于阗国……多玉石";"西夜国……而子合土地出玉石";"莎车国……出青玉"。由于古代于阗即和田所产之玉质优量多,所以附近地带产玉亦往往以之命名。在汉文典籍中述及于阗玉最多的是相传公元前7世纪管仲所著《管子》一书。当然,据近人研究,该书部分内容,可能不是管仲本人所著,实际上至公元前3世纪或更晚些时候才编辑成书。

《管子·国蓄篇》:"玉起于禺氏。"

《管子·揆度篇》:"玉起于禹氏之边山。"

《管子·地数篇》:"玉起于牛(应为于)氏之边山。"

《管子·轻重甲篇》:"禺氏不朝,请以白璧为币乎?昆仑之虚不朝,请以璆琳琅玕为币乎?……然后八千里之禺氏可得而朝也。……然后八千里昆仑之虚可得而朝也。"

《管子·轻重乙篇》:"玉起于禺氏之边山。"

上述之玉系指于阗(和田)所产之玉石,一般皆无异议,但禺氏是否即指于阗,近世学者多不以为然,而认为禺氏系月氏之别称:由于于阗玉运往中原,要经过活动于河西走廊的月氏人,故有月氏玉即禺氏玉之论。然此说较为牵强。"玉起于禺氏之边山",显然是指产地而言，而非说运送途中经过何地。物品命名可冠之以产地，而无以运送途经之地名作为物名的。从新疆往中原沿途要经很多地方，又以何地命名？近代研究月氏起源和迁徙活动的学者引证《逸周书·王会篇》、《山海经》、《穆天子传》等古籍，或称大月氏人源出于有族，五六千年前活动于山东江苏交界处，或称大月氏人活动于中国之北境，“在雁门之西北，黄河之东”，[1]但都与玉石产地无任何瓜葛。月氏正式载入史册见于《史记》，《大宛列传》称其居于“敦煌祁连间”。结合甘肃西部和新疆东部的考古文化和人种成分进行考察，此祁连应指天山，也就是说，秦汉时月氏曾活动于天山之东敦煌之西，而这带地方也并非玉石产地。所以上述作为玉石产地的禺氏，还是直接视为于阗较为合理。

从语音文字上说，于阗和禺氏一音之转，极易相通。于和禹相通，毫无疑义。阗从真声，音 dyen，氏上古音在禅母支部，音 tjie；dyen 与 tjie 为邻纽通转，亦极易相通。日本学者榎一雄在《禺氏边山の玉》[2]一文中提出于阗在《史记》旧刊本中多作于寘（yú-zhi），于阗或于實原为于寘，则与禺氏音同，故禺氏与其说是垄断玉石贸易的月氏，不如说是盛产玉石的和阗（Khotan）。从地理位置上看，玉石产于于阗即和阗南侧之昆仑山上，与“玉起于禺氏之边山”，恰相对应，边山即昆仑山，故于阗称为“昆仑之虚（墟）”。“八千里昆仑之虚可得而朝。”八千作为约数，亦正等于于阗至中原的距离。所以有充足的理由相信，禺氏是于阗的别称或同音异译，禺氏玉称月氏玉不如称于阗玉。王国维先生大概也看出把禺氏视为月氏有诸多难以自圆其说之处，乃采取了一种调和的说法：“其时月氏已去敦煌祁连间而西居且末于阗间，故云玉起于禺氏也。”[3]其实这样谈玉的产地仍旧落脚于于阗，而由此产生的一系列民族迁徙问题，诸如于阗民族成分等等，又很难得到合理的解释。在汉初或以前，中原人士称禺氏玉而不称于阗玉，正是反映了当时人

[1]何光岳：《郁夷·大月氏的来源和迁徙》，载《新疆社会科学》1986 年第 5 期；王国维：《月氏未西徙大夏时故地考》，载《王国维遗书》（4），上海古籍出版社 1983 年版。

[2]载《东洋学报》66—1，昭 60（1985），pp. 109 – 132

[3]何光岳：《郁夷·大月氏的来源和迁徙》，载《新疆社会科学》1986 年第 5 期；王国维：《月氏未西徙大夏时故地考》，载《王国维遗书》（4）。

们对西域情况的了解程度,他们知道玉的产地为禺氏这个地方,实际上比称"昆仑之墟"又前进了一步;而确切地有统一的定名,就要以张骞通西域的考察报告为准了。

9.1 古代经济文化交流的象征

和田玉是我国古代各兄弟民族友好往来的象征,也是中外各地经济文化交流的象征。远古时期,它就被人们以各种形式源源不断地运往中原和其他地区。如果我们称那时的东西交通大道为"玉之路",可能比"丝绸之路"更贴切些。西汉早有玉门关的称谓,即系明证。具有神奇浪漫色彩的穆天子西游,带回来的最珍贵的礼品为"玉荣枝斯之英",也就是于阗一带"群玉之山"上的精英。据日本学者白鸟库吉研究,藏语中玉石一词作 gyu(yu),古音"于"为 khu 或 gu,故"于"谓玉石;又藏语城邑或村落为 tong(tan),于阗这个名字,应为"玉之村邑"之意。如果我们联系于阗曾称为"大宝于阗国"、"于阗金玉国",就会觉得上述解释含有一定道理。

玉坚重,声悦耳,质细腻,清润光泽,晶莹端美。早在夏商时,业已受到人们的珍重。《史记·殷本纪》载夏桀败亡,"汤遂伐之夒,俘厥宝玉"。商代统治者对玉喜爱至极。被称为中兴贤王的宝庚,还特意赐玉以美名,称它为"宝货"。直到武王伐纣时,商朝这个以荒淫著称的末代帝王,还不忘"衣其宝玉衣"而死。由于如此,河南商朝遗址出土的玉器制作非常精致,可见当时人们已经掌握切、磋、琢、磨等一整套加工玉器的方法,工艺水平相当高超。这些晶莹夺目的玉器,在我国古代不仅是王公贵族赏玩装饰所必需,而且还作为礼器、祭器供奉于庙堂,馈赠贡献于朝聘会盟之时,所以孔子也不无赞叹地说:"礼乎,礼乎,玉帛云乎哉。"我们翻开历代史书的《舆服志》[1],就可看到在等级森严的朝廷宫室里,玉是多么贵重,以致秦朝以后,只有皇帝与皇后的印章才以玉为之,称为玉玺,如陕西咸阳韩家湾出土的以和田玉制成的西汉吕后印章,即刻有'皇后之玺'4字。东汉许慎在《说文解字》中声称:

玉乃石之美者,有五德:润泽以温,仁也;鰓理自外可以知中,义也;其声舒扬远闻,智也;不挠而折,勇也,锐廉而不技,洁也。

把玉的形象完美地描绘于我们眼前,反映了当时人们对玉的珍爱。玉作为吉祥、安康以及美德的象征,不仅中原如此,在西域兄弟民族中也是这样。和田地区的民丰尼雅遗址,曾发现用为信札的木简。从这些当地上层人物馈赠礼品表示问候的信札看来,他们作为良好祝愿的信物就是称为"琅玕"的圆形玉器,如"王母谨以琅玕一致问王"、"休乌宋耶谨以琅玕一致向小大子九健持"[2]等等。11世纪麻赫穆德·喀什噶里编写的《突厥语大辞典》中也说,和田玉是世界上最好的玉石,人佩玉于身上,便不怕雷电火击,可以避邪免灾,是幸福、吉祥的贵重之物。汉晋时期,昆仑北麓诸城国盛行馈赠玉石的礼仪,很可能是受了内地的影响。可以为证的是,当时汉文字在此通行,木简都是用汉文隶书字体写成。在历代相传的藏文《于阗国史》中也说,当时这里的习俗和中原一致。汉代中原地区与西域关系已发展到这样密切的程度,显然和田玉早已在中原地带为人们所熟知了。《史记·夏本纪》载:"三危既度,三苗大序……贡璆、琳、琅玕。"三危在今敦煌附近,通过这里向中原输送璆、琳、琅玕等玉器,很可能系和田玉。成书于春秋战国时代的《穆天子传》、《山海经》也都有关于和田玉的记载:相传远古时居于昆仑山一带的西王母曾到中原"献白环玉玦",周穆王西行巡狩时,登昆仑山时赞许道:"惟天下之良山,宝玉之所在。"

[1]《唐会要·舆服下》:"武德四年八月十六日,敕三品以上,服大料绸绫及罗,其色紫,饰用玉。五品以上服小料绸绫及罗,其色朱,饰用金。六品以上,服丝布杂小绫,交梭及双紃,其色黄。六品七品饰银。八品九品鍮石。流外及庶人服绸绢絁布,其色通用黄白,饰用铜铁。"由此可知,把玉作为随身携带的装饰品有着严格的等级规定,玉高居于金银铜铁之上,位列第一。

[2]林梅村:《楼兰尼雅出土文书》,第88页。

有关昆山或昆仑山出玉的记载,西汉的文献里不胜枚举,它们从不同角度形容了昆山之玉的贵重,明确说明它已成为当时人们争欲获得的珍宝。在《史记·李斯列传》里,李斯向秦始皇献策:"今陛下致昆山之玉,有随和之宝,……此数宝者秦不生一焉",明确地指出宝玉系从昆仑山麓远运而来。《史记·赵世家》载,苏厉给赵惠文王的信中说,假如秦国出兵逾勾注山,切断恒山一线,则昆山之玉,不复为赵王所有。这段话告诉我们,和田玉当时通过玉门关不仅运到陕甘的秦国,而且经河西走廊,远达今河北邯郸的赵王手里。当时赵国与西北少数民族的关系相当密切。上述路线正和《穆天子传》记述的穆王西行路线相近。新疆境内的丝绸之路南道,大概也就是最早时和田玉石运向内地的路线。这条"玉之路"对后来丝绸之路的拓展,毫无疑问起了先行作用。通过玉的东运,也证明西域与中原早有往来。自然,这种往来和当时政治上的联系密切相关。春秋战国时,和田玉已流誉海内,成为中原人士珍奇赞美之物。在《楚辞》里,爱国诗人屈原曾高咏玉的赞歌:"登昆山兮食玉英,与天地兮比寿,与日月兮齐光。"公元前119年,张骞第二次率领一个庞大的代表团来到西域,他的副使曾到于阗一带活动。《史记·大宛列传》记载他们不辞艰苦,登上崇山峻岭"穷河源,河源出于阗,其山多玉石,采来,天子案古图书,名河所出山曰昆仑山"。汉武帝和他周围的博学之士,可能就是根据上面提到的先秦文献,把于阗附近的"群玉之山"正式定名为昆仑山的。

由于古代传说作为中华民族摇篮的黄河发源于阗,所以更增加了和田玉神秘珍奇的色彩。我们说昆仑玉或和田玉在春秋战国以前已传入内地,不仅有文献资料可证,近年来考古工作者也发现越来越多的文物资料可以证实。已发现的新石器时代晚期的甘肃墓葬中,多有玉片和玉瑗,很可能就是来自新疆和田一带。[1] 1966年中国社会科学院考古研究所发掘的商代武丁的配偶妇好的墓中,出土玉器756件,经鉴定这些玉器在地下已埋藏3000余年,却依然晶莹润泽,光可鉴人,它

---

〔1〕尹达:《新石器时代》,三联书店1955年版,第43页。

们多半是新疆的和田玉。[1] 陕西长安沣西张家坡遗址所出西周玉器，也发现有西域传入的昆仑软玉。[2] 西汉统一西域后，中西交通频繁，更多的和田玉，特别是纯白色的羊脂玉传入中原，所以《汉书·西域传》特别强调于阗"多玉石"。河北满城汉墓出土的玉衣碎片及其他玉器，经过岩矿鉴定，证明许多是由和田羊脂玉制成。[3] 由于先秦至汉代，特别是汉代，大批玉石从昆仑山北麓的和田诸地源源不断地输向内地，所以玉门关这个名字，出现在《汉书·西域传》里。从和田玉如此之早地运到内地来看，古代新疆和中原的经济文化交流，早在汉代以前，就已有上千年的历史，而非张骞通西域才开其端。

在于阗之南，被高山阻隔的西藏地区，人们也跋山涉水克服种种艰难进行经济文化交流，玉石也同样充当了彼此友好往来的珍品。据《汉藏史集》记载，在公元7世纪吐蕃王朗日伦时，从于阗诸地曾"将十八头骡子驮的玉石运到吐蕃"。热巴巾王在位期间，从突厥地方即西域运来了18头骡子驮载的玉石，奉献给国王，在吐蕃没有比这批玉石更好的玉石了。[4] 玉石作为珍贵的材料运到吐蕃，建筑佛寺楼阁。而吐蕃王室最珍贵的器皿——茶碗，即以于阗名贵的羊脂玉制成："碗口亮敞，碗壁很薄，腿短，颜色洁白，具有光泽。"[5] 和古代中原汉人的价值观念一样，玉在吐蕃也比金银高贵。作为区别官员地位高低的标志——告身，"为十二级，最上为玉"。《新唐书·吐蕃传》云："其官之章饰，最上瑟瑟，金次之，金涂银又次之，银又次之，最下至铜止，差大小缀臂前以辨贵贱。"于阗玉运至吐蕃后其价值之高可见一斑。

以和田玉作象征的塔里木盆地南缘和徼外地区的联系也源远流长。和田软玉早就运销中、西亚，远达埃及。巴基斯坦古城塔克西拉即

[1]中国社会科学院考古研究所：《殷墟玉器》，文物出版社1982年。
[2]闻广、荆志淳：《沣西西周玉器地质考古学研究》，载《考古学报》1993年第2期。
[3]夏鼐：《汉代的玉器——汉代玉器中传统的延续和变化》，载《考古学报》1983年第2期。
[4]达仓宗巴·班觉桑布：《汉藏史集》，陈庆英译，西藏人民出版社1986年版，第87、123页。
[5]达仓宗巴·班觉桑布：《汉藏史集》，第87、123页。

曾出现公元前1世纪以和田玉制成的刀剑饰物。[1] 清代包括塔克西拉在内的克什米尔西南的温都斯坦地区,亦即痕都斯坦所制玉器,在我国名闻朝野,称誉一时,其玉料亦可能由和田提供。由于痕玉之著称,痕都斯坦这一地名曾引起许多不同的解释。据可靠资料分析,痕都斯坦即汉罽宾地,它在两千余年前的西汉时期即和我国发生友好往来关系,特别是处于丝路南道的新疆和田皮山为其往返必经之地,关系更为密切。《汉书·西域传》载:"罽宾国,王治循鲜城,去长安二千二百里,不属都护,东北至都护治所六千四百里……其民巧,雕文刻镂……[出]珠玑、珊瑚、虎魄、璧流离。"在《大唐西域记》中,汉罽宾称为迦湿弥罗,其所属之呾叉斯罗即上述之塔克西拉。据记载,该地和古代和田不仅关系密切,而且居民间甚或有移民的血缘关系。汉代和田玉即已运往塔克西拉雕琢成器。清代痕都斯坦和叶尔羌、和田诸地贸易往来频繁[2],痕玉通过叶尔羌或和田运往中原,其中有的玉料即由和田所产。乾隆帝咏赞"西昆率产玉,良匠出痕都",是有其根据和缘由的。乌兹别克史载,公元前两千年时,就已有新疆碧玉在那里出现,这可能也是从昆仑北麓远运而去。15世纪初叶,克拉维约(Klariyo)奉西班牙国王之命到中亚撒马尔罕访问,据他亲身所见:"自中国境运来世界上最华美的丝织品,其中有一件为纯丝所织者,质地最佳;和田运来宝玉、玛瑙、珠货以及各样珍贵首饰。和田所产之货,其极名贵者,皆可求之于撒马尔罕市上。和田之琢玉镶嵌之工匠,手艺精巧,为世界任何地方所不及。"[3]说明当时运往中亚市场上的和田玉器,工艺之精巧是其他地方无与伦比的。还有值得注意的是,在我国其他边疆少数民族地区,也有和田玉的发现。早在春秋战国时期(前770—前476年),和田玉还曾传到遥远的西南边疆。云南江川县李家山古墓出土的玉镯、玉耳环等饰件,经鉴定也系和田玉制成。[4] 《隋书·突厥传》载,远在

---

〔1〕*Reports of the Archaeological Survey of Lndia 1919—1920*(《印度考古部报告》),Pt. 1,pp. 19.

〔2〕参见本书11:古代于阗的南北交通。

〔3〕〔西班牙〕克拉维约:《克拉维约东使记》,杨兆钧译,商务印书馆1985年版,第157页。

〔4〕王大道:《云南出土货币初探》,载《云南文物》22期。

漠北的都蓝可汗曾遣其母弟褥但特勤向隋文帝献于阗玉杖,可见在广阔的大草原中,突厥人亦把和田玉作为珍宝,隆重地贡献给中央朝廷。

9.2 和田玉的特征及品种

沿新疆南部昆仑山北麓,东西长达 1200 多公里的范围,包括西起喀什地区的塔什库尔干,东抵巴音郭楞蒙古自治州的且末县,都是玉的产区。由于和田玉质量优良、驰名中外,所以日久天长,它也就成为昆仑玉或昆山玉的同义语,为大家所熟知。不过昆仑玉这个名称古今有别,今系专指卡瓦石等低档玉料而言。

我国产玉的地方很多,但正如《天工开物》所载:“贵重者尽出于阗。”和田玉,特别是正宗的白色子玉,水分足,滋润如脂,人称“羊脂玉”,亦即《本草纲目》中所谓“洁如白猪膏叩之鸣者”。用其雕琢人物、鸟兽、花卉、草木、山水、建筑,皆为珍品。因此,封建时代皇室用玉,多到于阗索取。历代于阗王送往中央王朝的贡品,也多以玉为主。至今在故宫博物院里,我们还可见到用和田玉制成的各式陈列品,琳琅满目,美不胜收。古代从和田运往内地的不仅有作为原料的玉石,亦有经过加工的玉器。梁武帝大同七年(541),于阗曾献玉刻的佛像给这个以崇信佛法而著名的南朝皇帝。唐德宗酷爱和田玉,曾派遣内给事朱如玉远赴于阗寻求各式玉器。朱得到了圭、珂佩、枕、带胯、簪、奁、钏、杵等。面对这一件件“白如截肪,黄如蒸栗,黑如点漆,红如鸡冠”的光彩夺目的宝货,这个钦差大臣眼花缭乱,企图吞没,终因贪赃枉法送了性命。而这一批批从于阗运来的稀世之宝,据《剧谈录》载,后仍被人所窃。唐宋时关于和田玉的传闻极多。《癸辛杂识》续集有段记载说:“伯颜丞相尝至于阗国开省,于其国中开井得白玉佛一身,高三四尺,色如截肪,照之皆见筋骨脉络。”这些笔记逸闻,虽不完全可信,但和田玉之珍贵难得,雕琢技艺之精湛,亦可见一斑。千百年来为人们传颂不绝的“一捧雪”玉杯,据说就以凝脂般的和田白玉琢成。映日细看,杯内“有雪片纷纷如飘拂状”,“制若鬼工,价值连城”,现被视为国家稀世之宝。据说以昆仑玉制成的酒具,可以使烈酒变得醇香可口。此说已为我国科技人员所证实。这种产于我国昆仑山东段海拔4000米以上崇山峻岭中的奇玉,质地细腻,呈海蓝色,硬度为6—6.5度。实验表明,它可以加速催化酒中的乙醇酯化,使酒绵润香甜,故人们称之为“美酒玉”。

和田玉斑驳多彩,种类不一。清椿园的《西域闻见录》曾描绘说:“其地有河产玉石子,大者如盘、如斗,小者如拳、如栗,有重三四百斤者。各式不同,如雪之白,翠之青,蜡之黄,丹之赤,墨之黑者皆上品。一种羊脂朱斑,一种碧如波斯菜,而全片透湿者尤难得。河底大小石,错若平铺,玉子杂生其间。”椿园说玉子杂生河底,不确,实际上是山上玉石随湍急的水流而下造成的。和田城东的玉龙喀什河,即《新五代史》上所说的白玉河,所产之玉,因经水流长期冲刷,白润细腻,杂质极少,如羊脂猪膏,质量最佳,惟多系小块,被称为子玉。水流出山一带所产玉石也以白玉为主,因受河水冲刷时间较短,表层给人以粗松之感,尚有棱角,质量比河水中的子玉稍为逊色。不过,这里有时也能得大块的上好佳品。1980年7月,和田县皮夏两牧民在4400米高的山巅得重达590公斤的方形玉石,洁白润泽,经鉴定为一级品,利用率达95%以上。在山上开矿采得的玉,称渣子或山料,利用率不及子玉,但产量极高,是目前大规模采玉的主要手段。按产地不同,和田玉分为子玉、山流水、渣子或山料3种。现在通常习惯以颜色分类,白如羊脂者最为名贵。玉块越大,利用价值越高。白玉在水中长期浸润,受矿物质的染蚀,表层呈现黄色,人称水锈皮。染色深浓,呈红色或紫色;但刮去皮层,其内仍为白色,故行家名其为虎皮子。此地真正的红玉、黄玉或紫玉,比较罕见,故唐代玄奘过此,在《大唐西域记》里也说,这里多产“白玉黳玉”。黳玉系指和田西喀拉喀什河即墨玉河所产的碧玉、墨玉。海拔4000米以上的和田县朗如的科斯玉子山峰的碧玉,色如一潭春水,坚如翡翠,质量最好。一般墨玉不宜雕成精品,故不受珍视。颜色越深浓,价值则越高。青花玉是黑白相间的玉石,有的黑白分明,色调出奇,身价也就大增,可雕成别具一格的珍品。

在矿物学上，玉石分硬玉、软玉两种。硬玉俗称翡翠，系由一种钠和铝的硅酸盐矿物组成。据说，在我国最早出现的硬玉，是18世纪由云南与缅甸交界一带输入的。但《宋史·于阗传》称，熙宁年间(1068—1077)，于阗即有翡翠贡献北宋朝廷。这显然非本地所产，而由西方运来。软玉亦称真玉，是透闪石和阳起石的隐晶质。和田所产软玉，系单斜角闪石之一种，常为紧密细粒状致密块，有脂肪光泽，略透明，硬度约为6度，多产于结芯片岩、灰岩或接触变质角岩中，系亿万年前地壳大变动时期在特殊高温高压条件下所形成。

9.3 玉石的产地和采集

和阗玉的产地主要在今和田市的白玉河即玉龙喀什河、乌玉河即喀拉喀什河，以及南部山区如桑株塔格、铁克里克塔格、柳什塔格等地。叶尔羌的密尔岱山亦是玉石的重要产地。“山峻三十里许，四时积雪，谷深六十余里，山三成，下成者麓，上成者巅，皆石也。中一成，则琼瑶函之，弥望无际，故曰玉山。采者乘牦牛至其巘凿之，坠而后取，往往重千万斤。”[1]据近人探测，塔什库尔干的大同(东经76°8′、北纬37°43′7)，皮山苏盖提东南(东经78°19′、北纬36°33′)、皮卡拉大坂附近铁日克以东一带，和田阿拉玛斯，且末塔特勒克苏、哈达里克奇台、塔什赛因诸地都系玉石的重要产地。

古代于阗采玉以捞为主。《新五代史》载：“东曰白玉河，西曰绿玉河，又西曰乌玉河，三河皆有玉而色异。每岁秋水涸，国王捞玉于河，然后国人得捞玉。”这个传统习惯，一直沿袭到清代。不过，这时于阗王已经没有了，代替他的是于阗的州官。每年深秋以后，洪水已过，水清见底，人多集中于今和田县南水浅流缓之处。州官先赤足下水，装模作样地捞上一阵，待他上来，百姓才能下去拣捞。所得归官，稍给酬值而已。因此百姓多苦此差役，唯恐逃避不及。而历代统治阶级却借此大

[1]徐松:《西域水道记》卷1。

肆搜刮各式美玉，堆满府库。16 世纪末，由印度前来中国的耶稣会传教士鄂本笃，途中适遇于阗王的母亲阿吉哈丽姆朝圣回国。她路费短缺，向鄂借黄金 600 锭。太后归国后，马上从府库中拿出价值数倍的玉石偿其债务[1]，可见当时于阗王府所藏玉石之多。根据鄂本笃所闻，当时玉有两种：第一种最良，产和田河中，距国都不远，泅水者入河捞之，与捞珠相同，磨琢后有大如燧石者；第二种品质稍次，自山中开出，大块则劈成片。这里所说捞玉的方法与《新五代史》所载基本相同。现人经常引用椿园写的《西域闻见录》里的一段文字，记叙清代和田采玉的情况："河底大小石，错落平铺，玉子杂生其间。采玉之法，远岸官一员守之，近河岸营官一员守之，派熟练回子或三十人一行，或二十人一行，截河并肩，赤脚踏石而步，遇有玉子，回子即脚踏知之，鞠躬拾起。岸上兵击锣一声，官即过朱一点。回子出水，按点索其石子去。"[2]当时玉河里取之不尽的自然财富，已为官府垄断攫取，当地群众则负担着沉重的差役。那时为了阻止民众自行下河拣捞玉石，清政府还在和田城外之东西河共设卡伦(哨所)12 处，专为稽查采玉回民。上说在水流中靠脚踏即能把玉和乱石辨别出来，可能不确。据当地有经验的维族老人介绍，捞玉主要是靠拣起后用眼力分辨，而不是靠脚上的功夫。传说："国人夜视月光盛处，必得美玉"，倒有一定道理。皎洁的月光，透过清澈的河水，照在白玉上，由于光的反射，水面上自会华彩四射。同样，浅水清澈见底，清晨阳光普照，在水底乱石中，玉也显而易得。从和田县黑山以下至一干渠(塔瓦库勒)，沿河两岸及河底乱石累累，皆可找玉。黑山以上，人迹罕至。每年夏季洪水奔腾而下，七八月份这里常可发现大块玉石，但只有清晨冰雪未融时方可寻取，日出后冰雪融化，洪水倾泄而下，巨石滚滚，似雷霆万钧，地动山摇，人根本不能接近。由于玉龙喀什河水夏日猛涨，在和田以北曾数次改道，所以近代在戈壁滩的干河道里也可挖玉，惟不如水中所捞润泽。洛浦的胡马地，过去

[1]张星烺:《中西交通史料汇编》第 1 册。
[2]椿园:《西域闻见录》，载《新疆纪略》卷 2。

每当星月皎洁之夜，据说附近农民常见银光闪闪，至其地，往往能挖到白如羊脂的子玉。16世纪，作为我国的地方政权，统治塔里木盆地南缘的叶尔羌汗国建立后，为发展经济直接控制了和田玉石矿的开采，后为了利用宗教势力拉拢和卓，又把政府直接经营管理的和田玉石采集和加工权，以瓦合甫的名义捐赠给和卓。[1] 18世纪清统一新疆后，官府垄断玉石开采，严禁当地群众或内地商民采集或贩卖玉石。每年秋季，叶尔羌办事大臣都要向朝廷呈报开采情况并进贡玉石。现将查阅到的中国第一历史档案馆满文军机处录副奏折中的呈文，摘录一份如下，以知究竟。

咨呈

驻扎叶尔羌署理总办大臣事务协办大臣二等侍卫阿隆阿为呈送事：

查叶尔羌、和田每年秋季分采获进呈玉石块数、斤重，向开清单呈送军机处备查在案。今将嘉庆十二年秋季，分叶尔羌、和阗二城采获玉石二千九十二块，共重三千九百五十九斤九两七钱，差派年满三等侍卫常顺设军校那亲分起送京呈交外，相应分晰开具玉石细数清单呈送，伏乞鉴照查收施行须至咨呈者，计呈送清单一件，右咨呈军机处。

嘉庆十二年十月二十六日

谨将嘉庆十二年分叶尔羌采获大小玉一千二百六块，和阗采获大小玉八百八十六块，敬缮总单，恭呈御览。叶尔羌白玉六十六块、白玉子二十个，和阗白玉一百七十五块、白玉子九十三个；叶儿羌葱白玉一百一十四块、葱白玉子二十个，和阗葱白玉一百三十六块，葱白玉子四十四个；叶尔羌青白玉三百三十三块、青白玉子四十八个，和阗青白玉一百三十二块、青白玉子四十一个；叶儿羌青花玉五十块、青花玉子七个，和阗青花玉一百三十二块、青花玉子二十四个；叶儿羌青玉四百九十四块、青玉子五十四个；和阗青

〔1〕马合木德·楚拉斯：《编年史》，俄译本，第78页。

玉八十三块、青玉子二十六个，以上共玉二千九十二块，共计三千九百五十九斤九两七钱七分……（下略）

在乾隆嘉庆年间，像这样进贡玉石的奏折及清单尚有不少，文末都有皇帝朱批“知道了，钦此”等字样。

叶尔羌、和田采获之玉主要进贡清廷。对于质量不佳者，纯石微透玉情或颜色不堪碎小者，或捕获商民私带玉石没收充公者，亦可变价出售以充公用，但亦必须详报账目，以杜绝地方官员中饱私囊。在乾隆三十三年十二月二十八日奏折中，即有如下内容，值得注意：

旌额里、额敏和卓谨奏，为奏闻事：……乾隆三十三年春秋二季，和阗玉陇哈什、哈拉哈什二河，哈浪圭塔克采获玉内挑出纯石微透玉情颜色不堪碎小者变得钱五十二腾格零一十文。叶尔羌河采获玉内挑出纯石微透玉情颜色不堪碎小者变得钱二十七腾格零一十八文。搜获商民私带玉内挑出颜色不堪碎小破坏者变得钱一十四腾格零三十一文。以上共变价钱九十四腾格零九文。又奏准归入赏赉公用项下沙尔虎尔伯克养廉余剩钱文并升调事故伯克革缺旷养廉钱文共二百八十八腾格零一十七文，连前项库内旧存钱八百五十一腾格合计共钱一千二百三十三腾格零二十六文。内：乾隆三十三年春秋二季，和阗玉隆（陇）哈什、哈拉哈什二河并叶尔羌河采玉奖赏黾勉采玉兵丁回夫共享钱一百五十四腾格零四十九文，哈浪圭塔克采玉雇觅回夫共享钱五十腾格，密尔岱试采玉石，打铁撬二根……实存钱一千六腾格零二十七文，尚存无人认买纯石不堪玉五十一块。

乾隆三十四年二月初一日奉朱批

知道了。钦此。

由上可知，清乾嘉时期官府垄断了玉石开采，其管理是相当严格的。每年由叶尔羌、和田进贡的玉石皆有数千块，一般重者数斤，轻者数两。有时亦有较重者，如乾隆四十二年从玉龙喀什河采获的玉石 1 块重达 47 斤。偶尔亦有罕见特大者：乾隆时期从叶尔羌南密尔岱山获一特大玉石重数千公斤，从当地起运时，做几丈宽的铁车装载，以几百匹马、几千人推拉，沿途还经常动用大量民工修路。沙路难行，每天只能走六七里，历3年余方运至北京，然后又运至扬州制作。自乾隆四十六年始至五十二年方成，连运输时间前后共享10年。这块特大的珍品，现存北京故宫博物院，即著名的大禹治水玉山。道光二十五年(1845)，林则徐往库尔勒诸地履勘垦荒情况。其《乙巳日记》二月初三日记："至乌沙克塔尔台(今博斯腾湖东北之乌什塔拉)……北台之东有大玉三块，闻系乾隆年间由和阗入贡，运至此地总抬不起，奏奉谕旨不必运送，遂留于此。今视之若小山然。盖未琢之璞也。其旁露出一面，碧色晶莹，可玩而不可凿，亦神物也。"究竟这3块像小山一样的玉石有多重，《三州辑略》曾有记载："和阗使臣贡大玉三块，大者色青，重万觔，次者葱白重八千觔，小者极白重六千觔。"所记前后经过和《乙巳日记》一致。徐松的《西域水道记》和倭仁的《莎车行记》中亦有类似记载。著有《新疆游记》的谢彬1917年至此，尚目见"市北田中有玉石一块，体积视南方方桌略小。……今残存者系大者，而次者、小者早已被人零截尽矣"。可能受清朝垄断政策的影响，民间无玉雕，当地雕琢工艺亦相应衰退。如《新疆图志》的编者所云："于阗之玉名天下，历史所称贡献之物，若圭枕珂佩……皆穷极巧智为世所称美。今采玉者率抢璞贾之都下，无复追琢雕镂能制器者，古今人之不相及也久矣"。尽管如此，和田维吾尔族老艺人仍有精雕细琢的成品问世。如清代的白玉扶手(凳子，现存新疆维吾尔自治区博物馆)，高34厘米，宽27厘米；上为卷云纹，前面雕的是花芯变形的着花垒，当中缕空为多组菱形花纹；匀净光滑，加工技艺纯熟，表现了维吾尔族民间工艺的特殊风格。

10　汉代丝路南北道研究

汉代丝绸之路在今新疆境内,分为南北二道,究竟怎样走法,众说纷纭,并无定论。现据历史实际,提出如下看法,敬祈指教。

10.1　“南北道”的提出与南道的通行

汉代的丝路即中西交通大道,在今新疆境内,沿塔里木盆地南北缘,向有“南北道”之称。《史记·大宛列传》记载太初元年(前104)李广利伐大宛的行军路线说:

> 贰师将军军既西过盐水(今罗布泊一带),当道小国恐,各城坚守,不肯给食。攻之不能下。下者得食,不下者数日则去。……于是贰师后复行,兵多,而所至小国莫不迎,出食给军。……至仑头(今轮台县境)……自此而西,平行至宛城……初,贰师起敦煌西,以为人多,道上国不能食,乃分为数军,从南北道。

此所谓南北道,究竟如何走法,传文中没有交代。很明显,李广利亲率主力由敦煌出发经楼兰、轮台至龟兹继续西行,这条连接中西的主干线,在《汉书·李广利传》所载的汉武帝伐大宛诏中,称为“东西道”:

> 匈奴为害久矣,今虽徙幕北,与傍国谋共要绝大月氏使,遮杀中郎将江、故雁门守攘。危须以西及大宛皆合约杀期门车令、中郎将朝及身毒国使,隔东西道。贰师将军广利征讨厥罪,伐胜大宛。

而作为平行的向西路线,在天山以南、昆仑山以北,只有塔里木盆地南缘的道路。天山东部伊吾、车师一带,时尚在匈奴掌控之中,汉军自难通行。一支偏师由南道西行。而李广利伐大宛取得胜利、凯旋东归时,据《汉书·西域传》载,走的则是南道:

> 初,贰师将军李广利击大宛,还过扜弥,扜弥遣太子赖丹为质

于龟兹，广利责龟兹曰："外国皆臣属于汉，龟兹何以得受扜弥质?"即将赖丹入至京师。

这里明确记载李广利伐大宛还过扜弥，和扜弥王室有过接触。扜弥在西汉时期的南道上，是个较大的绿洲城国，有24000人，西邻于阗，东北与龟兹相接：

扜弥国，王治扜弥城，去长安九千二百八十里。户三千三百四十，口二万四千……东北至都护治所三千五百五十三里，南与渠勒、东北与龟兹、西北与姑墨接，西通于阗三百九十里。今名宁弥。[1]

扜弥境内有大河，北流龟兹，并汇入北河即塔里木河[2]，历史时期，两地沿河谷曾有人来往。[3] 有学者提出质疑：李广利既在南道，怎么能责问北道的龟兹？又将在龟兹的赖丹带回京师哩！他应该还是走的北道即"东西道"。清代学者徐松在《汉书·西域传》补注中，说了句含糊不清的话："贰师后行攻轮台还，过龟兹，在北道，而过扜弥者，扜弥东北接龟兹。"余太山解释得简单明了："当是遣使相责。"[4]言下之意，李返回走的仍是南道。大宛之役，使李广利威望大增，他返回时在扜弥逗留期间，遣人往龟兹带回赖丹并非难事。此后，南北道作为中西交通大动脉，在西汉朝野已有共识。宣帝时，郑吉在渠黎率军屯田，后提升为卫司马，其任务就是官方宣布的"使护鄯善以西南道"。后郑吉"破车师，降日逐，威震西域，遂并护车师以西北道，故号都护。"[5]车师以西是什么地方？就是塔里木盆地北缘焉耆、轮台至龟兹、姑墨一线地段。南北道之称，这时已深入人心，成为无可置疑的事实。更值得注意的是，由于在此前后车师一带地方，仍有匈奴骑兵出没，危及行人的生

---

〔1〕《汉书·西域传》。

〔2〕《新唐书·西域传》："于阗东三百里有建德力河，七百里有精绝国；河之东有汗（扜）弥，居达德力城，亦曰拘弥城，即宁弥故城。"此河即今之克里雅河。据考察，明代以前，此河曾流入塔河。详见周兴佳等：《克里雅河及塔克拉玛干科学探险考察报告》，中国科学技术出版社1991年。

〔3〕参见殷晴：《古代新疆的南北交通及经济文化交流》，载殷晴：《新疆经济开发史研究》（下册），第251页。

〔4〕余太山：《塞种史研究》，中国社会科学出版社1992年版，第80页。

〔5〕《汉书·郑吉传》。

图 10－1　库車西北克孜尔尕哈烽燧(汉唐)

命财物,而南道远离匈奴势力,比较安全,虽然干旱少水,风沙较大,人们还是多选择它作为自己的行程。这时,不仅南道诸国与汉朝关系比较密切,上路行人增多,西方月氏、大宛、康居等国的使者商人,也多通过南道东往中原,进行贡献或以贡献为名作贸易活动。在新发现的悬泉汉简中,亦不乏这样事例:

> 客大月氏、大宛、疏勒、于阗、莎车、渠勒、精绝、扜弥王使者十八人,贵人口人……(10309③:97)[1]

同时,汉朝去大宛的使者也走的是南道。元康元年(前65),冯奉世送大宛客即是如此,并在莎车平定了一次政变。汉成帝时,西域都护郭舜在分析汉朝与康居往来关系时说:"敦煌、酒泉小郡及南道八国,给使者往来人马驴橐驼食,皆苦之。"[2]说明大宛、康居这些北道所至国家与中原往来,走的多是南道。西汉时期南道的存在与畅通确凿无疑,值得研究的还是北道的问题。

10.2　作为北道主干线的"东西道"

《汉书·西域传》称:"自玉门、阳关出西域有两道。从鄯善傍南山北,波河西行至莎车,为南道;南道西逾葱岭则出大月氏、安息。自车师前王廷随北山,波河西行至疏勒,为北道;北道西逾葱岭则出大宛、康居、奄蔡焉。"这段记述,长期以来被人们作为根据引用,论述西域的交通主干线。自然也有学者对此提出过异议。在新疆作过多次考察的黄文弼先生认为:"疑《汉书》所述为后汉通西域路线,与西汉通西域之路

〔1〕胡平生、张德芳:《敦煌悬泉汉简释粹》,第133页。
〔2〕《汉书·西域传》。

线，则有差异……班固以后汉之道路，系之于前汉，误矣。”[1]黄烈继而据之亦提出质疑：“从楼兰故城至都护治所乌垒的西行径道，为《汉书》所无；从楼兰故城东北上车师前王廷的另一道，折而西南下与西行径道会，则为一曲回路线。北道为何取此曲回而有两道，不得其解。”[2]按当时中西交通的实际情况，黄氏父子提出的问题，不能说没有道理。西汉时期，东天山一带，基本上为匈奴所控制，位于吐鲁番盆地的车师前国，在政治、军事上具有重要的战略地位，但因交通阻碍，在中西往来、丝路贸易方面所起的作用并不显著，如说当时中西交通一定要经过车师，实有些使人困惑，而需探讨。车师原名姑师：

> 楼兰、姑师邑有城郭，临盐泽。[3]
>
> 初，武帝感张骞之言，甘心欲通大宛诸国，使者相望于道，一岁中多至十余辈。楼兰、姑师当道苦之。[4]

上述楼兰、姑师，好像都在交通要道上，但按汉武帝《伐大宛诏》中揭示，当时中西交通主干线是“东西道”，即从敦煌经楼兰西至龟兹的路线。“临盐泽”的“楼兰、姑师当道苦之”，这是指当时姑师所控制的地域，而非位于吐鲁番盆地交河城的车师前王廷。由于交河城距盐泽甚远，所以当代学者对此提出过不少假设或揣测，有人甚至认为“临盐泽”的姑师与吐鲁番盆地的车师前国是地望不同的两个古国。其实，姑师即车师，在史书中有着明确记载。汉元封三年（前108），武帝遣将军赵破奴率兵虏楼兰王“遂破姑师”，后“分以为车师前后王及山北六国”。姑师在史前至汉初为西域东部强国，地跨天山南北，称雄一方，《汉书·西域传》载其原有人口2万以上[5]，经济以畜牧、狩猎为主，兼有农业和手工业，铁工具已开始广泛使用，并有金属冶炼出现。姑师人的武器装备，在当时非常先进，堪称一流。2003年新疆文物考古工作者在鄯善县洋海墓葬中，曾发现属于姑师（车师）人的弓箭、马具等大

〔1〕黄文弼：《西北史地论丛》，第76页。

〔2〕黄烈：《中国古代民族史研究》，人民出版社1987年版，第437页。

〔3〕《史记·大宛列传》。

〔4〕《汉书·西域传》。

〔5〕车师前国为6050人，车师后国为4774人，山北六国为9500人，共计20324人。

批随葬品。弓均为复合式,结构复杂:中间是厚1厘米左右的韧木片,两边加粘牛角片、骨板,外包一层牛筋片再缠牛筋绳;弓梢三角形,呈倒钩状承弦;弓弦亦用牛筋合成,两端有扣。这种弓体为S形的反曲弓,是史前时期中亚最先进的武器。大量的箭簇,特别是三棱形带短翼的铁簇和铜簇,翼宽而薄,中间起脊,遒劲锋利,显示着当日的姑师人武器精良、兵力强盛。还有以皮革缝制的马鞍、双环铁马衔以及马笼套等,皆精巧致密、结实耐用,具有很高的工艺水平。[1] 当时姑师人的势力,不仅达到库鲁克山南麓与楼兰相接,而且还远达焉耆、龟兹绿洲,与当地居民屡屡发生冲突,所以不仅鄯善设"击车师都尉"、"击车师君",防御车师人的袭击,龟兹也设有击车师都尉;焉耆除有击车师君外,还设有归义车师君这一特殊官职。[2] 姑师分为车师前、后国以后,在库鲁克山南麓的势力,逐渐退缩,但即使如此,其人强劲,周邻各国仍受威胁,戒备有加。《汉书·西域传》载,武帝天汉二年(前99),汉遣开陵侯成娩将楼兰国兵始击车师,征和四年(前89)复遣其将楼兰、尉犁、危须等6国兵围攻车师,使之降服归汉。此次军事行动经充分准备,声势浩大:"六国子弟在京师者,皆先归,发畜食,迎汉军,凡数万人,王各自将,共围车师,降其王。"在汉军和西域诸国不断的围攻下,车师的势力大为削弱,以至退出库鲁克山南麓的角逐,而有益于汉通西域的东西大道即汉代前期北道的畅通。宣帝神爵三年(前59),西域都护府建立,继而元帝初元元年(前48),设置戊已校尉,使车师前国东境,逐渐成为汉的屯田中心——经营西域的军事与补给基地,其重要地位凸显。而南道上唯一的屯田重地——鄯善伊循城(今若羌县米兰一带),自汉昭帝元凤四年(前77)开辟后,迅速扩展,级别破格提高,其重要地位显见。上述以车师和鄯善作为北南两道的起点,《汉书》著者并非单从交通路线着眼,出玉门、阳关,由何道而至车师、鄯善并未说明,而是

[1] 详见新疆文物考古研究所、吐鲁番地区文物局:《鄯善县洋海墓地发掘简报》,载《吐鲁番学研究》2000年第1期;吕恩国:《苏贝希发掘的主要收获》,载殷晴等:《吐鲁番学新论》,新疆人民出版社2005年版,第239页。

[2]《汉书·西域传》。

从其特殊地位和地理位置落笔。对此南北两道,王国维先生有段话现常被引用:

> 余按汉时南北二道分歧,不在玉门、阳关,而当自楼兰故城始,自是以南则从鄯善傍南山北,波河西行至莎车,北则或东趋车师前王庭,或西趋都护治所,皆随北山波河西行至疏勒……《汉书》记北道自车师前王庭始,南道自鄯善始,当得其实。[1]

王文称自楼兰故城始,北则东趋车师前王庭或西趋都护治所,肯定了西趋龟兹的径道,补正了《汉书》上述的偏缺,但还不尽准确。由楼兰西趋龟兹是东西大道的主干线,而折向车师的支线,是从楼兰北上还是继续西行400余里,通过山国折向东北至车师前王庭?对此,有关论著有不同表述。王文认为从楼兰转折北上,持相同看法的如陈戈在《新疆古代交通路线综述》称:"由楼兰至吐鲁番的一段大约是经乌隆铁明土布拉克,越库鲁克塔格山,经巴什托格拉克布拉克、梅里托克松布拉克,英都尔库什、底坎尔至鲁克沁,再向西北达吐鲁番。"[2]至今在鲁克沁、底坎儿一带还流传着与楼兰间交往的一些故事,唤起人们的历史回忆。从楼兰北折高昌的路线,随着吐鲁番盆地的开发亦受到人们的注视,不断有行人足迹。据鲁克沁当地人称,由迪坎尔南行至楼兰故城,直线距离约300公里左右,偶尔尚有人行。见于史籍的有如下记载:东汉明帝永平十八年(75)耿恭被匈奴围困于疏勒城,东汉朝廷"乃遣征西将军耿秉屯酒泉,行太守事,遣秦彭与谒者王蒙、皇甫援发张掖、酒泉、敦煌三郡及鄯善兵,合七千余人,建初元年(76)正月会柳中击车师,攻交河城。"[3]秦彭等所率河西3郡兵走的是"新道",而鄯善兵乃可能由楼兰北上,与河西兵会师于柳中。"延光二年夏(123),复以勇为西域长史,将兵五百人出屯柳中。明年正月,勇至楼兰,以鄯善归附,特加三绶。"[4]延光三年班勇由柳中直奔楼兰,展开其统一西

[1]《观堂集林》卷17,上海古籍书店1983年版。

[2]载《新疆文物》1990年第3期。

[3]《后汉书·耿恭传》。

[4]《后汉书·班梁列传》。

域的活动,亦是走的这条路线。一般情形下,东来的行人至楼兰后,其目的地如往车师,北上可通过此道。由于沿途皆沙卤荒山,缺乏饮水、艰难困苦,自不待言。1910年冬橘瑞超从鲁克沁沿此线南下,"费了八九天时间"至罗布沙漠,据称沿途难以生存为"无人之乡"[1]。如行人东来要至龟兹或继续西行,则不大可能北折车师,因要多走数百里、耗时十余天。近百年来,中外探险家曾相继走过这条路线。著名考古学家黄文弼先生在1930年4月8日经此,曾留下这样的记录:"所过之地皆冈峦重叠,山阜起伏,总名库鲁克塔格,亦称确尔塔格,干山之意。"[2]看来,说这"冈峦重叠,山阜起伏"之地是一条重要的交通干线,尚待证实。

10.3 "墨山国之路"

目前不少学者把目光多投向从古山国至吐鲁番盆地的"墨山国之路"。西汉"山国,王去长安七千一百七十里。户四百五十,口五千,胜兵千人……西至尉犁二百四十里,西北至焉耆百六十里,西至危须二百六十里,东南与鄯善、且末接。山出铁,民山居,寄田籴谷于焉耆、危须。"[3]这个山间小国,在《水经注》中称墨山国,介于楼兰、车师、焉耆、尉犁和危须间,以狩猎、畜牧为生,缺少耕地,吃粮多依赖焉耆、危须提供。《汉书·西域传》"鄯善国"条称西北去都护治所千七百八十五里,至山国千三百六十五里,西北至车师千八百九十里。如此,山国至车师前王廷即交河城应是525里。山国的都城在哪里,因缺乏明确记载,现在人们的看法还不一致:日松田寿男在《古代天山历史地理学研究》中,赞同斯坦因在*Serindia*中的提法,即吐鲁番南约180公里的辛格尔为山国(墨山国)故城;羊毅勇《从考古资料看汉晋时期罗布淖尔地区与外界的交通》一文称,在库鲁克山南麓苏盖提布拉克山谷中,有

[1] [日]橘瑞超:《中亚探险》,柳洪亮译,新疆人民出版社1993年版,第20页。
[2]《黄文弼蒙新考察日记》,文物出版社1990年版,第532页。
[3]《汉书·西域传》。

座建筑在山峰之上的夏尔托卡依古城，应系山国故址[1]；而李文瑛《新疆尉犁营盘墓地考古新发现及初步研究》[2]一文，则认为"把营盘遗址推定为汉晋时期山国或墨山国的都城应该不存在太大问题"。最近，有学者专门组织人探寻山国故址，亦未发现任何遗迹。根据自然条件，他们提出西距尉犁县城240里，北距博湖县（原属焉耆）境160里之尉犁县古勒巴格乡艾塘村一带，可能为山国都城所在地。这里四面环山，溪水潺潺，有稼穑、菜蔬、果木之属，颇适于人类居住。[3] 虽然山国王城遗址一时难以确认，但可以认定的是，具有烽燧遗迹的营盘遗址一带，和楼兰一样，显然是交通枢纽，是"保护古代中国通西域大道的一个重镇"[4]。所以松田寿男在其名著《古代天山历史地理学研究》里说，"在楼兰遗址或在营盘遗址向北转，越过库鲁克山通向吐鲁番盆地"[5]。尉犁县营盘遗址位于天山山脉东部的库鲁克山南麓，孔雀河故道北岸。在营盘古城西南、孔雀河沿岸，东西古道有连续不断的烽火台分布，直至库车即汉代龟兹。在古城以北兴地山下口处，亦有烽燧戍堡遗迹，并有道路直通交河城。西汉时期，吐鲁番盆地的政治中心——车师前王廷，是汉与匈奴争夺的主要目标。在《汉书·西域传》的记载中，汉统一西域的几次重大军事行动，应即通过这条路线，即所谓墨山国之路，进入吐鲁番盆地。据说在墨山国范围的营盘遗址至吐鲁番的沿线条件较好，途中的辛格尔小绿洲水草丰盛，气候温暖湿润，被斯坦因称之为"唯一永久可住的地方"。这里不仅西汉时期有人马通行，东汉时期，班勇在柳中、楼兰一带活动，延光三年春，龟兹王白英率姑墨、温宿发兵万余人至车师前王廷，击走匈奴伊蠡王，肯定走的也是这条墨山国之路。对于上述路线在两汉魏晋南北朝时期的有关情况，罗新

---

〔1〕载《西北民族研究》1994年第2期。

〔2〕载殷晴等：《吐鲁番学新论》，第393页。

〔3〕张明亮：《寻找山国遗址》，载《丝绸之路》2006年第12期。

〔4〕向达译：《斯坦因西域考古记》，中华书局1987年版，第195页。

〔5〕〔日〕松田寿男：《古代天山历史地理学研究》，陈俊谋译，中央民族学院出版社1987年版，第62页。

《墨山国之路》[1]一文论述甚详,观点亦有新意。有一点想提出讨论的是,罗文把营盘与兴地山谷之间,称之为墨山国之路的南端,而把汉魏的柳中,即"由鲁克沁出发,向南越库鲁克塔格入罗布淖尔地区的道路",视为"墨山国之路的北端"。这样,就把墨山国和墨山国之路的范围夸大了许多。

汉初,姑师势力强大,南"临盐泽",也就是说不仅吐鲁番盆地以南甚至库鲁克山南麓,皆系姑师(车师)人的活动范围,岂容弱小的墨山国人置喙。山国周围强邻环伺,物产贫乏,常依附焉耆,活动空间极为有限。营盘遗址可能位于山国范围,但难肯定为王城所在。汉通西域后,在敦煌—楼兰—龟兹的中西交通干线上,水土条件较好的险要处,有烽燧亭障之设,遣戍卒屯田驻守,以护卫交通安全。营盘大概就是依这样一个比较重要的亭隧而发展起来的人群聚落。作为西汉时期中西交通的主干线——楼兰道,至少有上述两条支线通向车师。按当时的情况,它们主要用于急速的军事行动。《汉书·西域传》记载车师前国去长安 8150 里,相当于焉耆去长安 7300 里加上焉耆至车师 835 里的 8135 里,说明此线为沿途有交通设施的官道。长安至车师乃经焉耆折向东北。虽然长安至山国 7170 里,山国至车师 525 里,长安至车师只有 7695 里,但此线并非有交通设施的官道。如认为当时的中西交通干线,是从敦煌经楼兰折北至车师再转向西南至焉耆、龟兹,似不符合实情。如说从楼兰折向车师是为给养补充,虽然也可能有这样情况,但并非全都如此。处于山国范围内的营盘屯田,本可以给行人提供一些给养,数量大,无法供应时,"西至尉犁二百四十里,西北至焉耆百六十里",都可给予补助,何必要折回东北至距离有 525 里的车师,再行 835 里至焉耆,白白地多走 1200 里弯路?再说,从营盘西北的苏盖提布拉克河谷通向焉耆,交通条件甚佳,"沿途有茂密的胡杨林带、红柳,溪水潺潺,风景十分优美,不失为行旅者的佳道"[2]。作为西汉屯田重地的

〔1〕载《国学研究》第 2 卷,北京大学出版社 1994 年版。

〔2〕羊毅勇:《从考古资料看汉晋时期罗布淖尔地区与外界的交通》,载《西北民族研究》1994 年第 2 期。

车师，由于其重要的战略地位，朝廷视其为经营西域的基地，故《汉书·西域传》将其作为北道的起点。后汉廷还曾力图开辟“新道”，以实现这一目标。

10.4 新道的开辟

《汉书·西域传》载：

> 元始中，车师后王国有新道，出五船北，通玉门关，往来差近，戊己校尉徐普欲开以省道里半，避白龙堆之厄。车师后王姑句以道当为拄置，心不便也。地又颇与匈奴南将军地接，普欲分明其界然后奏之，召姑句使证之，不肯，系之。姑句数以牛羊赇吏，求出不得。姑句家矛端生火，其妻股紫陬谓姑句曰：‘矛端生火，此兵气也，利以用兵。前车师前王为都护司马所杀，今久系必死，不如降匈奴。’即驰突出高昌壁，入匈奴。

吐鲁番绿洲东部是戊己校尉的管区，对当地的山川形势、地理交通，徐普十分熟悉，开通新道，“省道里半”，大大缩短了高昌至敦煌的路程。不过，这条新道究竟怎样走法，至今学界尚有不同看法，虽然讨论已较过去深入。早在上世纪40年代，冯承钧先生在《高昌事辑》一文中即提出，上述引文中的车师后王国为车师前王国之误[1]，这一观点在史学界曾广泛流行，不过最近已少有人附和，越来越多的学者认为，史籍所载车师后王国没错，但对其路线有不同说法。如认为：“车师后王国之新道，就是由吉木萨尔向东南经七角井、哈密至敦煌之道。行此道，既较旧道省近，又可免行白龙堆，故徐普方欲开之。”[2]这一说法虽也顺理成章，但无法说通的是：

(1)通过哈密的这条新道，称之为“往来差近”尚可，但较旧道绝说不上“省道里半”。

(2)徐普欲开这条快捷的新道，主要是从军事上考虑。当时在天

[1]冯承钧：《西域南海史地考证论著汇辑》，中华书局1957年版，第50页。
[2]陈戈：《新疆古代交通路线综述》，载《新疆文物》1990年第3期。

山东北匈奴势力仍大,不仅车师后王国"与匈奴南将军地接",而且伊吾(今哈密一带)尚为匈奴控制,汉军根本无法顺利通行。

从实际情况考虑,这条新道应在汉军势力范围内,即由车师后王国通过天山沟谷至车师前王国,再经戈壁荒漠直达敦煌。

先说前一路段。原车师前国与后国的交通,多通过交河城附近即后人所称之他地道。《汉书·西域传》载:宣帝时,姑师(车师)"分以为车师前后王及山北六国"。车师原为一国,汉朝为便于统治,分之为二。前后王有亲属关系,其间往来频繁可以想见。对于这条联系前后王之交通线,《汉书》没有记载具体途径。《新唐书·地理志》"西州交河"条却有记述:"自县北八十里有龙泉馆,又北入谷百三十里经柳谷,渡金沙岭,百六十里经石会汉戍,至北庭都护府城。"汉代路线亦理应如此。这条联系天山南北的通道,汉代以后长期延续,唐时为西州至北庭的官道,长行马经常奔驰其间。兼任安西、北庭两镇节度使的封常清,从龟兹经西州往北庭,多沿此道北上。但汉代驻于高昌的戊己校尉,与山北联系,要西行百里至交河城北上,复折东而行,未免不便。如能在高昌附近,沿沟谷直接北行,岂不方便快捷!这样经过一段时间的探寻、选择,开辟新道,直趋山北,并就近路向东南直达敦煌的交通方案,便逐渐成熟,出现在徐普上呈朝廷的奏章里,而拟付诸实施。这一方案"省道里半",对于汉廷统辖西域、苦于路远的困难,将有效地予以缓解。

从高昌至山北的捷径怎样走?上述车师后王姑句"驰突出高昌壁",很快即至山北投奔匈奴的事实,示意我们,这条捷径可能就是《西州图经》所载高昌壁附近的乌骨道:"出高昌界北乌骨山向庭州四百里,足水草,险峻石危,唯通人径,马行多损。"据考古工作者实地考察,此道从高昌壁经胜金口峡谷至恰勒坎,北越天山抵半截沟的路线:

> 从高昌古城北行经胜金口至胜金乡约18公里,24公里恰勒坎果勒沟口,10公里恰勒坎村,10公里恰勒坎贝希,4公里翻越乌洼达坂至鲁克群霍腊山谷,5公里库乌克峡谷,3公里头道桥,2公里二道桥,2公里三道桥,3公里加干苏塔尔,6公里萨尔勒克达

坂,7 公里翻越达坂,8 公里西沟公路,18 公里麻沟梁,6 公里半截沟。[1]

上述路线计 126 公里,若从半截沟出发向西北车师后王城即今吉木萨尔县城北护堡子古城则约 75 公里,共计 201 公里,与《西州图经》所载大致相合,是从高昌出发穿越天山抵车师后王城的捷径。位于这条路线上的天山北麓奇台县半截沟镇的麻沟梁,地势险要,控扼沟通天山南北的谷道,曾为汉军驻地、俗称石城子的疏勒城即建于此。东汉戊校尉耿恭率孤军于此奋战,艰苦卓绝,曾留下历史上最悲壮的一幕。由麻沟梁向西北可直达车师后王城。沿二唐沟南下,通过连木沁直抵鲁克沁即汉代的柳中,这可能就是戊己校尉徐普所开的新道北段。今鄯善县鲁克沁镇南的迪坎尔正是"新道"南段的起始点。《魏略》所载新道,亦同于此:

从玉门关西北出,经横坑,辟三陇沙及龙堆,出五船北,到车师界戊己校尉所治高昌。

从玉门关西北出至车师界柳中后,西北 40 里至高昌戊己校尉城,亦可沿二唐沟向北直抵车师后王城;而从高昌经乌骨道亦可抵车师后王城,这样形成交通网络,来往便捷,对汉军控制车师前后部十分有利。由于汉军人马多来往于高昌敦煌间,所以新道南段,更显得重要,而史籍有关记载亦多。不过其沿途自然条件恶劣,作为行军路线,快捷方便,一般人则难以通行。这条在唐代名为大海道的路线,《西州图经》有云:

出柳中县界,东南向沙州一千三百六十里,常流沙,人行迷误,有泉井咸苦,行旅负水担粮,履践沙石,往来困弊。

魏晋以后,大海道已很少有人通行。茫茫戈壁带着一些神秘的色彩,今有兴于探险者不乏其人。继 1994 年吐鲁番文物中心对古道进行考察后,中国社会科学院考古研究所等又专门组织了考察队,2000 年 2 月 5 日,他们从高昌故城出发,其考察路线大致是由大海道的起始点迪坎尔,通过"恰舒阿山谷 ——► 秋格明塔什山谷 ——► 硝尔布拉克泉 ——►

[1]巫新华:《吐鲁番唐代交通路线的考察与研究》,青岛出版社 1999 年版,第 151 页

喀瓦布拉克塔格北缘山谷 ⟶ 喀瓦布拉克泉 ⟶ 大洼地 ⟶ 笔架山谷地 ⟶ 新月形沙丘 ⟶ 疏勒河河谷 ⟶ 汉长城 ⟶ 小方盘城”，抵达汉玉门关故址。[1] 考察证实，吐鲁番盆地与敦煌之间确实存在一条近于直线的捷径：从吐鲁番东南最后一个绿洲迪坎尔至敦煌玉门关遗址的直线距离仅为400余公里。由于沿途的噶顺戈壁多为开阔平坦的荒漠，没有高山深谷与大面积的流动性沙丘阻挡，在戈壁荒漠上长途行走，行人最大的危难在于：一是缺水少粮，沿途泉水咸苦，无法饮用；二是“道里不可准记”，极易迷路，走偏方向。如《周书·高昌传》所云：“自敦煌向其国，多沙碛，道里不可准记，唯以人畜骸骨及马粪为验，又有魍魉怪异。故商旅往来，多取伊吾路云。”参照文献记载，从车师后王廷通过新道至柳中约440里，由柳中至敦煌约为1360里，共1800里；而原先的路程，通过下列方法测算可知。

据《汉书·西域传·鄯善国》载，鄯善王都扜泥城距阳关1600里，距楼兰故城323.5里[2]

楼兰距阳关应为：1600 - 323.5 = 1276.5 里

又，扜泥城至“山国1365里，西北至车师1890里”

以同样方法计算，从楼兰至山国为1041.5里，至车师为1566.5里

再加至车师后王廷为450里，共计3293里。

新旧两道之比较“省道里半”正好落实。

近年学者用敦煌马圈湾汉简资料，证实徐普所开新道已在西汉末通行：王莽天凤四年戊己校尉郭钦通过新道，复向西南击焉耆。[3] 有史料证实，东汉几次对西域的重大军事行动，亦皆通过新道：汉明帝永平十七年(74)十一月：

> 遣奉车都尉窦固……进击车师。车师前王，即后王之子也。其廷相去五百余里……(后王)抱马足降，秉将以诣固，其前王亦

---

〔1〕巫新华、李肖：《寻秘大海道》，中国社会科学出版社2000年版，第65页。

〔2〕参见韩儒林：《楼兰故城在西域交通上之地位及其距阳关、乌垒、鄯善新都之道里》，载韩儒林：《穹庐集》，上海人民出版社1982年版。

〔3〕余太山：《汉魏通西域路线及其变迁》，载余太山：《两汉魏晋南北朝关系史研究》，中国社会科学出版社1995年版，第224页

归命……司马耿恭为戊校尉，屯后王部金蒲（满）城；谒者关宠为己校尉，屯前王部柳中。[1]

窦固、耿秉等这次进击车师，毫无疑问，走的是新道：沿二唐沟从柳中直趋后王廷。后王归降后，亦迫使前王归命，从此汉军的布署出现了重大变化：己校尉的驻所由高昌迁至柳中这一在西汉已有垦殖的屯田区域，凸显了作为交通枢纽的重要战略地位；同样，山北戊校尉耿恭的驻所，不久亦迁至疏勒城，与己校尉同居于新道交通线上，形成南北呼应。次年三月以后，匈奴遣数万骑兵围攻戊己校尉，耿恭率军浴血奋战，危在旦夕。东汉朝廷“遣秦彭与谒者王蒙、皇甫援发张掖、酒泉、敦煌三郡及鄯善兵，合七千余人，建初元年正月，会柳中击车师，攻交河城，车师复降”[2]。这次援军实际由两支组成：一支系河西3郡兵士，由新道快速向西北行军；一支系鄯善部队，直接北上，会合于柳中，进击车师。[3] 时驻于柳中的己校尉关宠已殁，耿恭军吏范羌乃分兵2000人沿二唐沟河，直奔疏勒城，救出耿恭及坚守阵地的汉兵。从实施救援的进程看，两支军队能很快地于柳中会合，新道明显地发挥了预期的作用。

由于新道的开辟，柳中显著地提高了战略地位，由原来长期屯垦的“膏腴之地”，又成为交通冲要、控扼天山南北的军事要地。不过，这条快捷直达的军用路线，自然条件恶劣，不适于商旅通行，所以它并未成为丝绸之路上的交通主干线。车师真正成为中西交通冲要、丝路贸易的中心城镇，须待伊吾道的畅通，那是东汉以至后来的事。永平十六年（73）东汉明帝遣军北攻匈奴取得伊吾卢地（今新疆哈密一带），置宜禾都尉屯田戍守，以阻北匈奴南进。经多次争夺，汉政府终于开通了“新北道”，如《后汉书·西域传》所云：“自敦煌西出玉门、阳关，涉鄯善，北通伊吾千余里，自伊吾北通车师前部高昌壁千二百里”，再由交河城出发，经焉耆而至疏勒西行，其详情当另文讨论。

[1]《资治通鉴》卷45。

[2]《后汉书·耿恭传》。

[3]《后汉书·章帝纪第三》：“[永平十八年十一月]遣酒泉太守段彭救戊己校尉耿恭”。与《耿恭传》所载稍异。

11　古代于阗的南北交通

古代于阗，即今塔里木盆地南缘的新疆和田地区，在历史上声名远扬。不仅因其位于中西交通要冲，系横跨欧亚大陆的丝路南道重镇，而且它还地扼塔里木南北交通孔道：北可穿越塔克拉玛干大沙漠，与天山南北各地相连；南越昆仑，既可通藏北高原，亦可至印巴次大陆，与丝路干线纵横交错，为各路交通的咽喉之地。作为重要的交通枢纽，于阗曾繁盛多时，在促进经济文化交流方面，发挥了重要作用。近年来，对于丝路东西交通论著甚多，但与其相关的南北往来，却很少有人注意。本篇就文献资料及实地调查所得，试作论述，以求教于方家。

11.1　穿越塔克拉玛干沙漠的绿色通道

塔克拉玛干沙漠，位于塔里木盆地中央，东西长约1000公里，南北阔约400公里。在此面积约33.7万平方公里的沙海中，流动沙丘占85%，气候极端干旱，内部年降水量在10毫米以下。[1] 面对环境严酷的瀚海，有人认为塔克拉玛干沙漠是“上无飞鸟，下无走兽”的“死亡之海”，其实并非如此。历史上，特别是唐宋以前，联接塔里木盆地南北缘的主要交通路线，并不是目前沿盆地东西两侧的路径，而是穿越大漠腹地的几条绿色通道。于阗河即今和田河下游谷地，是古代塔里木盆地主要的南北通道。汇合玉龙喀什河和喀拉喀什河的和田河，年径流量44.8亿立方米，每年7—9月汛期，洪流滚滚，直奔塔里木河。沿河两岸宽窄不等的林带、谷地以及枯水季节的河床，成为便利行人的南北通道。千百年来，随着河流的变迁，它当然也在不断变化之中。

[1] 朱震达等：《塔克拉玛干沙漠风沙地貌研究》，科学出版社1981年版，第1章。

《汉书·西域传》载:“于阗在南山下,其河北流,与葱岭河合,东注蒲昌海,一名盐泽者也。”这是关于于阗河最早的历史记载。《周书·异域传》记载更为详细:“于阗城东二十里有大水北流,号树枝水,即黄河也;城西十五里,亦有大水名达利水,与树枝俱北流,同会于计戍。”无疑,城东20里之大河,即今之玉龙喀什河;城西15里之大河,即喀拉喀什河。目前,这两条河汇合于和田市北130公里的阔什拉什,称为和田河,继续北流,注入塔里木河。而隋唐以前,河道走向并非如此。《周书》称两河“同会于计戍”,即两条河同时北流汇入称为计戍河的今塔里木河。对此,《通典》卷192“于阗”条注云:“名首拔河,亦名树枝河,或云即黄河也。北流七百里,入计式水,一名计首水,即葱岭南河,同入盐泽。”计式水,《周书》作计戍,《北史》作计式,均指塔里木河。当时沿河谷而行的南北通道,见于《汉书·西域传》的并非一条路线,而是有两条:“[皮山]北至姑墨千四百五十里”,“[姑墨]南至于阗马行十五日”。上述喀拉喀什河独自北流的故道,在今卫星影像图片上可以找到:一条古河道从和田市西,今墨玉县即古皮山境内,向北穿越大漠,通过麻扎达格和乔喀达格两山之间,与叶尔羌河汇合,注入古称为计戍河的塔里木河[1]。《水经注》云:“自置北流,径于阗国西,……又西北流注于河,即经所谓北注葱岭河也。”这里葱岭河系指叶尔羌河,喀拉喀什河注入后,继续东北流,又同注入塔里木河。沿玉龙喀什河、喀拉喀什河谷的两条南北通道,随着时间的推移,至6世纪后,于阗至姑墨(今新疆阿克苏境)的路线仍不断出现于史籍,直至清代仍为联系南北交通的重要道路;而皮山至姑墨的路线,却久已湮没无闻。其所以消失,主要由于塔里木盆地西南高,东北低,所以向北流的喀拉喀什河不断向东摆动,终于在麻扎塔格之南与玉龙喀什河汇合,成为于阗河的干流继续往北。5世纪郦道元注《水经》时,仍沿袭《汉书·西域传》所述:“[姑墨]南至于阗一千四百里”,而未言及姑墨至皮山的捷径。《新唐书·地理志》据贾耽《边州入四夷道里记》所提供的资料,对姑墨即

[1]中国科学院地理研究所:《中国陆地卫星假彩色影像图集》,科学出版社1983年版。

拨换城穿越大漠至于阗的路线，作了详细的介绍："自拨换南而东，经昆岗，渡赤河，又西南经神山、睢阳、咸泊，又南经疏树，九百三十里至于阗城。"上述地名，今难以全部考定，揆之实际，并与其他史籍对照，路线和距离大体正确，行程次序稍有差异。如"经昆岗，渡赤河"，北宋乐史编撰的《太平寰宇记》则作"又从拨换正南渡思浑河，又东南经昆岗、三义等守戍，一十五日程至于阗大城，约千余里"。这条沿和阗河谷而行的南北通道，多沙滩草地，便于人畜通行，像一条纽带把昆仑北麓和天山南麓紧密联系在一起。据测算，从和田出发，沿"和田河下游走廊至库车，比绕道喀什近550公里，比绕道巴楚近350公里"[1]。由于路程缩短，所以历代行人不绝。千百年来，曾有许多著名的僧侣、商队以及其他人员通过，不少重要的军事行动亦皆经此捷径。历史上经此最早留下记载的是晋朝名僧法显。东晋隆安三年(399)，法显与慧景、道整等结伴到天竺求法，通过荒漠流沙经鄯善到焉耆后，向于阗进发，"遂得直进西南行，路中无居民，涉行艰难，所经之苦，人理莫比。在道一月五日，得到于阗"[2]。无疑，法显"直进西南"是沿古于阗河或其支流而达这个南道佛教中心的。唐代僧人悟空从印度返回时，亦由于阗沿河北上而抵拨换城。《悟空入竺记》称："次至于阗，……次威戎城，亦名钵浣国，正曰怖汗国。"钵浣、怖汗与拨换均为一音之转，同指拨换城。反映宋初僧侣西行情况的敦煌写本《西天路竟》载："割鹿国(姑墨)又西南十日至于阗国。"[3]亦行此道。由于军事行动贵在神速，所以从汉代以来曾有千军万马经这条路线来往于塔里木盆地南北缘。东汉班超在西域进行统一活动，常通过这条捷径往来于南道于阗、莎车与北道姑墨、龟兹之间。唐朝阿史那社尔平定龟兹，行军长史薛万备率轻骑沿河直奔于阗，说服于阗王伏信归顺唐朝。唐咸亨三年(672)，吐蕃合于阗兵沿河而下攻取拨换城。安史之乱后，吐蕃乘虚进占塔里木盆地，在于阗城北180公里的麻扎塔格驻军镇守，此兀立于于

〔1〕参见本书24：和田水系变动和绿洲兴衰的历史考察。

〔2〕《法显传》，载杨建新：《古西行记选注》，第27页。

〔3〕黄盛璋：《敦煌写本(西天路竟)历史地理研究》，载《历史地理》创刊号。

阗河畔被称为神山的南北交通咽喉,在历史上系著名的军事重地,为于阗国北境要塞,不仅是连接塔里木盆地南北缘的重要孔道,而且东南通坎城[1]、西达疏勒,、南抵莎车[2],在新疆历史上有着特殊的重要地位。近代于此曾陆续发现大批文物,包括于阗文、藏文、回鹘文、阿拉伯文和汉文文书。1908 年,斯坦因沿和田河北行,曾在麻扎塔格攫取大量文物。1929 年,黄文弼途经麻扎塔格古戍堡考察时,在古道旁发现唐代钱币及当地民族文字的木简,说明这里绝不仅是戍兵守望之所。[3] 沿河走廊作为连接南北的最捷便的通道,据最近公布的现存藏于德国柏林印度艺术博物馆的和田出土汉文文书《唐于阗诸馆人马给粮历》,以神山为中心,沿河皆设有客馆,如神山以北 4 馆即有神山馆、草泽馆、欣衡馆、谋常馆等。[4] 清代以后,行人仍络绎不绝。1895 年,瑞典人斯文赫定在麻扎塔格就曾遇见拥有上百头牲畜的商队南来北往。[5] 清末编纂的《新疆图志》曾对这条路线的里程作过如此记述:"[和阗]城北四十里素巴尔明,三百一十里伙什拉什栏杆,七百四十里抵温宿新卡,接温宿南境支路。"1917 年杨增新统治新疆后,为加强行政管理、发展商业贸易,力主充分利用这条捷径,特派员逐段履勘。据称,"自库车起程由小路二十二日即抵和城,较之大道之迂远,车马之劳顿,可省途程不止一半,便利实多,……计自和城起,至阿克苏河口止,一千一百二十余里,又自阿克苏河口起,至库车南乡止四百余里,拟每七十瑞安一驴站,合两驴站安一马站,按站修盖房屋五间,马棚五间,大门一间,左右偏房各一间"[6]。杨增新当时采取的措施,曾产生积极效果。1929 年,黄文弼从沙雅出发,沿和田河穿越塔克拉玛干沙漠考察。据其记述:"在子里河西岸丛树林中有一小道,为库车、沙雅、阿克

[1]H. W. Bailey:*Khotanese Texts*(《于阗语文书集》),Ⅳ. pp. 135 - 136.

[2]侯灿:《从麻扎塔格古戍堡看丝路南道走向与和田绿洲变迁》,载陈华:《和田绿洲研究》,新疆人民出版社 1988 年版,第 244 - 256 页。

[3]详见 *Serindia*(《西域》)卷 3,Oxford,1921 年版;黄文弼:《塔里木盆地考古记》第 5 章;《宋史·于阗传》。

[4]荣新江:《于阗在安西四镇中的地位》,载《西域研究》1992 年第 3 期。

[5][瑞典]斯文赫定:《亚洲腹地旅行记》,李述礼译,上海书店 1984 年版,第 182 - 186 页。

[6]《补过斋文牍》甲集下,《呈明拟开由库赴和小路以利交通文》。

苏人至和阗之径路，初为商贩所行，后经修筑，沿河设站掘井，近已成为官商往来大道。"[1]说明这条路线建有上述简陋的设施后，在南北交通中已起了显著的作用。《汉书·西域传》载龟兹"南与精绝"、"西南与扜弥"接。

扜弥（今策勒县东北）和龟兹关系密切，扜弥王太子赖丹曾为质于龟兹。"贰师将军李广利击大宛，还过扜弥，扜弥遣太子赖丹为质于龟兹。广利责龟兹曰：'外国皆臣属于汉，龟兹何以得受扜弥质。'即将赖丹入至京师。"地处塔里木盆地北缘的龟兹与扜弥相隔大漠，如绕盆地联络事宜，中途阻碍甚多。赖丹迅速返回随李广利入京，肯定两地之间有穿越大漠的径路可通，这便是从后来史书上得到证实的克里雅[2]河谷道。这条现年径流量7.01亿立方米的荒漠内陆河流，不见于汉魏史籍，唐《贾耽四道记》才出现"于阗东三百九十里，有建德力河"的记载。建德力河河道在今克里雅河之西。由于昆仑北麓地貌的演变，"表现在西侧的相对上升和东侧缓慢沉降"[3]，所以秦汉以来在文献资料上得到的反映是，摇摆的河道不断东移，导致扜弥绿洲的衰废和克里雅绿洲的兴起，南北交通线的东移。[4] 从11世纪马尔瓦则和随后马可·波罗行程的距离看，扜弥或克里雅绿洲的中心已有东移的迹象，不过地名仍有不同的称呼。[5] 明确记载此河能注入塔里木河、河道沿线能起南北通道作用的是16世纪米儿咱·马黑麻·海答儿所著的《拉失德史》。在这部中亚史名著中，首次明确提到了东移后的克里雅河，它和叶尔羌河、于阗河一样，通过塔里木河，都注入"沙漠地带的大

---

〔1〕黄文弼：《塔里木盆地考古记》，第44页。

〔2〕克里雅，突厥语有摇摆不定之意。这一地名最早出现于11世纪马尔瓦则的旅行记中，见中央民族学院研究部：《维吾尔族史料简编》（上册），民族出版社1981年版，第67页。

〔3〕杨逸畴：《克里雅河地貌的形成与演化》，载《干旱区地理》1990年第1期。

〔4〕参见本书25：湮没在沙漠中的绿洲古国。

〔5〕《马可·波罗游记》称此地为培因省（Pein），一般认为系指媲摩即扜弥。伯希和在《马可·波罗游记注》中作（Pem），更证实了媲摩这一地名至13世纪仍沿用。

湖”即罗布泊中。[1] 唐代的建德力河即东移后的克里雅河,原有大量河水向下游输送,加之于阗河支流向东北流,可能与克里雅河汇合于沙雅以南,注入塔里木河。克里雅河“北流归入大河”的情况,直到19世纪初叶成书的《回疆通志》中尚有明确记载,稍后徐松经过实地调查写成的《西域水道记》,亦称其“北流三百里入大河”。据新疆克里雅河及塔克拉玛干科学考察队最近实地考察,“克里雅河最长的一条老河道曾经通过塔克拉玛干沙漠注入老塔里木河地段”。碳14资料也证实克里雅河东支老河道在400年前曾流到塔里木盆地北部;克里雅河西支老河道大约在1000年前曾流入塔里木河老河道。[2] 清代以后,随着克里雅绿洲的开发,人口增长,截流引水增多,河水流程乃逐渐缩短而终没于大漠之中,现北距沙雅有160公里。克里雅河尾闾冲刷而成的三角洲低地不断显露扩大,便是这一变化的明证。最先发现克里雅河已不能注入塔里木河的是英国人福赛斯。他来于阗等地活动后,在《1873年赴叶尔羌使团的报告和该地区历史地理的概况》中说:“克里雅河注入到克里雅湖,该湖没有出口。”[3] 1896年斯文赫定沿克里雅河北行,据记载当时河水可流至喀拉墩北100公里处。原先由于克里雅河绿色走廊的存在,于阗、库车之间能直接交通往返,“于库商贩,近多出于是途。若得地方官按站辟设栏杆,不难成一南北交通间道之通途”[4]。随着河流流程的缩短,尾闾没于大沙漠中,这条径路也就逐渐失去南北通道的作用。《新疆图志·水道》引《于阗乡土志》记载:“克里雅河至库木洛河北,已没于沙并不及库车南境。”同时,行人路线也只能到库木洛河,再北瀚海流沙,已难见行人足迹。“城北四十里博斯坦,五十里帖瓦额黑勒,六十里玛杂,五十五里塔卡哈,五十里卡斯

---

[1]参见米儿咱·马黑麻·海答儿:《拉失德史》第2编,新疆社会科学院民族研究所译,新疆人民出版社1986年版,第374页。不过该书作者误把罗布泊称为柯柯淖尔即青海(Kuk Naur,英译本第406页),并谓之中国的哈剌木连即黄河之源。

[2]周兴佳:《克里雅河曾经流入塔里木河的考证》,载《克里雅河及塔克拉玛干科学探险考察报告》,中国科学技术出版社1991年版,第40页。

[3]Forsyth: *Report of a Mission to Yarkund in 1873, With Historical and Geographical in Formation*, Calcutta. T. D. 1875.

[4]谢彬:《新疆游记》,新疆人民出版社1990年版,第183页。

坎,六十里密沙奈,四十五里毕栏干,五十里玉汪昆,四十五里阿克恰特,四十里塔什肯,四十五里和什卡瓦什提,五十里托巴克威力根,四十里辟恰里克,五十里玉吉格得多可,五十五里博斯坦托和拉克,四十五里窝托奇,四十里昆木库多克,四十五里吉格德库多克,四十五里克恰什,五十里库木洛可达库车境。"[1]由于水流没于大漠,不及塔里木盆地北缘,行人罕至,故这时仅牧民来往于斯途。

不仅古代扜弥有路可达龟兹,精绝(今民丰县北)与龟兹亦有捷径相通。《汉书·西域传》称龟兹"南与精绝"接。这两个南北遥遥相对的绿洲城国,据佉卢文资料,大漠亦不能阻隔其间有行人来往:

沙伽牟韦和善爱逃出左多庄园,私奔龟兹国,彼等现长期居住龟兹国(621号)

不得提各种要求,至于彼在龟兹当难民时欠下的债务……(629号)

沙迦牟耶上奏,彼和彼妻确实曾逃往龟兹国。受朕,伟大的国王感化,彼等才返回此地……(632号)[2]

精绝居民能直接逃至龟兹,肯定是沿着穿越大漠的河谷而行。其境内今有尼雅河北流,但年径流量1.987亿立方米,流程有限,行人不可能依恃远行龟兹。建德力河或克里雅河东北流,尼雅河尾闾北流,两河可能相交或距离甚近[3],行人可沿河北奔龟兹。古代塔里木盆地各绿洲地旷人稀,人力资源可贵,所以沙迦埃耶受国王"感化",返回故土时受到各种照顾。精绝在公元4世纪后湮没于大漠之中,这条交通线自然也就不再存在。

总上所述,原在汉代穿越塔克拉玛干的南北通道有4条,即:姑墨—于阗,姑墨—皮山,龟兹—扜弥,龟兹—精绝。随着河道的变迁和环境的恶化,至唐代已并成两条:拨换城即姑墨至于阗和媲摩即扜弥

[1]《新疆图志·道路四》。

[2]林梅村:《沙海古卷》,第141-143页。

[3]M. A. Stein: *Sand-buried Ruins of Khotan*(《沙埋和阗废墟记》),pp. 339-353. 据卫星图片显示,两河在今于田大河沿村以北约70公里处汇合。详见王永兴等:《塔里木盆地南部200年来的环境变迁》,载《干旱区地理》1992年第3期。

至龟兹。18世纪初,和田河与克里雅河仍能注入塔里木河,意味着连接南北的这两条绿色长廊仍旧存在。尔后,克里雅河流程逐渐缩短,消失于大漠之中。所以20世纪后,只有和田河谷的通道仍不断行人。沿和田河的这条南北通道,有重要的战略意义:通过它可以把昆仑山北麓与天山南麓两个经济区紧密联系在一起,向北穿越天山与伊犁河流域以及中亚诸地相通,向南穿越昆仑山直达西藏,也可以与境外克什米尔等地往来,因此,在历史上它不仅是一条重要的贸易通道,也一直是重要的军事通道。

11.2 塔里木盆地与南亚各地的交通

《汉书·西域传》介绍,汉朝通过塔里木盆地和罽宾有密切交往。唐时罽宾称迦湿弥罗,即今克什米尔及巴基斯坦拉瓦尔品第等地。《新唐书·西域传》称箇失蜜,开元以后“职贡有常”,和我国中原地区经常往来。汉时皮山是通往罽宾的起点。《汉书·西域传》称:皮山国“西南至乌秅国千三百四十里,南与天笃(天竺)接……当罽宾乌弋山离道,西北通莎车三百八十里”。《后汉书·西域传》亦云:“皮山西南经乌秅,涉悬度,历罽宾,六十余日行至乌弋山离国。”对于这条路线的沿途情况,通过杜钦的议论,史籍有具体介绍:

> 起皮山南,更不属汉之国四五,斥候士百余人,五分夜击刀斗自守,尚时为所侵盗。驴畜负粮,须诸国禀食,得以自赡。国或贫小不能食,或桀黠不肯给,拥强汉之节,馁山谷之间,乞匄无所得,离一二旬则人畜弃捐旷野而不反。又历大头痛、小头痛之山,赤土、身热之阪,令人身热无色,头痛呕吐,驴畜尽然。又有三池、盘石阪,道狭者尺六七寸,长者径三十里。临峥嵘不测之深,行者骑步相持,绳索相引,二千余里乃到悬度。畜坠,未半阬谷尽靡碎,人堕,势不得相收视。险阻危害,不可胜言。[1]

[1]《汉书·西域传》。

汉时皮山范围大,可包括今叶城一带在内。由皮山出发经麻扎瓦拉,通过星峡尔,可至坎巨提即距皮山西南1340里之乌秅。上述所经地方主要有大小头痛山、三池、盘石阪及悬度等,其方位如下:

头痛山 《通典》卷193载,头痛山在朅盘陀(今塔什库尔干)西南。头痛乃高山反应所致。

三池 《北史·西域传》载,在钵和西南、赊弥之北的波知国。今巴基斯坦西北部,奇特拉尔附近。

悬度 悬度在皮山赴罽宾途中。据《法显传》记述:从陀历"西南行十五日,其道艰阻,崖岸崄绝。其山唯石,壁立千仞,临之目眩,欲进则投足无所。下有水名新头河,昔人有凿石通路施傍梯者,凡度七百,度梯已,蹑悬絙过河,河两岸相去减八十步",其位置在今巴基斯坦北部斯瓦特河流域。

上述地点的方位,现分歧最大的是,乌秅在哪里?众说纷纭,莫衷一是:周连宽在《〈大唐西域记〉史地研究丛稿》中认为乌秅在"泽普拉善河上游Raskam河以北地区";冯承钧认为乌秅系朅盘陀的又一译音,在塔什库尔干塔吉克自治县东南,塔什库祖克山南麓;[1]陈戈则提出在叶城县西南约70公里左右的阿孜干萨和莫莫克一带。[2] 此外,还有主张在乌苌、色勒库尔、拉达克等7种说法。不过,说法尽管不同,论证的主要根据还是《汉书·西域传》所述的有关内容:

[皮山]西南至乌秅国千三百四十里。

[乌秅]北与子合、蒲犁,西与难兜接。

[西夜]南与乌秅接。

[罽宾]东至乌秅国二千二百五十里。

据上述,乌秅在皮山西南,与蒲犁、子合南缘相接;在悬度、罽宾东北,距后者2250里。结合近代交通情形分析,汉代皮山经乌秅至罽宾的路线应是沿提孜拉甫河至莫莫克,转西至阿孜干萨、木伦木沙经红

---

[1]参见杨建新:《古西行记选注》,第38页。

[2]陈戈:《古代新疆交通路线综述》,载《新疆文物》1990年第3期。

其拉甫达坂至罕萨峡谷(坎巨提)即汉乌秅之地。还有一种走法是从皮山向南至赛都拉折向西行,至宠和托一(宗章戛尔)分为两道:一为西北行,经乌鲁克(今塔什库尔干南)至伊力格苏,南行过红其拉甫,而后经坎巨提至目的地;另一条路,由宠和托一西行,越星峡尔大坂至坎巨提,而后抵目的地。前者虽绕道西北,但路途平坦易行;后者路程直捷,但翻越冰大坂,险恶难行,所以行者仍多走前路,经过乌鲁克一带,绕道而至坎巨提。千百年来自然条件并无显著变化,交通线路亦基本一致。汉代乌秅的方位,应位于坎巨提一带的罕萨峡谷之中。[1] 汉晋时期,从和阗或皮山经子合向西南的路线,须经过乌秅即权于摩国。[2] 如《法显传》载法显从于阗"进向子合国,……南行四日,入葱岭山到于摩国",而后经竭叉国向北天竺进发。晋隆安二年(398)释智猛"从于阗西南行二千里,始登葱岭……至波沦国……渡辛头河,到罽宾国"[3]。皮山向南经喀喇昆仑山口至克什米尔的路线,杜钦说得比较含糊,只提到沿途各小国并不归汉朝统辖。他没有来过西域,根据传闻把两条路线混为一谈,也是情理中事。对此,《法显传》明确记载。法显一行在于阗"既过四月行像,僧韶一人随胡道人向罽宾,法显等进向子合国"。说明法显与僧韶分道扬镳后,僧韶由于阗循直趋罽宾的路线南行,而法显等则进向子合。僧韶所行路线,即由今和田向南经赛都拉通过喀喇昆仑山口的路线。

---

〔1〕见马雍:《巴基斯坦北部所见"大魏"使者的岩刻题记》,收入马雍:《西域史地文物丛考》,文物出版社1990年版,第129－137页。此文系著者于1983年9月参加喀拉昆仑文化会议时实地考察后所作。文中认为大魏使者谷巍龙出使迷密所取的路线很可能是从新疆的皮山开始分道向西南,溯塔斯洪河而上,经过吐孜拉克达阪,转向西,至阿喀孜达阪,再沿今天的公路线,溯哈拉斯坦河,直到麻扎。由麻扎顺叶尔羌河向西北,经阿拉萨勒,转向西南,越过中巴边境,至星峡尔,再沿星峡尔河往西,即至"洪扎灵岩"。这一段路程应即汉代通往罽宾、乌弋山离的旧道。"根据《汉书·西域传》所述乌秅的情况,著者云:"洪扎河中游谷地,即洪扎王国的中心地带,情况与乌秅国十分吻合……'洪扎'一词很可能即由'乌秅'演变而来"。按,洪扎(Hunza)亦译作罕萨,即指罕萨峡谷(坎巨提)一带地方。上述对解决众说纷纭的汉代乌秅的方位问题,抑或就是结论之语。

〔2〕《北史·西域传》。

〔3〕张星烺:《中西交通史料汇编》第6册,第221页。按,魏晋南北朝时之罽宾即汉时罽宾。《北史·西域传》称:"漕国,在葱岭之北,汉时罽宾国也。"不确,传抄有误。

汉魏以后丝路中道转盛,从塔里木盆地至印巴次大陆已多从喀什噶尔南行,抵朅盘陀后,再经识匿、瓦罕、吉尔吉特,达斯利那加[1],而皮山向南通过喀喇昆仑山口抵克什米尔的路线,也时有僧侣、商客往来。这条路线与《汉书·西域传》所载由皮山至罽宾的路线有别,也是一条由塔里木盆地南缘通向古印度的重要路线。此通过拉达克至罽宾的路线,其行程在汉魏史籍上没有翔实记述。《北史·吐谷浑传》载,北魏太平真君五年(444),慕利延率军从于阗南征罽宾,曾至女国,后遣使向宋刘义隆求援,"献女国金酒器"。女国即《唐书》所称之东女国,位于今拉达克一带。在玄奘的《大唐西域记》中,曾不止一处记载于阗人"逾雪山"和迦湿弥罗(罽宾)发生往来的史事。反映了两地之间通过喀喇昆仑山口有着密切交往。据米儿咱·马黑麻·海答儿所著《拉失德史》记载,公元16世纪初,叶尔羌汗国南征克什米尔时,即从皮山桑株大坂至喀喇昆仑山口,经赛赛大坂(萨西尔大坂)沿努布拉河抵今以列城为中心的拉达克一带地方。这条道路不仅多次通过大军,也是历史上民间贸易的重要通道。1873年,英国福赛思使团从列城到萨西尔山口,据说越过一条15英里的冰川,然后到达赛都拉。福赛思据沿途所见曾说:"印度北部的山口看来过去有很多军队走过。"[2]1759年清朝统一新疆后,塔里木盆地南缘叶尔羌、皮山、和阗诸地,通过克什米尔和印巴次大陆的贸易兴盛,有关交通路线的记述也就越来越多。[3] 从皮山桑株经素盖提穿喀喇昆仑山口的这条路线,16世纪特别是18世纪清统一新疆以后,行人一直不断。据英人马继业记述:"由喀什噶尔骑马南行经叶城县出克里阳卡共二十日至赛都拉,再一站至素盖提,再两日至喀喇阔隆达板。再七日至揸尔隆,再向南顺努布喇河至芦洪,经尧克湖过卡尔洞冰达坂,再一站条拜提,内揸

---

〔1〕黄盛璋:《敦煌写卷于阗文(克什米尔行程)地理研究》(提要),油印本。

〔2〕《新疆探察史》(*History of the Discovery and Espioration of Chiess Turkestan*),新疆博物馆编译,1976年版,第3-20页。

〔3〕参见清宣统元年(1909)绘制的《新疆全省舆地图》中喀什道总图及和阗州图。载中国社会科学院中国边疆史地研究中心编《新疆乡土志稿》,全国图书馆文献缩微复制中心。

尔隆至此约七日程，由此转向西行，十八日至克什米尔都城。"[1]这条商道与至麦加朝拜的路线，直至近现代仍经常有人通过。20世纪70年代，笔者在和田工作期间，曾参与有关这方面的调查，在了解沿途情况并整理核实了当地保存的资料后，发现现代通行的路线和16世纪赛德汗南征及清代通行的路线基本一致。据此，可以追溯古代这条交通线的详实途程：

(1)从皮山乘汽车至买提土达，70公里，该地有少数居民。

(2)桑株，20公里，通汽车，有村民。

(3)康凯，20公里，通马车，有营房。

(4)阿克卡孜，30公里，两旁高山对峙，路窄不平。

(5)库尔良，40公里，路窄单马通行，需渡河23次。

(6)曲谷达克，20公里，渡河9次，气候寒冷。

(7)蒙古包，30公里，途中经桑株达坂，山路崎岖。骑牦牛越崇山峻岭，瘴气弥漫，上下山需9小时。

(8)赛都拉，30余公里，路尚可行，有营房。

(9)素盖提，10余公里，有营房。

(10)库特里克，20公里左右，经素盖提达坂，山路难行，有瘴气。

至密立克下，40公里，由此与叶城线会合。

素盖提不仅是皮山两路会合之地，而且还与和田南行的路线会合：和田南行40公里至普吉牙 ⟶ 30公里至艾什伯克阿克孜 ⟶ 70公里至库拉克 ⟶ 30公里至帕拉克 ⟶ 40公里至阿尔卡克 ⟶ 35公里至普萨 ⟶ 40公里至康西瓦。由此有两线至拉达克：

(1)康西瓦西北行50公里至卡瓦克，20公里至赛都拉，南10公里至素盖提，与皮山、叶城路会合。

(2)康西瓦南行50公里至南那石拉克，50公里至黑大义大坂，10公里至沙果斯考里，40公里至阿克赛钦考里，40公里至盖提也列，35公里至沙日吉拉尕甫里即至空喀山口，新疆、西藏和印度交界处。再南

---

[1]《新疆图志·道路四》。

行至印度境内楚舒勒,折向西北经达布克可到列城,路途艰险难行。

1759年清政府统一新疆后,塔里木盆地南缘以叶尔羌为中心的各绿洲城镇对外贸易兴盛,叶城至拉达克的商路行人增多,其行程及沿途情况,有如下述:

(1)从叶城出发,32公里至拜什提热克。

(2)29公里至库克牙。

(3)12公里至普萨。

(4)32公里至阿克米其特(住有塔吉克族牧民)。

(5)40余公里至巩木(路面宽处1.5米,窄处1米,单马可通行)。

(6)40余公里至哈喇斯坦。

(7)35公里至库代(过哈喇斯坦河,河宽有20多米,水没至膝,河自东向西流去,有瘴气,气候酷寒,多风暴)。

(8)35公里至特则克。

(9)40公里至于齐艾格孜。

(10)24公里至库奴尔地,瘴气重,一路通玛扎达尔边卡,另一条通往拉达克路线窄处只有单马可以通行。

(11)32公里至库克阿特,向东至赛都拉,西南去拉达克(上述路程除10月中旬至11月中旬无风外,其余季节有大风)。

(12)30公里至阿亚合吉尼麻尔洪。

(13)30公里至巴西吉尼麻尔洪。

(14)30余公里至哈普隆,有瘴气。

(15)45公里至阿克塔赫,有瘴气。

(16)45公里至买合苏布拉格,瘴气严重,50年前有数十名朝拜者死于此处,尸骨盈野。

(17)40公里至尼买尔澳尔德,瘴气甚重,前行抵喀喇昆仑山顶,海拔5542米高。

通过喀喇昆仑山口后至列城的路线:

(1)40公里至内斗克,瘴气严重,寒风刺骨。

(2)40公里至库孜尔亚,气候严寒。

(3)库孜尔亚伦塔，多大石、尸骨。

(4)客厄力克，有瘴气。

(5)15 公里至穷塔石，两山之间崎岖难行。有两路都可到列城，向南经下由克，向西经赛赛大坂，下为向南路线。

(6)15 公里至卡阿曲希昆。

(7)40 公里至卡尔尕尔。

(8)30 公里至恰尔巴合。

(9)20 公里至冬牙宜拉克，道路较平。

(10)40 公里至羌唐吉力尕。

(11)35 公里至下由克，有村庄、警所。

(12)至荣 10 公里，道路较平。

(13)15 公里至都尔古特，路平，有居民，马食毒草必死，骆驼无事。

(14)15 公里至苏尔塔合。

(15)20 公里至沙赫提，路平，有一大坂。12 月至次年 3 月大雪封山，不能通行。

(16)35 公里至兰比波绕，有藏民居住，气候温暖。

(17)35 公里至市镇。

向西路线由穷塔石西行，经赛赛大坂到列城，全程 300 余公里，较东路略近，马程需 13—14 天，原 4—9 月行西路，冬季走东路（近曾被水冲坏，断绝行人），其沿途各站如下：

(1)21 公里至赛赛大坂，需涉水 30—40 次，有居民，赛赛大坂高 5333 米，终年积雪，路面平窄。

(2)22 公里至土提亚热拉克。

(3)36 公里至西坂古，崎岖难行，过大坂路平。

(4)南行 20 公里至帕纳米克，有居民耕地。

(5)21 公里至塔哈尔。

(6)25 公里至苏木尔提。

(7)至卡尔东。

(8)16 公里斯潘切庙，途中经卡尔东冰大坂，高 5290 米，山路崎岖,高山反应强烈,西路为最难走的一段。

(9)平坦易行,32 公里至列城。

上述塔里木盆地南缘至拉达克进而抵克什米尔的路线,全程约 1300 余公里。各段旅程和沿途情况,虽系近人行记,但对于了解历史上的交通情形,仍有重要的参考价值。弄清上述交通路线颇有意义,因为它在历史上对中印经济、文化交流曾起过重要作用。

古代于阗是西域最早传入佛教的绿洲城国。藏文《于阗国史》记载,在公元前 1 世纪已有佛僧,之后于阗渐成为丝路南道佛教中心。佛教传入塔里木盆地南缘即由包括健驮罗、呾叉始罗[1]在内的古罽宾,通过上述路线,率先传入皮山桑株一带。于阗第一座佛寺即在皮山(Car-ma,俗称古玛)建立。[2] 玄奘的《大唐西域记》除有上述类似的记载外,还不止一处透露出位处昆仑北麓的于阗和迦湿弥罗、呾叉始罗之间关系密切,两地居民有着血缘上的联系。呾叉始罗"诸豪世禄移居雪山东北沙碛之中",成为于阗王室的宰辅大臣。[3] 而当时的于阗(瞿萨旦那)也流传着同样的传说,被录入《大唐西域记》中:"昔者此国(于阗)佛法未被,而阿罗汉自迦湿弥罗至此林中,宴坐习定。"阿罗汉毗卢折那(Vairocana)即从迦湿弥罗(克什米尔)来于阗弘扬佛法的第一位高僧。对此,藏文于阗国史中记述得更为详细,据称这位高僧毗卢折那来此"宴坐习定"之地就是皮山。最初,佛事活动多集中于皮山,后来,于阗佛法大兴,在文化艺术上有着独特的健驮罗风格,甚至微小的蚀花石珠,都和呾叉始罗有着惊人的相似之处[4],通行于健驮逻地区的佉卢文字也在精绝、于阗一带流行,这都和通过上述交通线路的频繁往来有关。值得注意的是,这种密切的文化交往还伴随着两地

---

〔1〕今巴基斯坦拉瓦尔品第一带。

〔2〕Emmerick:*Tibetan Texts Concerning Khotan*(《关于于阗的藏文文献》), Oriental Series 19, London, 1967, pp. 25 – 27.

〔3〕章巽校点:《大唐西域记》卷 3"呾叉始罗国"条。同样内容亦载于卷 12"瞿萨旦那(于阗)"条中。两地相距 4000 里,且山川阻隔,路途艰险,竟能流传同样历史内容的故事,说明两地往来频繁。

〔4〕夏鼐:《考古学和科技史》,第 130 页。

的物资交流。第一个来于阗传播佛法的毗卢折那正是跟着商队而来。[1] 公元前1世纪新疆的于阗玉即在呾叉始罗出现。[2] 塔里木盆地南缘至迟在东汉末年,已经使用棉织物。公元5世纪左右,中国的养蚕缫丝技术通过于阗传入克什米尔及印度其他地方。[3] 新疆的物资,包括从中原运来的物资如丝绸、漆器、铁器、皮毛、玉石等,不断地通过于阗、皮山诸地运往南亚次大陆。米儿咱·马黑麻·海答儿在《拉失德史》中,曾详细介绍了通过拉达克的印藏之间的贸易情况,从中也可以看出塔里木盆地通过拉达克与印度的往来情形。当时从拉达克运往印度的羊毛、衣料、莪术、金子、山羊绒,其中也必然有从于阗、皮山运去的货物。这条与16世纪赛德汗率军南征的路线基本一致的商道,在清朝前期再度兴盛。[4] 《西域闻见录》介绍当时叶儿羌商业繁盛的情况说:"中国商贾,山、陕、江、浙之人,不辞险远,货贩其地。而外藩之人如安集延、退摆特、郭酣、克什米尔等处,皆来贸易。"当时大量的中国茶叶、披巾羊毛、丝绸、药材,通过叶儿羌、和阗市场源源不断地向拉达克、克什米尔输出。运回的货物,除布匹等大宗日用品外,鸦片也曾一度由此进口。[5] 拉达克靠此转口贸易获得巨大的经济效益。清乾隆十年(1745),拉达克汗策卜登声称:"从前叶儿羌人等,每年到我所属地方贸易,自准噶尔熬茶以来,一年有余,不见有人来此贸易。"[6] 他急迫地派人至萨纳珠口(桑株)探信,设法恢复贸易。由此可见,这条商道对拉达克社会经济的重要意义。

抗日战争期间,我国对外海陆交通被日军封锁,同盟国大量援华物资积压在印度,无法运进我国。当时,国民党政府铁道部公路总局人

---

〔1〕《洛阳伽蓝记》卷5。

〔2〕*Reports of the Archaeological Survey of Lndia 1919—1920*(《印度考古部报告》),Pt. 1,pp. 19.

〔3〕参见 Emmerick:*Tibetan Texts Concerning Khotan*(《关于于阗的藏文文献》),Oriental Series 19,p. 33.

〔4〕《新疆图志·道路志》。

〔5〕参见中国社会科学院历史研究所编译室译《剑桥中国晚清史》上卷,中国社会科学出版社1985年版,第73-91页。

〔6〕《清高宗实录》卷252。

员了解到，有两条路线通过驮马可将援华物资由印度运进中国新疆：“一是由当时毕沙瓦城，越过喀喇昆仑山脉，到达新疆蒲犁城（现新疆塔什库尔干县），但此线山路险峻，人马极难行……另一条由印度列城沿中印边境喀喇昆仑山脉分水岭，越过喀喇昆仑山口，再沿新疆境内叶尔羌河到叶城。”[1]他们当时勘察的这两条路线，实际上就是汉唐时期已出现的从皮山至罽宾的两条路线。前者为皮山—乌秅—罽宾道，接近当今的中巴公路线；而最后选定运送援华物资的，就是历史时期皮山向南通过喀喇昆仑山口直趋罽宾的捷径。1944 年 10 月 15 日，驮运物资的马队由列城出发，11 月 10 日到达新疆叶城，全程 675 公里，计行 27 日。[2]

上述塔里木盆地南缘至拉达克进抵克什米尔的路线，在古代对中外经济文化交流曾起过重要作用。于阗和罽宾（包括犍驮罗、呾叉始罗诸地）的密切交往，佛教早期向西域南道的传播，应与此道有关。

11.3　余论

处于中纬度大陆腹地的塔里木盆地，由于昆仑山和青藏高原横卧其南，暖湿空气不易流入；北有天山阻隔，水汽来源极少，故气候极端干旱。我国最大的沙漠——塔克拉玛干大沙漠即雄踞于此。盆地南极昆仑，峰岭嵯峨。或寒风凛烈，长年积雪；或瘴疠四起，尘沙蔽天。路途险阻，行人步履维艰。面对这样极为恶劣的交通条件，当时人们特别是游牧民以及从其转化而来的绿洲居民，并没有畏惧不前，而是充当了历史的使者，以勇往直前的精神，早在没有文字记载的史前时期，就世世代代地冲破艰险，往返各地，或迁徙流动，寻求新的生存空间；或贸迁有无，改善彼此的生存条件。公元前 2 世纪后丝路畅通，不仅傍山近水的东西大道上贸易频繁，行人不绝，从南道重镇于阗北穿塔克拉玛干沙

[1]新疆政协文史资料委员会编：《盟国军援与新疆》，新疆人民出版社 1992 年版，第 208 – 282 页。

[2]新疆政协文史资料委员会编：《盟国军援与新疆》，第 208 – 282 页。

漠连接北道，南越昆仑群山，至南亚次大陆，皆有中外商旅足迹。南北贯通，与丝绸之路的主干线，纵横交错，相得益彰，形成通向四方的交通网络。穿越大漠的路线循河道而进，高山峻岭中，则是由经过长期筛选的山口通行。无论高山瀚海，往返的路线不止一条，而当时行人经过选择所确定的走向，不仅取决于自然条件的优劣，也取决于当时社会经济和政治形势的变化。在塔里木盆地，自然条件的优劣，往往取决于水量的变动。河水流量的多寡，对穿越大漠的南北交通线影响和制约极大。靠昆仑山上的冰雪融化而成的内陆河流，上古时期由于中、上游人口稀少，筑坝截水者不多，故流程远比现在为长。接连塔里木盆地两端的于阗河，克里雅河、尼雅河河谷都曾为人们穿越塔克拉玛干的捷径，不像目前河流缺水、绿色长廊消失，绕盆地东西两端而行，大大延长了南北间的行程。如果说这种交通条件的恶化与生态环境的恶化有关，那末，从于阗、皮山南行穿越喀喇昆仑山至南亚次大陆的路线，汉晋以后的冷落，则主要和丝路南道的衰微有密切关系。西汉时期罽宾地处绝远，中途有悬度之厄，因丝路南道畅通，罽宾乐汉财物“利赏赐贾市”，所以常常派遣使者也就是商队，经皮山、于阗诸地来中原活动，与汉朝联系不断。魏晋以后，由于塔里木盆地南、东南缘环境显著恶化，流沙侵袭，丝路南道通行不畅，以于阗为中心的南北交通也就逐渐冷落。18世纪中叶清朝统一新疆后，南疆对外贸易复兴，但这时物换星移，克什米尔、浩罕等地商人云集叶儿羌，于阗因已失去交通枢纽的优势，故“地僻事简”[1]，汉魏时期的繁盛景象只能成为历史的追忆。

[1]椿园(七十一)：《西域闻见录》卷2。

12　古代于阗和吐蕃的交通及其友邻关系

新疆塔里木盆地南缘，喀喇昆仑、昆仑、阿尔金山环列，西从帕米尔一直延伸到柴达木盆地的边缘。崇山逶迤，峰岭嵯峨，一般海拔均在五六千米，交通条件至为艰险。但尽管如此，不利的地理环境并没有阻隔人类彼此的交往。自古以来藏北高原和塔里木盆地的居民，不畏险阻，冒死犯难，不断地进行着物资交流、文化融聚及其他方面的活动。

12.1　晋唐时期塔里木盆地和藏北高原的交通

据佉卢文书记载，至晚在公元3世纪的魏晋时期，游牧于羌塘一带的苏毗人，即常至塔里木盆地东南缘且末、精绝等地活动：

诸信差皆已看到苏毗人，肯定正在来此。(109号)

现在到处听说，苏毗人在四月间突然向且末袭击。(119号)

当时苏毗人曾到达凯度多。(183号)

苏毗人到达且末，劫掠王国，抢走居民。(324号)

去年汝因处于来自苏毗人之很大危险中，便将国家(州)之人民安置于城内。现苏毗人已全部走掉，从前彼等住于何处，现仍应住于该处。(272号)[1]

游牧人群和农耕居民的交往，有各种各样的方式，在当时的社会条件下，包括这种破坏居民安宁生活的掠夺与扰动在内，在某种意义上说也是历史的必然，与经济文化交流穿插在一起，成为不可缺少的

〔1〕王广智译：《新疆出土佉卢文残卷译文集》，中国科学院新疆分院民族研究所1979年编印，参考《沙海古卷》等译法，将鲜卑人已改为苏毗人。

篇章。当时活动于藏北高原即羌塘的苏毗人,往往是通过喀喇米兰一带山口,至塔里木盆地东南缘。1896 年,斯文赫定一行从尼雅(今新疆维吾尔自治区民丰县)东南的柯巴(Kopa)"经由戈德菲尔德山口(Kopa Goldbields),翻过昆仑山,越阿尔金山和阿卡山(Arka-tagh),前往西藏"[1],正是当年苏毗人所走过的路线。自然,漫长而荒无人烟的山间崎岖小道,气候条件极端恶劣,高山反应严重,人畜食物供应缺乏,绝不是可供人们选择的唯一的理想途径。唐代吐蕃进军塔里木盆地,在龙朔三年(663)灭吐谷浑后,如果走东线的话,往往从茫崖翻越阿尔金山至鄯善即唐之石城镇今之若羌,然后再进入新疆各地,如《沙州图经》所介绍,从若羌向西经新城可去且末(播仙镇),亦可沿罗布泊(蒲昌海)西渡塔里木河(计戍河)去焉耆。在显庆龙朔年间(656—663),吐蕃势力控制护密(今阿富汗东北部)后,为联合西突厥进占西域,也曾通过西线出兵,即经阿里地区(羊同)至今克什米尔吉尔吉特(勃律),然后通过护密越葱岭经朅盘陀即塔什库尔干进入西域。唐高宗麟德二年(665),疏勒、弓月和吐蕃联兵攻于阗;咸亨元年(670),吐蕃向西域大举进攻,"陷西域十八州,又与于阗袭龟兹拨换城"[2],走的即是上述路线。这两条东西路线,绕道较远,不断发现的藏文简牍及其他有关资料说明,从藏北高原翻越昆仑山直进于阗诸地,路程缩短,则是人们更多通过的途径。如从今阿里一带(唐称羊同,为吐蕃所并)经铁龙滩、泉水沟、大红柳滩、康西瓦,北上直抵于阗城镇或西至素盖提、赛都拉,而后通过桑株大坂至皮山、叶城等地。[3]《吐蕃编年史》载:"猪年(687)夏论钦陵率军前往突厥固城(Gu-zan)之境。"今学者考证,"Gu-zan 或许即《新唐书》卷 43 下《地理志》所记'于阗西二百里之'固城"。[4] 按所述距离测算,固城应在和田西皮山东境之藏桂(装桂牙)一带。《新疆图志》载:"装桂雅废垣周十里,俗呼破城子,地多柽柳,居

[1][瑞典]斯文赫定:《亚洲腹地旅行记》,李述礼译,第 227 - 224 页;[俄]谢苗尔盖《新疆探察史》,新疆维吾尔自治区博物馆译,油印本,第 5 - 23 页。

[2]《资治通鉴》卷 210,高宗咸亨元年(670)。

[3]详见拙作《古代于阗的南北交通》,载《历史研究》1992 年第 3 期。

[4]荣新江:《于阗在唐朝安西四镇中的地位》,载《西域研究》1992 年第 3 期。

民采樵于此,往往掘得铜章钱刀等类,《西域水道记》云是汉时国治。”黄文弼先生在《塔里木盆地考古记》中亦曾记述,在藏桂附近之古遗址“陶片散布极广,房舍迹犹存,井渠巷陌历历可辨,颓垣甚多,类似城墙遗迹周广约十里,可能为古城遗址”。而藏桂正位于从赛都拉沿桑株河往北之交通线上,视为固城之地,比较确当。唐朝在这带地方设军镇(固城镇、吉良镇、皮山镇),正是为防范吐蕃军队之突然进袭。这条路线在于阗建国初期,即有记载,是塔里木盆地交通西藏以至南亚各地的一条重要干线[1];而藏文资料中记述藏北高原至塔里木盆地的交通路线,较多述及的却是通过昆仑山中部克利雅山口的一条孔道。在公元8世纪吐蕃进占塔里木盆地后,于阗即今和田地区实为其活动基地,而沿于阗河北上185公里的神山堡(麻扎达格),则为其军事指挥中心。故通过克利雅山口北至麻扎达格的路线,当时往来频繁,为吐蕃至塔里木盆地之主要路线。对此,至今虽未发现详细的汉文记载,但将藏文简牍中出现的有关零星资料加以综合分析,于阗与吐蕃交通往来以及其历史上的许多模糊之处,便能豁然开朗而得以澄清。

为弄清原委,现须从藏文资料中于阗之建国传说说起。据 *Tibetan Texts Concerning Khotan*(《关于于阗的藏文文献》)[2]记述,地乳(sanu)王子率领1000军队西行,寻找自己出生之地,来到黎域即于阗的墨格尔(Meskal)。此时,印度大臣耶舍(yasa)蒙谴亦来到于阗的西河区域。有两个商人作为地乳王子随员,为追赶一头孕牛,从墨格尔到多鲁(Tola),见此地空旷,水草丰美,他们便怂恿王子来到于阗东河 Hdi-na 下边巷沟牙(Han-gu-jo)之地,经与耶舍争议共建于阗王国。多鲁和巷沟牙这两个地名,今仍存在于和田地区洛浦县城附近,墨格尔有可能系多鲁东约75公里今策勒县(达)玛沟或其南部一带地方。墨格尔(Meskal)意为河谷,有着许多古老传说的达玛沟,地处奴尔河与喀希河

〔1〕Emmerick:*Tibetan Texts Concerning Khotan*(《关于于阗的藏文文献》),Oriental Series 19,pp.25－28.

〔2〕记载同样传说的有《于阗教法史》,载《西北史地》1982年第3期;达仓巴·班觉桑布:《汉藏史集》,陈庆英译,西藏人民出版社1986年版。内容大同小异。

之间，沟渠纵横，两者不仅地貌特征相同，位置相当，Meskal 和（达）玛沟读音亦极相近。在藏文资料中，墨格尔和多鲁经常联系在一起，都处于海拔 1300—1500 米的冲积平原。据土壤分析，两地连成一片，系耕地熟化程度很高的古老绿洲，有史以来即系人类生息繁衍之地，传说中的于阗先民在此环境优美的绿洲地带创业建国是完全符合情理的。到公元 7 世纪唐代以后，据《汉藏史集》《于阗教法史》等著名典籍记载，于阗一位年轻国王仇视佛法，驱逐僧侣，"众比丘依次经察尔玛、蛙、墨格尔、工湟等寺院，逃向赭面国（吐蕃）。众比丘由驮载物品的牦牛领路，到达吐蕃的蔡吉地方"。察尔玛系古代于阗建立最早的佛寺，众僧由此出发，经墨格尔即达玛沟一带地方逃向吐蕃，必然要通过普鲁走克利雅山口这条路线。普鲁这一现代地名，古称帕涅或普罗，《于阗编年史》上则记载为 Bru-so-lo-nya（BB-ru-zhal），今属于田县阿羌乡，北距县城 72 公里，属山前克里雅河上游地区的河谷阶地，海拔 2320 米。附近曾发现阿什库勒、小普鲁等新石器时代遗址。早在一万年前就有人类在这一带地方活动[1]，为通过克利雅山口至藏西北的必经之地[2]。从普鲁有径路可通努尔即汉代渠勒之属地，沿河向北直达达玛沟（墨格尔）。《新疆图志》称：从普罗（鲁）西北行"一百里细黑喇庄，二十里细黑喇栏干，四十里额德里什，二十里苏里雅栏干，十里沙依巴克庄，十五里努拉栏干，五十里雅可托和拉克，八十里鲁沁栏干，四十里塔克努明八栅，十五里塔乌哈斯栏干，六十里萨提马栏干，三十里阿瓦卜栏干，四十里过喀喇塔什河抵策勒村八栅"。此为清代通行之道，较努尔直达达玛沟之小路平坦，可以行车。策勒村与达玛沟相距 20 余公里，汉晋时期皆为扜弥南渠勒境。帕涅（普鲁）北至扜弥，作为一条传统的通道，向南则可直抵藏北高原："从普鲁沿河沟经过阿拉叫依、苏皮塔什、苏巴什，翻越硫磺达坂（5100 米）偏西南转而东西向，经过阿其

〔1〕黄小江等：《克里雅河上游地区新发现的两处石器地点》，载《克里雅河及塔克拉玛干科学探险考察报告》，中国科学技术出版社 1991 年版。

〔2〕古称帕涅的普鲁，与《唐书》上的大小勃律，系相隔甚远毫不相关的两个地方，包括《新疆图志》在内的许多典籍，不明于此，常相混淆，以致今人著文，尚有误解之处，需加澄清。

可库勒绕到乌鲁克库勒以东，再向东南绕过乌拉音库勒（克里雅河水源地），越过5700米的达坂，转向西南经过克里雅山口进入西藏北部，向西可达阿里地区，向东绕行，则可到达藏北地区的日喀则。"[1]这条穿越克利雅山口的南北通道，是昆仑山中段的重要交通干线，清代还不时有军队来往。"《西藏志》曰：自卫藏招正北行二十四日至纳克产，又十五日至书隆沙尔，又十八日至克勒底雅城是也。"[2]这里所说的卫藏招正，可能即系上述《汉藏史集》中所称于阗僧人到达吐蕃的第一个站点——蔡吉。招正和蔡吉一音之转，当指一地，或即为 Dgra - ya - chad 的别称。特别在吐蕃控制塔里木盆地的9世纪，从本土出发向北直达其军事指挥中心神山堡（麻扎达格），进退自如，遥相呼应，有着重要的军事、政治意义。对于这条路线的交通情形，虽缺乏明确完整的历史记载，但我们从近人陆续发现的简牍中的片断资料，连贯起来加以综合分析，就会勾勒出一幅生动的历史画面：

渠勒（Zhugs-ngam）

> 我等下人泽萨等，作为探哨被派至薪山（神山 shing-shan），已从渠勒高地来了很长一段时间……
>
> 尚论墀热（Khri-bzer）和内务大臣塔赞（Lha-bzan）逗留在渠勒高地的军事司令部期间，犹如神的显现……当谈及于阗（Hu-tan）地区目前形势……[3]

渠勒位于今新疆策勒县达玛沟至努尔乡，[4]其南部在海拔2200米以上的低山带，年降水量200毫米左右，气候润湿凉爽，既可农耕，更宜畜牧，有着和田地区最好的草场资源。笔者1984年来此考察时，见大树参天，流水潺潺。作为汉代渠勒国所在地，早有人类选择此宜农宜牧自然条件优越地作为生活区域。吐蕃军司令部设在这里，交通方便，自为适宜。折向东南，约40公里到普鲁，出克利雅山口至藏北高原，向

[1]黄小江等：《克里雅河上游地区新发现的两处石器地点》。

[2]《西域水道记》卷2。

[3]〔英〕F·W·托马斯：*Tibtan Literary Texts and Documents Concerning Chinese Turkestan*（《有关中国新疆的藏文文书》），London，1951，pp. 205 - 223. 下面所引文书，同此出处，略。

[4]参见本书26：媲摩绿洲的历史命运。

北可直抵达玛沟入扜弥境。

扜弥(Gyu-mo)

两个吐蕃人,两个于阗人在于阗扜弥,病床……

去于阗扜弥。

食品供应尚未发出,很……现有一小部分送往于阗扜弥。

在于阗扜弥……高山病……口粮(?)……

扜弥系汉代与于阗并列之绿洲城国,公元152年后为于阗所并。作为于阗的属地,故有于阗扜弥之称。唐代扜弥国虽不存在,其地域范围依旧。其中心在今达玛沟北的乌曾塔提或铁提克日木一带,唐称媲摩或坎城,今已沦为沙漠。唐代吐蕃进占塔里木盆地时,位于交通要道上的扜弥(媲摩一带),不断有粮食运输;翻越昆仑山的人员,常患高山疾病在此疗养。由此往吐蕃军事指挥中心神山堡,有直达的交通路线。时间比较相近的于阗语文书,曾有明确反映,如前唐神山堡驻军即由杰谢镇派出。在达玛沟发现的Hedin 24号双语文书称:一个名叫桑的赶骆驼的人报告,神山堡第三驿站的人,牵3峰骆驼某时到达濡马屈萨。据报,于阗官府乃令人畜一并带入坎城。[1] 文书说明,当时在坎城与神山堡即麻扎达格间,时有往来,且设有驿站,吐蕃占领时,两地往来更多。

杰谢(Jeg-shin)

送孙儿赞热和班热和勒及其余人:兹勒的信,我正在去到(?)杰谢的路上……

送内务大臣墀热和其余官吏:和昆热……的请愿书。(通常的问候语之后)我们又……远至帕班和杰谢的低下的河谷地。

杰谢系著名的丹丹乌里克遗址所在地,位于古克里雅河与玉珑喀什河之间,奴尔河与达玛沟诸小河的尾间地带,在乌曾塔提北约60公里处。唐代有军镇设置,驻有汉军。南接坎城,北通神山,系媲摩北境

[1] H. W. Bailey:*Khotanese Texts*(《于阗语文书集》)Ⅳ. pp. 135,136. 对这件文书的解读,参见张广达、荣新江:《8世纪下半叶至9世纪初的于阗》,见张广达、荣新江:《于阗史丛考》,中国人民大学出版社2008年版,第240页)。又,有关内容另见俄圣彼得堡藏于阗语文书Sip103.24号。

军事要地。因近古计戍河侧,或曰因河得名[1],故称为河谷地。

帕班这个地名的方位,托马斯曾作种种猜测。M·Tagh0524号木简有云:"塔哈(Ta-ha)/扜弥(Gyu-mo),两小队/帕班(Par-ban)。"因说它和扜弥有关。此地名在佉卢文书中已经出现,"它可能是一个叫做(parvata)的地方"。林梅村在《沙海古卷》中解读,parvata系山地之意,[2]则此泛指扜弥以南一带山区。

神山(薪山 Shing-shan)

从于阗调查人口的地方:送往神山长官的信件已经发出,一天有五次(五时,五班?),此信十分紧急、重要,应立即送去,如果信件未及时送到,或因迷路有差错,送信人将依法惩治。从于阗,日期……

我等卑职泽萨等,作为国家探哨被派往神山,已从渠勒(Zhugs-ngam)高地来了很长一段时间,眼下甚至无外衣可穿,抵此后,我等已完成十个月的工作……

顾问论·措桑(Blon-mtsho-dzang)派人送往日仲玛(Rid-khrom-rma),如果答复已被送去,但仍未到达,看来稍后仍未能到,如此收到[此]件后,立即向神山汇报。

神山或称神山堡,此地除上述在于阗文书出现外,《宋史·于阗传》曾称其为通圣山,古今流传着很多神奇传说。其地位于和田城北,相距185公里,临和田河畔。俗名麻扎达格,是塔里木腹地最大的一座山体,呈东西走向,南高北低,长约100公里,宽约2—8公里,相对高度100—400米。扼南北交通咽喉,西通疏勒莎车,东接扜弥尼雅,形势险要。8世纪后,吐蕃据此顺山势构筑堡垒,与藏北高原首尾相顾,遥相呼应,作为军事指挥中心,故与各地来往文书极多。斯坦因在此曾攫取大量藏汉文书。据托马斯称:"神山作为一个地名,在出自麻扎达格的文书中被提到的即有30次以上"。可见其与各地往来关系之密切。

---

[1][日]藤田丰八:《西域研究》,杨练译,商务印书馆1935年版,第18页。

[2]林梅村:《沙海古卷》,第637页。

根据上述从麻扎达格等地发现的藏文资料，我们将一连串的地名加以排比进行综合分析，便可看出，从称为羌塘的藏北高原，穿过克利雅山口，经普鲁、渠勒往北，由打弥直抵神山，这是8世纪末吐蕃进占塔里木盆地后，一条重要的南北交通线。直至近代，乡民间尚流传着在此通道上唐蕃构兵之传说。1990年，新疆克里雅河考察队在古道上的"苏巴什（硫磺大坂与阿什库勒盆地之间）采集到唐代的灯座等古代遗物"[1]。这条穿越昆仑山的通道，不言而喻，异常艰险，这只要从简牍中经常出现的高山病，便可想而知。当时吐蕃选择这条路线作为南北往来之通道，除因其路线直捷外，还因为塔里木盆地东南缘，进出方便，长期为其势力范围，有安全保障。但山路崎岖，气候恶劣，非一般人所愿通行。所以当9世纪吐蕃势力退出塔里木盆地后，它明显冷落，很少见于历史记载。

10世纪阿拉伯地理学家加尔迪齐在《纪述的装饰》中，曾经介绍了往吐蕃的3条路线。据说从喀什噶尔往东经过一些村庄和叶尔羌河，然后即到于阗地区。沿着上述路线，从于阗继续向南，至阿尔珊（Alshan），然后走过于阗人建造的处于两山之间的一座桥，最后，通过山地（有毒之山），旅行者遭受了高山病的痛苦，便到了"吐蕃的可汗之门"。[2] 这条由于阗向南至吐蕃的路线，很可能即是《中亚蒙兀儿史》中所述16世纪初米儿咱·阿巴·乩乞儿通过喀兰兀塔格（Karanghutagh）向退摆特（拉达克）逃跑的路线。当时由于他携带财物太多，无法远走，都在加尔迪齐所说的阿克塔什河的桥上投入水中，这条路后折向东南便至吐蕃境内。[3] 不过它能通行的季节很短，路途险恶。随后从塔里木盆地进入西藏高原的旅行者，更多的是走桑株或克里阳线。此在拙作《古代新疆的南北交通及经济文化交流》[4]一文中已有介绍，不再赘述。

---

〔1〕黄小江等：《克里雅河上游地区新发现的两处石器地点》。

〔2〕Hududal-Alam：*The Regions of the World*（《世界境域志》），pp.255－256.

〔3〕米儿咱·马黑麻·海答儿：《中亚蒙兀儿史》，王治来译文校注，第327页。

〔4〕殷晴：《新疆经济开发史研究》，第251页

通过桑株大坂的进藏路线，比于阗直接向南的路线安全好走，事实证明，也比通过上述普鲁的路线易于通行。1951 年，进驻和田的中国人民解放军为了开辟通向藏北阿里的路线，曾从于田普鲁向南"经过苏巴什、阿旦帕下、吾拉因伯克"，然后进入界山，经杜孟、札关得拉，沿班公湖畔至西藏的日土县。这支探察路线的小分队，从 7 月 28 日出发，沿途在高寒缺氧、渺无人烟极端困难的情况下，历尽千辛万苦，至 9 月 20 日进入日土县，共花费 53 天时间。而他们 10 月 7 日返疆，"在北返途中，经善和，翻越界山大坂，通过铁隆滩、泉水沟、盐池、大红柳滩和桑株大坂，终于在 11 月初胜利抵达新疆皮山县的桑株镇"。这两条路线虽然气候并无多大差异，但后者"距离短、险阻少，除了桑株大坂常年积雪通过比较困难外，其余道路都比较平坦，而且每站都几乎有水草"〔1〕。皮山这条路线，近代为什么一直行人不断，正是由于上述原因。

12.2 吐蕃和于阗的密切交往与互动关系

吐蕃和于阗两地为邻，人们跨越峻岭崇山，不断进行交往，与唐代前后佛教传播有着密切关系。吐蕃传入佛教并进而兴盛，除受印度和克什米尔的影响外，作为西域佛教中心的于阗也曾起过重要的推动作用。公元 641 年文成公主入藏，曾随身携带佛教经典、释迦佛像，但影响不大，直至公元 727 年，据西游归来经过安西的高僧慧超记述，吐蕃佛教尚未兴起——"国王百姓等总不识佛法"。尔后，于阗僧人成批涌入西藏，藏地佛教势力逐渐增长。《青史》载赤德朱登王时期（704—754）"修建了扎玛正桑等一些寺庙，又从黎域（于阗）迎请来出家众，从汉地迎请来很多和尚"，传播佛法。〔2〕 僧侣的活动总是和佛教经典的传译联系在一起。8 世纪中叶以后，即赤松德赞时期，吐蕃佛教兴盛，比较重要的佛经陆续译成藏文。"一些精通翻译的人，将印度、汉地和

---

〔1〕李秉欣：《风雪昆仑路》，载《纵横》1990 年第 1 期。

〔2〕廓诺·迅鲁伯：《青史》，郭和卿译，西藏人民出版社 1985 年版，第 27 页。

于阗等地区的佛经，凡是能得到者，大部分译到吐蕃。”[1]作为佛教兴盛的标志，寺庙也日渐增多。当时随僧侣接踵而来的于阗工匠，在寺庙建筑中曾大显身手，并且把于阗佛像的造型艺术也带入吐蕃。

在物资交流方面，吐蕃和于阗两地之间，虽没有贯通欧亚的丝绸之路上的繁盛景象，但于阗的玉石、丝绸（或从汉地输入转运）到吐蕃后，也是备受欢迎的珍品。日本学者白鸟库吉认为于阗这个名字在古藏语中意为“玉的村邑”，可见于阗最早运进藏地数量多、名气大的器物可能即系玉石。据《汉藏史集》记载，在吐蕃王朗日伦赞时，从西域曾“将十八头骡子驮的玉石运到吐蕃”。热巴巾王在位期间，从突厥地方运来了18头骡子驮载的玉石，奉献给国王，在吐蕃没有比这一批真正的突厥玉石更好的玉石。[2] 玉石作为珍贵的材料运到吐蕃，建筑佛寺楼阁，吐蕃王室最珍贵的器具——茶碗，即用于阗名贵的羊脂玉琢磨而成。“碗口宽敞，碗壁很薄，腿短，颜色洁白，具有光泽。”[3]和古代中原人的价值观念一样，玉在吐蕃也比金银价高。作为区别官员地位高低的人身标志——告身“为十二级，最上为玉”。《新唐书·吐蕃传》云：“其官之章饰，最上瑟瑟，金次之，金涂银又次之，银又次之，最下至铜止，差大小缀臂前以辨贵贱。”于阗玉运至吐蕃其身价之高，可见一斑。吐蕃贵族喜着丝绸，但他们始终没有掌握养蚕缫丝的技术。除大量从中原输入外，于阗诸地也是他们直接或间接的进货渠道。在塔里木盆地出土的藏文简牍中，有“绢缯千匹”的记录，即系由于阗诸地得来，或系呈献给王公贵族的“唐朝货物”。[4] 另外，在藏文文书中，也有吐蕃贵族直接榨取于阗人丝绸的记载。吐蕃人喜饮酒，著名的西域葡萄酒，可能即系通过于阗传入该地，进而成为达官贵人饮宴中的必备之品。据《贤者喜宴》记述，热巴巾赞普过量饮用葡萄美酒，酩酊大醉，终被人谋害而断送了性命。

[1]巴卧·祖拉陈瓦：《贤者喜宴》，黄颢译，载《西藏民院学报》1982年第3期。

[2]达仓宗巴·班觉桑布：《汉藏史集》，陈庆英译，西藏人民出版社1986年版，第87、123、105页。

[3]达仓宗巴·班觉桑布：《汉藏史集》，第87、123、105页。

[4]王尧、陈践：《吐蕃简牍综录》，文物出版社1986年版，第43、67页。

于阗诸地对吐蕃的佛教发展以至社会经济生活曾有过相当重要的影响,这有许多传说和史书记载掺杂在一起,难以分辨,近人研究亦多注重于此;而吐蕃对于阗的影响,特别是在八九世纪控制塔里木盆地期间,在政治、经济、文化诸方面所留下的深刻烙印,却鲜为人知,需要我们从零碎资料中爬梳剔抉,探索于幽微之间。史载唐咸亨元年(670),"吐蕃陷西域十八州,又与于阗袭龟兹拨换城"[1]。从上述史实的字里行间,我们可以看出,于阗和吐蕃的关系不仅是一种征服和被征服的强制关系,且在一定程度上,还存在着同盟关系。当时对于唐朝和吐蕃,西域一些绿洲城国的态度是依违两可的,在于阗王室中起码有一部分人是站在吐蕃一边。从下列事件中,我们可以明确地看到这点。据藏文资料分析,公元 710 年金城公主来西藏二三十年后[2],于阗有位年轻的国王仇视佛教,上上下下凌辱僧众,抢劫他们的财物。僧众被迫汇集于于阗的察尔玛寺庙,决定集体逃亡,途经墨格尔、工涅等地寺院,终于到达吐蕃,汉地公主将他们安置供养。[3] 这次于阗发生的严重排佛事件,记载于藏文史籍,但遍查汉文的各种有关记载及出土文书,毫无蛛丝马迹。高僧法显与玄奘分别于公元 401 年、644 年访问过于阗,他们都以满意的口吻叙述了那里崇尚佛法的盛况。开元十六年(728)后,即上述金城公主入藏约 20 年时,慧超西游归来,曾至于阗,据云这个南道的佛教中心,"足寺足僧,行大乘法"。佛教仍旧是一片兴盛景象。如我们参阅池田温所编《中国古代籍帐研究》的《唐开元年间(721 年?)于阗某寺支出簿》[4],便可进一步看出当时于阗佛教寺院活动正常,社会上没有任何排佛的迹象。藏文资料中所谓的于阗排佛事件,很可能是一种假象,而历史真相隐藏在其背后。如果我们追寻这一时期于阗发生的大事,值得注意的是,开元十三年(725)于阗王尉迟眺的叛唐事件。《旧唐书·杜暹传》载:"于阗王尉迟眺阴结突厥

[1]《资治通鉴》卷 210。

[2]王森:《西藏佛教发展史略》,中国社会科学出版社 1987 年版,第 5－6 页。

[3]王尧、陈践:《〈于阗教法史〉译解》,载《西北史地》1982 年第 3 期;达仓宗巴·班觉桑布:《汉藏史集》,陈庆英译,西藏人民出版社 1986 年版,第 59 页。

[4]参见拙作:《唐代于阗的社会经济研究》,载《新疆社会科学》1989 年第 6 期。

及诸蕃国图为叛乱，暹密知其谋，发兵捕而斩之，并诛其党与（羽）五十余人，更立君长，于阗遂安。"[1]这次尉迟眺勾结突厥及吐蕃势力进行反唐活动，是唐高宗麟德二年和咸亨元年塔里木绿洲城国的一部分上层人物勾结吐蕃、突厥，进行反唐活动的延续，实际上当时吐蕃贵族也正加紧联络西域各地进行反唐活动，所以双方一拍即合。尉迟眺的阴谋活动，被安西副大都护杜暹及时发觉，果断地进行了镇压，发兵捕斩了尉迟眺及其党羽50余人。显然，在于阗有股反唐势力，捕斩者仅是其中部分人或一小部分人，有不少人设法向外逃亡，所谓受排挤的僧侣逃亡到吐蕃的，很可能就是支持尉迟眺进行反唐活动的人。通过这个并不存在的排佛事件，我们可以看清当时隐藏在事件之后的真实背景和吐蕃和于阗之间的密切关系。

12.3 吐蕃势力北进占领于阗后的特殊关系

8世纪末吐蕃进占塔里木盆地后，由于双方地位的变化，这种关系当然就要发生转折。在这段吐蕃军事占领期间，于阗王室的地位怎样？现在学术界有两种意见：一种意见认为，"吐蕃在于阗的统治采取了类似唐朝的羁縻制度，一方面派重兵驻守神山（麻扎达格）等军事据点，同时并没有断绝于阗的王系，而只是要求于阗王称臣纳贡、维持地方治安而已"[2]。支持这种观点的有力证据是麻扎达格出土的一件于阗文写本（MT. b. ii. 0065），内容是对于阗王尉迟诘的颂词："自最优秀的藏人守卫于阗国，其统治已进入第六个年头"。被吐蕃军队占领，却称为"最优秀的藏人守卫于阗国"，似为欺人之谈，但从于阗当时存在亲吐蕃的反唐势力看，这也是不足为怪的，至少证明于阗王统仍旧维系着，并保持表面上的独立地位。在时间稍后的《世界境域志》中，也有着相似的例证。其第9章"关于中国所属诸地"中，称于阗王"养尊处

[1]《资治通鉴》卷212载："于阗王尉迟眺阴结突厥及诸胡谋叛，安西副大都护杜暹发兵捕斩之，更为立王"。此"诸胡"按同书惯例，亦指吐蕃。

[2]荣新江：《九、十世纪于阗族属考辨》，载《新疆社会科学》1987年第4期。

优,自称突厥与吐蕃之君主"。这位养尊处优的于阗王,虽然妄自尊大,但在形式上起码是保持了自己的威严,并同样证明了于阗国的独立地位。持不同观点的是刊载于《西北民族研究》1992年第2期上高永久等同志写的《吐蕃统治下的于阗》一文。该文作者认为:时吐蕃统治者在于阗地区享有至高无上的权力,他们不仅任命于阗王、主事大臣,还推行吐蕃本部的刑律大法,任命司法官员进行司法裁决。"于阗王在政治活动中作用不大,地位低下,实际是吐蕃统治者的附庸。"被作者用来证实这一观点的是P.T.1089号敦煌卷子:"有如于阗国王,与[其]贡献相符,上峰御恩感昭,赐以王号,许以王者威仪,却处于[统治的]银告身(吐蕃)论之下。""于阗主事大臣等,虽被授予金告身(及玉石告身)等,仍处于[吐蕃方面]红铜告身的节儿之下。"这件文书出于吐蕃统治者的口吻,把于阗王和主事大臣,看成为地位低下的可以任意摆布的傀儡。两方面的文书内容,由于角度不同,存在着明显差异。显然,任何一方当政者描述自己的言论,都难免有夸张失实之处,不能作为我们判断这一问题的主要依据。"判断一个人当然不是看他的声明,而是看他的行为;不是看他的自称如何如何,而是看他做些什么和实际是怎样一个人。"[1]如果我们根据具体事实加以客观评析,就会发现这两种观点背后所存在的历史真实原本一致。可以取得共识的基本之点是:于阗王并非吐蕃所随意任命,尉迟王家世系得到吐蕃承认,仍旧持续存在,有效地统治着自己的国家。在司法民政方面,和敦煌及其他吐蕃占领区不同,尉迟王室享有相当大的独立权力,虽然有时不得不屈从于吐蕃统治者的压力,以尽量满足其要求。在麻扎达格出土的20号文书恰好说明这点:

> 关于在赫格(Helge)与纳(Nag)地方发生的抢劫案,朵热(Mdo-bzher)阁下的急件尚未收到,我正将本族人中的一个强盗送往三虎之地,……此时他正在押解途中。……抢劫的同案犯将尽快处置,恳请将他们送来此地发落。

---

〔1〕《马克思恩格斯选集》第1卷,人民出版社1977年版,第579页。

当时吐蕃和于阗等地的民族关系，作为军事占领者和被占领者，其地位肯定是不平等的。但由于于阗是吐蕃统治西域的基地，有着长期的合作关系，而且由于宗教上的原因，在吐蕃人的眼里，于阗是西域的佛教圣地[1]，他们对这样的地方，一般是不会放肆蹂躏、任意凌辱的，对于阗王室起码也要保持形式上的尊重。7世纪中叶吐蕃占领于阗时，大相噶尔·东赞还协助于阗王尉迟圭修建了达哇涅之寺院。始建于宋仁宗康定元年(1040)的西藏日喀则的夏鲁寺，也专门供奉有于阗王像。[2] 在藏文资料中，甚至还有松赞干布“前生是古黎域(于阗)的大德”的传说。上述事实说明，吐蕃人对佛教圣地于阗和于阗王是尊重的。在现实生活中，吐蕃统治下的于阗王室权力会受到限制，但其统治地位仍旧维持着，否则也不会出现藏人守卫于阗国之说。至于在吐蕃统治时期，于阗广大人民的遭遇，不言而喻，是要受到吐蕃奴隶主的剥削和奴役的。吐蕃征服邻近部落和河西走廊，对待被占领地区的民众是非常残酷的。河陇地方的劳动群众都被视作贱隶，种田放牧、世代为奴。但对待于阗群众，则有一定区别，广大农牧民还基本上保持有独立的生活地位，他们缴粮纳赋，轮流服役、放哨、传递文书，生活困苦，惩罚也很严厉，但绝不是处于奴隶地位。现在人们常用的一件文书，证明于阗百姓地位低下，遭受欺凌压迫的处境：“宇结向各部落酋长乞力玛吉禀报：住在此地之于阗住户及吐蕃住户，他们在草场方面，如若不和，请于阗人找些牧地。不另找一合适牧地不行。”[3]这件文书反映了吐蕃牧户和于阗牧户交相杂居的生活情景，吐蕃部落酋长虽有袒护吐蕃牧民之处，但双方地位相差无几，无法说是奴役和被奴役的关系，其实他们都受着统治者的奴役和剥削。公元8世纪末吐蕃和唐争夺西域取得胜利后，重在军事占领，控制塔里木盆地。在吐蕃军事控制下的于阗诸地，虽然维持着原来的统治秩序，但彼此关系密切，吐蕃人从政治、经济、文化、语言等各方面对塔里木盆地南缘产生了很大影响，需要我

[1]在著名典籍《汉藏史集》中，就有《圣地于阗国之王统》一章

[2]宿白：《西藏日喀则地区寺庙调查记》，载《文物》1992年第5期。

[3]王尧、陈践：《吐蕃简牍综录》，文物出版社1986年版，第67页。

们进一步加以研究。比如随着两地关系的密切,经济文化交流增强,吐蕃的生产技术和农作物品种不断地传进塔里木盆地。为了满足军队的粮食供应和人口增加的需要,当时吐蕃人在各地也大力倡导垦荒,并把他们主要的农作物品种——青稞,带进了塔里木盆地广泛种植。据调查,和田一些地方用土法纺织毛布的方法,至今还和西藏人完全一样,很可能其织法系传自西藏。[1] 又如吐蕃人、于阗人以及其他各族居民长期杂居,互通婚姻,在语言上、风俗习惯上,甚至血统上都要发生融合现象。于阗有自己的语言文字,但在吐蕃长期统治下,藏语文作为官方的语言文字,势必要在当地流行。这种现象在于阗语文书中都曾有所反映。它告诉我们,当时在于阗王廷中,公文、书信有时也用藏文书写。[2] 埃默瑞克在《于阗语中的藏文借词和藏语中的于阗文借词》一文中曾经指出,在于阗语言中即发现有30余个藏文借词。[3]《宋史·于阗传》称,绍圣年间(1094—1097)于阗王阿忽都董娥密竭笃曾向宋廷表示:"缅药家作过,别无报效,已遣兵攻甘、沙、肃三州"。其中所谓缅药的称谓,据学者研究,即系藏语。[4] 当时不仅语言上发生这样的融合现象,在种族成分上也同样如此。当时吐蕃人进驻塔里木盆地,9世纪中叶吐蕃军政势力退出后,仍有不少吐蕃人留居于阗,逐渐融合于当地居民中,如雄踞西北一隅的唃厮啰,即原系吐蕃赞普后裔,出生西域,其子董毡在于阗一带生活,与当地女子同居,并有养子阿里骨。《宋史·吐蕃传》载:"阿里骨本于阗人,少从其母给事董毡,故养为子。"后来阿里骨继承董毡在河湟一带的霸业,对北宋的政治形势产生了重大影响。这些留居于阗的吐蕃人,也有得到于阗尉迟氏政权信任,继续担任要职的。据钢和泰卷子记载,于阗同庆十四年(925),国王李圣天派使团前往沙州,使团首领即系吐蕃人 Rgyal-Sam。其人原是吐蕃的论(大臣),曾7次受于阗王派遣出使沙州,向沙州递交的文

---

[1]黄小江等:《克里雅河上游地区新发现的两处石器地点》。

[2]H. W. Bailey:*Khotanese Texts*(《于阗语文书集》),Ⅳ.

[3]荣新江译,载王尧:《国外藏学研究译文集》第6辑,西藏人民出版社1989年版。

[4]黄颢:《藏文史料中的弥药》,载《青海民族学院学报》1985年第4期。

书，也用藏文书写。[1] 他们世世代代在塔里木盆地生活，不仅逐步改变了自己的语言习俗，其后裔也逐步融合到当地居民之中。据 Joyce 经过测定的研究报告称，现在和田人特别是克里雅人的血统中含有西藏人的成分[2]，看来并不是无稽之谈。

〔1〕黄盛璋：《钢和泰藏卷与西北史地研究》，载《新疆社会科学》1984 年第 2 期。

〔2〕M. A. Stein: *Ancient Khotan*（《古代和阗》），pp. 144 – 145.

13　唐代西州的交通设施及管理制度

为了确保边境安全、道路畅通，方便人员来往，唐廷在西域伊、西、庭三州以及安西诸地设置了一系列的烽燧、镇戍，实施秦汉以来的驿传制度。“三十里置一驿，其非通途大道则曰馆。”[1]西北边陲，地域辽阔，城镇相距甚远，“三十里置一驿”难以做到，往往相距百里左右，故在传世文献和出土文书中，馆多驿少并不为怪。在州城附近或官道上设馆的也有许多，并非都沿小路设在偏僻之处。不过即使如此，“塞驿远如点，边烽互相望”[2]。驿的存在和所发挥的作用，却不容忽视，非如有的学者所云：西州、北庭“都是被沙漠和高山包围的边境军事据点，唐朝未能在此设立驿传网来连接这些城市”[3]。现有阿斯塔那29号墓出土的两件驿站文书，可为明证：

武周（？）达匪等驿申报马数文书

[1][兵]曹　　　　□

[2]　□□[驿]马五十三□

[3]□[在]达匪□

[4]□[三]匹五十二匹[见][在]欠上槽马一匹狼泉[驿][马]五□

[5]□捡上件驿马报者□

[6]□除□数[如][前]□

（后缺）

---

〔1〕《通典》卷33。

〔2〕刘开扬笺注：《岑参诗集编年笺注》，巴蜀书社1995年版，第202页。

〔3〕〔日〕藤枝晃：《长行马》，《墨美》60，1956年版。

武周(?)宁戎驿马及马草(?)文书

(前缺)

[1]　　□贰车▭

[2]宁戎驿马肆拾贰▭

[3]▭得驿长▭

[4]▭饲马草▭

[5]▭当裁玖拾陆▭

(后缺)[1]

其实当时不仅西州等地有驿站的存在,驿传制度在安西亦曾实施。唐高宗显庆二年苏定方在平定阿史那贺鲁反叛后,唐廷即采取了一系列安定西域秩序、巩固统治的措施。据《唐会要》卷73载,其中即包括“开通道路,别置馆驿”,并接着有移安西都护府于龟兹的举措。所以《唐开元户部格残卷》载景云二年(711)闰五月十日户部颁格云:“敕:诸州进物上京都并令本州岛自雇脚送,如口味不堪久停,及僻小州无脚处,并安西已来依旧给传驿。”[2]关于驿站的规模、配备马匹的数量,《唐六典》卷5《驾部》“郎中员外郎”条注略云:“量驿之闲要,以定其马数:都亭七十五匹,诸道之第一等减都亭十五,第二、第三皆以十五为差,第四减十二,第五减六,第六减四,其马官给。”按规定,驿马的数量分别为75、60、45、30、18、12、8,实际上略有出入:达匪驿53匹、狼泉驿50余匹,宁戎驿42匹,近于马匹较多的二三等。值得注意的是,这些与驿相关的文书的年代,多在唐前期的高宗或武周时期,而到交通繁忙的开元天宝时期,却不见有驿的文书出现,这或许说明,此时来往人员频繁,交通事务增多,驿传制度受人力、物力的限制,已难适应需要。驿站经费有限,马匹不足,按规定给官员驿马最多4匹,乘驿者凭符券上路。供传马者也不过8匹。每3匹马置一驿丁,由民人轮番服

〔1〕唐长孺主编,中国文物研究所、新疆维吾尔自治区博物馆、武汉大学历史系编纂:《吐鲁番出土文书》第7册,第96-97页。

〔2〕唐耕耦、陆宏基:《敦煌社会经济文献真迹释录》第2辑,书目文献出版社1986年版,第570-573页。

役，驿丁、驿马所需食料主要靠驿封田收入提供。生活艰难，劳役繁重，以致驿丁服役多违番不到，如《唐开耀二年(682)宁戎驿长康才艺牒为请追勘违番不到驿丁事》：

[6]开耀二年二月　□驿长康才艺牒

[7]付怀感，各取诸乡

[8]署，即专追，限明日平旦

[9]将过。借示。

(后缺)[1]

驿长康才艺在驿丁多“违番不到”严重影响工作的情况下，乃不得不向上级报告“请追勘当”。作为上级主管的高昌县长官借，严令县府工作人员怀感，责成诸乡明日平旦即追寻违番者到案。结果如何虽不得而知，但无法根本改变这种难堪局面却是无疑的。时驿站经费短缺，需应役的驿长填赔，民不堪负，即使富强之家也纷纷逃避此职。有鉴于此，大力开拓西北的唐廷，乃采取积极进取政策，吸收高昌时期远行马的经验，不惜投入大批人力物力，改进驿传制度，设置拥有大批官马的长行坊以强化交通运输机构的职能。

13.1　长行坊的建立及其重要作用

西州即交河郡长行坊始建于何时，现尚无资料能加以确证。据残存文书，长行坊始见于高宗总章二年(669)，开元天宝时期兴盛于伊、西、庭三州及河西一些地方。西州长行坊的建置属西州都督府兵曹，有时北庭都护府也兼管其事，如由职务较高的检校长行使核准马料开支总数等等。西州长行坊相当于县级或副县级单位，其负责人如常在文书中出现的李仙即拥有县丞的头衔。有典一职，具体负责文书与日常事务，并有兽医、主师等技术人员和总管、押官等行政管理官吏。坊有

[1]唐长孺主编，中国文物研究所、新疆维吾尔自治区博物馆、武汉大学历史系编纂：《吐鲁番出土文书》第6册，第568－569页。

两槽圈养未出使的马匹及其他牲畜，“每日合饲三百马”[1]，驴80多头以及牛、驼等。槽有槽头主事，马子(马夫)若干人收领马料，喂养、照管马匹或领马出使负责安全。坊内设有收马所，领验使回或新添马匹，配备兽医医治牲畜疾病并照料精良马匹。牲畜出外死亡，亦由收马所负责处理有关事宜。除在槽、出使马匹外，长行坊尚有马群在外放牧，称长行群。群有群头主事，每匹马都配备马兵专管。开元十年(722)六月十七日蒲昌群有马141匹检校在案。[2] 西州长行坊的官马——长行马所担负的主要任务，是提供给出差的官吏、使者及部分家属骑乘。时长行坊还有函马，负责文书传递，设专人领送。政府为提供长行坊的马匹，当初曾向百姓收取“马价钱”，集资购进。

武周如意元年(692)里正李黑收领史玄政长行马价抄

[1]史玄政付长行马价银钱贰文，准铜

[2]钱陆拾肆文。如意元年八月十六日里正

[3]李黑抄。其钱是户内众备马价，李黑记。[3]

“户内众备马价”，保证了长行马的增补。随后，唐廷收复安西四镇，大力投入，“新市长行马”在文书中有见。长行坊维持正常运转，最大的耗费是牲畜食料的供应。按制长行马食料由州县官仓按季调拨，非如驿马料由驿封田提供。西州长行坊与各县馆马的食料标准，按《唐六典》卷11“殿中省尚乘奉御直长”条称：“凡秣马给料，以时为差(春、冬日给藁一围，粟一斗，盐二合；秋、夏日给青刍一围，粟减半)。”如此春冬马给粟一斗，秋夏减半。而牛给料则为马的4/5，驴则为牛的1/2。各类牲畜食料每年开支约当150万斤左右的青麦、床、粟，筹集绝非易事，所以现在我们所看到的有关出土文书，绝大部分和筹集食料有关。罗振玉《贞松堂藏西陲秘籍丛残》所载《北庭都护府牒仓曹为长

[1]《唐景龙三年(709)八月西州都督府承敕奉行等案卷》，见陈国灿：《斯坦因所获吐鲁番文书研究》，第273页。

[2]参阅阿斯塔那墓葬区所出文书：《唐西州长行坊配兵放马簿》、《唐张从牒为计开元十年(722)蒲昌群长行马事》，见陈国灿：《斯坦因所获吐鲁番文书研究》，第199-210页。

[3]唐长孺主编，中国文物研究所、新疆维吾尔自治区博物馆、武汉大学历史系编纂：《吐鲁番出土文书》第7册，第441页。

行坊长行马及函马一百二十四秋季料准式给事》：

[1]　　伍匹，胡城函马伍匹

[2]右各得所由状，称："上件马夏季料

[3]已蒙支给讫，其秋季料[未]有处分，状[上]

[4]者。依检上件马秋季料未支有实。

[5]长行马壹佰壹拾四

[6]右得专当官李仙等牒，称："上件马夏

[7]季料已蒙支给讫，其秋季料未有处

[8]分，牒举"者。依检上件马秋季料未[支]

[9]有实。函马及长行马总一百廿四

[10]秋季料牒仓曹准式仙　悉

[11]　　　　三日

[12]　　依判□□示

[13]　　　　三日

[14]仓曹

[15]牒件状如前，今以状牒，牒至准状，谨牒。

[16]　　　开元九年七月三日

[17]　　　　典

[18]专当官仙

[19]　　　　典　杨节

[20]　　　七月三日受　其月三日行朱

[21]　　　录事　悉检无稽失

[22]　　　录事参军　　勾讫[1]

由这件北庭都护府的批文看来，西州长行坊请州仓拨给马料，还需状请北庭都护府批示。文中长行坊典杨节也就是杨思节还另有请七月粮牒，呈北庭都护府批示。长行马与按驿换乘的驿马不同，从始发

[1]这件文书在李锦绣《唐代财政史稿》第1010－1011页中，被称为"[西州]长行坊马及函马请秋季料文案"。从文意看，所述为西州长行坊事，但并非长行坊状文。文中专当官仙为西州长行坊长官李仙，他曾在西州长行坊文书中多次出现。

地可直抵目的地，途中无需转换，对乘者比较方便；不仅可在本府州内乘行，亦可来往于邻州，而且供马数量多，无严格限制。所以长行马一经出现很快就取代了驿马，活跃在西州至安西、北庭、伊州的主要交通干线上。这在大量出土文书，特别是吐鲁番阿斯塔那506号墓出土的天宝十三、十四载22件马料支出账中，有着充分反映。时任北庭都护并授御史中丞的程千里，安西四镇节度使后兼北庭都护、伊西节度使并摄御史大夫的封常清以及充任安西、北庭节度判官后领"伊西、北庭支度副使"的著名诗人岑参等许多重要人物，都曾借长行马之便，"腾过"天山南北各地。天宝十三载(754)四月身任两镇节度的封常清，由长安西归到达交河郡治所后，迅即赶赴北庭任所，同年十一月、十二月共3次往返于安西北庭之间，前后经过在朱雷先生《吐鲁番出土天宝年间马料文卷中所见封常清之北庭行》一文中，已有详细论证。[1] 两镇节度治所相距约2000里，由交河故城北上他地道，翻越博格达山，沟谷陡峭、积雪冰封，今人亦视为畏途，成为探险者的向往之地。封常清尽瘁国事，频繁奔驰于北庭、安西间，其出行往返，交河郡长行坊周密安排，提供交通工具，发挥了重要作用。

唐天宝十四载(755)交河郡某馆具上载帖

马食踖历上郡长行坊状

[39]郡坊迎　封大夫马肆拾捌匹，四月廿四日食麦粟贰石肆斗。付槽头张。

[44]廿五日郡坊细马五匹食粟麦五斗。付兽医曹驼鸟。[2]

郡坊帖马在槽喂养，夏日食半料，故"封大夫马肆拾捌匹，四月廿日食麦粟贰石肆斗"。细马则享受优待食全料，并有兽医专门照料。细马系品种特优的精良马匹，专供高级官员乘骑者，故待遇不同一般。

---

[1]武汉大学历史系魏晋南北朝隋唐史研究室编：《魏晋南北朝隋唐史资料》第15辑，第100—108页。

[2]唐长孺主编，中国文物研究所、新疆维吾尔自治区博物馆、武汉大学历史系编纂：《吐鲁番出土文书》第10册，第58－59页。

唐天宝十四载(755)某馆申十三载三至十二月

侵食当馆马料帐历状

[20]廿七日　郡坊帖马卌四匹,食青麦壹石壹斗,床壹石壹斗,付槽头张、判官杨千乘。

[23]同日(廿八)　郡坊帖马七匹,向金娑岭头迎大夫,食青麦贰斗伍胜,床贰斗伍胜,付槽头张、判官杨千乘。

[30]四月廿八日　瀚海军征马伍拾贰匹,送大夫至馆,兼腾过向柳谷……

[32]六月十五日　郡坊帖马伍匹,为祇候　大夫,共食青麦贰斗伍胜,付帖马建儿范老子。[1]

封常清每次出行,长行坊及诸县馆都要在前方站预存马料备用,返回时则派专人领马匹"祇候",其周密安排反映出其行政管理井然有序。不过,也透露出长行坊不受唐廷驿传制度的制约,完全听命或迎合节度使的意向。据《唐会要》卷61《御史台中馆驿门》所载,"事非急切者,不得乘驿马"。提供驿马最多亦不得超过4疋,"如有家口相随,及自须于村店安置,不得令馆驿将什物、饭食、草料,就等彼供给拟者"。西州长行坊提供坐骑,官职高低差异甚大,无成规可言。据出土文书所载,在开元十年(722),西州长行坊发马尚有节制,安西副大都护汤嘉惠并家口乘马也不过6疋,再加驴3头;但到天宝十三载(754)以后,与前已大不相同,职务较低的官使乘马一二匹,职务略高的如判官、司马、长史往往是五六匹。时任安西、北庭节度判官的岑参,则系以郡坊帖马6匹或7匹迎送,两镇高官如"郡坊送赵都护帖马壹拾肆疋"已不算铺张。封常清这时身兼两镇节度,荣显至极,出行一般都是四五十匹帖马护卫,有时还要出动军马配合。这位"勤于王事"以俭著称的名将[2],其家属所享受之接待,亦有实录:

唐天宝十三载(754)四月廿三日郡坊马十疋,送封大夫娘子

[1]唐长孺主编,中国文物研究所、新疆维吾尔自治区博物馆、武汉大学历史系编纂:《吐鲁番出土文书》第10册,第167－168页。

[2]《旧唐书·封常清传》:"常清性勤俭,每出征或乘驿,私马不过一两疋,赏罚严明。"

银山回，食麦粟一石。付马子陈阳、赵璀。[八月]十六日郡坊帖马两匹，天山馆送使封大夫女婿杨郎到，食麦一斗。付天山马子赵宾。[十一月?]十六日帖马六疋，封大郎子食青麦六斗。付健儿陈怀金。[1]

封夫人及其子、婿，不住"村店"，受到诸县馆的关照，出行有多至10匹帖马的护卫，甚至马匹也受全料的优待。当然，从行政管理的角度看，西州长行坊的工作是值得称道的，对牲畜的调配、发送、养护，都有着一套严格的制度，保证了正常运转和国家财物不受损害。如对每疋(头)马驴的发送、收领、调配，都详实登记在账，以备查核：

唐开元十年(722)西州长行坊发送、收领马驴帐二

[7]前安西副大都护汤嘉惠并家口乘马陆疋……

[8]一疋紫父六岁　次上肤脊全、耳鼻全、王面连唇白，四蹄白，近人腿蕃印、西长官印　六月十二日马子董敬元状注寄留　仙

[9]一疋骢敦七岁　次肤、耆微破、近人鼻决耳全、远人颊私印西长官　印同前月日马子董敬元等领到，脊破二寸，次下肤　仙　赵秀

[10]一疋乌留骇父五岁次肤脊全、耳脊全、近人腿蕃印、两眼霞(瞎)，西长官印　同前月日马子董敬元等领到，脊全，次下肤　仙　赵秀

[11]一疋白骢敦十二岁　次肤、梁微破，两耳决，近人鼻决，腿膊蕃印，远人颊私印，西长官印　同前月日马子董敬元领到，脊破二寸、梁三寸破，下肤、跙蹄　仙　赵秀

[12]一疋乌敦七岁　次肤脊全，近人耳秃带星、鼻头白、鼻全，后两蹄白　近人腿蕃印，西长官印　同前同月日马子董元等领到脊全次肤　仙　赵秀

〔1〕唐长孺主编，中国文物研究所、新疆维吾尔自治区博物馆、武汉大学历史系编纂：《吐鲁番出土文书》第10册，第210、100、199页。

[13]一疋赤敦八岁私印　次肤脊全，耳鼻全，脑后一道白，近人腿膊蕃印、近人颊　西长官印　同前月日马子董元领到，脊破一寸，次肤　仙　赵秀[1]

每次马匹外出执行任务，州坊都要详细登录其毛色齿岁、体貌特征，除马印外，还烙有西州长行坊官印，坊官签押以示负责。外出马匹如有丢失伤亡，则领马的马子即马夫逐级上报缘由，并将死马皮、肉上交，如肉已出售，则交价款。

唐神龙元年(705)西州都督府兵曹处分死马案卷

[4]柳谷镇　　状上州　　同牒

[5]西州长行回马壹疋赤骠敦拾岁

[6]右检案内得马子高怀辞称：先从西州领得前件马送

[7]使，往至北庭，今月廿八日却回至柳谷镇，停经三日饲喂，

[8]渐发向酸枣，其马行至镇南五里，忽即急黄致死。

[9]既是长行，请乞检验者，右奉判：马既致死宜差典孙俊、

[10]高庆等就检其马，不有他故以不状言者，其上件马

[11]行至镇南五里，急黄致死有实，亦无他故者，其马致死检

[12]既无他故，仍勒马子自剥皮肉收掌，仍具录申州，今以状上听裁。

[13]牒件状如前件牒

[14]　　神龙元年三月一日　典　孙怀俊牒依检皮壹张到。典

[15]　　摄兵曹参军张才识

[16]皮虽检　　付司　温示　　四日

[17]到，肉价不来，牒所由

[18]征还。䛒　三月九日录事义　　受

[19]参军摄录事参军　思付[2]

[1]陈国灿：《斯坦因所获吐鲁番文书研究》，第197－198页。

[2]陈国灿：《斯坦因所获吐鲁番文书研究》，第248－251页。

马子高怀从西州长行坊领得10岁赤骠敦马1匹,送使往北庭,返回经柳谷镇稍停,3日后向酸枣戍进发,行至镇南5里急病致死。柳谷镇接到报告后,即差典孙俊、高庆等前往检验。“其马致死检既无他故”,乃令马子高怀自剥皮肉向州兵曹申报。马皮依法输纳。不过,最后西州都督府兵曹参军程待詈仍不满意,批示“皮虽检到,肉价不来”,追查出卖马肉的价款。长行坊的马匹除大部分在槽喂养外,部分马匹转移放牧,其移交手续也非常严格,每匹马的齿岁、体貌特征、发送单位及配放士兵的姓名,都要详实点阅登记、造册,并有专当官李仙亲自签署。阿斯塔那墓葬区所出文书《唐西州长行坊配兵放马簿》[1]即是。此放牧的马群,有为州坊直接送来,更多的系由各戍退回来的函马。《唐张从牒为计开元十年(722)蒲昌群长行马事》,反映了群马在蒲昌放牧时,经2次死亡5匹,尚有141匹[2],此或即《放马簿》上所列之马。同时,州坊退蒲昌群送检的“马皮玖拾捌张、驴皮肆拾玖张”,说明两者关系密切,蒲昌群当为西州长行坊的下属单位,也可说蒲昌为西州长行坊最大的放牧基地。

对于长行坊组织,前已有学者作过一些论述,特别是孔祥星先生在《唐代新疆地区的交通组织长行坊》[3]一文中,对其性质、机构设置及所发挥的作用,作了全面的分析。不过,他认为唐代新疆“不仅都护府、都督府或州一级有长行坊,而且在县一级也有这样的机构”,可能不完全符合史实。姑且不论传世史籍中不见有长行坊的记载,从现已出土的文书资料看,唐代新疆除西州、庭州外,其他地区也未见有这样的交通机构。按当时西域的政治经济状况,塔里木盆地各绿洲城国显然难以兴办这样多的长行坊。孔文所列数例,似难存立。上述蒲昌群并非蒲昌县的长行坊,前已有说明,此不重复。孔文引用《新疆出土文物》上《轮台县长行坊马料帐》[4],实际上庭州轮台县的长行坊,就是

---

〔1〕陈国灿:《斯坦因所获吐鲁番文书研究》,第199-209页。

〔2〕陈国灿:《斯坦因所获吐鲁番文书研究》,第210页。

〔3〕《中国历史博物馆馆刊》1981年第3期,第29-38页、66页。

〔4〕新疆博物馆:《新疆出土文物》,第64页。

交河郡(西州)长行坊的运营据点。这件文书后已正式命名为《唐天宝十三载(754)交河郡长行坊具一至九月蹭料破用帐请处分牒》。[1] 对这批长行坊文书盖有轮台县印的问题,吴震在《唐庭州西海县之建置与相关问题》一文中,曾作推测说:"这表明交河郡长行坊(至少它的某些下属机构)当时设在轮台。这当然因为轮台有优美的牧场,可供繁育马匹,加上虽分属庭、西二州,却在同一节度治下。"[2]日本学者荒川正晴就此作了进一步研究,他认为:"轮台县的郡长行坊并非只有坊槽而是承担了向交河郡辖境内的各馆和县槽供应草料的功能,而这一体制的背景,应当考虑到北庭地区作为天山东部地区最大的屯田区,农业生产活动非常发达这一点……当时轮台县设有交河郡长行坊以及交河郡仓、杂事司……轮台县的确是交河郡长行坊一个重要的运营据点。"[3]孔文中所举第3例:"大谷3473(1)《州勾所牒,为当县长行马七十匹》……日本学者池田温定名为《唐开元十九年正月至三月西州天山县到来符帖目》,文书上有天山县的印鉴,因此这里的'当县长行马'当是天山县长行坊的马匹。"作者的看法似有一定道理,但深入一步分析,也还有讨论的余地,难作这样定论。检阅文书原文:"州勾所牒,为当县长行马七十匹赍案赴州事。"文书残缺,字义不明。这里,"当县长行马",可以理解为天山县的长行马,但不能释读为与西州长行坊无关的天山县长行坊的马匹,因为西州长行坊的长行马并不完全在槽喂养,有相当一部分调拨给县馆马坊使用,马料仍由州坊提供。载于《吐鲁番出土文书》第10册的《唐天宝十三至十四载(754—755年)交河郡长行坊支贮马料文卷》中,这样的事例很多。

---

[1]唐长孺主编,中国文物研究所、新疆维吾尔自治区博物馆、武汉大学历史系编纂:《吐鲁番出土文书》第10册,第143页。

[2]《新疆社会科学》1989年第2期。

[3][日]荒川正晴:《北庭都護府の輪台県と長行坊——アスターナ506号墓出土、長行坊関係文書の検討を中心として——》,载《小田义久博士还暦记念东洋史论集》,龙谷大学东洋史学研究会1995年版,第93-126页;汉译文见《吐鲁番学研究》2006年第1期。

唐天宝十三载(754)礌石馆具七至闰十一月

帖马食历上郡长行坊状

[4]七月三日郡坊帖天山馆马四匹送牛判官等到,便腾过,食麦四斗,付马子张延福。

[23]九日郡坊帖礌石馆马六匹[食]青麦四斗二升。付马子吕承祖。

[40]廿一日郡坊帖银山马十匹,送赵光烈到,便回向天山馆,并食全料,麦一石。付赵璀。

[52]廿九日郡坊帖天山馆马[四]疋送使掌书记王伯伦到,内一匹腾向银山,食麦二斗五升。付李罗汉。[1]

上列有天山馆马、礌石馆马、银山[馆]马等,似为诸县馆所有之马匹,实际上这些马都属西州长行坊所有,调拨至县馆使用,食料皆由州坊提供。《唐天宝十三载(754)天山县具银山馆闰十一月郡坊帖马食历上郡长行坊牒》:“十六日王大夫乘礌石帖马九匹,食青麦肆斗五胜。付健儿陈金。”“同日田判官乘礌石郡坊帖马八匹,食青麦肆斗。付健儿陈金”。所谓礌石帖马或礌石郡坊帖马,实际上都是郡坊马匹被礌石馆留充长行马者,如《唐天宝十三载(754)礌石馆具七至闰十一月帖马食历上郡长行坊状》所载:“郡坊帖马八匹,内三匹送使王伯伦到,便留礌石充帖馆马,共食麦五斗六升,付吕祖”。“八月十三日郡坊马十五匹,并先送向银山,今收回,内三匹充帖馆,共食麦七斗五升。付赵璀。”礌石馆、银山馆可据需要留郡坊长行马“充帖馆马”,天山诸馆同样如此,而食料为郡坊提供,仍属郡坊的马匹。所以上述《唐开元十九年正月至三月西州天山县到来符帖目》称“当县长行马”,不能简单地说就是天山县长行坊的马匹。西州长行坊和该县关系密切,在同一文书中,3 个月就有 5 件西州长行坊的来文,如“长行[坊]牒,为新市马六匹,检领欠速市过事”等。再说,文书中天山诸县也未出现过当县长行

[1]唐长孺主编,中国文物研究所、新疆维吾尔自治区博物馆、武汉大学历史系编纂:《吐鲁番出土文书》第 10 册,第 92 页。

坊的名称或与其有关事项,有的只是天山坊、罗护坊、赤亭坊等县馆所属马坊,其长行马由西州长行坊统一调遣。

唐天宝十四载(755)某馆申十三载四至六月郡坊帖马食踖历状

[63]六月十四日郡坊马一匹,帖馆食麦粟一斗,付天山坊马子王嘉珎。

[64]十五日郡坊马一匹,帖馆食麦粟一斗,付天山坊马子王嘉珎。[1]

郡坊马一匹至(天山)馆每天食麦粟1斗,食料交给天山坊马子王嘉珎,明显看出天山坊为县馆所属。天山县并无独立的长行坊的存在,而来往马匹亦为郡坊所有。载于同书的《唐天宝十四载(755)柳中县具属馆私供马料帐历上郡长行坊牒》:

[1]柳中县　　牒上长行坊

[2]合当馆从天宝十三载闰十一月十六日郡支帖马食贮料外,馆家私供床麦□□□□□斗九胜内七石床……

[60]青麦伍斗

[61]右同日给罗护坊马拾匹充料。踖子准前,付健儿潘玭。

[82]青麦叁石伍斗　床叁石伍斗

[83]右廿四日给罗护坊马壹佰匹充料。踖子准前,付马子张承昕等同领。

[84]青麦叁石伍斗　床叁石伍斗

[85]右廿八日给赤亭坊马壹佰匹充料。踖子准前,付健儿赵令璋　总管　张景□。[2]

这件通过柳中县上郡坊的牒文中,反映罗护坊、赤亭坊均有马百匹,由县馆即罗护馆、赤亭馆供其食料,年终结算时,县馆以西州长行坊

[1]唐长孺主编,中国文物研究所、新疆维吾尔自治区博物馆、武汉大学历史系编纂:《吐鲁番出土文书》第10册,第215页。

[2]唐长孺主编,中国文物研究所、新疆维吾尔自治区博物馆、武汉大学历史系编纂:《吐鲁番出土文书》第10册,第76-84页。

帖马"侵食当馆斛斫青麦床等"请求州坊填还。说明这200匹马都系西州长行坊的长行马，而罗护坊、赤亭坊皆系县馆的马坊。同样，上述天山坊亦为天山馆所属。《唐开元十九年正月至三月西州天山县到来符帖目》中所说的"当县长行马"，与文书中多次出现的馆马一样，亦可能为西州长行坊所有。长行坊是唐廷统辖与开拓西域时，在作为交通枢纽的西州诸地建置的交通机构，是据西北边陲的实际情况对驿传制度的变革和进一步强化。作为这一变革的集中表现，是出土文书中多次出现的西州长行坊。其他地区这一组织机构是否存在、具体情形如何，限于资料，难知其详。现可以认定的是，在实行等同内地正州体制的伊、西、庭三州，都有长行马的配备。而在《唐馆驿文书事目》即《开元九年(721)后西州长行坊收纳文书事目》内：

[5]六日伊坊状请回马遞事。

[10]廿四日北庭府牒为长行马蹅料准状事

[14]廿六日伊坊状请□

[15]廿七日伊坊状请□[1]

伊州马坊行文至西州长行坊皆以状请，似显示它与西州长行坊有着密切联系而为其下属。同时，《北庭府牒为长行马蹅料准状事》，则意味着西州长行坊的马料供应与北庭都护府有着关联，必要时需得到后者的批准或供应。在《贞松堂西陲秘籍丛残》与日本有邻馆文书中，也有多件涉及西州长行坊与北庭都护府关系的文书，虽然文书残缺，颇多歧义，内容难以确知[2]，但至少可以说明，由于西州长行坊的事务牵涉面广，并非局限于本州岛，事关安西、北庭两镇，所以它不一定通过西州都督府而与北庭都护府直接发生联系。由于交通运输事关唐中

〔1〕参见《唐天宝十三至十四载(754—755)交河郡长行坊支贮马料文卷》，见唐长孺主编，中国文物研究所、新疆维吾尔自治区博物馆、武汉大学历史系编纂：《吐鲁番出土文书》第10册，第68页；《唐馆驿文书事目》，见《吐鲁番出土文书》第8册，第178页。后者在《吐鲁番出土唐代文献编年》录入时，改题为：《开元九年(721)后西州长行坊收纳文书事目》，见该书第230页。

〔2〕参见李方：《唐西州行政体制考论》，黑龙江教育出版社2002年版，第166-168页；李锦绣：《唐代财政史稿》，第912、1070页；陈国灿：《吐鲁番出土唐代文献编年》，台湾新文丰出版公司2002年版，第227-228页。

央朝廷与西域的沟通以及边土的防务安全，所以长行坊的建置和其担负的任务，实含有一定的军事性质，甚或把它作为准军事机构看待，亦无不可。郡坊和县馆的组成人员，亦多是中下级军官和士卒（健儿），如坊官果毅（亦作子将）杨俊卿、押官果毅张元兴、总管折冲张子奇、礌石馆捉馆官镇将张令献等；而马子则多系健儿担当，如范老子、陈金等。在执行重要任务如迎送两镇节度封常清、北庭都护程千里时，瀚海军、天山军的征马也密切配合行动。对入境的军马，西州长行坊同样供给食料。《唐天宝十四载(755)交河郡某馆具上载帖马食䜶历上郡长行坊状》："焉耆军新市马壹佰匹，准节度转牒，食全料。十一月十五日给青麦壹拾硕，付押官无敬希　总管张子奇。""□耆军长行马壹佰匹，九月廿二日过，准节度转牒，供半料。给青麦伍硕。"焉耆军有长行马自然军内也会有管理机构，但包括焉耆在内的塔里木盆地诸绿洲城国，却无任何迹象能说明有长行坊或长行马的存在。由于唐廷在此实行羁縻府州体制，分散的各绿洲城国，财力有限，似无可能实行这种费用浩繁的交通制度。据日本学者研究，唐代的于阗绿洲以及其他一些地区，还在实行类似麴氏高昌时期的远行马制，即由民户饲养"远行马"或交纳"剂远行马价钱"，以助官府远程的交通运输。"在唐代不仅突厥系游牧民，即使在和田那样的绿洲地区，老百姓也有向官方提供[与长行马等官马不同的]'乌骆'的义务。"[1]在这些羁縻地区，百姓被要求提供以古突厥语"乌骆"为名的役马供官府使用，而不是实行靠官府投入的长行马制。西州为唐廷开拓西域的基地，长行坊的建立大大改善了伊、西、庭与安西以至中原的交通条件。这样庞大的费用浩繁的交通机构之建立，并能保持正常的运转，是有其物资供应作为后盾的，并非仅靠其自身所拥有的一点土地收入。[2] 西州经济发达，物力雄厚，

---

〔1〕〔日〕荒川正晴：《唐代于阗的"乌骆"——以 tagh 麻扎出土有关文书的分析为中心》，载《西域研究》1995 年第 1 期。

〔2〕西州长行坊在各县拥有少量土地，所收粟草可供马料，如阿斯塔那 506 号墓出土的《唐上元二年(761)柳中县界长行小作具元收破用粟草数请处分状》、《唐上元二年(761)蒲昌县界长行小作具收支饲草数请处分状》所载，但长行小作营田量少，如蒲昌县仅有 2 顷，远不能满足郡坊马料所需。

屯田遍及各处,白水、柳中、天山以及其他一些屯田基地,都曾为西州长行坊提供过马料。仅白水屯纳入官仓的粮料一年总在千石以上。另外,据有关文书分析,北庭都护府所属机构也可能提供一定支持。这样才基本保证了长行坊帖马的食料供应,使之“腾过”不息,在各条交通干线上发挥重要作用。若就马料消耗而言,实非其他地区所能承担。即便如此,西州长行坊及诸馆马料,也还时有短缺,陷于非常窘迫的无奈境地。如礌石馆捉馆官张令献在天宝十三载十二月上郡坊状所言:“郡坊迎送帖马来往,便食前件斛斗,合郡坊填还。令献等逐急举便,随时供讫,今见被诸头债主牵撮,无物填还,具食历如前,伏望商量处分。”〔1〕这位捉馆官为随时供应郡坊帖马的食料,东挪西借,无法归还,以致“被诸头债主牵撮”,万般无奈,只能向郡坊告急,可见马料耗费量大,县馆无法及时供应。长行坊制很难在天山南北全面推行。

13.2 为便利行人,广泛设立客馆

为接待来往客使投宿、进膳、休息,各州县官府在交通线上广泛设立客馆。所设客馆据所处交通位置,规模大小不等。《新唐书·地理志》载:

自[西]州西南……至焉耆界吕光馆……又西南百四十五里经新城馆,渡淡河,至焉耆镇城。

自[交河]县北八十里有龙泉馆……北庭都护府城。

自拔换、碎叶西南渡浑河百八十里有济浊馆,故和平铺也。又经故达干城百二十里至谒者馆。……渡赤河,经岐山,三百四十里至葭芦馆。又经达漫城,百四十里至疏勒镇。

于阗西五十里有苇关……又西北……三百二十里至双渠,故羯饭馆也。

上述记载遗漏颇多,目前出土的吐鲁番文书以及其他有关资料,

〔1〕唐长孺主编,中国文物研究所、新疆维吾尔自治区博物馆、武汉大学历史系编纂:《吐鲁番出土文书》第10册,第110页。

大大地作了补充：

高昌、交河城镇或附近一带有交河馆、北馆、酸枣馆；

从交河城出发，北越天山，沿途有龙泉馆、柳谷馆、金岭馆、石舍馆；

高昌县东为柳中县、蒲昌县，往伊州的交通线上，有东碛馆、柳中馆、蒲昌馆、狼井馆、赤亭馆、草堆馆、达匪馆、罗护馆、神泉馆；

西州至安西沿线有天山馆、礌石馆、银山馆。

还有“县属不明”的“安昌馆”[1]。

安昌为麴氏高昌晚期新置县名，位处西南。阿斯塔那519号墓所出《高昌延寿十七年(640)屯田下交河郡南平郡及永安等县符为遣麴文玉等勘青苗事》曾载此地名。如按馆从地名的原则，安昌馆应位于安昌县内。在今和田北约180公里的麻扎达格遗址所出文书中，有草泽馆、欣衡馆、谋常馆、神山馆等[2]，位于拨换城南至于阗的通道上。

上面述及的客馆，应该说还不完全，如在库车地区发现的大谷文书中有大井馆，岑参诗中还出现安西馆、关西馆等名称[3]，对此，尚待今后进一步检索、补充。按唐馆驿制度，通途大道30里置一驿，给来往官使提供食宿和交通工具，非通途大道则设馆只供食宿。由于长行坊制的实施，西州诸地客馆有条件为来往官员、使者提供交通工具——馆马以及食宿，实际上客馆起着驿站的作用，这也是驿传制度在西陲据实际情况进一步的变通。封建时代是讲究等级的，所以客馆在接待规格上，对不同级别的来客有着明显差异。如《唐会要》所载：“建中四年正月十一日，馆驿置五等使料及人马数。”馆供使料有级别，每一等级用固定的料，此在阿斯塔那208号墓出土的唐永徽四年(653)前西州某馆供食账历中有所反映：

唐典高信贞申报供使人食料帐历牒

[一]

[1]张广达：《西域史地丛稿初编》，上海古籍出版社1995年版，第143页。

[2]陈国灿：《斯坦因所获吐鲁番文书研究》，第487－519页；荣新江：《海外敦煌吐鲁番文献知见录》，江西人民出版社1996年版，第105页。

[3]岑参：《安西馆中思长安》、《宿铁关西馆》，见刘开扬笺注：《岑参诗集编年笺注》，第181－183页；又见陈铁民：《高适岑参诗选评》，上海古籍出版社2002年版。

(前缺)

[1]右件料供使人□▭

[2]典一人,乌骆子一人,总▭

[3]今日料如前,谨□。

[4]　　三月十八日典高□□□

[5]　　记案,种示　　　　十　□

[二]

(前缺)

[1]　　▭壹合,用面充▭

[2]　　▭柒合,(用　钱贰分)酱壹胜伍合▭

[3]　　▭贰勺,(用钱贰分)杂菜叁分,韭贰拾分,

[4]▭肆分,用刺柴捌分。

[5]▭料供使人王九言典二人,乌骆子一人,▭

[6]▭总五人食讫。

[7]▭驴脚壹节(用钱叁文五分)酒陆胜,(用钱▭)面壹▭

[8]▭韦柴叁拾分

[9]▭请赐处月弓赖俟斤等▭

[10]▭料如前,谨牒。

[11]　　三月廿日典高信贞牒

[12]　　记案　那(?)示

(后缺)

[三]

(前缺)

[1]　米壹斗,面▭

[2]　叁勺酢柒合,(用▭)

[3]杂菜叁分,韭▭

[4]　　右件料供▭

[5] 乌骆子一人,总伍 ▭

[6]牒□□□日料 ▭

[7] ▭日典高信贞牒

(后缺)

[四]

(前缺)

[1]米肆胜,▭

[2]豉壹合,(用钱壹分)木 ▭

[3] □件料供 ▭

(中缺)

[4] 在功曹 ▭

[5] 首领并 ▭

[6]牒,件录今日 ▭

(中缺)

记案那

十九日[1]

这件唐前期西州某馆供使人食料账历牒,记载了这所规模不大的客馆,在永徽四年(653)前三月十八、十九、廿日接待处月弓赖俟斤(官名)及其他使人供应食料的情况。"使人王九言典二人",当系无品级的小吏;"乌骆子"系马子或马夫之俗称。对他们食料供应简单,床或粟米、面、酱、杂菜、韭、刺柴等。对西突厥处月部弓赖俟斤供应食料则较丰盛,有酒肉招待。总的来说,当时中原汉人至边疆工作,生活比较艰苦。《新唐书·西域传》"焉耆"条:"武后长安时,以其国小人寡,过使客不堪其劳,诏四镇经略使禁止傔使私马、无品者肉食。"整个安西四镇甚或都是这样,禁止"无品者肉食"。在这种情况下,西州客馆供应以素食为主可能是普遍现象。至开天之际,"中国盛强,自安远门西

[1]唐长孺主编,中国文物研究所、新疆维吾尔自治区博物馆、武汉大学历史系编纂:《吐鲁番出土文书》第6册,第185－189页。

尽唐境万二千里，闾阎相望，桑麻翳野”[1]。包括西域在内的全国各地，一派兴盛景象，高昌“都会未及于沙州，繁富尤出于陇右”[2]。客馆的设施与食料供应，大有改善：

唐食料计钱帐

[1]▭计　叁　佰　文

[2]绿豆子叁胜　胜别捌文　计贰拾肆文

[3]草豉子壹胜　准帖陆文计

[4]▭

[5]米伍▭

[6]刺蜜 ▭[3]

这份账历残缺严重，所见绿豆、豆豉、刺蜜都是味美而品价较高的副食品。第1项物品名称不见，计价300文，应当是上好食料。随着丝路贸易的发展，西域这时期的物资供应充足。开元十五年(727)慧超游印度归来，途经安西各城，据《往五天竺国传》载，疏勒、龟兹皆“足寺足僧，行小乘法，吃肉及葱韭等”。居民肉食增多，客馆食料供应也应改善。

唐支用餐具帐

(前缺)

[1]食合廿具　叠子卅个　大饭碗廿▭

[2]□食单五条　匙廿张　箸▭

(中缺)

[3]▭盘子十个

[4]▭库准数分付用了抄

(后残)[4]

---

[1]《资治通鉴》卷216，玄宗天宝十二载(753)。

[2]《太平寰宇记》卷156《陇右道七》“西州”条。

[3]唐长孺主编，中国文物研究所、新疆维吾尔自治区博物馆、武汉大学历史系编纂：《吐鲁番出土文书》第8册，第399页。

[4]唐长孺主编，中国文物研究所、新疆维吾尔自治区博物馆、武汉大学历史系编纂：《吐鲁番出土文书》第8册，第398页。

唐天宝某载(749—756)行馆器物帐

[1]行馆承帐:远载破被五张(内二夹缬,一紫熟□绫□绯 ▭)

[2]破缦绯眠单伍条,破拭巾布贰拾条, ▭

[3]破斑□食单伍条内一八尺无缘,二八尺有缘,已上物天四载支度使检。二 ▭

[4]破叠子肆拾枚,叠子陆拾枚,破大棱碗陆拾 ▭

[5]破食合贰拾具,破羹碗贰拾枚。荷叶盘子陆面。

[6]已上物,天八春夏覆,剩附。破大屈碗贰拾[枚], ▭

[7]小棱碗柒[拾] ▭

[8]已上物从 ▭

(后缺)[1]

这两所客馆的器物餐具,反映了同样的事实:馆内设备俱全,质量上乘。被料华丽,夹缬带花,绫系斜纹地上起斜纹花的丝织物,品种高贵。被料5张应为2夹缬、1紫熟绵绫、1绯熟绵绫,价格都非常昂贵。《市估案》:"紫熟绵绫壹尺上直钱陆拾陆文　次陆拾伍文　下陆拾肆文",绯熟绵绫价格相似,每尺亦在陆拾文左右。以每匹4丈计算,则每匹紫熟绵绫约2600文,相当于每匹大练460文的5倍多。眠单(床单)5条为缦绯缝制,其价1匹490文,价格亦在大练之上。食单即饭桌台布,5条为棉布缝制,相当考究。瓷器当时在西州市场上价位亦高。馆内瓷餐具一应俱全,碗有羹碗、大棱碗、大屈碗等。大屈碗20枚,以中等价格计算,每枚40文;羹碗20枚,每枚20文;荷叶盘子6面,每面60文;叠(碟)子100枚,每枚20文。在当时的社会经济条件下,客馆能有这样整套高档的器物餐具,可谓奢华。不过这些器物皆多破旧,亦可能天宝后期唐财政窘困,致使行馆设施未能按时更新。据出土文书揭示,客馆多为县属,亦有县馆之称。诸馆向郡坊申请填还马

---

〔1〕唐长孺主编,中国文物研究所、新疆维吾尔自治区博物馆、武汉大学历史系编纂:《吐鲁番出土文书》第8册,第498页。

料,皆通过县司呈报,而不是直接行文。县馆的负责人称捉馆官或监官[1],系政府委派而非民户服役。馆中有处理文书和日常事务的典与从事杂役的馆子等。客馆内部管理也非常严格。从上引文书可以看出,每日供客食料都要记账呈报上级审核,馆内器物按时检点,并经支度使核查。设置长行坊及客馆,主要是为官使服务,交通设施包括各种防卫设施的建置和不断发展,切实地维护了道路的安全畅通,为中西交往提供了保障。沿线客馆的建立,推动了私人经营的旅馆、客舍应时而兴,接待来往行人、商贩。盛唐开元天宝时期,我国中原地带交通运输畅达,旅馆业勃兴。《通典》卷7记载:“[自长安]北至太原、范阳,西至蜀川、凉府皆有店肆以供商旅。”旅店当时称呼颇多,有客舍、旅舍、旅馆、邸店、村店等等。王维《送元二使安西》所咏即是:

渭城朝雨浥轻尘,客舍青青柳色新。

劝君更尽一杯酒,西出阳关无故人。

这时客舍不仅在凉州府(今甘肃武威)出现,在丝路沿线的西域城镇上,也同样涌现并为诗人吟咏:

与独孤渐道别长句兼呈严八侍御

轮台客舍春草满,颍阳归客肠堪断。

穷荒绝漠鸟不飞,万碛千山梦犹懒。

北庭贻宗学士道别

忽来轮台下,相见披心胸。

饮酒对春草,弹棋闻夜锺。

今且还龟兹,臂上悬角弓。

平沙向旅馆,匹马随飞鸿。[2]

上引轮台、龟兹都是丝道上的重要城镇,随着络绎不绝的官使、商旅足迹,客舍、旅馆自然也会随之兴盛,为行人提供方便。

---

[1]《唐副使康云汉过所》、《唐谋常监、馆人粮米帐》,见陈国灿《斯坦因所获吐鲁番文书研究》,第503、517页。

[2]刘开扬笺注:《岑参诗集编年笺注》,第358、324页。

13.3 过所与公验是出行必需持有的通行证

唐代人员行路或因公出差的，通过关戍，需要检查证明文件，民间商旅必须持有“过所”或“公验”。外国的朝贡使节入境，则在查验铜鱼符后，以礼相待。过所或公验是行人通过关、戍、守捉的通行证。按唐制规定，“凡度关者，先经本部本司请过所，在京，则省给之，在外，州给之”[1]。人员从京城外出由尚书省刑部司门司发给过所，外地则由州一级政府发给。唐代西州为中西交通要冲，商胡行客皆在此转换过所，由西州都督府发给，户曹参军主判，有时也经都督审批。过所内容包括何人因何事到何地，携带人员、牲畜若干。申请过所获准后，正本加盖官印发给当事人，副本经有关官员押署后，户曹留存备查。当事人持过所每至一处关戍，都需接受勘查，并经主管官吏签署证明。

唐开元二十年(732)瓜州都督府给西州百姓游击将军石染典过所

(前缺)

[1] 家生奴移□□▭

[2]安西已来，上件人肆、驴拾。今月 日得牒

[3]称：从西来，至此市易事了。今欲却往安

[4]西已来，路由铁门关，镇戍守捉不练行由，

[5]请改给者。依勘来文同此，已判给，幸依勘

[6]过。

[7] 「府 」

[8]户曹参军□

[9] ⌊史杨祇」

[10] 开元贰拾年叁月拾肆日给。

[11]三月十九日，悬泉守捉官高宾勘西过。

[1]《唐六典》卷6《尚书刑部》“司门郎中”条。

[12]三月十九日常乐守捉官果毅孟进勘西过。

[13]三月廿日苦水守捉押官年五用勘西过。

[14]三月廿一日盐池戍守捉押官健儿吕楚珪勘过。[1]

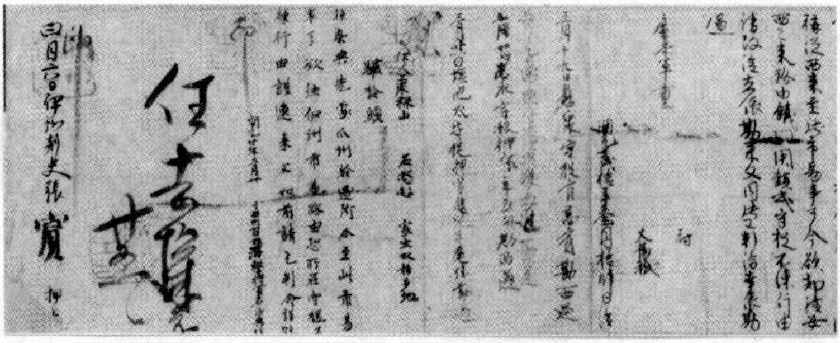

图 13－1　石染典过所(吐鲁番出土)

具有游击将军头衔的西州百姓石染典,从事贩运,由安西贩货至瓜州交易,持有安西都护府发给的过所。这时,“交易事了”,准备西返,故请瓜州都督府改发过所。按唐制规定:“虽非所部,有来文者,所在给之。”[2]石领到瓜州都督府发给的过所后,西行沿途悬泉、常乐、苦水、盐池各守捉皆需检验,给予勘过。守捉官亦皆具名签押。石染典是入籍西州的粟特兴胡,他携奴 1 名、雇作人 2 名,赶驴 10 头,驮满货物,在安西、西州、伊州、瓜州之间长期贩货,所以相似的过所、交易契约,在出土文书中数见。至于长途贩运的入境商胡,申请过所的情况,可见阿斯塔那 29 号墓所出《唐垂拱元年(685)康尾义罗施等请过所案卷》。案卷长千余字,共 4 段,现引第 4 段为例:

[四]

(前缺)

[1]保人庭、伊百姓康阿了□

[2]保人伊州百姓史保年卌□

[3]保人庭州百姓韩小儿年卌□

---

[1]唐长孺主编,中国文物研究所、新疆维吾尔自治区博物馆、武汉大学历史系编纂:《吐鲁番出土文书》第 9 册,第 40 页。

[2]《唐六典》“刑部司门郎中”、“员外郎职掌”条。

[4]保人乌耆人曹不那遮年□

[5]保人高昌县史康师年卅五□

[6]康尾义罗施年卅作人曹伏磨□

[7]　婢可婢支驴三头　马一匹□

[8]吐火罗拂延年卅　奴突蜜□

[9]　奴割罗吉　驴三头□

[10]吐火罗磨色多□

[11]　奴莫贺咄□

[12]　婢颉　[婢]□

[13]　驼二头　驴五[头]□(下残)

[14]何胡数剌　作人曹延那　(下残)

[15]驴三头

[16]康纥槎　男射鼻　男浮你了

[17]　作人曹野那　作人安莫延　[康]□

[18]　婢　　桃叶　驴一十二头

[19]阿了辩:被问得上件人等牒称[请]□

[20]家口入京,其人等不是压良□

[21]冒名假代等色以不者?谨审:但了□

[22]不是压良、假代等色,若后[不]□

[23]求受依法罪,被问依实谨□。

[24]　　　　　　垂拱元年四月　　日

[25]　　　　　　　　连　亨　□

(后缺)[1]

这支从中亚来的粟特商队康尾义罗施等5人,携子5人、作人5、奴3、婢4,有马1、驼2、驴26头。他们或经安西来,或经北道轮台转

〔1〕唐长孺主编,中国文物研究所、新疆维吾尔自治区博物馆、武汉大学历史系编纂:《吐鲁番出土文书》第7册,第92－94页。

来，意欲通过西州至中原贸易。当时西域政局动乱，"从西来欲向东兴易，为在西无人遮得"，缺少身份证明，却也通行无阻，直至西州才申请过所。当户曹查问其原先发给的过所或其他证明文件时，他们只能请当地居民作保，证明"其人等不是压良詃诱寒盗"。这5名保人有4人为昭武九姓，他们虽然散居庭州、伊州、高昌、焉耆，相隔千百里，却关系密切，齐心协力为康尾义罗施等作保。据《开元户部格残卷》：

> 敕：诸蕃商胡若有驼逐，任于内地兴易，不得入蕃。仍令边州关津镇戍严加捉捕。其贯属西、庭、伊等州府者，验有公文，听于本贯以东来往。
>
> 垂拱元年(685)八月二八日[1]

这道诏敕颁布后，开元年间进一步成为户部的准则。粟特商胡进入中原后就和当地百姓一样，从事兴贩，但不允许再入蕃地。自然实际情况并非完全如此。康尾义罗施等人日后是否西返，现尚无根据加以说明。据出土文书揭示，在当时申请过所的总人数中，胡汉商人占70%，其中兴胡占50%。[2] 至于其他人等申请过所者，则情况各异，如麻扎塔格遗址所出《唐副使康云汉过所》：

> (前缺)
>
> [1]副使康云汉　作人石者羯　都□
>
> [2]奴　伊礼然　奴伏浑　马壹疋当(?)□
>
> [3]牛叁头　榆论都督　首领弓□
>
> [4]左右觅(?)战(?)　胡数(?)浑马□
>
> [5]欣衡监官王瓒　欣衡监官□[3]

这位副使康云汉明显系昭武九姓而入仕于唐者，从其所携作人、奴、马、牛、物看，很难说清此行的目的。途宿神山以北欣衡馆，监官二

---

〔1〕〔日〕仁井田陞：《唐律令及格的新资料——斯坦因敦煌文献》，见〔日〕仁井田陞：《中国法制史研究·法与习惯法与道德》，日本东京大学出版会1964年版，1980年补订后重版，第286页。

〔2〕程喜霖：《唐代过所与胡汉商人贸易》，载《西域研究》1995年第1期。

〔3〕陈国灿：《斯坦因所获吐鲁番文书研究》，第503页。

人还要签押以为证明，显示其并非因公出差过此，从中也透露出唐廷在各条交通线上设馆，除方便行人外，也还对旅客起监护作用。行人上路除持有合法身份证明——过所，可顺利通过关、戍、守捉外，还有一种较为简单的身份证明，也可持以出行，这就是公验。公验没有过所那样特定的格式，作为通行证使用时，只是由府、州、县在当事人的申请状上加以批示即可。

唐贞观廿二年（648）庭州人米巡职辞为请给公验事

[1]贞观廿二□□□□庭州人米巡职辞：

[2]米巡职年叁拾，　奴哥多弥施年拾伍

[3]婢娑匐年拾贰　　驼壹头黄铁勤敦捌岁

[4]羊　拾　伍　口

[5]州司：巡职今将上件奴婢驼等，望于西

[6]州市易。恐所在烽塞，不练来由。请乞

[7]公验。请裁，谨辞。

巡职庭州根民，任往西州市易，所在烽塞勘放。怀信白廿一日[1]

米姓亦为昭武九姓，当地官员称巡职为“庭州根民”，必系入籍已久的良民百姓，故批“任往西州市易”，不加任何限制，也不需再办其他手续。

〔1〕唐长孺主编，中国文物研究所、新疆维吾尔自治区博物馆、武汉大学历史系编纂：《吐鲁番出土文书》第7册，第8－9页。